L'EXPÉDITION DE CRIMÉE

JUSQU'A

LA PRISE DE SÉBASTOPOL

CHRONIQUES DE LA GUERRE D'ORIENT

PAR LE BARON

DE BAZANCOURT

CHARGÉ DE MISSION EN CRIMÉE

CINQUIÈME ÉDITION

REVUE, CONSIDÉRABLEMENT AUGMENTÉE

TOME PREMIER

PARIS

LIBRAIRIE D'AMYOT, ÉDITEUR

8, RUE DE LA PAIX

1857

L'EXPÉDITION DE CRIMÉE

TYPOGRAPHIE DE CH. LAHURE
Imprimeur du Sénat et de la Cour de Cassation
rue de Vaugirard, 9

AVIS.

L'édition spéciale pour l'armée, de l'histoire de l'*Expédition de Crimée*, par le baron de Bazancourt, a été tirée au nombre exact des souscripteurs inscrits. Toutefois, par suite de nombreux congés qui ont eu lieu dans l'armée depuis la clôture de la souscription, environ 200 exemplaires sont restés entre les mains de l'éditeur.

Ceux de MM. les officiers, sous-officiers et soldats qui désireraient jouir des avantages offerts par cette souscription, pourront acquérir ces exemplaires, toujours au prix de 7 francs.

A partir du 1er juin, le prix en sera porté à 12 francs.

MARÉCHAL DE SAINT ARNAUD

LISTE
DES SOUSCRIPTEURS
A L'ÉDITION SPÉCIALE POUR L'ARMÉE[1]
DE
L'HISTOIRE
DE L'EXPÉDITION DE CRIMÉE
PAR LE BARON DE BAZANCOURT.

Maréchaux de France.

S. A. I. le prince Jérôme Napoléon.
S. Exc. le maréchal Magnan.
S. Exc. le maréchal Canrobert.

Généraux de division.

Barrois, *Villiers-sur-Orge.*
Bazaine, *Paris.*
Camou, *id.*
Dautemarre, *Châlos.*
Dulac, *Paris.*
Duprat de Laroquette, *Auch.*
De Luzy de Pellissac, *Lyon.*
De Monet, *Saint-Cyr.*
De Tartas, *Bordeaux.*
Vergé, *Lyon.*
Vinoy, *id.*
Walsin d'Esterhazy, *Grasse.*

Généraux de brigade.

Boyer, *Auxerre.*
De Champéron, *Troyes.*
Chanfroid, *Paris.*
Chapuis, *Médéah.*
Clerc, *Paris.*
De Clerembault, *Châteauroux.*
Cœur, *Toulouse.*
Cuny, *Saint-Brieuc.*
Delhorme, *Melun.*
Dubern, *Versailles.*
Duhesme, *Paris.*
De La Chaise, *Beauvais.*
Le Bœuf, *Versailles.*
Morin, *Vannes.*
Niol, *Alençon.*
De Noüe, *Paris.*
Picard, *Dijon.*
Rigault de Rochefort, *Paris.*
De Rochefort, *Saumur.*
Soleille, *la Fère.*
Soumain (2 ex.), *Paris.*
Thomas, *Nantes.*
De Tournemine, *Agen.*

---

1. Dressée suivant l'ordre adopté dans l'Annuaire militaire.
(Voir à la fin de cette liste les noms des souscripteurs dont les adhésions sont survenues pendant l'impression, trop tard pour prendre place à leur ordre.)

GARDE IMPÉRIALE.

État-major.

Colonel de Lavaucoupet, secrétaire du comité de cavalerie.
Lieutenant-colonel de Franconière, chef du cabinet du maréchal ministre de la guerre.
Lieutenant-colonel de Cornely, aide de camp du maréchal Canrobert.
Lieutenant-colonel du Pin, chef d'état-major de la 17ᵉ division militaire.
Capitaine Caffarel, aide de camp du général Cler.
Capitaine Moulin, aide de camp du général Le Bœuf.

Intendance militaire.

Valenciennes.

Conseillant, sous-intendant.

États-majors des places.

Le Havre.

Lacapelle, lieutenant-colonel commandant la place.

GARDE IMPÉRIALE.

Gendarmerie à pied.

De Premonville de Maisonthou, colonel.
Baudinet, lieutenant-colonel.
Blot, chef d'escadron major.
Dubois de Jancigny, capitaine.
Giraud, capitaine adjudant-major.
Maurice, *id.*
Ottaviani, lieut. adj. au trésorier.
Bernelle, capitaine.
Claverie, *id.*
Melon, *id.*
Capdequi, *id.*
Leclerc, lieutenant.
Carré, *id.*
Girard, sous-lieutenant.
Lasserre, maréchal des logis.
Lespinasse, *id.*
Delaris, *id.*
Barbey, *id.*
Unger, *id.*
Pinault, *id.*
Marandor, *id.*
Lormeau, *id.*
Rocher, maréchal des logis.
Coint, *id.*
Faudot, maréchal des logis chef.
Berchet, *id.*
Bertin, *id.*
Bénard, maréchal des logis fourr.
Bellec, maréchal des logis.
Decker, brigadier secr. du colonel.
Molas, 2ᵉ secrétaire du trésorier.
Lacroix, brigadier.
Helly, *id.*
Mainy, *id.*
Hubert, *id.*
Perrimond, *id.*
Toussaint, *id.*
Bénard, *id.*
Blanc, *id.*
Merloz, *id.*
Renoux, *id.*
Gentil, *id.*
Malenfant, *id.*
Cherfils, *id.*
Bailliot, *id.*
Gauthier, *id.*
Blandin, *id.*

GARDE IMPÉRIALE.

Schneider, brigadier.
Coulon, id.
Castagné, gendarme.
Gaffiot, id.
Pouységu, id.
Rageul, id.
Ferrage, id.
Thiébaut, id.
Veber, id.
Jeannin, id.
Chaigne, id.
Saint-Laurent, id.
Caillat, id.
Besnard, id.
Tripoteau, id.
Prétot, id.
Cauët, id.
Sappey, id.
Giraud, id.
Girolami, id.
Sardanne, id.
Martin, id.
Sibon, id.
Laurié, id.
Vibert, id.
Mondet, id.
Bailly, id.
Villette, id.
Blanpied, id.
Pélissard, id.
André, id.
Levieux, id.
Carrier, id.
Legroux, id.
Fellère, id.
Sauvage, id.
Vignié, id.
Gardeur, id.
Poujol, id.
Fléchin, id.
Conrad, id.
Vogin, id.
Boitel, id.
Oudet, id.
Caër, id.
Provotelle, id.
Laroche, id.
Mick, id.
Monédier, id.
Coudert, id.
Fournier, id.
Gaillard, id.

Bègué, brigadier.
Gerle, id.
Helmstetter, id.
Bonin, id.
Salel, id.
Cauffeyt, id.
Dechaumel, id.
Mortier, id.
Lavaut, id.
Metternich, id.
Guillermet, id.
Fuchs, id.
Dusseigneur, id.
Roque, id.
Decreuse, id.
Pauleau, id.
Haman, id.
Charpentier, id.
Delpech, id.
Carrier, id.
Neuville, Jean, id.
Mounier, id.
Fériaud, id.
Viney, id.
Mouret, id.
Quentin, id.
Rabeux, id.
Couret, id.
Neuville, Léonard, id.
Hohl, id.
Rebillaud, id.
Texier, id.
Bril, id.
Steinmetz, id.
Béthouard, id.
Cieur, id.
Caron, id.
Parmentier, id.
Roisin, id.
Russat, id.
Romanacce, id.
Humbert, id.
Dalbignat, id.
Vuillemin, id.
Delbac, id.
Thénot, id.
Richomme, id.
Navand, id.
Widt, id.
Fauconnier, id.
Touzelet, id.
Seyzeriat, id.

GARDE IMPÉRIALE.

Uband, brigadier.
Vitte, id.
Mathieu, id.
Lacombe, id.
Hagry, id.
Peyroux, id.
Chalin, id.
Durut, id.
Riou, id.
Simon, id.
Lesueur, id.
Defouloy, id.
Garric, id.
Pouey Sanchon, id.
Ray, id.
Chiappini, id.
Peysson, id.
Duflot, id.
Bufle, id.
Imbert, id.
Flageollet, id.
Bellon, id.
Due, id.
Jarnigon, id.
Tuillant, id.
Harvier, id.
Ulrich, id.
Gabastou, id.
Barbier, id.
Vacelet, id.
Lallement, id.
Moulin, id.
Desjardins, tambour.

Escadron de Gendarmerie.

Dechy, chef d'escadron commandant.
Laplanche, capitaine.
Boutard, lieutenant.
Sapience, sous-lieutenant.
Bauny, s.-lieutenant trésorier.
Boisset, adj. sous-officier.
Lepart, maréchal des logis chef.
Diébold, maréchal des logis.
Malfroy, id.
Nardin, id.
Adam, brigadier.
Boisgencier, id.
Bonliu, id.
Largillière, id.

Léonard, brigadier.
André, gendarme.
Armand, id.
Boulley, id.
Brackmann, id.
Carret, id.
Cerceau, id.
Chapelain, id.
Claverie, id.
Cronenberger, id.
Dutrulle, id.
Farge, id.
Guichard, id.
Guthwasser, id.
Henry, id.
Keller, id.
Lenoir, id.
Levaxelaire, id.
Peuvrel, id.
Rémond, id.
Robelin, id.
Rouyer, id.
Sauldubois, id.
Schmitt, id.
Somprou, id.
Suty, id.
Trehet, id.
Vendeuvre, id.

Ier Régiment de grenadiers.
Courbevoie.

Le Normand de Bretteville, colonel.
Baldini, chef de bataillon.
Ganzin, id.
Bazaille, capitaine.
Defoug, id.
Queyrol, id.
Roud, id.
Sautereau, id.
Sisco, id.
De Vincentz, id.
Labadie, lieutenant.
Margaine, id.
Semaire, id.
Charbonnel, sous-lieutenant.
Dupuis, id.
Hermann, id.
Rouzet, id.
Ygrec, id.

GARDE IMPÉRIALE.

Chanon, adjudant-major.
Taillant, id.
Putheaux, adjudant.
Balavoine, sergent-major.
Harlet, id.
Lagrange, id.
Lamblin, id.
Vorbe, id.
Issanchon, sergent-fourrier.
Müller, id.
Parsy, id.
Péri, id.
Silvestre, id.
Assié, sergent.
Bernard, id.
Bibolès, id.
Braillard, id.
Carré, id.
Charpentier, id.
Degiovanni, id.
De L'Escale, id.
Garnier, id.
Monnoye, id.
Nancey, id.
Pichon, id.
Régis, id.
Roussel, id.
Taxil, id.
Agnus, caporal.
Banry, id.
Boileau, id.
Bontard, id.
Bosche, id.
Casalonga, id.
Colomiès, id.
Delattre, id.
Depétasse, id.
Élie, id.
Guidici, id.
Guittaud, id.
Guy, id.
Javoy, id.
Lacorde, id.
Lafontan, id.
Laurié, id.
Mazet, id.
Poncet, id.
Prévost, id.
Queyriaux, id.
Somont, id.
Trigon, id.
Veith, id.

Agostini, grenadier.
Allègre, id.
Barrillot, id.
Bazy, id.
Bellot, id.
Blanc, id.
Bonnevialle, id.
Bordenet, id.
Britschu, id.
Brucker, id.
Brunel, id.
Cadre, id.
Calibeng, id.
Cardon, id.
Clavel, id.
Colonna, id.
Coupin, id.
Croissant, id.
Cugnet, id.
Daniche, id.
Darsonville, id.
Delaunay, id.
Demeulle, id.
Demeusy, id.
Doridant, id.
Dorrer, id.
Estevenin, id.
Garnaud, id.
Guerin, id.
Jacquel, id.
Jacquinot, id.
Janaudy, id.
Lachasse, id.
Lacontre, id.
Lenglet, id.
Latour, id.
Le Bihan, id.
Ledermann, id.
Léfond, id.
Lenourichel, id.
Leroy, id.
Lindorckert, id.
Litt, id.
Maignan, id.
Masmejean, id.
Meyer, id.
Morée, id.
Morinaud, id.
Moutardier, id.
Pasquini, id.
Paquet, id.
Piereschi, id.

GARDE IMPÉRIALE.

Planchot, grenadier.
Poisbelaud, *id.*
Poulin, *id.*
Rozat, *id.*
Servais, *id.*
Sicard, *id.*
Tanier, *id.*
Taquet, *id.*
Tissot, *id.*
Tonnot, *id.*
Veisroch, *id.*
Vienne, *id.*
Boillot, tambour.

2ᵉ Régiment de Grenadiers.

Versailles.

D'Alton, colonel.
Champsaur, capitaine-trésorier.
Lavergne, adjoint au trésorier, lieutenant.
Chapot, capitaine.
Dufourc d'Hargeville, *id.*
Groslambert, *id.*
Moreau, *id.*
Sauvan, *id.*
Ducru, lieutenant.
Millioz, *id.*
O'Poix, *id.*
Pernot, *id.*
Sourdrilles, *id.*
Bénard, sous-lieutenant.
Chevalier, *id.*
Dejean, *id.*
Gaucher, *id.*
Goueslint, *id.*
Martin, *id.*
Paravisni, *id.*
Lhotellerie, adjudant.
De Montmirail, sergent-major.

3ᵉ Régiment de Grenadiers.

Paris.

Dehoudetot, capitaine adj.-major.
Girgois, *id.*
Le Caër, sous-lieut. porte-aigle.
Brunet, chef de musique.

Binet, capitaine.
Blache, *id.*
Ferry, *id.*
Fontaine, *id.*
Giacomoni, *id.*
Joanin, *id.*
Laugier, *id.*
Mangot, *id.*
Casanova, lieutenant.
Chambry, sous-lieutenant.
Bouchard, sergent-major.
Carle, *id.*
Humbert, *id.*
De Peretti, *id.*
Siméon, *id.*
Stenne, *id.*
Vernhette, *id.*
Cussenot, sergent-fourrier.
Geschwind, *id.*
Glad, *id.*
Le Masson, *id.*
Corvisier, sergent.
Etcheberry, *id.*
Hinderreitter, *id.*
Lobligeois, *id.* maître d'escrime.
Manniez, *id.*
Marge, *id.*
Merlin, *id.*
Reboul, *id.*
Reboutier, tambour-major.
Laveran, fourrier.
Albert, caporal.
Fontaine, *id.*
Juillien, *id.*
Roussel, *id.*
Amet, grenadier, *id.*
Brun, *id.*
Castillon, *id.*
Duquenne, *id.*
Gros, *id.*
Sauzède, *id.*

1ᵉʳ Régiment de Voltigeurs.

Saint-Denis.

Mongin, colonel.
De Montmarie, lieutenant-colonel.
Gremion, chef de bataillon.
Delpech, capitaine adjudant-maj.
Delépault, capitaine trésorier.

GARDE IMPÉRIALE.

De Fontnouvelle, capitaine.
Deschamps, adjudant.
Filoz, *id.*
De Banne, sergent-major.
Blandin, *id.*
Crave, *id.*
Oudart, *id.*
Durochat, sergent-fourrier.
Menjaud, *id.*
Mégret, *id.*
Vernier, *id.*
Cabet, sergent.
Coste, *id.*
Darcagne, *id.*
Debain, *id.*
Elichery, *id.*
Gaulon, *id.*
Haguais, *id.*
Martel, *id.*
Marteau, *id.*
Morel, *id.*
Orlandini, *id.*
Peltier, *id.*
Peysson, *id.*
Prats, *id.*
Villain, *id.*
Wolff, *id.*
Bertrand, fourrier.
Jeandey, *id.*
Lequeux, *id.*
Barbut, caporal.
Casse, *id.*
Dubessey de Villechaise, *id.*
Ridard, *id.*
Walter, *id.*
Baillette, voltigeur.
Campariol, *id.*
Detrer, *id.*
Halbon, *id.*
Labrosse, *id.*
Lafleur, *id.*
Laide, *id.*
Legrand, *id.*
Litaud, *id.*
Lobjois, *id.*
Miot, *id.*
Monchecourt, *id.*
Passac, *id.*
Pée, *id.*
Prunaret, *id.*
Raffin, *id.*
Richard, *id.*

Simonet, voltigeur.
Tailland, *id.*
Thibault, *id.*
Toussaint, *id.*
Triconnet, *id.*
Gaudry, tambour.
Prost, *id.*

Fort d'Aubervilliers.

Redon, sous-lieutenant.

3° Régiment de Voltigeurs.

Metz.

Metzger, chef de musique.

4° Régiment de Voltigeurs.

Nancy.

Olivier, chef de bataillon.
Belleville, cap. adjudant-major.
Kampf, *id.*
Quesnoy, médecin-major.
Duhamel-Grandprey, capitaine.
Dumont, *id.*
Passant, *id.*
Pécoud, *id.*
Prouvost, *id.*
Serigne, *id.*
Sersiron, *id.*
Vedie, *id.*
Cuinat, lieutenant.
Jay, *id.*
Pierron, *id.*
Prevôt, *id.*
Bizet, sous-lieutenant.
Lechevallier, *id.*
Rouff, *id.*
Aubert, sergent.
Charpentier, *id.*
Chevalet, *id.*
Gabriel, *id.*
Houverschmitte, *id.*
Janiaud, *id.*
Lorenzy, *id.*
Louis, *id.*
Rheim, *id.*
Roussey, *id.*

GARDE IMPÉRIALE.

Aubarbier, fourrier.
Bonnet, id.
Decker, id.
Douay, id.
Fogne, id.
Mathieu, id.
D'Abadie, caporal.
Castagnet, id.
Claude, id.
Duhil, id.
Fabre, id.
Genet, id.
Grapin, id.
Montagné, id.
Moutons, id.
Pandelès, id.
Patras, id.
Picherit, id.
Pierre, id.
André, voltigeur.
Bernard, id.
Blanchard, id.
Bocquel, id.
Bonnard, id.
Brunel, id.
Captier, id.
Cassassoles, id.
Dabancaze, id.
Dreveton, id.
Lapierre, id.
Marciacq, id.
Ménéguin, id.
Morgnac, id.
Rabasse, id.
Vaucher, id.

Ramakers, sous-lieutenant.
Tournay, id.
Porte, adjudant sous-officier.
François, sergent-major.
Grassin, id.
Morel, id.
Vuillot, id.
De Montigny, sergent-fourrier.
Schultz, id.
Dujardin, sergent, premier secrétaire du trésorier.
Bertrand, sergent.
Ettori, id.
Thibau, id.
Chardon, fourrier.
Delmond, caporal.
Gaubert, id.
Labourdette, id.
Alazard, chasseur.
Bavoux, id.
Caizergues, id.
Chabrediex, id.
Gabet, id.
Gamblain, id.
Gros, id.
Lastecouères, id.
Livernaux, id.
Monnot, id.
Pierson, id.
Pillot, id.
Pinelli, id.
Siffray, id.

Bataillon de Chasseurs à pied.

Paris.

Lagache, capitaine-major.
Verdeil, cap. adjudant-major.
Gervoy, lieutenant-trésorier.
Cazimir, lieutenant, faisant fonction d'officier d'habillement.
Pietri, médecin-major.
Chauvet, capitaine.
Labatut, id.
Lajus, id.
Suire, id.

Régiment de Zouaves.

Saint-Cloud.

Garidel, capitaine-trésorier.
Lehéricy, sous-lieutenant porte-aigle.
Gœtzmann, capitaine.
Irlande, id.
Laurent, lieutenant.
De Vincent, id.
Poutingon, sous-lieutenant.

Régiment de Lanciers.

Melun.

D'Orival, capitaine-trésorier.
Brivin, médecin-major.

GARDE IMPÉRIALE.

Martin, chef de musique.
Assant, capitaine.
D'André, lieutenant.
Hervé, *id.*
De Bertoult, sous-lieutenant.
Dufournet, *id.*
Petitjean, *id.*

Régiment des Guides.
Paris.

Armand, adjudant.
Benoît, *id.*
Manescau, maréchal des logis chef.

Régiment d'artillerie à cheval.
Versailles.

De Fleurans, major.
Nicolle, capitaine-trésorier.
Allan, capitaine-instructeur.
Martin, capitaine d'habillement.
Daussy, adjoint au trésorier.
Thinus, médecin-major.
Brouchican, aide vétérinaire.
Saucour, *id.*
Bergère, capitaine en premier.
Samuel, *id.*
Champy, capitaine en second.
De Contamine, *id.*
Bocquenet, lieutenant en premier.
Barth, adjudant sous-officier.
Brémon, *id.*
Card, *id.*
Maizier, *id.*
Moulinès, *id.*
Moutet, *id.*
Courson, maréchal des logis chef.
Dignac, *id.*
Nicolle, *id.*
Paget, *id.*
Petitain, *id.*
Trespaillé, *id.*
Neuveux, maréchal des logis four.
Sanche, *id.*
Aurensan, maréchal des logis.
Brosse, *id.*
Danes, *id.*

Guitton, maréchal des logis.
Hachette, *id.*
Hérisson, *id.*
Lams, *id.*
Lhotte, *id.*
Marit, *id.*
Pidancier, *id.*
Planques, *id.*
Poilvé, *id.*
Poirrier, *id.*
Sauvat, *id.*
Dabin, brigadier.
Billon, servant.
Girard, *id.*
Thouvenin, *id.*

Compagnies du génie.
Versailles.

Tanon, capitaine.
Damarey, lieutenant.
Roidor, sapeur conducteur.
Chambon, sapeur.
Constant, *id.*
Desgranges, *id.*
Dubroca, *id.*
Dumont, *id.*
Ferré, *id.*
Feugier, *id.*
Gaillard, *id.*
Gasseman, *id.*
Gohier, *id.*
Gras, *id.*
Irlandès, *id.*
Joubé, *id.*
Lannes, *id.*
Lebeau, *id.*
Lécuyer, *id.*
Linden, *id.*
Martineau, *id.*
Pech, *id.*
Peillon, *id.*
Raymond, *id.*
Renoult, *id.*
Reynaud, *id.*
Roton, *id.*
Tavant, *id.*
Lacarelle, maître ouvrier.
Piédavant, *id.*

GENDARMERIE IMPÉRIALE.

Escadron du train des équipages.

Rambouillet.

Huqueney, chef d'escadron.
Colin, capitaine-major.
Dode, capitaine instructeur.
Roche, trésorier.
De Blanry, capitaine.
Charles, id.
Stefani, id.
Artopœus, lieutenant.
Castaing, id.
Lespinois, id.
Virey, id.
Roiffé, sous-lieutenant.
Strauch, id.

Détachements stationnés

à Issy.

Patras, capitaine 2ᵉ voltigeurs.
Leguay, id. de zouaves.
Étienne, sous-lieut., id.
Trouvé, sergent-major, id.
Glachant, sergent, id.
Peraguy, id. 1ᵉʳ grenadiers.
Gautier, id. 2ᵉ voltigeurs.
Meniot, maître tailleur, 2ᵉ voltig.
Lasserre, id. zouaves.
Delbos, voltigeur au 2ᵉ.
Mirabel, id.
Panagé, id.
Aucharles, enfant de troupe, id.

GENDARMERIE IMPÉRIALE.

1ʳᵉ Légion.

SEINE.

Neuilly.

Guénard de La Tour, capitaine.
Humbert, maréchal des logis.
Lanquier, id.
Simonnel, id.

Dupuit, brigadier.
Hiron, id.
Mazin, id.
Ansel, gendarme.
Bouzie, id.
Décarist, id.
Dolpierre, id.
Jullien, id.
Sigrist, id.

Vincennes.

De Flandre, capitaine.
Garnier, gendarme.

Charenton-le-Pont.

Couriaux, brigadier.

Créteil.

Desplas, brigadier.
Licole, gendarme.
Mittelette, id.

Joinville-le-Pont.

Labat, brigadier.
Beuret, gendarme.
Bizouard, id.
Saint-Henry, id.

Nogent-sur-Marne.

Petiton, brigadier.
Petit, gendarme.

Saint-Mandé.

Foucher, maréchal des logis.
Chardagne, gendarme.
Lenrumé, id.
Préau, id.

SEINE-ET-OISE.

Versailles.

Trappier, chef d'escadron commandant.
Kerchner, capitaine.
Ribet, id.
David, lieutenant.
Bétourné, maréchal des logis.
Besoille, id.
Bourbon, id.
Chiottin, id.
Hubrecht, id.

GENDARMERIE IMPÉRIALE.

Pleigneur, maréchal des logis.
Violette, id.
Alcais, brigadier.
Delayens, id.
Deshayes, id.
Féty, id.
Fouché, id.
Gardien, id.
Girard, id.
Leroy, id.
Mignot, id.
Salenave, id.
Tisserant, id.
Vaillant, id.
Vandelle, id.
Amann, id.
Bajolet, id.
Bergès, id.
Biboud, id.
Bonnin, id.
Caudron, id.
Chalmin, id.
Chanel, id.
Chassard, id.
Clément, id.
Coatleven, id.
Cofais, id.
Cognon, id.
Cousin, id.
Delaître, id.
Depape, id.
Dieuzy, id.
Dubas, id.
Dubois, id.
Ducharut, id.
Durand, id.
Ferrier, id.
Gabler, id.
Godard, id.
Grimm.
Gsell, id.
Guingois, id.
Guillot, id.
Guion, id.
Jardin, id.
Labarauderie, id.
Larroque, id.
Léger, id.
Lepreux, id.
Lesbroussard, id.
Levron, id.
Margue, id.

Marsy, brigadier.
Mocheron, id.
Muller, id.
Nicolas, id.
Parent, id.
Pécard, id.
Prébendé, id.
Reynier, id.
Richard (Claude), id.
Richard (Jean-Baptiste), id.
Richard (Victor), id.
Riva, id.
Romagné, id.
Scheur, id.
Schmitt, id.
Seelweger, id.
Selmoz, id.
Souty, id.
Thiriet, id.

2º Légion.

EURE-ET-LOIR.

Châteaudun.

Dessaux, capitaine.

Brou.

Masson, brigadier.
Lecomte, gendarme.

Courtalain.

Georges, brigadier.
Combe, gendarme.
Nucleux, id.

Cloyes.

Defay, brigadier.
Houseau, gendarme.

Dreux.

Laforest, capitaine.

Anet.

Barret, gendarme.

Nogent-le-Roi.

Auguste, gendarme.
Klinger, id.

GENDARMERIE IMPÉRIALE.

LOIRET.

Orléans.

Blainville, chef d'escadron.
Chaumat, capitaine.
Vacher, lieutenant-trésorier.
Héliot, maréchal des logis, adjoint au trésorier.
Hardouin, maréchal des logis chef.

Montargis.

Lefèvre Desnoettes, capitaine.
Ducloux, gendarme.
Raunet, *id.*

Sully.

Feuillas, gendarme.

Château-Renard.

Cointin, gendarme.

SARTHE.

La Flèche.

Foubert, capitaine.
Roux, maréchal des logis.
Deudon, gendarme.
Guillemont, *id.*

Sablé.

Huguenard, maréchal des logis.

Foulletourte.

Denaës, brigadier.
Dor, gendarme.

Le Lude.

Lallier, brigadier.

3ᵉ Légion.

SEINE-INFÉRIEURE.

Yvetot.

Deperrest, maréchal des logis.
Bourienne, gendarme.
Vauchelle, *id.*

Valmont.

Sauvalle, brigadier.
Besançon, gendarme.

Saint-Valéry en Caux.

Crépin, maréchal des logis.
Masson, gendarme.

Maromme.

Vilain, gendarme.
Duval, *id.*

Clères.

Acker, gendarme.

Buchy.

Lemonnier, gendarme.

EURE.

Les Andelys.

Ferry, lieutenant.
Consolin, maréchal des logis.
Duboc, *id.*
Laboude, brigadier.
Dupuis, gendarme.
Lavaquerie, *id.*

SOMME.

Amiens.

De La Giclais, chef d'escadron commandant.
Mallet, maréchal des logis adjoint au trésorier.

Airaines.

Blondel, brigadier.

Corbie.

Schosseler, gendarme.

Hornoy.

Miannay, gendarme.

Conty.

Combalusier, brigadier.

GENDARMERIE IMPÉRIALE.

4ᵉ Légion.

MANCHE.

Saint-Lô.

Ricque, chef d'escadron.
Cauquelin, gendarme.

CALVADOS.

Caen.

Allemand, capitaine.
Meury, gendarme.

Villers-Bocage.

Briand, gendarme.
Robert, *id.*

Troarn.

Chennevière, gendarme.

Bayeux.

Fouin, gendarme.

Vaubadon.

Ouine, brigadier.
Suriray, gendarme.

Formigny.

Cardêne, brigadier.
Brothclande, gendarme.
Lebaron, *id.*

Isigny.

Marie, brigadier.
Catteloup, gendarme.
Lebrun, *id.*
Mauger, *id.*
Tanquerey, *id.*

Port-en-Bessin.

Baril, brigadier.
Desmares, gendarme.
Duboscq, *id.*
Fleurant, *id.*
Regnault, *id.*

Caumont.

Tinard, maréchal des logis.
Boyer, gendarme.
Juge, *id.*

Lisieux.

Mouchel, maréchal des logis.
Billard, gendarme.
Cart, *id.*
Lebienvenu, *id.*

Croissanville.

Mallard, maréchal des logis.
Jeanne, gendarme.
Notter, *id.*
Paris, *id.*

Orbec.

Seigle, maréchal des logis.
Bordel, gendarme.
Dufour, *id.*
Framoise, *id.*
Girod, *id.*

Livarot.

Benolliet, gendarme.
Périer, *id.*

Mezidon.

Martin, gendarme.

Falaise.

Nicollet, maréchal des logis.
Lambert, gendarme.
Simon, *id.*

Langannerie.

Angot, gendarme.
Onfroy, *id.*
Robine, *id.*

Pont-l'Evêque.

Chenet, lieutenant.
Dufresnoy, maréchal des logis.

Honfleur.

Bourdet, maréchal des logis.
Pleneurt, gendarme.

Dives.

Chuquet, gendarme.

Cambremer.

Jametz, gendarme.
Saussey, *id.*

GENDARMERIE IMPÉRIALE.

Blangy.

Passelais, brigadier.

Le Mesnil Auzouf.

Pierson, gendarme.
Wittmer, *id.*

Vassy.

Saussier, brigadier.
Martin, gendarme.

5ᵉ Légion.

ILLE-ET-VILAINE.

Rennes.

Dargentolle, colonel.
De La Pierre, capitaine-trésorier.
Bréal, brigadier.
Delrot, gendarme.
Fontaine, *id.*
Henry, *id.*
Moreau, *id.*

Plourtuis.

Gaslain, gendarme.

Vitré.

Coutant, lieutenant.

La Guerche.

Thorel, maréchal des logis.

Mordelles.

Allouisse, brigadier.

Liffré.

Michel, gendarme.

CÔTES-DU-NORD.

Dinan.

Richon, lieutenant.
Moal, maréchal des logis.
Mahé, brigadier.
Hamon, gendarme.
Lainé, *id.*
Reverchon, *id.*

Broons.

Vincenot, brigadier.

Evran.

Baissière, brigadier.
Bense, gendarme.

Langouèdre.

Pasquet, gendarme.

Saint-Denoual.

Galliché, brigadier.

Saint-Jouan.

David, brigadier.
Boixière, gendarme.

FINISTERRE.

Morlaix.

Woirot, capitaine.
Duval, maréchal des logis.
Aubrée, brigadier.
Carré, gendarme.
Cassard, *id.*
Fonson, *id.*
Geffroy, *id.*
Jezéquel, *id.*
Le Vern, *id.*
Morvan, *id.*
Rabasse, *id.*
Robergel, *id.*

Quimperlé.

Laurent, sous-lieutenant.
Baray, gendarme.

Bannalec.

Brissac, gendarme.

Pont-Aven.

Lemercier, brigadier.
Duigou, gendarme.

6ᵉ Légion.

LOIRE-INFÉRIEURE.

Nantes.

Robert, adjudant sous-officier.

GENDARMERIE IMPÉRIALE.

Noblano, brigadier.
Lyet, gendarme.
Michel, *id.*
Viaud, *id.*

Légé.

Duchesne, maréchal des logis.
Boitte, gendarme.
Bordes, *id.*

MAINE-ET-LOIRE.

Angers.

Marquer, chef d'escadron, commandant.
Cravin, lieutenant-trésorier.
Boileau, maréchal des logis chef.
Caillé, maréchal des logis adjoint au trésorier.
Adam, brigadier.
Biohain, *id.*
Keller, *id.*
Beignet, gendarme.
Bourget, *id.*
Pauleau, *id.*
Vendrevert, *id.*

Saint-Georges-sur-Loire.

Senente, brigadier.

La Bohalle.

Mouraux, gendarme.

Saint-Lambert du Lattay.

Lefèvre, gendarme.

Briollay.

Gabillard, gendarme.

Saumur.

Gérin, brigadier.
Andrieu, gendarme.
Hourse, *id.*
Jouvenelle, *id.*
Larnach, *id.*
Prieu, *id.*

Suette.

Jacquin, brigadier.

Durtal.

Larue, gendarme.

Gesté.

Ruh, gendarme.

Cholet.

Pérol, sous-lieutenant.
David, maréchal des logis.
Delabrousse, gendarme.
Jaquet, *id.*
Jean, *id.*
Michel, *id.*

Chemillé.

Crosnier, maréchal des logis.
Bentz, gendarme.
Bertau, *id.*
Henry, *id.*
Marie, *id.*

Montfaucon.

Debourgogne, brigadier.
Delille, gendarme.
Lemay, *id.*
Plouet, *id.*

Jallais.

Metzger, brigadier.
Bellion, gendarme.
Fontaine, *id.*
Gentilhomme, *id.*
Gibert, *id.*

Torfou.

Delaunay, gendarme.

Les Justices.

Hamelin, gendarme.
Maisonneuve, *id.*

7ᶜ Légion.

INDRE-ET-LOIRE.

Tours.

Bourdillon, chef d'escadron.

Chinon.

Lamblin, capitaine.

GENDARMERIE IMPÉRIALE.

L'Isle-Bouchard.

Léger, gendarme.

Sainte-Maure.

Fouqueuil, gendarme.

Lachapelle-sur-Loire.

Roussineau, gendarme.

Langeais.

Tourey, gendarme.

Loches.

Le Peltier, lieutenant.

La Haye-Descartes.

Bodier, brigadier.

Vouvray.

Villeneuve, brigadier.

INDRE.

Châteauroux.

Robert, chef d'escadron.
Espanel, capitaine.
Lunais, gendarme.

La Châtre.

Liquette, lieutenant.
Bonnard, gendarme.
Tual, id.

Aigurande.

Emery, gendarme.
Chauvet, id.

Eguzon.

Gilles, brigadier.
Sornin, gendarme.
Davenat, id.
Delaveau, id.

Neuvy.

Basset, brigadier.
Raphannaud, gendarme.
Pajon, id.
Balézo, id.

LOIR-ET-CHER.

Saint-Aignan.

Canon, maréchal des logis.
Béchon, gendarme.
Cardot, id.

Plessis-Fortier.

Poudrat, gendarme.

Blois.

Cochet, gendarme.

8ᵉ Légion.

ALLIER.

Moulins.

Girard de Charbonnière, colonel, chef de légion (ancien grand prévôt de l'armée).
Jacquet, capitaine-trésorier.
De Bavre, capitaine.

Montluçon.

De Rangouse, capitaine.

PUY-DE-DÔME.

Clermont-Ferrand.

Deval, chef d'escadron.

Billon.

Borne, maréchal des logis.

Veyre-Mouton.

Redon, gendarme.

Ambert.

Salières, sous-lieutenant.
Picheret, maréchal des logis.

Saint-Amand Roche-Savine.

Girard, brigadier.

Cunlhat.

Dussaule, gendarme.

GENDARMERIE IMPÉRIALE.

Viverols.

Dumont, maréchal des logis.
Meunier, gendarme.

Saint-Anthème.

Descharrières, brigadier.
Ramonet, id.

CHER.

Bourges.

Moulle, chef d'escadron.
Dubois, capitaine.
Vaillant, gendarme.
Tribouillier, id.
Tournant, id.
Mioux, id.
Farnoux, id.
Hoingne, maréchal des logis.
Wentzeis, brigadier.
Herouard, gendarme.
Koppel, id.
Panyque, id.
Lebas, brigadier.
Bassompierre, gendarme.
Berthon, id.
Clausse, id.
Prouzat, id.
Sirven, id.
Viennot, id.
Madélénat, maréchal des logis.
Baüer, gendarme.
Beaumont, id.
Crépieux, id.
Fosset, id.
Martin, id.
Tardé, id.
Weishaupt, id.
Tarade, brigadier.
Barberaud, gendarme.
Blaquière, id.
Roché, id.
Eynard, maréchal des logis.
Berthon, gendarme.
Corbier, id.
Cornet, id.
Fauré, id.
Sibia, id.
Vertailler, id.

9ᵉ Légion.

CHARENTE-INFÉRIEURE.

La Rochelle.

Duporté, capitaine.
Fourreau, trésorier.
Renou, maréchal des logis adjoint au trésorier.

Saintes.

Urvoy de Closmadeuc, capitaine.

Saint-Jean d'Angély.

Frainneau, lieutenant.

Jonzac.

Défaut, lieutenant.

VENDÉE.

Les Herbiers.

Garquet, lieutenant.
Lefrançois, brigadier.
Boutolleau, gendarme.
Moreau, id.

Challans.

Portet, lieutenant.
Metais, maréchal des logis.

Noirmoutier.

Thérouanne, maréchal des logis.

Beauvoir.

Gasnier, maréchal des logis.

Saint-Jean de Mont.

Faudot, maréchal des logis.

Palluau.

Rubierre, maréchal des logis.

Apremont.

Gatinaud, brigadier.

GENDARMERIE IMPÉRIALE.

10ᵉ Légion.

LANDES.

Mont-de-Marsan.

Habermacher, brigadier.
Pomarède, gendarme.

BASSES-PYRÉNÉES.

Pau.

Du Vignaud, chef d'escadron.
Hervouet, maréchal des logis chef.

Mauléon.

Munsch, gendarme.

CHARENTE.

Angoulême.

Desrayaud, chef d'escadron.
Lantrain, capitaine.
Rouyer, id.
Derozié, lieutenant-trésorier.
Lamarque, maréchal des logis.
Mathieu, maréchal des logis.
Magnien, id.
Blanchon, id.
Brunet, brigadier.
Martin, id.
Danché, id.
Gros, id.
Delmas, id.
Oxoby, id.
Holtzauer, id.
Gez, id.
Raganaud, gendarme.
Saunier, id.
Farin, id.
Brun, id.
Sanbot, id.
Rispy, id.
Domain, id.
Gendron, id.
Vauvray, id.
Hubert, id.
Sardet, id.
Rousset, id.
Richard, id.
Gontier, id.
Mandron, id.

Billard, gendarme.
Salmon, id.
Lasalle, id.
Decloux, id.
Guillem, id.

11ᵉ Légion.

CREUSE.

Guéret.

Saint-Germier, capitaine.
Sicard, maréchal des logis.
Walther, gendarme.
Pruchon, id.
Massot, mar. des logis.
Ducloup, gendarme.
Parenton, id.
Palier, brigadier.
Mailley, gendarme.
Dieudé, id.
Salanier, id.
Sauvannet, brigadier.
Petit, gendarme.

12ᵉ Légion.

LOT.

Cahors.

Comté Maurice du Lau, colonel, chef de légion.
Silly, chef d'escadron.
Collignon, capitaine.
Beilhon, brigadier.
Roux, gendarme.
Sarrasin, brigadier.
Blanchez, gendarme.
Dolique, id.
Détampes, maréchal des logis.
Guers, brigadier.
Berrié, maréchal des logis.

LOT-ET-GARONNE.

Nérac.

Descas, lieutenant.
Vigneau, brigadier.

GENDARMERIE IMPÉRIALE.

Boxler, gendarme.
Cazautet, id.
Lazartigues, id.
Michel, id.

AVEYRON.
Rodez.
Mancini, chef d'escadron.
Bacquet, capitaine.
Boué, maréchal des logis chef.
Jalubert, brigadier.

13ᵉ Légion.

HAUTE-GARONNE.
Toulouse.
De Fénin, chef d'escadron.
Arnaud, capitaine-trésorier.

TARN-ET-GARONNE.
Moissac.
Adam, lieutenant.

GERS.
Samatan.
Lengellé, brigadier.

14ᵉ Légion.

ARIÉGE.
Foix.
Tortat, capitaine.
Brieussel, maréchal des logis chef.
Sauzède, maréchal des logis.
Artigues, brigadier.
Cougul, id.
Lignon, id.
Assemat, gendarme.
Flajolet, id.
Macé, id.
Reich, id.

TARN.
Gaillac.
Mora, lieutenant.
Aubert, maréchal des logis chef.

Puicelcy.
Auguès, gendarme.
Galibert, id.

Cadalen.
Mercieu, gendarme.
Roques, id.

PYRÉNÉES-ORIENTALES.
Thuir.
Sablayrolles, brigadier.

Céret.
Lichtlin, capitaine.
Imbern, maréchal des logis.

Le Boulou.
Doublet, maréchal des logis.

Port-Vendres.
Delnomdedieu, brigadier.

Saint-Laurent de Cerdans.
Roquefort, gendarme.

Py.
Palasine, brigadier.

Osséja.
Anel, gendarme.
Buscaill, id.
Girvès, id.
Lelièvre, id.
Robin, id.

Fourmiguères.
Galiay, maréchal des logis.

15ᵉ Légion.

ARDÈCHE.
Saint-Pierreville.
Boutin, gendarme.

HÉRAULT.
Montpellier.
Arent, lieutenant-trésorier.
Trigit, maréchal des logis chef.

GENDARMERIE IMPÉRIALE.

Paul, maréchal des logis.
Verlaguet, brigadier.
Prade, gendarme.
Hervo, id.

Lodève.

De Bruchard, capitaine.
Fabregoulle, brigadier.
Castanet, gendarme.
Portal, id.
Durand Mathieu, id.
Lignières, id.
Savy, id.
Giraud, id.
Bousquet, brigadier.
Bertrand, gendarme.
Chalot, brigadier.
Gau, gendarme.
Guérin, id.
Cros, id.

LOZÈRE.

Mende.

Muyart de Vouglans, chef d'escadron.
Loubière, capitaine.
Telle, sous-lieutenant-trésorier.
Michaut, gendarme.

Blaymard.

Triaire, gendarme.

Châteauneuf.

Boissier, gendarme.

Marvejols.

Charvin, capitaine.

Florac.

Laussel, lieutenant.
Parisot, gendarme.

Meyrueis.

Fage, gendarme.
Picq, id.

16ᵉ Légion.

BOUCHES-DU-RHÔNE.

Marseille.

Guisse, lieutenant-colonel, chef de légion.

Aix.

Rigaud, brigadier.
Bécoulet, gendarme.
Duthu, id.

VAUCLUSE.

Orange.

Lerminier, capitaine.
Chabanne, maréchal des logis.
Cajar, gendarme.
Glasser, id.
Marmilliot, id.
Myard, id.

VAR.

Draguignan.

Frey, capitaine.
Bois, brigadier.
Carichou, gendarme.
Bonichieu, id.
Blanc, brigadier.
Hubin, gendarme.
Mayens, id.
Verdier, id.
Brignons, id.
Bernard, id.
Kindel, id.
Delcayre, id.
Leguhot, id.
Jacquat, id.
Berthelier, id.
Chapelle, maréchal des logis.
Ferru, gendarme.
Vissières, id.
Pecout, id.
Rolland, id.
Gourdon, brigadier.
Paillé, maréchal des logis.
Pradines, gendarme.
Bourgardé, brigadier.
Jouy, gendarme.
Adenot, brigadier.

GENDARMERIE IMPÉRIALE.

Dauzen, gendarme.
Bercier, *id.*
Zagala, *id*
Maille, brigadier.
Villeneuve, gendarme.
Chenel, maréchal des logis.
Trastour, brigadier.
Fayeton, gendarme.
Sens, *id.*
Aillaud, *id.*
Raillard, *id.*
Augouin, *id.*
Lequeux, brigadier.
Ragonneau, gendarme.
Jaubert, *id.*
Sève, brigadier.
Solera, gendarme.
Chabaud, brigadier.
Guizol, *id.*
Arène, *id.*
Richard, gendarme.
Hardoin, *id.*
Lux, *id.*
Brun, *id.*
Malric, *id.*

17e Légion.

CORSE.

Bastia.

Kubly, chef d'escadron.

Prunelli di Fiumorbo.

Nicolini, lieutenant.
Verdoni, maréchal des logis.
Castelli, gendarme.
Huguenot, *id.*
Quastana, *id.*
Sans, *id.*
Weyh, *id.*

18e Légion.

ISÈRE.

Grenoble.

D'Équautier, chef d'escadron.

DRÔME.

Die.

Destruel, lieutenant.
Solle, maréchal des logis.
Duterrail, gendarme.

Saillans.

Charra, brigadier.
Chaix, gendarme.
Gleize, *id.*
Martin, *id.*
Noel, *id.*

Crest.

Chanois, gendarme.
Marchand, *id.*

Bourdeau.

Crave, maréchal des logis.
Clément, gendarme.

Puy-Saint-Martin.

Orcel, brigadier.
Baver, gendarme.

Châtillon.

Luiggi, maréchal des logis.
Delort, gendarme.
Gabert, *id.*

La Motte-Chalançon.

Coupel, brigadier.

Lus-la-Croix-Haute.

Pérot, brigadier.
Silve, *id.*

La Chapelle-en-Vercors.

Brigodeau, brigadier.
Topie, gendarme.

HAUTES-ALPES.

Briançon.

Roche, maréchal des logis.
Chapellat, gendarme.
Gontard, *id.*
Mayenc, *id.*
Plume, *id.*

GENDARMERIE IMPÉRIALE.

BASSES-ALPES.

Digne.

Touchard, chef d'escadron.
Mignon, lieutenant-trésorier.
Benazet, maréchal des logis chef.
Charton, maréchal des logis adjoint au trésorier.
Codur, gendarme.
Costolier, *id.*
Chauvin, *id.*
Gruson, *id.*
Ricard, *id.*
Sanières, *id.*

La Javie.

Grevet, brigadier.
Arnoux, gendarme.
Bourde, *id.*
Martel, *id.*

Valensole.

Pinet, brigadier.
Houot, gendarme.
Icard, *id.*
Michel, *id.*
Segond, *id.*

Oraison.

Sicard brigadier.
Nevière, gendarme.

Riez.

Thiery, brigadier.

Céreste.

Broche, brigadier.

Manosque.

Codur, gendarme.
Lecomte, *id.*
Ricou, *id.*

Banon.

Grégoire, gendarme.

Allos.

Roux, brigadier.

Thoard.

André, gendarme.

Castellane.

Carrière, maréchal des logis.
Garnier, gendarme.

19ᵉ Légion.

LOIRE.

Rive-de-Gier.

Carré, lieutenant.
Larderet, maréchal des logis.
Laveille, gendarme.
Bernard, *id.*
Degand, *id.*
Kœppler, *id.*
Marchizet, maréchal des logis.
Soulalioux, gendarme.
Ecochard, *id.*
Bihl, *id.*
Finance, *id.*
Chaillet, *id.*
Aubry, maréchal des logis.
Buisson, gendarme.
Robelin, *id.*
Bertheux, *id.*
Côte, *id.*
Janot, maréchal des logis.

HAUTE-LOIRE.

Le Monastier.

Guilmin, lieutenant.

SAÔNE-ET-LOIRE.

Autun.

Bernard, gendarme.

20ᵉ Légion.

CÔTE-D'OR.

Dijon.

Blocaille, chef d'escadron.
Badez, capitaine-trésorier.
Potot, maréchal des logis adjoint au trésorier.
Geille, capitaine.
Dugé, ancien militaire.

GENDARMERIE IMPÉRIALE.

Coupé, gendarme.
Thévenin, id.
Beynaguet, capitaine.
Gautier, id.
Barot, maréchal des logis.
Bergère, sous-lieutenant.
Jolivet, brigadier secrétaire du chef de légion.
Lebault, brigadier.
Dumont, gendarme.

AUBE.

Bar-sur-Seine.

Poux, capitaine.
Pingat, gendarme.
Mathelin, id.
Duban, id.

Essoyes.

Degoy, brigadier.

Les Riceys.

Fouet, gendarme.

YONNE.

Auxerre.

Dufresne, chef d'escadron.
Petitmengin, capitaine.
Gauché, maréchal des logis adjoint au trésorier.
Jory, maréchal des logis chef.
Millet, brigadier.
Vauthier, id.
Sagot, gendarme.
Lamarche, id.
Ribault, id.
Tranchant, id.
Debaque, id.
Sicurani, id.
Passerin, id.
Gerber, id.
Bédu, id.
Voisenat, id.
Delaloge, id.
Moussot, id.
Tetard, id.

Courson.

Boiveaux, brigadier.
Schmitt, gendarme.

Mosser, gendarme.
Biéchy, id.

Ligny.

Rifaux, brigadier.
Bègue, gendarme.
Lebon, id.
Calment, id.

Saint-Florentin.

Vorbe, maréchal des logis.
Gaudry, gendarme.

Seignelay.

Viardot, brigadier.
Pathier, gendarme.

Vincelles.

Bégné, brigadier.

Vermenton.

Coutant, brigadier.
Kisschner, gendarme.

Toucy.

L'Horsot, brigadier.
Lucery, gendarme.
Caron, id.
Burgard, id.
Brodbeck, id.

Saint-Sauveur.

Menneret, maréchal des logis.
Foulet, gendarme.
Bonnet, id.
Vogien, id.
Fournier, id.
Halin, id.

Sens.

Dunesme, capitaine.

21ᵉ Légion.

DOUBS.

Besançon.

Clément, gendarme.
Grillet, id.

GENDARMERIE IMPÉRIALE.

Montbéliard.
Beuret, capitaine.
Tournier, maréchal des logis.
Haag, gendarme.

Russey.
Doizenet, brigadier.
Meunier, gendarme.
Grosjean, id.
Bouché, id.

AIN.

Bourg.
Perrin, maréchal des logis chef.

Montrevel.
Nicolet, brigadier.
Tournier, gendarme.
Dalmace, id.

Saint-Trivier de Courtes.
Cessin, brigadier.
Conrad, gendarme.

Pont-de-Vaux.
Basset, gendarme.
Goyat, id.

Saint-Laurent de l'Ain.
Voirin, brigadier.

Pont-de-Veyle.
Vernier, brigadier.
Romand, gendarme.

Logis-Neuf.
Decreux, brigadier.
Cartet, gendarme.
Poncet, id.

Pont-d'Ain.
Bernard, maréchal des logis.
Chevauchet, gendarme.

JURA.

Lons-le-Saulnier.
Valentin, chef d'escadron.
Crespin, lieutenant-trésorier.

HAUTE-SAÔNE.

Vesoul.
Hoyon, maréchal des logis.

Lure.
Populus, lieutenant.

22ᵉ Légion.

MEURTHE.

Nancy.
Toucas, chef d'escadron.
Sauvage, brigadier.

Lunéville.
Schwartz, capitaine.
Mordaing, maréchal des logis.
Aubert, gendarme.
Emond, id.

Baccarat.
Maxerat, gendarme.

Blamont.
Gy, maréchal des logis.
Didier, gendarme.
Fourot, id.
Poirot, id.
Voinot, id.

Gerbeviller.
Hanriot, brigadier.
Barroy, gendarme.
Dieudonné, id.
Pauchard, id.

Vic-sur-Seille
Vallette, gendarme.

23ᵉ Légion.

MOSELLE.

Metz.
Pellissier, brigadier.
Bouvier, gendarme.

GENDARMERIE IMPÉRIALE.

Novet, gendarme.
Fund, *id.*
Sinneger, *id.*
Aubertin, *id.*

Thionville.

Chaulet, capitaine.
Muel, maréchal des logis.

Roussy-le-Village.

Lairisse, brigadier.

Sierek.

Vincent, brigadier.
Auburtin, gendarme.

Bouzonville.

Louis, brigadier.

Sarreguemines.

Antoine, maréchal des logis.
Bruyer, gendarme.
Lapointe, *id.*
Bouvier, *id.*
Michel, *id.*
Bouchet, *id.*
Grimmé, *id.*

Rorbach.

Saltzmann, gendarme.

Wolmunster.

Loreau, brigadier.
Wagner, gendarme.
Regoine, *id.*
Vilt, *id.*

Puttelange.

Erard, brigadier.
Boucheron, gendarme.
Siebert, *id.*
Eschenbrenner, *id.*

Gros-Tenquin.

Jacques, brigadier.

Saint-Avold.

Schirmer, maréchal des logis.
Richer, gendarme.

ARDENNES.

Mézières.

Lemoine, chef d'escadron-comm.

Rethel.

Weick, capitaine.
Doméné, brigadier.

Château-Porcien.

Lucias, gendarme.

Asfeld.

Legoullon, brigadier.

Juniville.

Vilate, maréchal des logis.

Vouziers.

Orange, sous-lieutenant.
Lesage, maréchal des logis.

Attigny.

Cariton, brigadier.
Cadet, gendarme.
Viot, *id.*

Tourteron.

Valentin, brigadier.
Birot, gendarme.
Mourot, *id.*

Buzancy.

Huard, gendarme.

Monthois.

Thouvenin, brigadier.

Pauvres.

Delmarche, brigadier.

MARNE.

Epernay.

Léonard, capitaine.
Beauzemont, gendarme.

GENDARMERIE IMPÉRIALE.

24ᵉ Légion.

PAS-DE-CALAIS.

Arras.
Lesire, colonel, chef de légion.

Marquion.
Pénit, brigadier.
Carré, gendarme.
Collier, id.

Croisilles.
Roseaux, brigadier.
Camus, gendarme.
Corez, id.

Boulogne.
Charteaux, gendarme.
Putey, id.
Roux, id.

Saint-Omer.
Aubert, capitaine.

Aire.
Hivet, maréchal des logis.

Fauquembergues.
Lixon, gendarme.
Pioche, id.

Lumbres.
Paepegaey, brigadier.
Level, gendarme.
Gourdon, id.

Ardres.
Delrocq, brigadier.
Bouret, gendarme.
Claise, id.
Legrain, id.

Audruick.
Prudhommeaux, brigadier.

AISNE.

Chauny.
Sergent, maréchal des logis.
Dupuich, gendarme.

NORD.

Lille.
L'Héritier, chef de bataillon.

Armentières.
Béra, gendarme.
Chedaille, id.
Barbéconte, id.

Pont-à-Marcq.
Bonilloux, gendarme.
Marmié, id.
Louvenage, id.

Fournes.
Vrassaert, gendarme.

Dunkerque.
Monin, capitaine.
Vandersluys, gendarme.
Vandenbusch, id.
Boddaert, id.
Gille, id.
Bataille, id.

Bergues.
Coplo, maréchal des logis.
Equerre, gendarme.
Messelier, id.
Beauport, id.
Cuby, id.

Hondschoote.
Cadeau, maréchal des logis.
Foutreyn, gendarme.
Guilbert, id.
Piers, id.

Wormhoudt.
Blanckaërt, gendarme.

Watten.
Planque, brigadier.
Debergh, gendarme.

Solre-le-Château.
Wauquier, gendarme.

GARDE DE PARIS. — SAPEURS-POMPIERS. — LIGNE.

25ᵉ Légion.

HAUT-RHIN.

Folgembourg.

Sauer, brigadier.
Gack, gendarme.
Stertin, *id.*

Ferrette.

De Lafertrille, maréch. des logis.
Aubry, gendarme.
Walter, *id.*

Gendarmerie d'Afrique.

Tenez.

Mariani, lieutenant.
Ceccaldi, maréchal des logis.
Mathis, *id.*
Mauns, brigadier.
Rivière, *id.*
Cuscard, gendarme.
Dufour, *id.*
Fleury, *id.*
Guéraud, *id.*
Millerot, *id.*
Muyard, *id.*
Nogier, *id.*
Tardos, *id.*
Thevenot, *id.*
Tinterenier, *id.*

GARDE DE PARIS.

Thory, chef d'escadron.
Tellier, capitaine.

SAPEURS-POMPIERS.

6ᵉ *Compagnie.*

Sève, lieutenant.

INFANTERIE DE LIGNE.

1ᵉʳ Régiment.

Verdun.

O'Farrell, colonel.
Rambaud, capitaine-trésorier.

Bar-le-Duc.

Hulleu, capitaine adjud.-major.
Laloi, sous-lieutenant.
Lahay, caporal.
Michard, *id.*
Rebours, *id.*
Riff, fusilier.
Suchet, *id.*

Montmédy.

Le Borgne, sergent-major.
Cardon, sergent-fourrier.
Vignais, sergent.
Thomas, caporal.
Demailly, fusilier.
Margainé, *id.*
Valin, *id.*

2ᵉ Régiment.

Lyon.

Levy, colonel.
Luccioni, capitaine.
Bourgeois, lieutenant.
Brisset, *id.*
Fortier, *id.*
Lallemand, *id.*
Scamaroni, *id.*
Gorincourt, sous-lieutenant.
Leroux, *id.*, adj. au trésorier.
Wickell, *id.*, porte-drapeau.
Pierre, sous-chef de musique.
Douce, adjudant sous-officier.
Courcier, sergent-major.
D'Héliand, *id.*
Henneing, *id.*
Lajous, *id.*
Lecouflet, *id.*
Miégeville, *id.*
Préla, *id.*
Rang, *id.*
Borderit, sergent.
Graziani, *id.*
Joly, *id.*
Morion, *id.*
Perroy, *id.*
Peugnet, *id.*
Renoux, *id.*
Schneider, *id.*
Chotin, sergent-fourrier.

INFANTERIE DE LIGNE.

Clément, sergent-fourrier.
Duban, *id.*
Cestre, caporal.
Colonna d'Istria, *id.*
Fonds, *id.*
Loth, *id.*
Roth, *id.*
Sauzé, fusilier.

Condé.

Théron, major.
Cavellini, adjudant sous-officier.
Barthélemy, *id.*
Lavoine, sergent-major.
Huet, *id.*
Scamaroni, *id.*
Stocky, *id.*
Tartarin, *id.*
Meunier, sergent.
Savarin, *id.*
Boucheny, caporal.
Cavellini, *id.*
Champaux, *id.*
Mabille, *id.*

3ᵉ Régiment.

Bayonne.

Nicolaï, colonel.
Ernst, chef de musique.
Dissard, sous-lieutenant.

4ᵉ Régiment.

Montpellier.

Lebrun, colonel.
De Ruthie, chef de bataillon.
Chevrier, lieutenant.
Laubiou, *id.*
Pailloux, *id.*
Pravaz, *id.*
Testelin, *id.*
Maurel, sous-lieutenant.
Rimbaud, *id.*
Caisso, adjudant sous-officier.
Marche, sergent-major.
Troncosso, *id.*
Yron, *id.*
Auboin dit Chauvel, sergent.

Bonniquet, sergent.
Chevalier, *id.*
Delastre, *id.*
Labalette, *id.*
Lacave, secr. de l'off. pay., *id.*
Lafaille, *id.*
Laleman, *id.*
Maillot, *id.*
Martin, sergent.
Rouault, *id.*
Sinoquet, *id.*
Quilet, *id.*
Cholet, sergent-fourrier.
Lannes, *id.*
Lemoing, *id.*
Loze, *id.*
Boucher, caporal.
Breuvart, *id.*
Cosnard, *id.*
Kersaudy, *id.*
Leclerc, *id.*
Mielle, *id.*
Renaud, *id.*
Schauner, *id.*
Sebileau, *id.*
Gras, grenadier.
Martin, fusilier.

Tulle.

Deleuze, chef de bataillon (2 ex.).
Aujol, caporal.

5ᵉ Régiment.

Lille.

De Saint-Jore, capitaine.
Coderch, adjudant sous-officier.
De Berthe, sergent-major.
Boutet, *id.*
Cazalé, *id.*
Clavet, *id.*
Devaux, *id.*
Duchène, *id.*
Quévrain, *id.*
Maillard, *id.*
Médus, *id.*
Léger, 1ᵉʳ secrétaire, *id.*
Baumgartner, sergent.
Coste, *id.*
Doyez, *id.*

INFANTERIE DE LIGNE.

Gane, sergent.
Gilibert, id.
Jégou, id.
Maury, id.
Mourgues, id.
Nodiot, id.
Salières, id.
Sicre, id.
Soubeyran, id.
Valleraux, id.
Aymez, sergent-fourrier.
Bazard, id.
Dufour, id.
Puiq, id.
Rambois, id.
Martin, musicien.
Huon, caporal.

6ᵉ Régiment.

Lyon.

De La Bastide, lieutenant-colonel.
Comte (2 ex.), médecin-major.
Cognès, capitaine.
Cristofini, sergent-major.

7ᵉ Régiment.

Paris.

Filhol de Camas, lieut.-colonel.
Avril de L'Enclos, chef de batail.

Dijon.

Blanchet, major.
Cathala, chef de bataillon.
Lemonnier, capitaine adj.-major.
Debras, capitaine-trésorier.
Haffner, capitaine.
Nottet, id.
Vitre, id.
Gérard, sous-lieutenant.
Wagner, id.

Grenoble.

Coudrier, lieutenant, recrutement de l'Isère.

8ᵉ Régiment.

Lille.

Chalon, colonel.
Berthau Duchesne, chef de bat.
Gaucher, id.
Dargenton, major.
D'Agnel de Bourbon, capitaine adjudant-major.
Bibliothèque du corps.
Battisti, capitaine.
Déjou, id.
Labadie, id.
Mareux, id.
Poirson, lieutenant.
Dupré, sous-lieutenant.
Termet, id.
Crouzet, sergent.
Duburg, id.
Santa-Maria, id.
Fortoul, fourrier.
Lasserre, id.
De La Martinière, caporal.
Payen, id.

9ᵉ Régiment.

Mézières.

Supervielle, lieutenant-colonel.
Coursol, capitaine.
Ruffat, id.
Leblanc, lieutenant.
Vincent, id.
Doublet, sous-lieutenant.
Florence, sergent-major.
Hourriez, id.
Allex, sergent.
Böhm, id.
Malègue, id.
Ranouil, id.
Rivière, id.
Gabanou, sergent-fourrier.
Masson, id.
Dugard, caporal.
Gobet, id.
Pelletier, id.
Perrat, id.
Bloch, voltigeur.
Duval, id.
Grenet, id.

INFANTERIE DE LIGNE.

Martin, voltigeur.
Beauquis, fusilier.
Lacaille, id.
Langevin, id.
Lorphelin, id.

10ᵉ Régiment.

Fort de Romainville.

De la Serre, colonel.
Puechegut, officier-payeur.
Woll-Moreau, médecin-major.
Schwartz, chef de musique.
Aubry, capitaine.
De Champmorin, id.
Marié, id.
Munier, id.
Perrin, id.
Poulizac, id.
Roy, id.
Termes, id.
Arrazat, lieutenant.
Bernard, id.
Buisson, id.
Chocmel, id.
Dreyspring, id.
Dufourcq, id.
Remy, id.
Teulade, id.
Delorme, sous-lieutenant.
Horem, id.
Volpajola, id.

11ᵉ Régiment.

Paris.

Gelly de Montcla, colonel.

Périgueux.

Marmouget, sergent-fourrier.
Bourgeois, caporal-fourrier.
D'Arbo, fusilier.

12ᵉ Régiment.

Toulon.

Boyer, chef de bataillon.

Cette.

Huet, lieutenant.
Lenoir, sous-lieutenant.
Dintherr, sergent-major.
Thiel, id.
Tribolet, id.
Hermange, fourrier.
Cudennec, sergent.
Boula, caporal.
Judeaux, id.
Talobre, id.

13ᵉ Régiment.

Caen.

Deymié, chef de bataillon.
Rolland, capitaine adj.-major.
Malteau, id.
Mercier, officier-payeur.
Bartre, capitaine.
Castan, id.
Chaussade, lieutenant.
Crepel, id.
Coltelloni, sous-lieutenant.
De Salette, id.
De La Tour du Pin Chambly, id.
Queyrel de La Charce, id.
Faux, adjudant sous-officier.
Olivè, id.
Richard, id.
Grangier, sergent-major.
Gresse, id.
Lartigue, id.
Maëstracci, id.
Queyrel, id.
Gillet, sergent.
Lemaistre, id.
Méléard, id.
Motais, id.
Rocher, id.
Allard, sergent-fourrier.
Chalandre, id.
Klein, id.
Paul, id.
Raguet, id.
Collignon, caporal.
Gambier, id.
Goblet, id.
Guèze, id.
Laugier, id.

INFANTERIE DE LIGNE.

Lecoat, caporal.
Pernet, *id.*
Rabier, *id.*
Schaller, *id.*
Curé, clairon.
Dominé, voltigeur.
Fournier, *id.*
Présoir, *id.*
Rieu, *id.*
Guerard, fusilier.

Laon.

Gandouard de Magny, chef de bat.
Boyer, capitaine.
Laurent, *id.*
Hudiart, lieutenant.
Raynaud, sergent-major.
Boin, sergent.
Castanet, *id.*
Saupique, *id.*
Lebel, caporal.
Leneveu, *id.*
Mercier, *id.*
Dubreuil, fusilier.

14° Régiment.

Belfort.

De Négrier, colonel.
Bibliothèque du Régiment.
Bruneau, capitaine.

15° Régiment.

Lyon.

Guérin, colonel.
De Tryon, lieutenant-colonel.
Cholet, officier-payeur.
Pernot, capitaine.
Telmat, *id.*
Mairet, lieutenant.
Du Mesniladelée, sous-lieutenant.

Saint-Etienne.

Scheffer, lieutenant.

Nevers.

Bourgeois, sergent.

16° Régiment.

Dunkerque.

De Chargère, colonel.
Paul, chef de bataillon.
Thomas, capitaine adjudant-major.
Danteuille, capitaine.
Gravelle, *id.*
Lamothe, *id.*
Peyssonnié, *id.*
Delval, lieutenant.
Fauveau, *id.*
Meunier, *id.*
Darré-Libaros, sous-lieutenant.
Malaval, *id.*
De Palats, *id.*
Dupré, adj. sous-officier.
Laffont, sergent-major.
Caujolle, sergent.
Chatain, *id.*
Danton, *id.*
Guénin, *id.*
Kieffer, *id.*
Paolantonnacci, *id.*
Redon, *id.*
Bozzi, sergent-fourrier.
Dumanchin, *id.*
Mosser, caporal sapeur.
Beaussart, caporal.
Mallecot, *id.*
Tramoni, *id.*
Jigué, grenadier.
Bruneau, fusilier.
Briard, *id.*
Debray, *id.*
Philippe, *id.*

17° Régiment.

Charenton.

Tassini, chef de musique.

Caen.

Daram, chef de bataillon.
Chevillon, major.
Ringuet, capitaine.
Fans, sergent-major.
Liebault, *id.*
Pacquey, *id.*

INFANTERIE DE LIGNE.

Richard, sergent-major.
Zomain, *id.*
Achard, sergent.
Monmarson, fourrier.

18ᵉ Régiment.

Lyon.

Bonnet, serg.-maj. vaguemestre.

Draguignan.

Doussot, capitaine adjudant-major.
Floury, capitaine-trésorier.
Debray, capitaine.
Bouve, lieutenant.
Duvernoy, *id.*
Savouret, *id.*
Berque, sous-lieutenant.
Gressien, *id.*
Hugues, *id.*
Roziez, *id.*
Walter, *id.*
Didot, adjudant sous-officier.
Baillet, sergent-major.
Bursin, *id.*
Fabre, *id.*
Guy, *id.*
Marchet, *id.*
Prévot, sergent.

19ᵉ Régiment.

Angers.

Guignard, colonel.
Lacretelle, lieutenant-colonel.
Ionard, officier-payeur.
École régimentaire.
Weissler, s.-lieut. porte-drapeau.
De Saint-Preux, sous-lieut. d'état-major.
Nicou, chef de musique.
Deupès, capitaine.
Balay, lieutenant.
Biéhler, *id.*
Cassagne, *id.*
Frisson, *id.*
Labatut, *id.*
De Pierrebourg, *id.*

Saint-Marc, lieutenant.
Scherrer, *id.*
Spézino, *id.*
De Beurmann, sous-lieutenant.
Clerin, *id.*
Illig, *id.*
Simon, *id.*
Tramond, *id.*
Veron, *id.*
Labatut, sergent-major, vaguemestre.
Baillard, sergent-major.
Delamarche, *id.*
Raison, sergent-secrétaire.
Boyer, sergent.
Loaisel Dupaty, *id.*
Minard, *id.*
Prignot, *id.*
Schickling, *id.*
Domenjon, fourrier.
Lusinchi, *id.*
Mondoré, *id.*
Heu, grenadier.
Philippot, *id.*
Bonneaure, fusilier.

20ᵉ Régiment.

Paris.

Orianne, colonel.
Delahaye, médecin-major.
Aubert, capitaine.
Cusset, *id.*
Dufau, *id.*
Hoffmann, *id.*
Lamborot, lieutenant.
Rouanet, *id.*
Orlanducci, *id.*
Bonnet, sergent-major.
Flambard, *id.*
Gauger, *id.*
Castedoat, sergent-fourrier.
Grisval, *id.*
Bonnefont, sergent.
Mercadiès, *id.*
Roussel, caporal.

Péronne.

Cheuret, major.
Hébrard, chef de bataillon.

INFANTERIE DE LIGNE.

Deniau, adjudant.
Amour, sergent-major.
Lassagne, id.
Illig, id.
Peyret, id.
Raymond, id.
Rousselet, id.
Roussillon, sergent.

21° Régiment.

Perpignan.

Lefèvre, colonel.
Bigot, chef de bataillon.
Adema, capitaine.
Blateau, id.
Cirlot, id.
Courechelongue, id.
Pittié, id.
De Raïssac, id.
Cazin, lieutenant.
Flassayer, id.
Guilbart, id.
Lelièvre, id.
Mathieu, id.
Quenot, id.
Rosenberg, id.
Allain, sous-lieutenant.
Deslandes, id.
Duverger, id.
Gennardi, id.
Martin, id.
Thomas, id.
Vimont, id.
Vidal, adjudant.
Hardouin, sergent-major.
Marie, id.
Massard, id.
De Pontcharra, id.
Chambard, tambour-major.
Aubert, sergent.
Chapoy, id.
Florimont, id.
Guilleminot, id.
Helgen, id.
Pelouze, id.
Queval, id.
Baisser, sergent-fourrier.
Bernard, id.
Faivre, id.

Viginet, sergent-fourrier.
Duverger, caporal.

23° Régiment.

Milianah.

Lecointe, chef de bataillon.

Rodez.

Wolff, major.
Wallart, capitaine.
Fiant, sergent-major.
Guého, id.
Besson, sergent.
Briet, id.
Karcher, id.
Pouchauvin, id.
Sanc, id.
Surer, id.
Tessier, id.
Jourdain, sergent-fourrier.
Lamaligne, id.
Boucher, caporal.

24° Régiment.

Perpignan.

Tellier, officier payeur.
Moussu, médecin-major.
Steckel, capitaine.
Crémieux, adjudant.

25° Régiment.

Rome.

Peralo, chef de bataillon.
Bibliothèque du régiment.
Pilliard, chef de musique.
Blaizot, capitaine.
Caruel, id.
Zacconi, id.
Bossand, lieutenant.
De Fouchier, id.
Latour, id.
Noël, sous-lieutenant.
Rondot, id.

INFANTERIE DE LIGNE.

Blettel, chef armurier.
Bonnefoy, sergent-major.
Lezla, *id.*
Mizon, *id.*
Vadoz, *id.*
Répin, *id.*
Bayle, sergent.
Germain, *id.*
Illig, *id.*
Joigny, *id.*
Lauzin de Rouville, *id.*
Manceau, *id.*
Prunet, *id.*
Rameaux, *id.*
Calvet, fourrier.
Vicel, *id.*
Holleville, caporal.
Marjollet, *id.*
Boucard, *id.*
Beaulieu, fusilier.
Cantau, *id.*
Chauvet, *id.*
Guimard, *id.*
Nourrin, *id.*
Pailhé, *id.*
Démons, tambour.

Artes.

Bibliothèque.
Mouy, lieutenant.
Archer, sergent.
Bouvier, *id.*
Maginot, *id.*
Rivolier, *id.*
De Chaptal, fourrier.
Berranger, caporal.
Ferron, *id.*
Montaut, *id.*
Retraint, *id.*
Viala, *id.*
Villaret, *id.*

20° Régiment.

Montélimart.

Richebourg, chef de bataillon.
Marot, capitaine-trésorier.
Beaumont, officier-payeur.
Deltour, porte-drapeau.
Haulon, capitaine.

Lagriffoul (Jean), capitaine.
Lamy, *id.*
Parent, *id.*
Chazal, lieutenant.
Faure, *id.*
Lagriffoul (Barthélemy), *id.*
Legrand, *id.*
Rose, *id.*
Texier, *id.*
Bischoff, sous-lieutenant.
Carret, *id.*
Caut, *id.*
De Labarrière, *id.*
Reboul, *id.*
Regnaud, *id.*
Dany, sergent-major.
Lefranc, sergent-fourrier.

29° Régiment.

Le Havre.

Michel, colonel.
Hutet, capitaine adjudant-major.
Monnot, capitaine-trésorier.
Tétard, *id.* d'habillement.
Doreau, lieutenant d'état-major.
Gonnon, capitaine.
Merlot, *id.*
Treilles, *id.*
Scatelli, lieutenant.
Monnot, sous-lieutenant.

Rouen.

Houëbre, chef de bataillon.
Dumont, sous-lieutenant.
Bleoin, sergent.

Elbœuf.

Blanquet de Rouville, chef de bat.

31° Régiment.

Strasbourg.

De Maud'huy, colonel.
Huguet, lieutenant-colonel.
Jaluzot, capitaine adjudant-major.
Coard, chef de musique.
Brepsent, musicien.
Marcoux, *id.*

INFANTERIE DE LIGNE.

Moutton, musicien.
Cuzeau, sergent.
Baillot, caporal.
Coltat, id.
Martinot, id.

32° Régiment.

Soissons.

Quinemant, major.
Bury, capitaine-trésorier.
Alaine, capitaine d'habillement.
Guioth, lieutenant d'état-major.
Cotté, porte-drapeau.
Sarnette, chef de musique.
Béranger, capitaine.
Bernaud, id.
César, id.
Guerinel, id.
De Saint-Phalle, id.
Baudrey, lieutenant.
Cauvin, id.
Franque, id.
Joly, id.
Lèbre, id.
De L'Escale, id.
Malcor, id.
Remy, id.
Arminot, sous-lieutenant.
Bonjean, id.
Desormais, id.
Herwynn, id. détaché à l'école du tir de Vincennes.
Herrewyn id.
Lacondamine, id.
Lachaume, adjudant sous-officier.
Chaumeil, sergent-major.
Fombertaux, id.
Leroux, id.
Boulin, sergent.
Blanquet, id.
Caillet, id.
Courtade, id.
Giraud, id.
Petit, id.
Roure, id.
Ségur, id.
Spaëth, id.
Spitalier, id.
Viel, id.

Cagnet, sergent-fourrier.
Héguin de Guerle, id.
Dubois, caporal.
Gagé, id.
Laurent, id.
Lecomte, id.
Mossan, id.
Olié, id.
Sieber, id.
Villedieu, id.
Wolff, id.

33° Régiment.

Besançon.

Daudel, lieutenant-colonel.
Huet, capitaine adjudant-major.
Faure, capitaine-trésorier.
Leclaire, porte-drapeau.
Beaudisson, lieutenant.
Carbuccia, id.
Delpoux, id.
Walgenbach, id.
André, sous-lieutenant.
Berthe, id.
De Lacomble, id.
Lambert, adjudant.

34° Régiment.

Briançon.

Gibon, lieutenant d'état-major.
Auguste, sergent-major.
Leclaire, sergent-fourrier.
Bea, sergent.
Boisseau, id.
Boulleau, id.
Camazt, id.
Suffert, id.

Langres.

Bonnard, capitaine adj.-major.
Gattaut, capitaine-trésorier.
Pottier, capitaine.
Bühler, lieutenant.
Mas, sous-lieutenant.
Vasseur, id.

INFANTERIE DE LIGNE.

35ᵉ Régiment.

Fort de Noisy.

Metman, colonel.
Sanglé-Ferrière, lieut.-colonel.
Durrieu, major.
Bergeret, capitaine.
Frenet, id.
Genet, id.
Lepert, id.
Levallois, id.
Mathieu, id.
Couillet, lieutenant.
Guilbert, id.
Kientzler, id.
Laurent, id.
Ithuralde, sous-lieutenant.
Lepellerin, id.
Prax, id.
Quilhot, id.
Worms, id.
Leclerc, adjudant.
Chamayou, sergent-major.
Champy, id.
Déroche, id.
Deschamps, id.
Eck, id.
Frohlich, id.
Harbemont aîné, id.
Harbemont jeune, id.
Savard, id.
Arnold, sergent.
Bocquet, id.
Chevillet, id.
Gautier, id.
Gimpel, id.
Lamothe, id.
Monnier, id.
Morel, id.
Nappey, id.
Quiney, id.
Rameaux, id.
Rouillon, id.
Saint-Lup, id.
Sautet, id.
Séguin, id.
Schmitt, id.
Vuillin, id.
Yotch, id.
D'Adhémar de Cransac, serg.-four.
Castéra, id.
Fabra, id.
Hement, sergent-fourrier.
Imbault, id.
Nicoïd, id.
Roy, id.
Annet, caporal.
Coureau, id.
Delaitre, id.
Descorps, id.
Durand, id.
Esmerit, id.
Gaborit, id.
Heitz, id.
Lambolez, id.
Léger (Oscar), id.
Machet, id.
Pedemagnon, id.
Pellet, id.
Prunac, id.
Petitjean, grenadier.
Pintard, fusilier.

36ᵉ Régiment.

Valenciennes.

Rispal, capitaine-trésorier.
Barrère, sergent-major.
Bayé, id.
Bourgoin, id.
Chrysostome, id.
Dupré, id.
Ganthaume, id.
Husson, id.
Ponteney-Fontête, id.
Rielle, id.
Terrier, id.
Thiébaut, id.
Tournaire, id.
Briquet, sergent.
Delaporte, id.
Gonin, id.
Lacroix, id.
Michely, id.
Mougin, id.
Petit, id.
Pouly, id.
Richer, id.
Ville, id.
Bourguignon, fourrier.
Georges, id.
Lemasson, id.

INFANTERIE DE LIGNE.

37° Régiment.
Saintes.

Toustain, major com. le dépôt.
David, aide-major.
Courapied, sergent-major.
Revol, sergent.

38° Régiment.
Lorient.

Lardier, colonel.
Ruelle, capitaine-trésorier.

39° Régiment.
Paris.

Arnould, officier-payeur.
Berveiller, lieutenant.
Desbarbieux, id.
Béranger, sous-lieutenant.
Collot, id.
Gache, id.
Grandjean, id.
Maguin, id.
Parisot, id.
Taillard, id.
Vallière, id.

Le Quesnoy.

Pin, major.
Schmidt, capitaine-trésorier.
Cerf, capitaine.
Labarre, id.
Noirclerc, id.
Sardine, id.
Collignon, lieutenant.
Liégé, id.
de Rinéville, id.

40° Régiment.
Narbonne.

Foucher, chef de bataillon.
Baco, capitaine.
Dutheil, id.

Nougaret, capitaine.
Baudouin, lieutenant.
Cappon, id.
Contaud, id.
Commis, id.
Pezet, id.
Barbié, sous-lieutenant.
Coulon, id.
Grip, id.
Millé, id.
Tissot, id.
Mercatbide, sergent-major.

41° Régiment.
Angoulême.

Brézillon, capitaine-trésorier.
Jacquemin, médecin aide-major.
Coloni, capitaine.
Poupain, id.
Bit, lieutenant.
Combelle, id.
Gardey, id.
Normandie, id.
Saunière, id.
Daubian, sous-lieutenant.
Mazeyrac, id.
Verdun, id.
Henry, sergent-major.
Chataigner, sergent.
Guyot, id.
Picardeaux, id.
Thomas de Laborde, id.
Vidal, id.
*Bellard, fusilier.

42° Régiment.
Cherbourg.

Chaumard, sergent-major.
Piquée, id.
Stirnling, id.
Toussaint, id.
Cahen, sergent-fourrier.
Chapuis, id.
Kelsen, sergent.

Granville.

Aubry, chef de bataillon.

INFANTERIE DE LIGNE.

Girardot, capitaine.
Cognô, lieutenant.
Moret, id.
Bauer, sous-lieutenant.
Buffault, id.
Lemoine, adjudant sous-officier.
Jeanbart, sergent-major.
Limoges, id.
Blanrue, sergent-fourrier.
Valance, id.
Corrion, sergent.
Denis, id.
Godefroy, id.
De La Soudière, id.
Orbann, id.
Parlier, id.
Mathis, caporal.
Bonamy, voltigeur.

43e Régiment.

Mâcon.

Broutta, colonel.
Bouquier, major.
Alexandre, cap. adj.-major.
Place, capitaine-trésorier.
Breau, s.-lieu. (adj. au trésorier).
Lelouis, médecin-major.
Arnout, capitaine.
Charmes jeune, id.
Cornille, id.
Longeaud, id.
Meissonnier, id.
Dautrement, lieutenant.
Marotte, id.
d'Adhémar, sous-lieutenant.
Guesle, id.
Epp, adj. sous-officier.
Claverie, sergent-major.
Cornu, id.
Denis, id.
Morozzani, id.
Perroux, id.
Torné, id.
Baurès, sergent-fourrier.
Horry, id.
Leca, id.
Saubusse, id.
Arnould, sergent.
Chardon, id.

Claquin, sergent.
Ekenfelder, id.
Fiol, id.
Forelle, id.
Gallerand, id.
Lafaille, id.
Lagarrigue, id.
Monnet, id.
Raz, id.

44e Régiment.

Thionville.

Lavoignet, chef de bataillon.
de Casabianca, capit.-trésorier.
Dunand, id.
Gaspart, id.
Josse, id.
Bellanger, lieutenant.
Guillot, id.
Mignucci, sous-lieutenant.

45e Régiment.

Marseille.

Wattelin, major.
Aubry, adj. sous-officier.
Crougneau, id.
Chahuet, sergent-major.
Davin, id.
Dombey, id.
Dubousquet, id.
Hæcker, id.
Lazard, id.
Dupeyron, fourrier.
Petit, caporal.

46e Régiment.

Paris.

Labbe, lieutenant.
Martinet, id.
Macaire, s.-lieut. (adj. au trésorier).
Orsay, sergent.

Pau.

Fessy, capitaine.

INFANTERIE DE LIGNE.

Savary, sous-lieutenant.
Leclert, *id.*
Hulot, adjudant sous-officier.
Brédif, sergent-major.
Lejeune, *id.*
Guyot, sergent-fourrier.
Lamboley, *id.*
Pérot, *id.*
Joband, caporal.
Laffitte, *id.*

47° Régiment.

Fort de Nogent.

Belbeoch, lieutenant.
Duport, *id.*

Grenoble.

Aubertin, major.
Girard, capitaine.
François, lieutenant.
de Liabé, *id.*
Spickert, *id.*
des Ulmes, sous-lieutenant.
Duval, adjudant sous-officier.
Delaunay, sergent-major.
Revel, *id.*
Torreilles jeune, *id.*
Brancaléoni, sergent.
Lemée, *id.*
Maraud, caporal tambour.
Kipp, caporal.
Michel, *id.*
Noirot, *id.*
Otler, *id.*

48° Régiment.

Périgueux.

Chicandard, lieutenant.
Goyer, *id.*
Berdet, sous-lieutenant.
Gabarou, *id.*
Schmit, adjudant.
Durot, sergent-major.
Soldner, *id.*
Beaux, sergent.
Evrain, *id.*
Fournier, *id.*

Jozon, sergent.
Marceuil, *id.*
Galbié, musicien.

Agen.

Amadieu, chef de bataillon.

Dieppe.

Vuillet, major.
Galinier, capitaine-trésorier.
Buron, capitaine.
Lallemand, *id.*
Mastranchard, *id.*
de Susbielle, *id.*
André, sous-lieutenant.
Gallacier, sergent-major.
Matthieu, *id.*
Taton, *id.*
Bourne, fourrier.
Nicolle, caporal tambour.
Monier, fusilier.

Digne.

Mésaix, lieutenant employé au recrutement des Basses-Alpes.

50° Régiment.

Paris.

Nicolas Nicolas, colonel.
Moreno, lieutenant-colonel.
Heraud, chef de bataillon.
Besnier, cap. faisant fonctions de major.
Beaufort, capitaine.
Bégaud, *id.*
Busquet, *id.*
Desplas, *id.*
Desroches, *id.*
Poireau, *id.*
Ragon, *id.*
Renault, *id.*
Rouault, lieutenant.
Vallet, *id.*
Dorguin, sous-lieutenant.
Schaffesey, sergent-major.
Fernet, *id.*
Lambert, *id.*
Savaria, *id.*
Nicolas, sergent.

INFANTERIE DE LIGNE.

Boehler, sergent.
Keller, id.
Pujade, id.
Bocquet, caporal.
Epiard, id.
Verjus, id.

Cherbourg.

Beaumont, adjudant.
Defère, sergent-major.
Fortier, id.
Herriot, id.
Heranné, fourrier.
Lepercq, id.
Henrion, caporal.

51º Régiment.

Pau.

Jossé, colonel.
Joannès, capitaine.
Nisard, id.
Pinaud, id.
Trinité, lieutenant.
Barbier, sous-lieutenant.
Descoubès, id.
Meurgey, sous-chef de musique.
Darquier, sergent-major.
Imbert, id.
Laville, id.
Onion, id.
Buhot-Launay, sergent-fourrier.
Carbonneil, id.
Brez, sergent.
Semet, musicien.
Graff, caporal.

Alençon.

Vintrignier, major.
Levé, médecin aide-major.
Lamour, cap. adjudant-major.
Ramez, cap. d'habillement.
Delate, capitaine.
Landry, id.
Lasserre, id.
Simoni, id.
Tritschler, id.
Benedetti, lieutenant.
Fillion, id.
Pierrard, id.

Belleville, sous-lieutenant.
Bourgeois, sergent-major.
Chastan, id.
Giraud, id.
Leroy, id.
Auvray, sergent.
Bellonnet, id.
Calvet, id.
Carême, id.
Clément, id.
Fuzat, id.
Menard, id.
Revy, id.
Vallès, id.
Vanson, id. secrétaire du trésorier.
Chelles, sergent-fourrier.
Dumonteil, id.
Rogos, id.

52º Régiment.

Lyon.

de Capriol, colonel.
Lonchamp, chef de bataillon.
Maissner, capitaine.
Candy, lieutenant.
Lega, id.
Nicard, id.
Renaud, id.
Denis, sous-lieutenant.
Perrot, id.
Eymard, sergent-major.
Henri, id.
Mathieu, sergent-fourrier.
Corcelot, id.
Larqué, sergent.
Métadieu, id.
Thouvenel, id.

Briançon.

Cléramboust, méd. aide-major.
Arcansola, lieutenant.
Roques, id.
Halley, sous-lieutenant.
Lavêne, id.

Grenoble.

Laurens, lieutenant, officier d'ordonnance du général.

INFANTERIE DE LIGNE.

54e Régiment.

Tlemcen.

Martineau des Chesnez, colonel.
d'Arricau, lieutenant-colonel.
Boyer de Rebeval, chef de batail.
Lechesne, cap. adjudant-major.
Guilbert, officier-payeur.
Labrousse, capitaine.
Lacoste, *id.*
Girard, *id.*
Beyer, lieutenant.
Mangeot, *id.*
Bertal, *id.*
Hervé, sous-lieutenant.
de Lavergne, *id.*
Elissambure, segent-major.
Anatole de Bonneuil, sergent.
des Cressonnières, sergent.
Berger, caporal.
Dunan, *id.*

Foix.

Baudouin, fourrier.
Latrade, *id.*
Rayeur, *id.*

56e Régiment.

Gap.

Briois, major.
Bessières, capitaine.
Lequien, *id.*
Moret, *id.*
de Woillemont, *id.*
Bréchin, lieutenant.
Tisnard, sous-lieutenant.
Béguin, sergent-major.
Chieze, *id.*
Desbaines, *id.*
Feret, *id.*
Giraud, *id.*
Bourgeois, sergent-fourrier.
Lombardet, *id.*
Mesmer, id.
Bourgès, sergent.
Cuppe, *id.*
Dupinet, *id.*
Gourillon, *id.*
Magnat, *id.*

Mario, sergent.
Pelletier, *id.*
Putegnat, *id.*
Pujol, sergent.
Clamens, maître tailleur.
Clivier, fourrier.
Bessierel, caporal.
Chardenot, *id.*
Darcy, *id.*
Dupuy, *id.*
Fontaine, *id.*
Humbert, *id.*
Lafeuillade, *id.*
Lévêque, *id.*
Loiseau, *id.*
Talmot, *id.*
Viney, *id.*
Machat, voltigeur.
Bouchet, fusilier.
Gambey, *id.*
Rousseau, *id.*

Alger.

Doens, colonel.
Mouton, officier-payeur.
Auffret, porte-drapeau.
Luizy, capitaine.
Branlard, lieutenant.
Bourcard, sous-lieutenant.
Chaumet, *id.*
Cuénot, sergent-major.
Cullieret, sergent.
Daverdoing, caporal.
Roche, *id.*
Carré, musicien.
Chevalier, *id.*
Gandener, *id.*
Juste, *id.*
Darton, fusilier.
Quiniou, *id.*
Vasserot, *id.*

57e Régiment.

Lyon.

Huc, colonel.
Noël, lieutenant-colonel.
Lacarcet, capitaine adj.-major.
Hudelot, officier payeur.
Loth, chef de musique.

INFANTERIE DE LIGNE.

Bodin de Digeon, capitaine.
Brémond, id.
Le Mains, id.
Peyroulet, id.
Balat, lieutenant.
Blanchard, id.
Bourguignon, id.
Carpentier, id.
Christman, id.
D. Mendy, id.
J. Mendy, id.
Mourot, id.
Pastre, id.
Amade, sous-lieutenant.
Gauthier, id.
Henry, id.
Pierron, id.
Rahou, id.
Rhem, id.
Rossignol, id.
Gavel, adjudant.
Vignon, id.
Allier, sergent-major.
Berger, id.
Bourret, id.
Bureau, id.
Eymain, id.
Finot, id.
Grimaud, id.
Guillemin, id.
Marchal, id.
Mellet, id.
Moncamp, id.
Docq, sergent-fourrier.
Arrieu, sergent.
Avenati, id.
Babey, id.
Charlin, id.
Isaac, id.
Jacquet, id.
Knol, id.
Lefougère, id.
Maigre, id.
Thieuloup, id.
Brohan, caporal-fourrier.
Vigneulle, fusilier.

Grenoble.

Houry, major.
Paquy, capitaine-trésorier.
Abit, capitaine.
Graffigny, id.

Kreitzer, capitaine.
Lemor, id.
Dubois, lieutenant.
Chaillier, sous-lieutenant.
Lemoine, id.
d'Ozouville, id.
Guillemin, adjud. sous-officier.
Lecordier, sergent-major.
Holterbach, sergent.
Huot, id.
Petit, id.
Segay, id.
Surles, id.
Feugier, caporal-fourrier.
Benoît, caporal.
Bernardini, id.
Brunet, id.
Dubié, id.
Frézet, id.
Grenier, id.
Jacob, id.
Jeannin, id.
Lucchini, id.
Keller, id.
Sémat, id.
Barbe, voltigeur.
Dréano, id.
Ladrone, id.
Buisson, fusilier.
Chabert, id.
Roger, id.

58ᵉ Régiment.

Marseille.

de La Salle, colonel.
de Houlbée, lieutenant-colonel.
Morcrette, chef de bataillon.
Coutrest, capitaine.
Lauret, id.
Chataignier, id.
Duverdier, lieutenant.
Parra, id.
Ricard, id.
Tapiau, id.
Bouscatié, sous-lieutenant.
Daguillon, id.
Galtier, id.
Janson, id.
Pellerin, id.

INFANTERIE DE LIGNE.

Leclerc, adjudant sous-officier.
Cabaret, id.
Barbon du Cluzel, sergent-major.
Bernard, id.
Lafon, id.
Saint-Ellier, id.
Xixonnet, id.
Gachot, sergent-fourrier.
Pavillard, id.
Tartaroli, id.
Abric, sergent.
Andrieu, id.
Deluc, id.
Lemaire, id.
Martre, id.
Petitier, id.
Py, id.
Bergasse, musicien.
Cléonienne, id.
Marillier, id.
Restes, id.
Richer, id.
Thomazeau, id.
Tisseyres, id.
Foutry, caporal.
Grand, id.
Lafeuillade, id.
Molosse, id.
Petit, id.
Sauce, id.

60ᵉ Régiment.

Uzès.

Seatelli, chef de bataillon.
Aussillous, capitaine.
Cristofini, id.
Poux, id.
Dumas, sous-lieutenant.
Rastoul, id.
Teillay, adjudant.
Ithuralde, sergent-major.
Amelin, fourrier.
Debaudrenghien, id.
Largenton, maître tailleur.

61ᵉ Régiment.

Lyon.

Cambriels, lieutenant-colonel.

Thevenon, capitaine.
Jouvencel, sergent-major.
Delpierre, sergent.
Puyméral, id.
Rivier, id.
Suzzoni, id.
Denoor, caporal.
Guignot, id.

Bourg en Bresse.

Rouge, major.
Hucher, lieutenant.
Dulin, sous-lieutenant.
Douillet, sergent-major.
Delaunay, sergent-fourrier.
Barthère, caporal-fourrier.

62ᵉ Régiment.

Strasbourg.

de Pérussis, colonel.
de Forbin, chef de bataillon.
Caltelbon, capitaine-trésorier.
Baranger, capitaine.
Charrière, id.
Delage, id.
Dupuis, id.
Havard, id.
Lacheze, lieutenant.
Briard, sous-lieutenant.
Crist, id.
Arzens, sergent-major.
Delaporte, id.
Dutoya, id.
Esmieu, id.
Gresset, id.
Magny, id.
Peltey, id.
Barbier, sergent-fourrier.
Klipffel, id.
Prieur, id.
Barjavel, sergent.
Chenal, id.
Chirac, id.
Coarraze, id.
Feuilliardin, id.
Gilbert, id.
Le Goff, id.
Levesque, id.
Martin, id.
Metot, id.

INFANTERIE DE LIGNE.

Ridoux, sergent.
Salmon, *id.*
Zaepffel, *id.*
Bourrion, caporal.
Boyon, *id.*
Marvereaux, *id.*
Mathias, *id.*
Didier, sapeur.
Brun, fusilier.

63° Régiment.

Cambrai.

Darbour, capitaine-trésorier.
Bruguières, capitaine.
Castera (Armand), *id.*
Castera (Victor), *id.*
De Geoffroy, lieutenant.
Rouquier, *id.*
Besoux, sous-lieutenant.
Beybach, sergent-major.
Cocusse, *id.*
Le Rouge, *id.*
Fleury, sergent-fourrier.
Hoffmann, *id.*
Moyat, *id.*
Roi, sergent.

64° Régiment.

Bitche.

L'Hommedieu, adjudant.
Benoit, sergent-major.
Brun, *id.*
Coince, *id.*
Pauline, *id.*
Petitpierre, *id.*
Pouget, *id.*
Stheitemer, *id.*

65° Régiment.

Alais.

Bouvet, chef de bataillon.
Grosjean, trésorier.
Panerazj, médecin aide-major.
Moufflet, capitaine.

Charvais, lieutenant.
Patron, *id.*
Rambour, sous-lieutenant.

66° Régiment.

Dunkerque.

Desmorets, médecin aide-major.
Brouilhet, sous-lieutenant.
Langealey, *id.*
Montagnon, *id.*
Deléage, sergent-major.
Joué, *id.*
Morin, *id.*
Sutaine, *id.*
Lamy, sergent maître tailleur.
Fay, sergent secrét. du trésorier.
Gourlier, *id.*
Carrier, fourrier.
Courbières, *id.*
Carrey, caporal.
Dambach, *id.*
Michon, *id.*
Stella, fusilier.

Fort d'Ivry.

de Byans, colonel.
de Cissey, lieutenant-colonel.
Lavenue, chef de bataillon.
Voynant, *id.*
Remy, capitaine.
Privat, lieutenant.
Charin, sous-lieutenant.
d'Artus, sergent-major.
Cheynet, sergent.
Cadeot, *id.*
Hulin, *id.*
Richard, fourrier.
de Lapomarède, *id.*
Lassalle, *id.*

67° Régiment.

Givet.

Le Bourgeois, sergent-fourrier.

INFANTERIE DE LIGNE.

68ᵉ Régiment.

Alger.

Kennedy, chef de bataillon.

Pont-Saint-Esprit.

Camuzet, chef de bataillon.
Durutte, lieutenant.
Couthaud, sous-lieutenant.
Tumerel, *id.*
Lavaud, adjudant sous-officier.
Maffioli, sergent-major.
Pouyat, *id.*
Renaudin, *id.*
Davrainville, sergent-fourrier.
Guyot, *id.*
Queirel, *id.*
Sage, *id.*
Béraud, sergent.
Cluset, *id.*
Grange, *id.*
Leroy, *id.*
Pignac, *id.*
Py, *id.*
Candioti, caporal-fourrier.
Brusset, caporal.
Godard, *id.*
Mariani, *id.*
Michel, *id.*
Papavoine, voltigeur.
Guyot, fusilier.

69ᵉ Régiment.

Saint-Brieuc.

Domon, colonel.
de La Noüe, chef de bataillon.
Sautereau, *id.*
Bourdet, major.
Giraud, capitaine.
Minguet, *id.*
Singareau, *id.*
Bossan, lieutenant.
Loupya, lieutenant.
Perrin, sous-lieutenant.
Poullard, sergent-major.
Diriard, sergent-fourrier.
Fourchon, *id.*
Aley, sergent.
Blanchard, *id.*

Cauchy, sergent-fourrier.
Emine, *id.*
Garreau, *id.*
Gois, *id.*
Grimaud, *id.*
Haze, *id.*
Petremont, *id.*
Rétaud, *id.*
Rouland, *id.*
Arondel, caporal.
Leblic, *id.*
Lemaire, *id.*
Le Renard, *id.*
Lorthioy, *id.*
Barbassat, fusilier.
Coulon, *id.*
Cosson, cordonnier.
Davaille, enfant de troupe.

70ᵉ Régiment.

Bône.

Dufour, colonel.
Proust, lieutenant-colonel.

Salon.

Meyer, major.
de Philip, chef de bataillon.
Hugues, capit. adjudant-major.
Clair, capitaine d'habillement.
Delaitre, capitaine.
Guimas, *id.*
Robinet, *id.*
Roch, *id.*
Sarrus, *id.*
Vidal, *id.*
Renard, lieutenant.
Mancip, sous-lieutenant.
Canuel, sergent-major.
Chauvet, *id.*
Chemin, *id.*
Cozette, *id.*
Legros, *id.*
Marcout, *id.*
Paillard, *id.*
Bouty, sergent-fourrier.
Hatzig, *id.*
Maitrier, *id.*
Menon, *id.*
Dupays, sergent.

INFANTERIE DE LIGNE.

Guignard, sergent.
Pelletier, id.
Vie, id.
Bainville, caporal
Berbé, id.
Dupont, id.
Gresset, id.
Lajeunesse, id.
Logeais, id.
Signoret, id.
Salici, id.
Déros, fusilier.
Gouttefangeas, id.
Laplanche, id.
Louvet, id.
Maurey, id.
Ober, id.

71ᵉ Régiment.

Constantine.

Paris, chef de bataillon.

Antibes.

Bocquillon, capitaine-trésorier.
Furiani, capitaine.
Blanchet, sous-lieutenant.
Brouard, adjudant sous-officier.
Huck, sergent-major.
Pasquereau, id.
Adam, sergent.
Marchand, id.
Marchandet, sergent-fourrier.
Béchard, caporal.
Crouzet, id.
Durain, id.
Roquemaure, id.
Sénégas, id.
Poncet, enfant de troupe.
Thomas, id.

72ᵉ Régiment.

Saint-Étienne.

Folliot de Fierville, cap. adj.-maj.
Laborde, adjudant.
Giralt, sergent-major.
Cazaret, sergent-fourrier.
Combes, id.
Rispal, id.

Bethand, sergent.
Poirier, id.
Lagrange, caporal.

Sidi-bel-Abbès.

Le Rouxeau-Rosencbat, colonel.
Taverne, chef de bataillon.
de Verrières, id.
Hochstetter, capit. adjud.-major.
Lazarotti, id.
Belloc, capitaine.
Juin, id.
Larquet, id.
Mille, id.
Paoli, lieutenant.
Puyo, id.
Vignaud, sous-lieutenant.
Cannin, adjudant.
Tuillier, id.
Houbart, tambour-major.
Calendini, sergent-major.
Fradet, id.
Gratlepois, id.
Jacquereau, id.
Lasbasses, id.
Malenfant, id.
Pouyadou, id.
Rouillaux, id.
Viauld, id.
Taverne, sergent-fourrier.
Viel, id.
Mathieu, sergent.
Mourier, id.
Ruet, id.
Sartre, id.
Vergé, id.
Castan, fourrier.
Grégory, id.
Viguié, id.
Simoni, caporal.
Vareilles, id.
Verrieux, id.
Ténier, caporal tambour.
Josse, musicien de 2ᵉ classe.
Gonnard, tambour.

73ᵉ Régiment.

Sedan.

Deshayes, id.
Poncet, capitaine.

INFANTERIE DE LIGNE.

Falise, lieutenant.
Imbert, id.
Perrot, id.
Thoman, id.
Vigneron, id.
Billon, sous-lieutenant.
Brem, id.
Durot, id.
Folly, id.
Suilliot, id.
Déremetz, sergent-major.
Hémart, id.
Sicardet, id.

74e Régiment.
Lyon.

Folley, lieutenant-colonel.
Thomas (2 ex.), chef de bataillon.
Boisson, capitaine adj.-major.
Cécille, id.
Patissier, officier-payeur.
Dufour, porte-drapeau.
Destremau, lieut. d'état-major.
Edme, médecin-major.
Barrachin, capitaine.
Haemmerlin, id.
Lallement, id.
Richer, id.
Bourguignon, lieutenant.
Cantié, id.
Debreyne (2 ex.), id.
Labussière, id.
Launay Onfrey, id.
Damville, sous-lieutenant.
Duchatel, id.
Poirier, id.
Soustrot, id.
Dietsch, sergent-major.
Racine, id.
Verhaeghe, id.
Mariage, sergent, secrétaire de l'officier-payeur.

Embrun.

Grébus, major.
Noël, chef de bataillon.
Roussialle, cap. adj.-major.
Guéniard, capitaine.
André, lieutenant.
Dréville, id.

Macary, lieutenant.
Audbourg, sous-lieutenant.
Bellenand, id.
Vandenberg, id.
Gérard, adjudant sous-officier.
Beaumont, sergent-major.
Fleury, id.
Geiger, id.
Grenet, id.
Steib, id.
Toupriant, id.
Daniel, maître tailleur.
Nachbrun, sergent-fourrier.
Verlynde, id.
Christiani, sergent.
Favet, id.
Joly, id.
Rousselet, id.
Thuillier, id.
Prunet, caporal.

77e Régiment.
La Rochelle.

Suau, colonel.
Delefosse, lieutenant-colonel.
Griset, chef de bataillon.
Patenaye, porte-drapeau.
Gintzburger, chef de musique
de Févelas, capitaine.
Lombard, id.
Maillefer, id.
de Pietri, id.
Delelis, lieutenant.
Holstein, id.
Lourde-Laplace, id.
Mansuy, id.
Mathieu, id.
Dô, sous-lieutenant.
Fernet, id.
Hiver, id.
Saunier, id.
Attrival, sergent-major.
Dessertine, id.
de Minvielle, sergent-fourrier.
Schaub, id.
Beugnon, sergent.
Friederich, id.
Romanet, id.
Klerian, caporal.
Glade, fusilier.

INFANTERIE DE LIGNE.

Laval.

de La Mare, major.
Charles, chef de bataillon.
Desgré, capitaine adj.-major.
Lecard, médecin aide-major.
Lourde de Laplace, capitaine.
Chapuis, sous-lieutenant.
Ohmann, adjudant.
Lecard, sergent-fourrier.
Thomas, fourrier.
Ceravegna, caporal.
Le Boulanger, id.
Lelièvre, id.
Mac-Auliffe, id.
Syvadon, id.
Brianlais, fusilier.
Gérard, id.
Jojot, id.
Polack, id.
Reynaud, id.

78ᵉ Régiment.

Marseille.

Bibliothèque des officiers.
Leroy, lieutenant.
Lauze, adjudant.
Rozan, id.
Allier, sergent-major.
Billion Bourbon, id.
Broussier, id.
Defargues, id.
Ducros, id.
Léothaud, id.
Ordéga, id.
Raffin, id.
Robert, id.
Rousset, id.
Tirant, id.
Bathle, sergent-fourrier.
Devillas, id.
Ducros, id.
Sensenbrenner, id.
de Seré, id.
Berthélemy, sergent.
Bessinais, id.
Clavel, id.
Delapart, id.
Lorenzetti, id.
Loubat, id.

Mathelin, sergent.
Nicoleau, id.
Béranger, caporal.
Gobert, id.
Langlet, id.
Bourquin, fusilier.
Marty, id.

79ᵉ Régiment.

Paris.

Rouzaud, porte-drapeau.
Déchanet, lieutenant d'état-maj.
Viala, chef de musique.
Rouxel de La Rouxellière, lieuten.
Renault, sous-lieutenant.
Bernot, sergent-major.
Dalverny, id.
Morcrette, id.
Normand, id.
Hamel, sergent.
Jacquin, id.
Gence, fourrier.
Lavaud, id.
Berjot, caporal.
Pincon, id.
Portal, id.
Riotte, fusilier.

Angers.

Gelez, major.
Chable, chef de bataillon.
Cavelier, sergent-major.
Dequeker, id.
Lereculey, id.
Auguste, sergent maître tailleur.
Lassalle, sergent-fourrier.
de Chatouville, sergent.
Lutz, id.
Debarle, caporal.
Devy, id.
Rebuliot, id.

80ᵉ Régiment.

Bastia.

de Chaumont, colonel.
Douay, lieutenant-colonel.
Veissemburger, chef de bataillon.

INFANTERIE DE LIGNE.

Hervé, chef de bataillon.
Renault, id.
de Platel du Plateau, major.
Giuliani, médecin-major.
Pellerin, aide-major.
Dehas, capitaine.
Decugis, id.
Derroja, id.
Gautier, id.
Ledrappier, id.
Peuble, id.
de Barral d'Arenes, lieutenant.
Chopinet, id.
Huet, id.
Mollinier, id.
Valette, id.
Barthe, sous-lieutenant.
Charbonneau, id.
Fourcade, id.
Guillaume, id.
Monavon, id.
Drago, adjudant sous-officier.
Corbeau, id.
Abadie, sergent-major.
Albouy, id.
Bénézech, id.
Capbert, id.
Charton, id.
Cotay, id.
Germa, id.
Loiseau, id.
Maulbon, id.
Thiriet, id.
Abeilhou, sergent-fourrier.
Estignard, id.
Marais, id.
Martin, id.
Morand, id.
Rive, id.
Rouelle, id.
Varenne, id.
Baliziaux, sergent.
Delacour, id.
Duchemin, id.
Guillot, id.
Huguet, id.
Leclerc, id.
Marchal, id.
Renat, id.
Collavet, caporal.
Didelot, id.
Marlier, id.

Thamalet, caporal.
Vigouroux, id.

82ᵉ Régiment.

Napoléon-Vendée.

de Castagny, colonel.
Minot, chef de bataillon.
Buchot, capitaine.
Durand, id.
Laxague, id.
Bouscaren, lieutenant.
Patriarche, id.
Bauduin, sous-lieutenant.
de Launay, id.
Casenave, sergent-major.
Chevrier, id.
Dehertogh, id.
Dejou, id.
Ditzler, id.
Gatumeau, id.
Gauthier, id.
Guilbert, id.
Joseph, id.
Kremer, id.
Pelissier, id.
Perrotte, id.
Roussel, id.
Roux, id.
Stoffer, id.
Tellier, id.
Fournier, sergent-fourrier.
Petit, id.
Stamaty, id.
Bigot, sergent.
Sères, id.
Bonnot, caporal.
Bounon, id.
Gabrion, id.
Raymond, id.
Roux, voltigeur.
Barbier, fusilier.
Faure, id.
Frémont, id.
Lacourt, id.
Mayer, id.
Meissier, id.
Patoz, id.
Richard, id.

49

INFANTERIE DE LIGNE.

83ᵉ Régiment.

Calais.

Étienney, colonel.
Morel, capitaine.
Papion, *id.*
Mangin (2 ex.), lieutenant.
Gorman, sous-lieutenant.
Liégaux, *id.*
Collin, adjudant.
Colomboni, *id.*
Brenac, sergent-major.
Rochut, *id.*
Briandel, tambour-major.
Faure, sergent-fourrier.
Sablon, *id.*
Allouarit, sergent.
Burnel, *id.*
Leonardi, *id.*
Martel, *id.*
Verdier, *id.*
Buzon, sous-chef de musique.
Charpiot, musicien.
Kuder, *id.*
Duval, caporal.
Gueguin, *id.*

84ᵉ Régiment.

Nantes.

Pietrequin de Prangey, colonel.
Lacretelle, chef de bataillon.
Menu, sous-lieutenant.
Cœur, adjudant sous-officier.
Delaplace, *id.*
Havard, *id.*
Desponts, sergent-major.
Douette, *id.*
Levaillant du Chastelet.
Pommeret, *id.*
Wattellier, *id.*
Renault, sergent-fourrier.
Dechambe, sergent.
Laborde, *id.*
Lemay, *id.*
Haramboure, *id.*
Lagonblage, caporal.
Vaillant, *id.*

85ᵉ Régiment.

Lyon.

Veron de Bellecourt, colonel.
Brot, capitaine.
Castelnovo, *id.*
Charton, *id.*
Gouay, *id.*
Fischer, officier-payeur.
Lallemand, adjudant sous-officier.
de Beauredon, sergent-major.
Becquenot, *id.*
Bicheret, *id.*
Clerc, *id.*
Lataix, *id.*
Soucher, *id.*
Tibéry, *id.*
Vildieu, *id.*
Lalande, sergent-fourrier.
Mâlon, *id.*
Raymond, *id.*
Bonifas, sergent.
Casanova, *id.*
Couturier, *id.*
Pulicani, *id.*
Renard, *id.*
Renucci, *id.*
Scherzinger, secr. de l'offic.-payeur.

Lons-le-Saulnier.

Saucède, major.
Fort, capitaine-trésorier.
Chandezon, cap. adjudant-major.
Cazaux-Debat, capitaine.
Hû, *id.*
Maigne, *id.*
Boileau, sous-lieutenant.
Dutron, *id.*
Morin, adjudant sous-officier.
Chédeville, sergent-fourrier.
Petit, *id.*
Tatin, *id.*
Jacquot, sergent, prem. secr. du trésorier.
Marie, sergent.
Milhau, *id.*
Ollivier, *id.*
Passin, *id.*
Sebenlou, *id.*

INFANTERIE DE LIGNE.

86ᵉ Régiment.

Avignon.

André, chef de musique.

Médéah.

De Galland, lieutenant détaché au bureau arabe.

87ᵉ Régiment.

Dijon.

de Brettes, chef de bataillon.
Doumenjou, capitaine adj.-major.
Weil, officier-payeur.
Hugot, lieutenant.

88ᵉ Régiment.

Maubeuge.

Granier de Lilliac, chef de batail.
Joppé, capitaine adjudant-major.
Lassalle, capitaine d'habillement.
Daclin, capitaine.
Borel, lieutenant.
Charrière, *id.*
Legrand, *id.*
Verhille, *id.*
Baudart, sous-lieutenant.
Frémin de Sapicourt, *id.*
Puginier, *id.*
Barbier, adjudant sous-officier.
Pouge, sergent-major.
Logre, sergent.
Touzet, *id.*
Auvergne, fourrier.
Castagni, *id.*
Hennepeaux, *id.*
Rocher, *id.*
Clementi, caporal.
Jouquey, *id.*
Thévenon, *id.*
Brun, fusilier.
Dumas, *id.*
Sicard, *id.*
Mignolet, enfant de troupe.

89ᵉ Régiment.

Mostaganem.

Chevalier, adjudant sous-officier.
Damidot, sergent-major.
Duval, *id.*
Renard, cantinier.

Aix.

Thiéfain, capitaine-trésorier.
Laffitte, capitaine.
Boismard, sergent-major.
Bosquier, *id.*
Garel, *id.*
Gillot, *id.*
Moser, *id.*
Thollon, *id.*
Bonnureau, sergent-fourrier.
de Boulan, *id.*
Gobillon, *id.*
Haury, *id.*
Nassoy, sergent.

Oran.

Roussel, major.
Remy, capitaine.
Bontent, lieutenant.
Quilichini, *id.*
Vuillaume, *id.*
Lahure, sous-lieutenant.
Millotte, *id.*
Massey, sergent-major.
Visto, sergent-fourrier.
Bertrand, sergent.
Dorgans, *id.*
Lagarde, *id.*
Castel, caporal.
Marty, *id.*
Mayeux, *id.*

91ᵉ Régiment.

Nîmes.

Théologue, chef de bataillon.
Villermain, major.
Chapotot, capitaine d'habillement.
Goursaud, capitaine d'état-major.
Bazot, capitaine.
Castaigne, *id.*
Ducrot, *id.*

INFANTERIE DE LIGNE.

Guiberteau, capitaine.
Rudel, id.
Tuollais, id.
Paoli, lieutenant.
Poulet, id.
de Séguier, id.
Bourroux, sous-lieutenant.
Borrell, sergent-major.
Bonfils, id.
Coste, id.
Grillot, id.
Grincourt, id.
Frapper, sergent.
Le Boux, id.
Lengrenay, musicien.
Charpentier, caporal.
Dumouchel, id.
Rahault, voltigeur.
Nicolas, fusilier.

92e Régiment.

Langres.

Leclerc, major.
Coursilly, lieutenant.
Perrin de La Bessière, sergent-major.
Couchoux, sergent.
Stourm, id.
Harmentier, caporal.
Miss, id.

93e Régiment.

Sétif.

de Vaux, chef de bataillon.
Baume, capitaine.
Hauser, sous-lieutenant.

Montbrison.

Damerio, major.

94e Régiment.

Amiens.

Ollivier (2 ex.), colonel.
Taphanel, major.
Bernard, médecin aide-major.

Augory, capitaine.
Carlier, id.
Chenaud, id.
Denoix, id.
Hanrion, id.
Henry, id.
Lorillard, id.
Mordant, id.
Dubois (Casimir), lieutenant.
Sabiani, id.
Basset, sous-lieutenant.
Lemaire, id.
Martin, adjudant sous-officier.
Bonom, sergent-major.
Conill, id.
Grosbois, id.
Jugeon, id.
Lortz, id.
Omeyer, id.
Pasquier (Gustave), id.
Pasquier (Victor), id.
Verdier, id.
Bastouilh, sergent.
Crépin, id.
Deguin, id.
Froment, id.
Gervais, id.
Grosset, id.
Jeannin, id.
Moreau, id.
Moulès, id.
Proisy, id.
Quirot, id.
Saint-Aubin, id.
Touffreau, id.
Vidalou, id.
Delannoy, fourrier.
Faivre, id.
Labadie, id.
Lacoste, id.
Lang, id.
Muscat, id.
Rey, id.
Seboul, id.

Montreuil.

de Cappot, chef de bataillon.
Danzas, capitaine.
Drouot, lieutenant.
Mouronval, id.
Pessez, id.
Barrière, sous-lieutenant.

INFANTERIE DE LIGNE.

Roch, sous-lieutenant.
Colas, adjudant sous-officier.
Echinard, sergent-major.
Leclaire, sergent.
Roussel, *id.*
Dordor, caporal.
Lagier, *id.*

95° Régiment.

Montrouge.

Danner, colonel.
Léandri, officier-payeur.
Méalhie, lieutenant.
Morand, *id.*
Bouard, sous-lieutenant.
Dupressoir, *id.*
de Lajallet, *id.*
Richard, *id.*
Saussac jeune, *id.*
Perrin, sergent.

96° Régiment.

Vincennes.

Adam, colonel.
Charrier, capitaine.
Civelli, *id.*
Dol, *id.*
Leborne, *id.*
Bruguière, lieutenant.
Daubian, sous-lieutenant.
Ducatillon, sergent-major.
Durand, *id.*
Julin, *id.*
Penino, *id.*
Ranqué, *id.*
Astima, sergent-fourrier.
Touranjon, *id.*
Baggioni, sergent.
Dumont, *id.*
Lamôle, *id.*
Marcantoni, *id.*
Pantaléon, *id.*
Bigot, caporal.
Cassagne, *id.*
Coulomb, *id.*
Duquesnay, *id.*

Frottin, sergent.
Majoureau, *id.*
Carmery, grenadier.
Larrague, *id.*
Latournerie, *id.*
Leroy, *id.*
Meudec, *id.*
Corrège, voltigeur.
Grangé, *id.*
Vauthier, *id.*

Digne.

Coste, médecin aide-major.
Bichemin, capitaine.
Bonne, lieutenant.
Guitton, sous-lieutenant.
Grimaldi, *id.*
Duroutgé, *id.*
Ducorroy, *id.*

97° Régiment.

Paris.

Baron Martenot de Cordoue, colonel.
Bousquet, sergent-major.
Muess, sergent.

Poitiers.

Étienne, major.

Châtellerault.

de Saint-Remy, chef de bataillon.

98° Régiment.

Tours.

Pichon, chef de bataillon.
Laffon, capitaine.
Plaffain, *id.*
Delongueval, lieutenant.
Deulneau, *id.*
François, *id.*
Guis, *id.*
Archambault, sous-lieutenant.
Chapuy, *id.*
Duhart, *id.*

CHASSEURS A PIED.

INFANTERIE LÉGÈRE.

BATAILLONS DE CHASSEURS A PIED.

Ier Bataillon.

Grenoble.

Roussel Galle, capitaine.
Masgana, sergent-major.
Chenais, prem. secr. du trésorier.
Caphiot, sergent garde-magasin.
Chaudron, sergent-fourrier.
Baroin, sergent.
Gerrignon de Troyes, id.
Groslambert, id.
Klinger, id.
Chevrier, caporal.
Clauzel, id.
Furiani, id.
Guillemin, id.
Pelissier, id.
Seigeot, id.
Valeron, id.

2e Bataillon.

Saint-Omer.

Camus, capitaine.
Alguesparsses, lieutenant.
Augier, id.
Guyot, sous-lieutenant.
Caillon, serg.-maj. vaguemestre.
Krel, adjudant sous-officier.
Biswang, serg.-maj. chef de fanfare.
Piquemal, sergent.

3e Bataillon.

Paris.

Genneau, chef de bataillon.

4e Bataillon.

Auxonne.

Lerouge, capitaine-major.
Denise, capitaine-instructeur.
Leloup, lieutenant-trésorier.
Perdriaux, lieutenant d'habillement.
Carron, sous-lieutenant.
Brion, sergent-major.
Guasco, id.
Darexi, sergent-fourrier.
Hamel, id.
Boquin, sergent, prem. secr. du trésorier.
Amy, sergent.
Pottier, id.
Pattegay, id.
Thomas, id.

6e Bataillon.

Strasbourg.

Fermier de La Provotais, chef de bataillon commandant.
Leblanc, capitaine-major.
Grivet, capitaine adjudant-major.
Mariotte, lieutenant trésorier.
Pilet, médecin-major.
Duburgua, capitaine.
Garnier de La Villesbret, id.
Hecquet, id.
Baegert, lieutenant.
Huguet, id.
Nesslé, id.
Selves, id.
Carraud, sous-lieutenant.
Dupont, id.
Sieffert, adjudant sous-officier.
Declercq, sergent-major.
Deumier, id.
Ombredanne, id.
Battini, sergent.
Beaudouin, id.
Dehaye, id.
Marquié, id.
Raffarra, id.
Tallandier, id.
Pelloux, sergent-fourrier.
Verrout, caporal.
Deveaux, chasseur.
Thomas, id.

CHASSEURS A PIED.

7ᵉ Bataillon.

Vincennes.

Saint-Remy, capitaine.

8ᵉ Bataillon.

Besançon.

Deschamps, capitaine-major.
Griffon, officier d'habillement.
Vasseur, capitaine.
Pichon, lieutenant.
Brun, sergent-major.
Delail, maître tailleur.
Balderani, sergent.
Faille, id.
Negroni, id.
Topie, id.

9ᵉ Bataillon.

Rennes.

Rogier, chef de bataillon commandant.
Passebois, capitaine-major.
Antoine, capitaine.
D'Hughes, id.
Mesny, id.
Rouanet, id.
de Trémaudan, id.
de Bellune, sous-lieutenant.
Giraud, id.

10ᵉ Bataillon.

Grenoble.

Astier, capitaine-major.
Vincellet, cap. inst. de tir.
Lebreton, trésorier.
Duplat, capitaine.
Kléber, id.
Le Vaillant, id.
Pontié, id.
Boschis, lieutenant.
Bobet, id.
Chesseret, id.
Coche, lieutenant.
Gadilhe, id.
Guillot, id.
Regain, id.
Vialatte, id.
de Piolenc, id.
Bonnet, sous-lieutenant.
Casal, id.
Chauffeur, id.
Laberte, id.
Marazel, id.
Perret, id.
Poncelet, id.
Wesmer, id.
Lenain, sergent-major.
Maurin, id.
Prat, id.
Roy, sergent-major.
Kerjean, sergent.
Philippe, id.
Sabatier, id.
Severac, id.
Suniard, id.
Baylet, fourrier.
Camus, id.
Challet, id.
Batan, caporal.
Jullion, id.

11ᵉ Bataillon.

Auxonne.

Kesner, lieutenant.
Braun, sous-lieutenant.
Pons, sergent-fourrier.
Petit, sergent.
Pillot, id.
Robert, id.
Venson, id.
Berthon, caporal.
Chappoton, id.
Chopitel, id.
Lenglet, id.
Roch, id.
Sombert, id.
Daviaud, chasseur.
Ployette, id.
Ternard, id.

CHASSEURS A PIED.

Constantine.

Jost, lieutenant.
de Garros, id.
Illig, id.
d'Arbo, sous-lieutenant.
Sacreste, id.
de Santeuil, id.
de Sourdeval, id.
Henriot, adjudant.
Daver, sergent-maj. vaguemestre.
Muller, chef armurier.
Bague, sergent-major.
Duval, id.
Loué, sergent-fourrier.
Caille, sergent.
Danloux, id.
Friedel, id.
Gesse, id.
Royoh, id.

12ᵉ Bataillon.

Strasbourg.

Rouffia, capitaine-major.
Jullien, sergent, premier secrétaire du trésorier.
Dayet, sergent du tir.

13ᵉ Bataillon.

Alger.

Ponsard, chef de bataillon.
Puisoye, capitaine.
Bisson, lieutenant.
Jacquot, id.
de Cardon, sous-lieutenant.
Martinot, id.
Perrin, id.
Réau, id.
Knecht, serg.-maj. vaguemestre.
Allaire, sergent-major.
Bourderès, id.
Cousteau, id.
Denys, id.
Palach, id.
Rigail, id.
Ambrosi, sergent-fourrier.
Coquet, chef de fanfare.
Bonnard, chasseur.

Besançon.

Sambard, capitaine commandant.
Escande, lieutenant-trésorier.
Cour, lieutenant d'habillement.
Thomas de La Courneuve, lieuten.
Chagneaud, sous-lieutenant.
Galissié, sergent-major.
Monteils, id.
Desbrest, sergent-fourrier.
Zeltner, id.
Gauthier, sergent.
Jour, id.
Martin, id.
Perrot, id.
Rhin, id.
Arnavielle, id.
Noblot, caporal.
Barthe, enfant de troupe.

15ᵉ Bataillon.

Lyon.

Bailly, lieutenant.
Forget, sous-lieutenant.
de Laplagne, id.
Louarn, chasseur.

Strasbourg.

Lyonnard, capitaine.
Courtonnel, sergent, premier secrétaire du trésorier.
Pierre, sergent de tir.
Beguier, sergent-major.
Lebesgue, id.
Laporte, sergent-fourrier.
Douly, sergent.
Lafon, id.
Raymond, id.
Thomas, id.
Camoin, caporal.

16ᵉ Bataillon.

Toulouse.

de Lustrac, lieutenant-trésorier.
Ansaldo, officier d'habillement.
Dommanget, lieutenant.
Salvy, sous-lieutenant.

CHASSEURS A PIED.

17ᵉ Bataillon.

Auxonne.

Pigeard, capitaine-major.
Viville, lieutenant, officier d'habillement.
de Brunier, capitaine.
Lépine, sous-lieutenant.
de Roquefeuil, id.
Barranger, sergent-major.
Pacheux, sergent-fourrier.
Delcourt, sergent.
Destruhaut, id.
Étienne, id.
Guillet, caporal.
Mieulet, id.
Aubert, chasseur.
Lorient, id.
Maurette, id.
Nicolas, id.

18ᵉ Bataillon.

Alger.

de Rattazzi, capitaine.

Rennes.

Mayens, capitaine.
Maison, trésorier.
Chatelain, officier d'habillement.

19ᵉ Bataillon.

Douai.

Saint-Supéry, médecin-major.
Deschars, capitaine.
Fistié, id.
Dubois, lieutenant.
Fayol, id.
Fournier, id.
Grandmange, id.
de Tugny, id.
Wenger, lieutenant-trésorier.
Gaday, sous-lieutenant.
Hecquet, id.
Loste, id.
Pithois, id.
Borne, sergent-major.
Couperie, sergent-major.
Coussirat, id.
Fabre, id.
Faivre, id.
Faval, id.
Tomassini, id.

20ᵉ Bataillon.

Saint-Omer.

Giraud, chef de bataillon com.
Colavier d'Albici, capitaine, adjudant-major.
de Brauneck, capitaine instructeur du tir.
Lauga, médecin-major.
Gromaire, sergent, premier secrétaire du trésorier.
Périer, sergent-major.
Poucher, id.
Réjou, id.
Tronc, id.
Vidal, id.
Dominique, sergent-fourrier.
Duhaut, id.
Lambert, id.
Cantié, sergent.
Couchet, id.
Joubert, id.
Laforgue, id.
Mansiot, id.
Ménétrier, id.
Mercier, id.
Voilquin, id.
Billard, caporal-fourrier.
Merand, id.
Berget, caporal.
Dumont, id.
Gérard, id.
Imbert, id.
Maurand, id.
Blum, chasseur.
Étienne, id.
Faucheux, id.
Loubet, id.
Mauconduit, id.
Perreton, id.

ZOUAVES.

RÉGIMENTS DE ZOUAVES.

1er Régiment.

Alger.

Lumel, chef de bataillon.
Fournès, capitaine.
Blot, lieutenant.
Chamorin, id.
de Bornschlegel, sous-lieutenant.
Charrière, id.
Rousseau, id.
Gérard, adjudant sous-officier.
Leverdier, chef de fanfare.
Ducrocq, sergent-major.
Dubourdieu, sergent, directeur de l'école régimentaire.
Denouvillers, sergent.
des Essarts, id.
Marteau, id.
Pochard, id.
Py, id.
Rossignol, id.
Gourlay, sergent-fourrier.
Liautier, id.
Coudert, sergent.
Debaude, caporal.
Joffrès, id.
Tarpin, id.
Voisin, zouave 1er.
Meynard de Queilh, zouave 2e.

2e Régiment.

Oran.

Saurin, colonel.
Morandy, major.
Galloni, capitaine.
Vidalenc, id.
Lacaze, lieutenant.
Petibeau, id.
Vincent, id.
Cramparet, sous-lieutenant.
Gélyot, id.
Kermabon, id.
Bihourd, sergent-major.
Cheuvreux, id.
Chiarle, id.
Ferrand, id.

Levis, sergent-major.
Louis, id.
Mirauchaux, id.
Penaud, id.
Thiersault, id.
Thomas, id.
Bellengier, sergent-fourrier.
Cambon, id.
Gancel, id.
Mirauchaux, id.
Penot, id.
Simounet, id.
de Warroquier, id.
David de Beaufort, sergent.
Incertain, id.
Lemoine, id.
Leterrier, id.
Liotard, id.
Loichot, id.
Macquart, id.
Mazet, id.
Navelet, id.
Poupinet, id.
Susini, id.
Tritsch, id.
Bidault, caporal.
Carmoy, id.
Labail, id.
Larousse, id.
Lefèvre, id.
Lhôte, id.
Montazeau, id.
Pagel, id.
Pecaud, id.
Perrot, id.
Pertron, id.
Pradier, id.
Schwab, id.
Charvet, zouave de 1re classe.
Créteau, id.
Failler, id.
Labat, id.
Loncan, id.
Marthelot, id.
Couy, zouave de 2e classe.
Delisle, id.
Flauret, id.
Lelouvier, id.
Maillard, id.
Pérard, id.
Ragan, id.
Saby, id.

ZOUAVES.

3ᵉ Régiment.

Djidjeli.

du Moulin, chef de bataillon.
Mangin, capitaine adjudant-major.
Brun, lieutenant.
Mouroumecq, id.
Auger, sergent-major.
Soulé-Limendoux, id.
Boucachard, sergent-fourrier.
Claret, id.
Vermel, id.
Grudet, sergent.
Lesueur de Girry, id.
Moulin, id.
Priault, id.
Bertinet, caporal.

Constantine.

de Chabron, colonel.
Paër, lieutenant-colonel.
Bocher, chef de bataillon.
Drut, capitaine adjudant-major.
Parquez, capitaine.
Riondel, id.
Pringué, id.
Dousselin, id.
Mariani, id.
Brande, lieutenant.
Malaterre, id.
Rodes, id.
Chevalier, id.
Henry, sous-lieutenant.
Debord, id.
Lemaistre, id.
Legué, id.
Berthuy, adj. sous-officier.
Haurat, sergent-major.
Ligny, id.
Chevalier, id.
Juguin, id.
Leroux, id.
Rigaud, sergent.
Sudre, id.
Chevaillot, id.
Blanc, id.
Collin, id.
Almoric, id.
Marcellin, id.
Bourgeon, id.
Bouton, id.
Legrand, caporal.
Pilloix, id.
Nicolle, id.
Nozeret, id.
Lefrançois, id.
Laroche, id.
Bricard, id.
Antoine, id.
Cart, id.
Vauvilliers, id.
Lheurin, id.
Josam, id.
Chabin, id.
Bezançon, id.
Sempé, id.
Benoist, id.
Lefèvre, id.
Brunat, id.
Rey, id.
Gayraud, id.
Derro, id.
Moulinard, id.
Daguin, zouave.
Ozil, id.
Herland, id.
Degrave, id.
Amério, id.
Charriot, id.
Perret, id.
Mertz, id.
Itey, id.
Marinier, id.
Dugas, id.
Daudé, id.
Monet, id.
Lecouteux, id.
Fabre, id.
Lecoustre, id.
Briessemberger, id.
Halary, id.
Rodes, id.
Bourgeois, id.
Rollo, id.
Dasylva (frère Doporto), id.
Verdier, id.
Leleu, id.
Roussialle, id.
Bastiani, id.
Delaunay, id.

Jemmapes.

Harmentier, sergent-major.

INFANTERIE LÉGÈRE D'AFRIQUE.

Paque, sergent.
Penhard, caporal.

Lacorre, sergent-fourrier.
Zanckel, serg., secrét. du trésorier.

INFANTERIE LÉGÈRE D'AFRIQUE.

1er Bataillon.

Mascara.

Gérard, chef de bataillon.
Regnault (2 ex.), cap. adj.-major.
Marinot, trésorier.
Anglès, sous-lieutenant.
Juge, *id.*
Norès, *id.*
Lautard, adj. sous-officier.
Latil, sergent-major vaguemestre.
Beyer, *id.*, chef de fanfare.
Lambert, sergent-major.
Antoine, sergent, premier secrétaire du trésorier.
Lapras, sergent-fourrier.
Quinaz, *id.*
Roux, *id.*
Serpe, *id.*
Cauzique, *id.*
Discours, *id.*
Petit, *id.*
Amadis, caporal.
Fugère, *id.*
Neveux, *id.*
Noé, *id.*
Théret, *id.*
Wayaffe, *id.*

2e Bataillon.

Médéah.

Ardouin, chef de bataillon.
Lagasse, capitaine-major.
Anzemberger, trésorier.
Champagne, sergent-major.
Chapel, *id.*
Gagnière, *id.*
Giudicelli, *id.*
Polonier, *id.*
Basset, sergent-fourrier.

RÉGIMENTS ÉTRANGERS.

1er Régiment.

Sétif.

Luscher, chef de bataillon.
Eichelbrenner, capitaine.
Rembert, *id.*
Bonnafond, lieutenant.
Martin, *id.*
Kieffer, adjudant.
Reinstadler, *id.*
Velsche, *id.*
Favre, sergent-major.
Forni, *id.*
Furrer, *id.*
Jourdan, *id.*
Macé, *id.*
de Morel d'Osterwald, *id.*
Schaeffer, *id.*
Adel, tambour-major.
Roché, maître armurier.
Dufour, sergent-fourrier de tir.
Martin, sergent-fourrier.
Rau, *id.*
Robin, *id.*
Vautrey, *id.*
Viande, sergent de tir.
Meyer, *id.* de tirailleurs.
Girardet, sergent.
Grandemange, *id.*
Nabholz, *id.*
D. Noël, *id.*
Peter Alexandre, *id.*
de Saint-Amand, *id.*
Torel, *id.*
Vionnet.
Cérésole, sergent au 2e voltigeurs.
Garsou, fourrier de tirailleurs.
Fischer, *id.* au 2e voltigeurs.
Frossard, *id.*
Gillard, *id.*
Cordemans, caporal.
Morgenthaler, *id.*
Pomey, *id.*
Gardy (Louis) fusilier.

RÉGIMENTS ÉTRANGERS. — TIRAILLEURS ALGÉRIENS.

2° Régiment.

Sidi-Bel-Abbès.

de Granet-Lacroix de Chabrière, colonel.
Kozlowski, capitaine d'habillem.
Meifredy, lieutenant.
Cathelain, sous-lieutenant.
Vidal, *id.*
Vennin, *id.*
Borel-Fontany, *id.*
Jambe, adjoint au trésorier.

TIRAILLEURS ALGÉRIENS.

1ᵉʳ Régiment.

Blidah.

Rose (2 ex.), colonel.
Roussel, capitaine-trésorier.
Berthiaux, capitaine.
Bezard, *id.*
Liébert, *id.*
de Negroni, *id.*
Blaise, lieutenant.
Ade, sous-lieutenant.
Delestre, *id.*
Juffé, *id.*
Legent, *id.*
Léonard, *id.*
Giacobbi, sergent-major.
Le Picaut, sergent-fourrier.
Morati, *id.*
Aucapitaine, sergent.
Laloë, *id.*
Fages, caporal.
Rashoffer, *id.*

2° Régiment.

Mascara.

Pietri, chef de bataillon.
Gay, cap. adj.-major.
Fonteret, capitaine.
Fossiat-Deschâtres, *id.*
de Lignières, *id.*
Lacroix, lieutenant.
Laverny, *id.*

Legrand, lieutenant.
Jacob, sous-lieutenant.
Raffin, *id.*
Lhuillier, adjudant sous-officier.
Aubert, sergent-major.
Delbos, *id.*
Falque, *id.*
Montagnac, *id.*
Chapelet, sergent-fourrier.
Coindet, sergent.
Duvigneau, *id.*
Lechasseux, *id.*
Folie-Dupart, caporal.
Lemonnier, *id.*

Mostaganem.

Laure, colonel.
Mallia, major.
Batillot, capitaine-trésorier.
Gelly, lieutenant.
Lorthioir, *id.*
Albert, sous-lieut. adjoint au trés.
Kottbaur, *id.*
Lanson, *id.*
Comte, adjudant sous-officier.
Mage, sergent-fourrier.
Benoist, caporal.
Launay, *id.*
Morand, *id.*
Gross, tirailleur.
Proux, *id.*

3° Régiment.

Constantine.

Liébert, colonel.
Castex, lieutenant-colonel.
de Saint-Paër, capit. adj.-major.
Letellier, capitaine.
de Maussion, lieutenant.
Émy, sous-lieutenant.
Fargue, *id.*
Manouvrier, *id.*

Bône.

Aubrespy, lieutenant.
Cléry, sous-lieutenant.

Soukaras.

Beaumelle, capitaine.

CARABINIERS. — CUIRASSIERS.

Bensaada.
Clemmer, capitaine.

CAVALERIE.

CARABINIERS.

1ᵉʳ Régiment.

Beauvais.

Chabaud, chef d'escadron.
de Bourgogne, major.
Lacour, capitaine-trésorier.
Laribe, capitaine.
de Suarez d'Aulan, sous-lieut.
Gittard, maréchal des logis chef.
Vuillemey, brigadier-fourrier.
Mariotte, carabinier.
Mme de Raime, cantinière.

CUIRASSIERS.

1ᵉʳ Régiment.

Lille.

Landry, chef de bataillon.
Le Gualès, *id.*

2ᵉ Régiment.

Toul.

de Taffin, colonel.
Hæusslein, cap. adjudant-major.
Le Danoys de Tourville, *id.*
Mongreville, capitaine-trésorier.
Pardigon (2 ex.), vétérinaire.
Bence, capitaine.
Ledrupt, *id.*
Maurin, *id.*
Subra, *id.*
Guillot, lieutenant.
Ronteau, *id.*
Vergne, *id.*
de Boisaubin, sous-lieutenant.
de Foulques, *id.*
Trouillard, *id.*

3ᵉ Régiment.

Versailles.

de Drée, colonel.
Riboud, chef d'escadron.
Bonneville, capitaine.
Cordier, *id.*
Montagne, lieutenant.
Grand, sous-lieutenant.
Vivès, *id.*
Bilger, adjudant sous-officier.
Veilley, *id.*
Ittel, maréchal des logis chef.
Dantzer, fourrier.
Grand, *id.*
Kaiser, maréchal des logis fourr.
Barthelmé, maréchal des logis.
Breuillard, *id.*
Lemoine, *id.*
Le Rey, *id.*
Maille, *id.*
Menu, *id.*
Valdenaire, *id.*
Trastler, brigadier.
Bisch, cuirassier.
Seng, trompette.

Aire.

Michel, chef d'escadron.
Pinot, capitaine instructeur.
de Kernisan, capitaine adjudant-major.
de Casanove, capitaine d'habillement.
Bouchard, aide-vétérinaire.
Collignon, capitaine.
Lavaud, lieutenant.
Genesseaux, sous-lieutenant.
Lemaître, *id.*
Loth, *id.*
Pfitzenmayer, *id.*
de Drée, adjudant sous-officier.
Guizot, maréchal des logis chef.
Poulaine, *id.*
Delavat, maître tailleur.
Ittel, maréchal des logis fourrier.
Cura, maréchal des logis.
Dumay, *id.*
Chambrun, brigadier-fourrier.
Paillard de Chesnay, *id.*
Sadeler, brigadier.

CUIRASSIERS.

Delaty, cuirassier.
Demont, id.
Durou, id.
Morisson, id.

4ᵉ Régiment.
Valenciennes.

Favas, colonel.
Halna du Fretay, lieut.-colonel.
Bouthier, capitaine-instructeur.
Hénot, cap. adjudant-major.
Dupleix de Cadignan, lieutenant.
Brunel, maréchal des logis chef.
Heininger, maréchal des logis.
Lemaître, id.
Thomas, id.
Spitt, brigadier.

5ᵉ Régiment.
Hesdin.

d'Hillaire de Moissac, major.
Dupas, chef d'escadron.
Delachère, capitaine-instructeur.
d'Eshougues, cap. adjud.-major.
Remise, capitaine-trésorier.
Schneider, cap. d'habillement.

6ᵉ Régiment.
Dôle.

de Labarge, colonel.
du Coulombier, lieutenant-colonel.
Audouin Deschamps, chef d'esc.
Delpoux de Nafines, major.
Rey, capitaine-instructeur.
Sahuqué, cap. adjudant-major.
Bunot, capitaine d'habillement.
Polère, porte-étendard.
Falize, capitaine.
de Brimont, sous-lieutenant.
Rivet, id.
Aubry, adjudant-sous-officier.
Lauga, id.
Melin, id.
Robbe, id.
Mosse, maréchal des logis chef.

Schwalm, maréchal des logis chef.
Lavaud, maréchal des logis fourr.
Avice de La Carte, mar. des logis.
Bon, id.
Masure, id.
Neucourt, id.
Schmitt, id.
Veleine, id.
Huez, brigadier-fourrier.
Mouroux, id.
Angelé, brigadier.
Arnaudy, id.
Muller, id.
Aligros, cuirassier.
Bonvalot, id.
Garret, id.
Richardot, id.
De Saint-Firmin, id.
Séguin, id.

8ᵉ Régiment.
Cambrai.

Theremin, colonel.
Wolff, capitaine-instructeur.
Fristot, capitaine d'habillement.
Delphin, capitaine d'état-major.
Vidal, aide-vétérinaire.
Prévost, chef de musique.
Ginot, lieutenant.
Prunet, id.
Boigues, sous-lieutenant.
Boisdofré, id.
Fuchey, id.
Chrétien, maréchal des logis chef.
Lemonnier, id.
Marion, id.
Hurlin, maréchal des logis fourr.
Margalé, id.
Buisson, maréchal des logis.
Cadel, id.
Clémencey, id.
Crétin, id.
Damicourt, id.
Demeulnaère, id.
Demeuré, id.
Doss, id.
Gruson, id.
Hemmerlé, id.
Hoffer, id.
de Lapelin, id.

CUIRASSIERS — DRAGONS.

Lalment, maréchal des logis.
Marchant, id.
Perrin, id.
Petit, id.
Planchenault, id.
Herment, brigadier-fourrier.
Meyer, id.
Trouillard, id.
Vandenwœro, id.
Berger, brigadier.
Legay, id.
Turpin, id.
Mouret, cuirassier.

9ᵉ Régiment.

Vesoul.

Juncker, chef d'escadron.
de Lessan, id.

10ᵉ Régiment.

Maubeuge.

de Brauer, lieutenant-colonel.
de Lafilolie, chef d'escadron.
Gatte, capitaine adjudant-major.
de Beauchêne, sous-lieutenant.
Crorisse, id.
Magnin, maréchal des logis chef.

DRAGONS.

1ᵉʳ Régiment.

Belfort.

de Colbert, colonel.
Dusaulle, capitaine-trésorier.
Cumond, capitaine commandant.
Lorrain, id.
de Stralenheim, id.
Courtois, capitaine.
Juzeaud, id.
Estienne, lieutenant.
Schaad, id.
Gaillard, sous-lieutenant.
Garraud, id.
Leplus, id.

Bammès, maréchal des logis chef.
Dubreuil, id.
Mousmann, id.
de Toytot, maréch. des log. four.
Bonnefons, maréchal des logis.
Darnis, id.
Humbert, id.
Georges, brigadier.
Jacquemin, id.
Mairel, id.
Rioult, id.
Schœmemakers, id.
Tarbesse, id.
Beckerick, dragon.
Boudaillez, id.
Brocard, id.
Chaudet, id.
Coesnon, id.
Comte, id.
Ferrier, id.
Ferry, id.
Fort, id.
Gagnery, id.
Leturc, id.
Mille, id.
Mouland, id.
Petitfils, id.
Saudemont, id.

3ᵉ Régiment.

Sedan.

d'Estampes, colonel.
Ecoles (2 ex.).
Doucet, lieutenant-colonel.
de La Lande-Calan, chef d'escadr.
Mondion, id.
Mourret, major.
de Belfort, capitaine.
Foache, id.
Granger, id.
de Launay, id.
Guiraudon, lieutenant.
Vial, id.
Cormy, sous-lieutenant.
Lamarque, id.
de La Rivagerie, id.
Rodde, id.
Liquet, aide-vétérinaire.
Decleves, adjudant sous-officier.
Geoffroy, id.

DRAGONS.

Larivière, adjudant sous-officier.
Riottot, *id.*
Genot, maréchal des logis.
Michaut, brigadier-fourrier.
Jardin, brigadier bottier,
Gefrez, musicien 1er.
Geslin, *id.*
Logel, *id.*
Diétrich, sellier.
Bouillart, maréch. des logis chef.
Lenormand, *id.*
Théry, *id.*
Brocks, maréchal des logis fourr.
Hennequin, *id.*
Monnereau, *id.*
Belleret, maréchal des logis.
Bérépion, *id.*
Bonnet, *id.*
Drouet, *id.*
Gross, *id.*
Maire, *id.*
Molinier, *id.*
Viers, *id.*
Daudet, brigadier-fourrier.
Leconte, *id.*
Pasquier, *id.*
Boudeville, brigadier.
Bourcet, *id.*
Brunand, *id.*
Fagedet, *id.*
Fournier, *id.*
Froissent, *id.*
Loupsans, trompette.
Villon, *id.*
Giraud, dragon 1er.
Chalopin, dragon 2e.
Cambon, *id.*
Comte, *id.*
Isnard, *id.*
Garet, *id.*
Hypeau, *id.*

4e Régiment.

Limoges.

Baron de Juniac, colonel.
Massue, lieutenant-colonel.
Collot, chef d'escadron.
Euchêne, *id.*
Gentil de La Breuille, *id.*
Leproux, major.

Chomel, capitaine adjudant-major.
Louis, capitaine.
Boursier, lieutenant.
Duringe, *id.*
Brugière, sous-lieutenant.
Cottin, *id.*
Guillaume, *id.*
Him, *id.*
Montcorgé, *id.*
Vannaque, *id.*

5e Régiment.

Saint-Mihiel.

Cardon, colonel.
Pascal, major.
Dangeville, capitaine-instructeur.
Badenhuyer, capitaine-trésorier.
Landru, capitaine d'habillement.
Krug-Basse, médecin aide-major.
Chapuy, capitaine.
Duplessis, *id.*, détaché au dépôt de remonte de Tarbes.
Govon, *id.*
Lacour, *id.*
Roussange, *id.*
Winter, *id.*
Petit, lieutenant.
Santerre, *id.*
Contamin, sous-lieutenant.
de Drée, *id.*
Godefroy, *id.*
Hubert, *id.*
Lasartigue, *id.*
Molvaut, *id.*
Raugel, *id.*
Lichtenstein, mar. des log. chef.
Roussel, *id.*
Wiltz, *id.*
Teste, maréchal des logis fourr.
Marc, maréchal des logis.
Vendredi, musicien de 1re classe.

6e Régiment.

Clermont-Ferrand.

Ressayre, colonel.
Blavette, aide-vétérinaire.
Clairfond, capitaine.

DRAGONS.

Jacquot, capitaine.
Jardel, lieutenant.
Mongin, id.
Chauveau, sous-lieutenant.
Derigny, id.
Dugois, id.
Leblan, id.
Ogier, id.
Prudhomme, id.
Charet, adjudant sous-officier.
Andriot, maréch. des logis chef.
Noel, id.
Tezier, id.
Armansin, maréchal des logis.
Cauvin, id.
Colle, id.
du Cayla, id.
Dupont, id.
Fellrath de Massmunster, maréchal des logis.
Forel, id.
Fougery, id.
de Massol, id.
Mathis, id.
Ressiguié, id.
Soulié, id.
Veyret, id.
Jeannin, brigadier-fourrier.
Clery, brigadier.
Petit-Demange, id.
Pierre, id.
Sarger, id.
Gleyses, dragon.

7ᵉ Régiment.
Carcassonne.

Guiot, colonel.
Cousin, chef d'escadron.
Richer, id.
Broux, major.
Poirier, capitaine commandant.
Michaud, capitaine.
Cuguillère, lieutenant.
Dumonchaud, id.
de Gourcy, id.
Léonard, id.
Maraignon, id.
Marrot, id.
Berthelot, sous-lieutenant.
Bertrand, id.

Labbe de Champgrand, sous-lieut.
Jalabert, id.
Delaur de La Lauzade, id.
Guenon, maréchal des logis chef.
Deraet, mar. des logis fourrier.
Imbert, id.
Schott, id.
Raucheron de Boissoudy, mar. des logis.
Martin, id.
Morel, id.
Papillier, id.
Pecheric, id.
Regnault, id.
Richebez, id.
Viotti, id.
Armantier, brigadier-fourrier.
Boizeau, id.

8ᵉ Régiment.
Abbeville.

Chevalier, chef d'escadron.
Martin, capitaine-trésorier.
Alart, adj. au trés. (sous-lieut.).
de Fayet, capitaine d'état-major.
Bigeu, capitaine.
de Veslud, id.
Amilca, lieutenant.
Mure, id.
Pichat, id.
Robin, id.
Serrière, id.
Duchemin, sous-lieutenant.
Maisonnette, id.
Moity, id.
Massonnet, mar. des logis chef.
de Combarieux du Grés, maréchal des logis.
Gougault, id.
Guillaume, id.
Lerable, id.
Menot, id.
Rohart, id.
de Sainte-Aldegonde, id.
Thevenin, id.

9ᵉ Régiment.
Lyon.

Largemain, sous-lieutenant porte-étendard.

DRAGONS.

Bayer, chef de musique.
Leroi, lieutenant.
Jazerand, sous-lieutenant.
Pinon, maréchal des logis.

Vienne.

Verrier, major.
Foucault, sous-lieutenant.
Tacail, adjudant-major.
Muller, mar. des logis fourrier.
Barlaud, maréchal des logis.
Coulet, id.
Duquennoy, id.
Hurlin, id.
Larrieu, id.
Mazoyer, id.
Paris, id.
Revacly, id.
Brouard, brigadier-fourrier.
Goublin, id.

10e Régiment.

Lyon.

Cordier, lieutenant-colonel.
Fontaine, adj. au trés. (sous-lieut.).

11e Régiment.

Paris.

Damas, colonel.
Cadic, lieutenant-colonel.
Esmez, capitaine adjud.-major.
Garnier, id.
Ridzeck, médecin-major.
Colet, vétérinaire 1re classe.
Souvigny, aide-vétérinaire.
Chireix, sous-lieutenant.
Hydien, adjudant.
Blanchon, maréch. des logis chef.
Davenne, id.
Denelle, id.
Després, id.
Plumcocq, mar. des logis fourrier.
Boulanger, maréchal des logis.
Geoffroy, id.
Loiseau, id.
Louis, id.

de Maricourt, maréchal des logis.
Mossel, id.
Nicolas, id.
Vincent, id.
Desanglois, brigadier.
Dumaine, id.
Herbert, id.
Perrier, id.
Ralle, id.
Vincent, secrétaire du trésorier.
Greff, dragon.
Loubet, id.
Maurin, id.
Tondut, id.

Senlis.

Guiot, capitaine-instructeur.
Marlien, capitaine adjudant-major.
Vuillemot, capitaine-trésorier.
Patézon, aide-major.
Bernard, adjudant.
Thiébaut, id.
Couturier, maréchal des logis chef.
Dalstein, id.
Branley, maître tailleur.
Ponsaint, maréchal des logis.
Roos, id.
Valladier, id.
Arod, brigadier-fourrier.
Depère, brigadier.
Julien, id. prévôt d'armes.

Beauvais.

Pellisson, maréchal des logis.

12e Régiment.

Colmar.

Chabert, lieutenant.
Masqueray, id.
Mirville, id.
de Pouvourville, id.
Catala, sous-lieutenant.
Élie, id.
Marin, id.
de Malherbe, id.
Parassols, id.
Willemann, id.

LANCIERS.

LANCIERS.

2ᵉ Régiment.

Tours.

Brahaut, colonel.
Girard, lieutenant-colonel.
Cabanet, chef d'escadron.
de Choiseul-Beaupré, *id.*
Hayaërt, major.
Guerin, capitaine-instructeur.
Allavène, capitaine adj.-major.
Guignebert, *id.*
Véron, *id.*
Genay, capitaine-trésorier.
Maitrejean, adj. au tr. (sous-lieut.).
Crosson, porte-étendard.
de Bastard d'Estang, capitaine d'état-major.
Compagnie, cap. commandant.
Corsaux, *id.*
Jousson, capitaine commandant.
Ollivier, *id.*
Bermon, capitaine.
Laborde, lieutenant.
Marianval, *id.*
Méjasson, *id.*
Paulet, *id.*
Renno, *id.*
Adam, sous-lieutenant.
Duthillœul, *id.*
Farre, *id.*
Maür, *id.*
Ronel, *id.*

3ᵉ Régiment.

Pont-à-Mousson.

de Salvert, chef d'escadron.
Bernard, adjudant sous-officier.
Calot, *id.*
Viellard, maréchal des logis chef.
Crozat, maréchal des logis.
Gaugain, *id.* 1ᵉʳ secr. du trésorier.
Lagrange, *id.* maître d'escrime.
Millot, *id.*
Genard, brigadier, 2ᵉ secrétaire du trésorier.
Labrot-Brousse, lancier.

6ᵉ Régiment.

Sarreguemines.

Lafond, chef d'escadron.
Lallemend, capitaine-instructeur.
Jouve, capitaine-trésorier.
Lassaigne, capitaine d'habillement.
Fouque, capitaine d'état-major.
Henry, capitaine.
Jobbé, *id.*
de Vernejoul, *id.*
Lacoste, lieutenant.

7ᵉ Régiment.

Lunéville.

Marquet, colonel.
Bonnamy-Bellefontaine, chef d'escadron.
Fraichinet, capitaine.
de Moncey, *id.*
Bergerot, lieutenant.
de Chateaubourg, *id.*
Clausener, *id.*
Fouray de Salembéni, *id.*
Halluitte, *id.*
Delauzon, sous-lieutenant.
Deschamps, *id.*
Dethon, *id.*
Gaury, *id.*
Mousseron, *id.*
Quentin, *id.*
Robert, adjudant sous-officier.
Polin, maréchal des logis fourrier.
Bocquet, maréchal dès logis.
de Boret, *id.*
Bourdel, *id.*
Chambelland, *id.*
Mauranges, *id.*
Craquelin, brigadier.
Branchard, lancier de 1ʳᵉ classe.
Leflond, *id.* de 2ᵉ classe.
Mathieu, *id.*
Perrin, *id.*

CHASSEURS A CHEVAL.

CHASSEURS A CHEVAL.

1er Régiment.

Lyon.

de Goussencourt, colonel.
d'Hébrail, chef d'escadron.
Husson, *id.*
Decker, capitaine d'état-major.
Collignan, sous-lieutenant.
Rousseau, maréchal des logis.

3e Régiment.

Lunéville.

Kling, lieutenant.
Archambeau, sous-lieutenant.
Firmin, *id.*
Gaillard, *id.*
Hirtz, *id.*
de Villers Vaudey, *id.*
de Clock, maréchal des logis.
de Gardanne, *id.*
Gille, *id.*

Longwy.

Billotte, major.
Quantin Lagagnerie, ch. d'escadr.
Catel, sous-lieutenant.
de Morognes, *id.*
Hérier, maréch. des logis fourrier.

5e Régiment.

Napoléonville.

Ferry, chef d'escadron.
Le Begue de Germiny, *id.*
de Montarby, major.
Guerin, capitaine adjudant-major.
Lamothe, *id.*
July, capitaine-trésorier.
Sagot, adj. au trés. (sous-lieut.).
Peligry, chef de musique.
Grad, sous-lieutenant.
Martin, *id.*
de Rugy, *id.*
Malboz, adjudant sous-officier.

Faurax, maréchal des logis chef.
Fournier, *id.*
Pagès, *id.*
Pérard, *id.*

6e Régiment.

Verdun.

Dalmas de Lapérouse, colonel.
Berger, chef d'escadron.
de Monerie, capitaine adjudant-major.
Jacquemin, capitaine-trésorier.
Decosni, capitaine d'état-major.
Lambert, sous-lieutenant.
Marot (Jules), *id.*
Monerie, adjud. vaguemestre.
Jourdain, maréchal des logis chef.
Augrain, maréch. des log. fourr.
Adam, maréchal des logis.
Barthélemy, *id.*
de Batz, *id.*
Bleichner, *id.*
Boudet, *id.*
Fauchon, *id.*
Lallemand, *id.*
Lelong, *id.*
Lenglet, *id.*
Petel, *id.*
Tholer, *id.*
Denis, maître sellier.
Arnaud, brigadier.
Baylac, *id.*
Gueneaut (Oscar).
Lebarque, chasseur.

7e Régiment.

Lyon.

Dumas, colonel.
Petit, lieutenant-colonel.
Huet, chef d'escadron.
Lanen, capitaine.
Desblache, lieutenant.
Delorme, sous-lieutenant.
Duval, adjudant sous-officier.

CHASSEURS A CHEVAL.

8e Régiment.
Châlons-sur-Marne.

de Vignolle, colonel.
Albène, chef d'escadron.
Fropot, porte-étendard (s.-lieut.).
Rouph, id.
Voirhaye, médecin-major.
Tostain, aide vétérinaire.
Arnaud, sous-chef de musique.
Gay de Vernon, capit. command.
Larivière, id.
Fradin, capitaine.
Bruneau, lieutenant.
Christin, id.
Gasson, id.
Imbert, id.
De Pignerolle, id.
Sounes, id.
de Clérembault, sous-lieutenant.
Lockhart, id.
Manigant, id.
Poitou, id.
Lecomte, adjudant sous-officier.
Lécuyer, id.
Nouvion, id.
Prevost, id.
Boyer, maréchal des logis chef.
Perrotin, id.
Adenet, maréch. des log. fourrier.
Baudet, maréchal des logis.
de Courtenay, id.
Mazérieux, id.
Mestayes, id.
Pepin, id.
Saint-Germain, id.
De Sars, id.
Verhagen, id.
Biche, brigadier-fourrier.

9e Régiment.
Niort.

Dambry, colonel.
Baumal, capitaine adjudant-major.
Longuefosse, lieutenant.
Higounenc, sous-lieutenant.

10e Régiment.
Tarbes.

Arbellot, colonel.
Boursier, chef d'escadron.
Chirouze, major.
Alleaume, capitaine-instructeur.
Fourcy, capitaine-trésorier.
Clausé, capitaine d'habillement.
Helminger, chef de musique.
Grousset, vétérinaire.
Dumouriez, capitaine.
Lepage, id.
Plagnol, id.
Lamy, lieutenant.
Leaux, id.
Pahu, id.
Plassiard, id.
Rabier, sous-lieutenant.
Triboudet, id.
de Veille-Chèze, id.
Bernier, adjudant sous-officier.
Boiset, maréchal des logis chef.
Dabiel, id.
de Fougères, id.
Larchez, id.
Biousse, maréchal des logis.
Duchaizot, id.
Hébert, id.
Palisseau, id.
Racine, id.
Seguy, id.
Valette, id.
Wolfinger, musicien.

HUSSARDS.

1er Régiment.
Chartres.

de Gerbrois, colonel.
Abdelal, lieutenant-colonel.
Barabin, chef d'escadron.
Pingot, capitaine adjudant-major.
Bruyelle, capitaine-trésorier.
de Biré, capitaine commandant.
Bellomé, capitaine.
Martin, lieutenant.
Arnoult, sous-lieutenant.
Bellomé, id.

HUSSARDS.

Daubrée, sous-lieutenant.
Hamenn, id.
Pracomtal, id.
Lebland, maréchal des logis chef.
Regnard, id.
Caspar, maréch. des logis fourrier.
Didier, id.
Berryer, maréchal des logis.
Biche, id.
Digeon, id.
Gaultier, id.
Malterre, id.
Noël, id.
Simonin, id.
Grimaux, brigadier-fourrier.
Maitre, brigadier.
Marc, hussard.
Saubin, id.

2e Régiment.

Poitiers.

L'Huillier, colonel.
de Venteaux, lieutenant-colonel.
Guillon, chef d'escadron.
Frizac, capitaine adjudant-major.
Clésius, adjudant au trésorier.
Rivet, capitaine d'habillement.
Gisselbrecht, porte-étendard.
de Fossa, lieutenant d'état-major.
Garnier, médecin-major.
Alba, capitaine.
Lefèvre, capitaine.
Barnous, lieutenant.
de Novion, id.
Piaud, id.
Pierson, id.
Lombard, sous-lieutenant.
Minaud, id.
Renno, id.
Carron, adjudant sous-officier.
Dufour, id.
Falque, id.
Dal, maréchal des logis chef.
Fornel, id.
Veil, id.
Blesseau, mar. des logis fourrier.
Bonnabrix, maréchal des logis.
Brevet, id.
Guichard, id.

Laty, maréchal des logis.
Loy, id.
Vignevieille, id.
Planques, brigadier-fourrier.
Sépot, id.
Barrit, brigadier.
Baudot, id.
Desbarrax, id.
Kiffer, id.
Prat, id.
Chartoire, hussard.
Lansade, id.

3e Régiment.

Libourne.

de Kersalaun, colonel.
Bruils, chef d'escadron.
Carrichon, major.
de Mecquenem, cap. d'état-major.
Quillot, id.
Bazoche, capitaine.
Bourseul, sous-lieutenant.
de Mornay, id.

4e Régiment.

Paris.

de La Mortière, colonel.
Trécourt, chef d'escadron.
Courroux, maréchal des logis chef.
Gy, id.
Perrin, id.
Pleuchot, id.
Bécel, maréchal des logis.
Dangla, id.
Faucillon, id.
Gagé, id.

Rambouillet.

Durand, major command. le dépôt.
Landremont, capitaine instructeur.
Vagney, médecin aide-major.
Danglars, capitaine commandant.
Lequeux, lieutenant.
Dubois, sous-lieutenant.
Huet, id.
Lagerle, id.
Masquelier, id.

HUSSARDS.

de Tadini, sous-lieutenant.
Chrétien, maréchal des logis chef.
Prieur, id.
Garraud, brigadier.

6ᵉ Régiment.

Vendôme.

de Valabrègue, colonel.
Lacordaire, chef d'escadron.
Lavoye, id.
Béral de Sédaiges, capitaine adjudant-major.
Martin, chef de musique.
Daniel, capitaine.
de Montarby, id.
Nicolas, id.
Guerre, lieutenant.
Desmazes, adjudant sous-officier.
Melix, id.
Raillard, id.
Cachelot, maréchal des logis chef.
Chefneux, id.
Destals, id.
de Foucault, id.
Tourot, id.
Goiset, maréchal des logis fourrier.
Riou, id.
Boizard, maître sellier.
Alexandre, maréchal des logis.
Cochard, id.
Desmoulins, id.
Joubault, id.
de Lapeyrie, id.
Le Roy, id.
Marmin, id.
Ponsot, id.
Poulmaire, id.
Rataud, id.
Renault, id.
Schopin, id.
de Canisy, brigadier-fourrier.
Fillet, id.
Pérez Moreyra, id.
Rossi, id.
Candiot, brigadier.
Finck, id.

8ᵉ Régiment.

Moulins.

Le Preud'homme comte de Fontenoy, colonel.
Baron Hue de Mathan, lieutenant-colonel.
de Maubranches, chef d'escadron.
Baron Rossetti, id.
Darmaignac, capitaine adj.-major.
Tournel, capitaine-trésorier.
Leclerc, vétérinaire.
Leimacher, aide-vétérinaire.
Pochon, chef de musique.
de Mothes, lieutenant.
d'Ollone, id.
Voisin, id.
de Breuil, sous-lieutenant.
Caména d'Almeida, id.
Chassain, id.
Descoins, id.
Hubert, id.
Madon, id.
Saintard, id.
Tribouillard, id.
de Vogué, id.
de Pellan, adjudant.
Burle, maréchal des logis chef.
Briot, maréchal des logis.
Deschanels, id.
Jullien, id.
Jumelle, id.
Petit, brigadier-fourrier.
Marchand, maître tailleur.
Excoula, musicien.

CHASSEURS D'AFRIQUE.

1ᵉʳ Régiment.

Mustapha.

de Salignac-Fénelon, colonel.
Brice, lieutenant.

3ᵉ Régiment.

Constantine.

de Mézange, colonel.
de Roubin, capitaine adjudant-maj.

SPAHIS. — ÉCOLE DE SAUMUR. — CAVAL. DE REMONTE.

Derriey, capitaine-trésorier.
Gelez, lieutenant.
Capdeville, sous-lieutenant.
Usse, *id.*
Maurepas, maréchal des logis chef.
Leroy, *id.* fourrier.
Delaistre, maréchal des logis, secrétaire du trésorier.
Fort, maréchal des logis.
Guyhommaro, *id.*
Hubert, *id.*
Hyrvois, *id.*
Lhez-Barbes, *id.*
Nicol, *id.*
Verry, *id.*

Blot, sous-lieut. du 8e cuirassiers.
Rohmer, lieut. du 4e dragons.
Gérard, *id.* du 6e lanciers.
Perrot, sous-lieut. du 4e d'artil.
Grandin, lieut. du 3e cuirassiers.
Renaudot, *id.* du 6e *id.*
Devarenne, sous-lieut. du 10e *id.*
Pujade, lieut. du 5e dragons.
Robert, *id.* du 6e lanciers.
Roidor, aide-vétérinaire stagiaire.
Pujol, commis d'administration.
Bouland, adjudant.
d'Hiver, maréchal des logis chef.
Réméré, *id.*

SPAHIS.

1er Régiment.

Médéah.

de Lauriston, colonel.
Francq, chef d'escadron.
Sauvage, *id.*
de Frontin, major.
Bréauté, capitaine adjud. major.
Buard, médecin-major.
Serve, vétérinaire en 1er.
Mandel, capitaine.
Clément, lieutenant.
Tarode, maréchal des logis chef.

ÉCOLE IMPÉRIALE DE CAVALERIE.

Saumur

Comte de Rochefort, général de brigade, commandant.
Schmidt, colonel.
de Chaumontel, cap. instructeur.
Guiot, *id.*
Kabis, *id.*
Boulligny, *id.*
Piétu, sous-lieut., sous-écuyer.
Dariot, *id.* porte-étendard.
Devaux, officier comptable.
Cressin, lieutenant-adjoint au trésorier.

CAVALERIE DE REMONTE.

1re Compagnie.

Caen.

Vissière, sous-lieutenant.
Walrof, maréchal des logis chef.
Lannoy, maréch. des logis fourrier.
Houel, brigadier-fourrier.
Boudot, brigadier.
Miffret, *id.*

Alençon.

Sauvan, sous-lieutenant.

4e Compagnie.

Tarbes.

Raimont, capitaine-commandant.
Bélard, sous-lieutenant.
Bestagne, *id.*
Duplessis, capitaine au 5e dragons, détaché au dépôt de Remonte.

6e Compagnie.

Sampigny. (Meuse).

Barénaud, capitaine au 1er hussards.
Commaux, *id.* d'artillerie.
Barthel, sous-lieut. offic. comptab.

ARTILLERIE.

Meyer, adjudant.
Cardeur, maréchal des logis chef.
Girard, maréchal des logis.
Cassagne, mar. des logis fourrier.
Genreau, id.
Henry, maréchal des logis.
Kœnig, brigadier.
Godin, brigadier sellier.
Kœnig, id. tailleur.
Gramon, cavalier.
Perron, id.
Simon, id.

7ᵉ Compagnie.

Paris.

Caron, capitaine commandant.
Boué, lieutenant en premier.
Dermigny, sous-lieutenant.
Lucas, maréchal des logis chef.
Saint-Germier, mar. des logis four.
Delyère, maître bottier.
Dagusan, maître armurier.
Poirot, brigadier.

ARTILLERIE.

2ᵉ Régiment à pied.

Besançon.

Chabord, colonel
Quincy, lieutenant-colonel.
Bussière, chef d'escadron. (2 ex. pour les écoles de 1ᵉʳ et de 2ᵉ degré).
Chopin, id.
Mongin, adj. au trésor. (sous-lieut.)
Rééb, médecin aide-major.
Megnin, aide vétérinaire.
Coeuil, sous-chef de musique.
Difortin, capitaine en premier.
Méraux, id.
Belin, lieutenant en premier.
Delabrousse, id.
Jury, id.
Gobancé, adjudant sous-officier.
Hannuic, id.
Michel, id.
Sigonnaud, id.

Bloch, maréchal des logis chef.
Bouvier, id.
Denis, id.
Drouin, id.
Lainé, id.
Laurin, id.
Mursch, id.
Portmann, id.
Delaissey, mar. des logis fourrier.
Pachon, id.
Ramaget, id.
Amar, maréchal des logis.
André, id.
Barthélemy, id.
Bocquet, id.
Bonoît, id.
Brias, id.
Chauffour, id.
Cezilly, id.
Faidel, id.
Guillot, id.
Hertzog, id.
Jolly, id.
Minault, id.
Nobis, id.
Perrin, id.
Potin, id.
Rousseau, id.
Vernier, id.
Chofardet, brigadier.
Perrier, id.
Radet, id.
Raymond, id.
Talbot, id.
Watelle, id.
Billoy, brigadier trompette.
Pery, musicien.
Loeffler, artificier.
Vogel, id.
Thouvenin, 1ᵉʳ ouvrier.
Carru, 2ᵉ canonnier servant.
Charton, id.
Dorbon, id.
Frachon, id.
Girod, id.
Parriaud, id.
Vallin, id.

3ᵉ Régiment à pied.

Metz.

Courtine, maréchal des logis chef.

ARTILLERIE.

Dupuy, maréchal des logis chef.
Schmid, *id.*
Robert, fourrier.

4e Régiment à pied.

Strasbourg.

Borgella, colonel.
Guérin, lieutenant-colonel.
Belossat, capitaine.
Gary, *id.*
Michel, *id.*
Morel, *id.* (2 ex.)
Plain, *id.*
Champeaux, lieutenant.
Charlochay, sous-lieutenant.
Antoine, maréchal des logis.
Pezeux, *id.*
Thomas, *id.*
Barbier, *id.*
Bidet, *id.*
Chrétien, *id.*
Soulages, *id.*
Berbignier, musicien.
Michel, *id.*
Remy, *id.*
Weber, *id.*

6e Régiment — Pontonniers.

Strasbourg.

Lefrançois, colonel (2 ex.)
Brulhard, capitaine.
Grandmaire, *id.*
Maginot, *id.*
Renault, *id.*
Brouet, lieutenant.
Cornudet, *id.*
Goudard, *id.*
Albert, maréchal des logis chef.
Boone, *id.*
Cornu, *id.* fourrier.
Colin, maréchal des logis.
Dufour, *id.*
Gigaudet, *id.*
Guignard, *id.*
Jouville, *id.*
Lacombe, *id.*

Lamblin, maréchal des logis.
Lempereur, *id.*
Michaud, *id.*
Sireau, *id.*
Thoreau, *id.*

7e Régiment monté.

Metz.

Normand, adjudant.
Bayonne, maréchal des logis chef.
Salmon, *id.*
Fourniol, mar. des logis fourrier.
Deliquere, maréchal des logis.
Juvenel, brigadier-fourrier.

8e Régiment monté.

Toulouse.

Fadates de Saint-Georges, colonel.
Pé de Arros, lieutenant-colonel.
Carette, chef d'escadron.
Levesou de Vesins, capitaine adjudant-major.
Saxe, chef de musique.
Bouhin, capitaine en premier.
Larroque, *id.*
Sahuqué, *id.*
Foucault, sous-lieutenant.
Gressier, adjudant.
Peroche, *id.*
Carrère, maréchal des logis chef.
Deprats, *id.*
Dufour, *id.*
Hervieu, *id.*
Maréchal, *id.*
Darolles, mar. des logis fourrier.
Lacaze, *id.*
Bergounioux, maréchal des logis.
Dalverny, *id.*
Forny, *id.*
Laurent, *id.*
Teyssandier, *id.*
Carriol, brigadier-fourrier.
Vouaux, chef artificier.
Candouat, premier servant.
Guillermain, premier conducteur.
Bès, deuxième *id.*
Potet, deuxième *id.*

ARTILLERIE.

10ᵉ Régiment monté.
Rennes.

Martocq, maréchal des logis chef.
Mégnin, id.
Choffin, maréchal des logis fourrier.
Thuret, brigadier.

11ᵉ Régiment monté.
Strasbourg.

Fiéreck, colonel.
Dandre, aide vétérinaire.
Monix, chef de musique.
Coulom, capitaine.
Fraissignes, id.
Garnache, id.
Stoffel, lieutenant.
Millet, maréchal des logis chef.
Roucheux, id.
Bertrand, maréchal des logis.
Bordat, id.
Bouillaud, id.
Cretin, id.
Devauchelle, id.
Deymard, id.
Ehrmann, id.
Gaertner, id.
Gems, id.
Jeanneney, id.
Lambert, id.
Loos, id.
Mourot, id.
Paulus, id.
Perraud, id.
Puissant, id.

14ᵉ Régiment à cheval.
Douai.

de Vercly, colonel.
Girard, chef d'escadron.
de Viaris, major.
Hutet, capitaine-trésorier.
de Gouy, id. adjudant major.
Hurst, médecin aide-major.
Faucheur, lieutenant.
Béguin, sous-lieutenant.
Caquelin, adjudant.

Dubois, adjudant.
Enard, id.
Pascal, id.
Dubert, maréchal des logis chef.
Maniquet, id.
Périès, id.
Barthelemot, maréchal des logis.
Bernast, id.
Berthault, id.
Brienne, id.
Dropsy, id.
Eymard, id.
Fichet, id.
Gabriel, id.
Lemaire, id.
Morot, id.
Peteul, id.
Ravaut, id.
Rieuneau, id.
Thiébaud, id.
Voltz, id.
Autran, chef artificier.
Corroyer, brigadier-fourrier.
Darras, id.
Dormignis, id.
Ferbu, id.

15ᵉ Régiment à cheval.
Valence.

Courtois d'Hurbal, colonel.
Vollant, lieutenant-colonel.
Guichon, chef d'escadron.
Wathier, capitaine adjudant-maj.
Picard, capitaine d'habillement.
Galle, capitaine faisant fonction de trésorier.
Laurent, sous-lieutenant.

16ᵉ Régiment à cheval.
Toulouse.

de Veulens, colonel.
Legros, chef d'escadron.
Surville, id.
Judan, médecin-major.
Bayrou, aide-vétérinaire.

OUVRIERS D'ARTILLERIE.

de Beauquesne, capitaine.
Boudot, *id.*
Hébert, *id.*
Noël, *id.*

COMPAGNIES D'OUVRIERS D'ARTILLERIE.

2ᵉ Compagnie
La Fère.

Geyer, maréchal des logis chef.
Latapie, mar. des logis fourrier.
Chrétien, maréchal des logis.
Maillot, *id.*
Tribout, *id.*
Fauvet, *id.*
Fontaine, brigadier.
Masson, *id.*
Bleuse, maître ouvrier.
Carlier, *id.*
Duport, *id.*
Hauet, *id.*
Joseph, *id.*
Cailloux, ouvrier de première classe.
Deforges, *id.*
Blanche, ouvrier de deuxième classe.
Demouy, *id.*
Dumont, *id.*
Abot, ouvrier de troisième classe.
Artreux, *id.*
Baillet, *id.*
Bassier, *id.*
Bittlenger, *id.*
Brancourt, *id.*
Dhap, *id.*
Ducrot, *id.*
Faber, *id.*
Fieuzal, *id.*
Gatinaux, *id.*
Harlé, *id.*
Hénot, *id.*
Hubert, *id.*
Labbée, *id.*
Lebègue, *id.*
Marnotte, *id.*
Montanger, *id.*
Pangaud, *id.*
Pitha, *id.*
Poirson, *id.*

Rasselet, *id.*
Rihouey, *id.*
Tramaux, *id.*

3ᵉ Compagnie.
Strasbourg.

Gaillard, lieutenant.
Garrel, maréc. des logis chef.
Garnier, *id.* fourrier.
Gachot, maréchal des logis.
Boisseau, brigadier.
Mary, brigadier.
André, canonnier ouvrier.

4ᵉ Compagnie.
Alger.

Cros, capitaine commandant.
Malliart, maréchal des logis.
Lucas, 1ᵉʳ ouvrier.
Maleuvre, 2ᵉ *id.*
Tiriau, *id.*
Subsol, 3ᵉ *id.*
Lequier, trompette (tailleur).

6ᵉ Compagnie.
Lyon.

Poyeton, capitaine en 1ᵉʳ.
Baudier, capitaine en 2ᵉ.
Wilhelm, sous-lieutenant.
Veillet, maréchal des logis chef.
Barbaux, fourrier, *id.*
Cazeneuve, maréchal des logis.
Drouhin, *id.*
Tribout, *id.*
Bentz, brigadier.
Cazalbou, *id.*
Cerisier, *id.*
Soyez, *id.*
Clément, maître ouvrier.
Journet, *id.*
Monet, *id.*
Collombe, ouvrier de 1ʳᵉ classe.
Colombin, *id.* 2ᵉ classe.
Lecher, *id.*

OUVRIERS D'ARTILLERIE. — ARMURIERS.

8ᵉ Compagnie.
Alger.

Sauvé, capitaine commandant.
Marty, ouvrier de 3ᵉ classe.

9ᵉ Compagnie.
Lyon.

Bouteille, capitaine commandant.
Bouhin, capitaine.
Blumenstihl, lieutenant en 1ᵉʳ. (2 ex.).
Woirgard, maréchal des logis chef.
Boussard, *id.* fourrier.
Drion, *id.*
Hutz, *id.*
Pouget, *id.*
Robert, *id.*

10ᵉ Compagnie.
Douai.

Sulfour, maréchal des logis chef.
Barrière, *id.* fourrier.
Berthaut, maréchal des logis.
Gosset, *id.*
Michel, *id.*
Millot, *id.*
Zisel, *id.*
Page, brigadier.
Millon, maître ouvrier.

11ᵉ Compagnie.
Toulouse.

Brun, maréchal des logis chef.
Charrière, *id.* fourrier.
Barbier, maréchal des logis.
Blatier, *id.*
Lamort, *id.*
Missonnier, *id.*
Silvain, *id.*
Marie, brigadier.
Veillet, *id.*
Monmarche, maître ouvrier.
Baquier, ouvrier de 1ʳᵉ classe.

Garibal, ouvrier de 2ᵉ classe.
Marangé, *id.*
Perramond, *id.*

12ᵉ Compagnie.
Besançon.

Doré, maréchal des logis.
Dubois, *id.*
Trouillon, *id.*
Panon, *id.* fourrier.
Barthelemy, brigadier.
Franck, *id.*
Klein, *id.*
Lucot, *id.*
Perrin, *id.*
Amen, maître ouvrier.
Curly, *id.*
Gerin, *id.*
Gueuret, *id.*
Barillez, ouvrier de 2ᵉ classe.
Brulez, *id.*
Mairot, *id.*
Chambellant, ouvrier de 3ᵉ classe.
Febvrel, *id.*
Fourgeot, *id.*
Grappe, *id.*
Iost, *id.*
Mainfroy, *id.*
Muckensturm, *id.*

COMPAGNIES D'ARMURIERS.

1ʳᵉ Compagnie.
Alger.

Brenier, contrôleur d'armes.
Veillet, maréchal des logis chef.
Lefebvre, *id.* fourrier.
Schmitt, brigadier.
Berthon, maître.
Verdin, *id.*
Cassaigne, 1ᵉʳ armurier.
Clermont, *id.*
Gouin, *id.*
Gravier, *id.*
Colas, 2ᵉ armurier.
Michaud, *id.*
Prévost, *id.*
Queval, *id.*

ARMURIERS. — GÉNIE.

Oran.

Bavonotte, maréchal des logis.
Monzat, *id.*
Bisch, maître.
Deringère, *id.*
Gouvenaux, *id.*
Prévot, *id.*
Thomas, *id.*
Berget, 1ᵉʳ armurier.
Deschaseaux, *id.*
Marcet, *id.*
Neuillet, *id.*
Roux, *id.*
Boysse, 2ᵉ armurier.
Deutsch, trompette.

GÉNIE.

TROUPES.

1ᵉʳ Régiment.

Metz.

Neuveux, sapeur.

2ᵉ Régiment.

Montpellier.

Astoin, sergent.

3ᵉ Régiment.

Arras.

GÉNIE.

Aufroy, capitaine.
Thomas, *id.*
Atteleyn, lieut., adjoint au trés.
Court, lieutenant.
Dewulf, *id.*
Godard, *id.*
Olier, *id.*
Ricour, *id.*
Baylac, sous-lieutenant.
Bezard-Falgas, *id.*
Dehaye, *id.*
Dulauroy, *id.*
Nicolas, adj. sous-officier.

Apffel, sergent-major.
Auger, *id.*
Fortier, *id.*
Guilmineau, *id.*
Imbert, *id.*
L'Huillery, *id.*
Maurice, *id.*
Panouillot, *id.*
Schmitt, *id.*
Fournier, sergent-fourrier.
Playoust, *id.*
Verge, *id.*
Baillat, sergent.
Bernard, *id.*, 1ᵉʳ bataillon.
Bernard, *id.*, 2ᵉ bataillon.
Bertrand, *id.*
Chauvin, *id.*
Chimot, *id.*
Dourdin, *id.*
Félix, *id.*
Feuillet, *id.*
Gaillard, *id.*
Lemoine, *id.*
Levêque, *id.*
Maramtaye, *id.*
Masson, *id.*
Mignaton, *id.*
Radigois, *id.*
Rampont, *id.*
Sauze, *id.*
Sculfort, *id.*
Versallieux, *id.*
Vinsonnaud, *id.*
William, *id.*
Goirand, fourrier.
Darreaux, caporal.

MINEURS.

Fournier, sergent-major.
Vernier, *id.*
Biffe, sergent.
Prost, *id.*

SAPEURS CONDUCTEURS.

Mainetti, sous-lieutenant.
Guiguet, maréchal des logis chef.
Blanquart, maréchal des logis.
Langlois, *id.*
Pajot, *id.*
Trubert, *id.*
Burthez, musicien.
Berger, tambour.

GÉNIE.

Sidi-Bel-Abbès.

Glises, lieutenant.
Rousselot, sergent.
Verdier, caporal.
Bouisson, 1er sapeur.
Chantrène, *id.*
Chenisbest, *id.*
Rey, *id.*
Belleney, 2e sapeur.
Dammann, *id.*
Feuillet, *id.*
Fournier, *id.*

SAPEURS CONDUCTEURS.

Borel, maréchal des logis.
Auger, brigadier.
Lejeune, *id.*
Caban, 2e sapeur.
Chiffres, *id.*
Combey, *id.*
Courbin, *id.*
Lasserre, *id.*
Mazin, *id.*

COMPAGNIES D'OUVRIERS DU GÉNIE.

2e Compagnie.

Alger.
Darnault, lieutenant.

Paris.
Merlin, capitaine.

DIRECTIONS DES FORTIFICATIONS.

1re Direction.

Paris.
Bazin, colonel directeur.

Versailles.
Masselin, capitaine.
Rigal, garde de 1re classe.
Toussaint, *id.* de 2e.

Orléans.
Lapanne, garde principal.

3e Direction.

Calais.
Réposte, garde principal.

Boulogne.
Vasseur, chef de bataillon.
Delommé, garde de 1re classe.
François, garde de 2e classe.
Ouquet, garde en retraite.

Hesdin.
Bonnarel, garde principal.

4e Direction.

Avesnes.
Saint-Quentin, capitaine.

Le Quesnoy.
Coffiez, garde de 1re classe.

5e Direction.

Soissons.
Cellié, garde principal.

6e Direction.

Metz.
Belfort, garde de 1re classe.
Weber, *id.*
Tafin, concierge des bât. mil.
Michel, *id.*

Thionville.
Duflos, garde de 2e classe.
Lajeunesse, *id.*
Peltrisot, *id.*

Longwy.
Acquier, garde de 2e classe.

Montmédy.
Bossy, capitaine.

Verdun.
De Bormans, chef de bataillon.

GÉNIE.

Sarreguemines.
Senocq, garde de 1re classe.

Commercy.
Braye, garde de 2e classe.

7e Direction.

Strasbourg.
Jenton, garde de 1re classe.
Haguenau.
Eckert, garde de 1re classe.
Neuf-Brisach.
Ballard, chef de bataillon.
Huningue.
Théas, garde de 2e classe.
Belfort.
Degros, chef de bataillon.
Wissembourg.
Heydt, capitaine (en congé).
Vincent, garde de 2e classe.

8e Direction.

Besançon.
Stammler, capitaine.
Carlamy, garde principal.
Jannot, garde de 2e classe.
Jobin, *id.*
Legendre, *id.*
Langres.
Rémond, chef de bataillon.
Bardonnaut, capitaine.
Flambart, lieutenant.
Godon, garde de 1re classe.
Piot, *id.* de 2°.
Gray.
Valiton, garde de 1re classe.

9e Direction.

Lyon.
Oudot, garde principal.
Raulin, garde principal.
Aubertin, *id.*
Barbaud, garde de 2e classe.
Lecreux, *id.*
Mareschal, *id.*
Mâcon.
Teynard, chef de bataillon.
Janey, garde principal.

10e Direction.

Grenoble.
Gréban, colonel.
Delaire, garde principal.
Harmand, garde de 1re classe.
Barrat, *id.* de 2e.
Briançon.
Roty, garde de 2e classe.
Vienne.
Boullier, garde de 2e classe.
Privas.
Folliasson, garde de 2e classe.

11e Direction.

Toulon.
Gras, chef de bataillon.
Sisteron.
Noël, capitaine.
Blazy, garde de 1re classe.
Faure, concierge des bât. mil.
Tournoux.
Bricout, garde de 2e classe.
Oblet, *id.*
Abrard, employé civil.
Ile de Porquerolles.
Garbe, garde de 2e classe.
Digne.
Trouche, concierge des bât. mil.
Seyne.
Page, concierge des bât. mil.

GÉNIE. — OUVRIERS MILITAIRES.

Tarascon.
Aubert, garde de 1re classe.

12e Direction.

Rodez.
Barral, garde de 2e classe.

Nîmes.
Durigneux, garde principal.

14e Direction.

Toulouse.
Esparseil, garde de 1re classe.

16e Direction.

La Rochelle.
Ducasse, colonel.
Delmas, capitaine.
Gauthier-Collet, garde de 2^e cl.

Blaye.
Constantin, garde de 1re classe.

Angoulême.
Alban, garde de 1re classe.

18^e Direction.

Brest.
de Chappedelaine, lieutenant-colonel (2 ex.).

19^e Direction.

Cherbourg.
Rolly, garde principal.
Lelanchon, garde de 1re classe.
Hardouin, *id.*
Mouzon, garde de 2^e classe.

20^e Direction.

Bourges.
Jourjon, colonel.
de Verdal, colonel.

Vichy.
Morard, capitaine.

Clermont-Ferrand.
Maillet, garde de 2e classe.

Blois.
Jacquemart, garde principal.
Penault, concierge des bât. milit.

Direction d'Alger.

Alger.
Salanson, capitaine.

Constantine.
Direction.
Chefferie.

Blidah.
Poncet, garde principal.
Richer, garde de 2e classe.

Sidi-Bel-Abbès.
Bressonnet, capitaine.
Blondeau, garde.
Guillemin, *id.*
Poulain, concierge.

TROUPES DE L'ADMINISTRATION.

SECTIONS D'OUVRIERS MILITAIRES.

3e Section.

Caen.
Fontsaurage, sergent.

4e Section.

Versailles.
Borner, officier adjoint.

OUVRIERS MILITAIRES. — ÉQUIPAGES.

5ᵉ Section.

Bastia.

Lethor, sergent.

Toulon.

Grosjean, sergent.
Blanchard, caporal.
Grasser, soldat.
Mille, *id.*
Rio, *id.*

12ᵉ Section.

Alger.

Perrot, sergent-major.
Duquennois, sergent.
Gaillard, *id.*
Laville, *id.*
Milot, *id.*
Valesqui, *id.*
Rivière, *id.*
Rousée, *id.*
Millet, soldat.
Garrigues, *id.*
Mme Dutel, cantinière.

ÉQUIPAGES MILITAIRES.

Parc de construction.

Vernon.

Latour, médecin major.
Person, sous-lieutenant, adjoint au directeur.

Châteauroux.

Marchand, chef d'escadron.
Harancourt, capitaine.
Dantoine, *id.* adjoint.
Patelot, lieutenant en 1ᵉʳ, officier payeur.

Parc de réparation.

Oran.

Lerin, lieutenant en 1ᵉʳ, officier payeur détaché à Châteauroux.

Philippeville.

Clerc, garde principal, détaché à Chateauroux.

3ᵉ Compagnie d'ouvriers constructeurs.

Châteauroux.

Beaupied, lieutenant.
Dehay, *id.*
Toutin, sous-lieutenant.
Moineau, sergent-major.
Bereaud, sergent.
Breton, *id.*
Prime, *id.*
Veillon, *id.*
Disch, *id.*
Blondelle, sergent-fourrier.
Delaval, caporal.

4ᵉ Compagnie.

Vernon.

Cigna, lieutenant en 1ᵉʳ.
Clément, lieutenant en 2ᵉ.
Auchère, sergent-major.
Bonnamy, sergent-fourrier.
Boisseau, sergent.
Delabarre, *id.*
Varin, *id.*
Delattre, caporal.
Garnier, *id.*
Gault, *id.*
Lemonnier, *id.*
Beaumont, soldat.
Blanchet (Auguste), *id.*
— (Pierre), *id.*
Courquin, *id.*
Legrand, *id.*
Lemoine, *id.*
Lucquet, *id.*
Morel, *id.*
Paumier, *id.*
Sisos, *id.*
Thibaux, *id.*
Thiery, *id.*
Tiennet, *id.*

ÉQUIPAGES. — HOPITAUX.

ÉQUIPAGES MILITAIRES.

ESCADRONS DU TRAIN.

1er Escadron.

Philippeville.

Gillet, chef d'escadron, command.
Buquet, capitaine-major.
Ruffet, id. d'habillement.

2e Escadron.

Alger.

Leblanc, chef d'escadron com.
Lanson, capitaine trésorier.
Dizien, capit. d'habillement.
Camoin, aide vétérinaire.
Delaubrie, capitaine.
Aubin, lieutenant.
Boitard, id.
Landais, id.
Terras, id.
Dumail, sous-lieutenant.
Joannabat, id.
Maucour, id.
Rasigade, id.
Sirand, id.
Pesez, adj. sous-officier.
Marchand, maréchal des logis.
Schuller, id.
Vasset, id.
Albès, brigadier-fourrier.

3e Escadron.

Oran.

Lyver, chef d'escad. commandant.
Rilhac, capitaine d'habillement.
Mangin, capitaine commandant.
Batiste, id. en 2e.
Milliot, médecin-maj. de 1re clas.
Pagot, lieutenant.
Baugillot, adjudant sous-officier.
Fossey, id.
Raison, id.
Trouette, id.
Ricard, maréchal des logis chef.

4e Escadron.

Vernon.

Dagounneau, capit. d'habillement.
Torracinta, capitaine.
Brune, lieutenant.
Besancenet, sous-lieutenant.
Debès, id.
Guibourdanche, id.
Didier, maréchal des logis.
Hurault, id.
Harissard, maître tailleur.

ÉTABLISSEMENTS HOSPITALIERS

1re Direction.

Paris.

Hôtel impérial des Invalides.
Bilco, officier principal, directeur des services administratifs.
Vallée, officier d'administration en retraite.
Guillon, planton de la direction des services administratifs.

Dunkerque.

Joliclère, médecin aide-major.

3e Division.

Lille.

Bonard, officier principal.

Calais.

Moriceau, offic. d'adm. comptable.

5e Division.

Metz.

Barbet, officier d'adm. comptable.
Deler, adjudant en 1er.
Dromard, élève d'administration.

Longwy.

Scelles, adjudant en 1er.

HOPITAUX. — SUBSISTANCES. — INTENDANCE.

9ᵉ Division.

Marseille.

Chavagnac, officier d'adm. comptable de l'hôpital militaire.
Gimon, adjudant en 2ᵉ.
Migmicci, *id.*
Boyer, sergent infirmier-major.
Deleplanque, *id.*
Fleury, *id.*
Gatellier, *id.*
Lejeail, *id.*
Matayron, *id.*
Montrot, *id.*
Mourey, *id.*
Noël, *id.*
Préchac, *id.*
Robert, *id.*

11ᵉ Division.

Amélie-les-Bains.

Capuran, officier comptable.
Bureau, adjudant en 2ᵉ.
Dandini, sergent.
Ferrier, *id.*
Guy, *id.*
Thivisol, caporal.
Bedos, soldat.
Dumas, *id.*
Francoual, *id,*
Tison, *id.*

12ᵉ Division.

Toulouse.

Déchaux, adjudant en 2ᵉ.

13ᵉ Division.

Baréges.

Laloë-Delongchamp, officier comptable.

14ᵉ Division.

La Rochelle.

Weiss, sous-intend. milit. en retr.

Garreau, médecin principal.
Gillet, pharm. maj. de 1ʳᵉ classe.
Albortini, officier comptable en 1ᵉʳ.
Clerc, sergent infirmier-major.
Gandon, *id.*
Gavilloux, *id.*
Langlade, caporal infirmier-maj.

17ᵉ Division.

Ajaccio.

Marsili, officier d'administration.
Mattei, *id.*

Corte.

Riccetti, officier d'administration.

ALGÉRIE.

Alger.

Mercier, caporal infirmier-major.

Constantine.

Duponchel, offic. d'administration.
Bastini, adjudant en 2ᵉ.
Keller, *id.*

SERVICE DE L'HABILLEMENT ET DU CAMPEMENT.

6ᵉ Division.

Strasbourg.

Reygolliet, officier comptable.
Varnier, adjudant en 1ᵉʳ.

8ᵉ Division.

Lyon.

Gastu, offic. d'adm., gérant le magasin de Lyon.
Meyer, adjudant en 2ᵉ.
Baumann commis.
Beaujeu, *id.*

9ᵉ Division.

Marseille.

Maupas, officier comptable.

HOPITAUX. — SUBSISTANCES. — INTENDANCE.

Gontier, adjudant en 1er.
Lechapt, *id.* en 2e.
Rebuffel, *id.*
Bigoy, élève d'administration.
Dayet, *id.*
Giot, *id.*
Guyon, *id.*
Thivelet, *id.*

Toulon.

Mercier Darc, offic. comptable.
Imbert de Saint-Brice, adjud. en 2e.

10e Division.

Montpellier.

Telhiard, offic. comptable.
Chareyron, adjudant en 1er.
Clerc, *id.* en 2e.

11e Division.

Perpignan.

Vannucci, officier comptable.

14e Division.

La Rochelle.

Dutilloy, adjudant en 2e

17e Division.

ALGÉRIE.

Alger.

Roussel, officier comptable.
Desnues, adjudant en 1er.

SUBSISTANCES MILITAIRES.

9e Division.

Toulon.

Bourré, officier d'administration.
Barthélemy, commis.

10e Division.

Montpellier.

Thubé, officier d'administration de 1re classe.

13e Division.

Bastia.

Limarola, officier d'administration de 1re classe.

18e Division.

Tours.

Châtenet, officier d'administration de 1re classe.

19e Division.

Bourges.

Jullienne de Bellair, offi. d'adm.

Algérie.

Alger.

Rondel, sous-employé.

Constantine.

Proust, adjudant en 2e.

Mostaganem.

Lebeau Godron, officier d'adm.

INTENDANCE MILITAIRE.

Officiers d'administration de 1re classe.

Troly, Clermont-Ferrand.
Guyot, Montpellier.
Carteaux, Alger.
Houard, *id.*
Pétrelle, *id.*
Feuillade, Constantine.

INTENDANCE. — ÉCOLES. — RECRUTEMENT.

Officiers d'administration de 2ᵉ classe.

Truchot, Aix.
Meifredy, Clermont-Ferrand.
Delporte, Constantine.
Matras, id.
Vergès, id.

Adjudants en 1ᵉʳ.

Emile Jacques, Constantine.
Thomas, id.

Adjudants en 2ᵉ.

Costille, Clermont-Ferrand.
Daupary, id.
Daure, id.
Combray, Montpellier.
Salles, id.
Benesse, Alger.
Ducoms, id.
Sallard, id.
Voizard, id.
de la Mare, Constantine.
Lahalle, id.

Élèves.

Garnache, Paris.
Marchal, Clermont-Ferrand.
Pinatel, id.
Fortice, Constantine.
Pirolley, id.
Rondot, id.
Vincent, id.
Fermond, Rome.

Soldat vaguemestre.

Dupeyrat, Constantine.

ÉCOLES MILITAIRES.

ÉCOLE IMPÉRIALE SPÉCIALE.

Saint-Cyr.

Comte de Monet, général de division, commandant.
Jaspart, colonel d'infanterie, commandant en 2ᵉ.

Officiers d'infanterie.

Bugnot, lieut.-colonel du génie.
Frémont, chef de bataillon.
Deschamps, capitaine.
De Paillot, id.
Demesmay, id.
d'Ortès, lieutenant.
Bertrand, id.
Moch, id.

Officiers de cavalerie.

Harmand, chef d'escadron.
Visquis, capitaine.
Caillard, lieutenant.
De Bonnegarde, adjudant.

PRYTANÉE IMPÉRIAL.

La Flèche.

Blumendahl, lieutenant.
Letellier, id.
Cady, adjudant.
de Pignerolle, id.
Joly, sergent.
Jouve, id.

RECRUTEMENT.

ISÈRE.

Mende.

Vital, commandant.

DIVERS.

Mascara.

Cercle militaire.

LES SABLONS.

F. Glocke.

Paris.

Lapoter, ancien cap. au 4ᵉ de ligne.
Paule, tailleur militaire de l'Empereur (2 ex.)

ÉTAT-MAJOR.

Robinet, chef d'escadron, aide de camp du général Regnaud de Saint-Jean d'Angély.
De Boisvillette, capitaine, à Châteaudun.

LISTE SUPPLÉMENTAIRE.

GENDARMERIE IMPÉRIALE.

5e Légion.
CÔTES-DU-NORD.
Guingamp.
Guérard, capitaine.
Riou, gendarme.
Sistach, brigadier.
Pilorget, id.
Griveau, gendarme.

25e Légion.
HAUT-RHIN.
Colmar.
Brey, gendarme.
Rouffach.
Madru, brigadier.
La Poutroye.
Juteau, brigadier.
Liehrmann, gendarme.
Meyer, id.
Seppois-le-Haut.
Antoine, brigadier.
Folgensbourg.
Sauer, brigadier.
Gack, gendarme.
Hertin, id.
Ferrette.
Aubry, gendarme.
Walter, id.
Belfort.
Vonthron, maréchal des logis.
Delle.
Boeschlin, gendarme.
Dannemarie.
Buecher, gendarme.
Koegler, id.

50e de Ligne.
Cherbourg.
Chapiron, major.
Langlet, capitaine-trésorier.
Cadol, capitaine d'habillement.
Richard, capitaine adjudant-maj.
Gottié, capitaine.
Debey, id.
Quoniam, id.
Vidal, capitaine.
Périer, sergent-major.
Fortier, id.
Dubois, id.
Mabru, sergent-fourrier.
Gravier, sergent.
Varnet, id.
Tisseyre, id.
Breguy, id.
Duvollet, id.
Thouvenel, id.
Gelly, caporal.

1er Régiment étranger.
Sétif.
Madder, major.

HUSSARDS.

5e Régiment.
Sétif.
de Brancion, colonel.
Billet, major.
Robert, capitaine adjudant-major.
Jacquot, capitaine d'habillement.
Renevey, capitaine.
de Romans, id.
de Montesquiou, sous-lieutenant.
Sendret, adjudant sous-officier.
Rival, maréchal des logis chef.
Kinoble, maréchal des logis four.
d'Evry, maréchal des logis.
Fourray, id.
Sabs, id.
Bône.
Négret, capitaine commandant.
Barbut, capitaine.
Foussat, id.
Ricard, id.
Caternault, sous-lieutenant.
des Courtis, id.
Lagneau, id.
Theurkauff, id.
Weber, id.

DIVERS.
Nice.
Corbet, chef de bataillon en retraite.

A SA MAJESTÉ

L'EMPEREUR DES FRANÇAIS

A SA MAJESTÉ

L'EMPEREUR DES FRANÇAIS

Sire,

Dédier ce livre à Votre Majesté, c'est le dédier à la France, c'est le dédier à l'armée; et l'Empereur, en daignant en accepter la dédicace, a accordé à l'auteur la plus belle récompense qu'il pût ambitionner.

Je suis avec respect,

Sire,

De Votre Majesté Impériale

Le très-humble et très-obéissant serviteur et sujet,

Baron de Bazancourt.

Quelques mots ne seront pas inutiles en tête de ce livre :

Chargé, par S. Exc. M. Fortoul, ministre de l'instruction publique, d'aller recueillir en Crimée tous les documents relatifs à cette glorieuse expédition, afin d'en écrire le récit, je suis parti dans les premiers jours de janvier 1855, accrédité auprès du commandant en chef de l'armée d'Orient, par S. Exc. le maréchal, ministre de la guerre.

Cette mission était délicate et difficile, et je ne me dissimulais pas les obstacles que je pouvais rencontrer ; car c'est toujours avec appréhension que l'on voit arriver un écrivain dans les camps. Je fis cesser cette appréhension, je l'espère, en expliquant franchement, dès les premiers jours, au général en chef ma pensée, mon but, et le travail pour lequel je réclamais son haut patronage. — Je conserverai une éternelle reconnaissance de la bienveillance que me témoigna le général Canrobert.

Les tentes alors s'ouvrirent pour moi, et je reçus des principaux chefs de l'armée un accueil dont je fus à la fois honoré et profondément touché. J'ai puisé à ces sources vivantes les documents précieux et authentiques qui m'ont guidé à travers le dédale de ce travail compliqué. Le journal historique des divisions, celui de toutes les opérations militaires de la campagne et du siége me furent communiqués. C'est sur les lieux mêmes où s'étaient passés la plupart des événements que ceux qui les avaient dirigés m'en racontaient les saisissants épisodes. J'ai interrogé, j'ai écouté, j'ai écrit. Pas un jour ne s'est écoulé sans qu'il ait eu sa tâche et son labeur.

Ce qui m'était plus précieux encore, c'était de m'initier par un contact journalier à cette vie militaire, inconnue pour moi, de la suivre jour par jour, heure par heure, minute par minute ; de m'inspirer aux mâles émotions du combat ; d'entendre, le jour et la nuit, le bruit retentissant du canon et de la mousqueterie ; de voir le ciel obscur, illuminé tout à coup par des salves de bombes ;

de parcourir les tranchées, d'y trouver nos braves soldats, les uns derrière les embrasures, armés de leurs carabines, les autres courbés sur leur pioche et fouillant la terre pour marcher d'un pas lent, mais sûr, jusqu'à la ville assiégée.

Il m'est doux de répéter ici combien je dois de reconnaissance au colonel Raoult, major de tranchée, qui m'a donné l'hospitalité de sa demeure (le Clocheton) et m'a permis ainsi d'être au cœur du siége, et d'en suivre pas à pas l'intéressante et périlleuse progression. Le soir, sa conversation aussi bienveillante qu'instructive m'initiait aux secrets du métier; mais souvent le bruit d'une fusillade soudaine ou une sortie des assiégés venait l'interrompre. Je vivais de cette vie avec joie, avec enthousiasme.—Si j'avais le triste tableau des morts et des blessés, d'autres scènes émouvantes de luttes terribles, d'attaques audacieuses en éloignaient vite ma pensée. — Quelle belle vie, et que je voudrais y être encore!

C'est pour moi un devoir, d'exprimer ici toute ma gratitude envers ceux qui m'ont prêté leur inappréciable concours. Certes, je sais que cette grande bienveillance s'adressait, moins à moi, qu'à la mission dont j'étais chargé par le ministre de l'instruction publique, et au puissant patronage du maréchal Vaillant, ministre de la guerre, qui avait bien voulu, quelques jours avant mon départ pour la Crimée, m'adresser la lettre suivante :

MINISTÈRE DE LA GUERRE.

Cabinet du Ministre.

28 décembre 1854.

« Monsieur le baron,

« En me faisant connaître qu'il vous a chargé d'aller recueillir en Orient tous les renseignements nécessaires pour écrire la présente guerre, M. le ministre de l'instruction publique et des cultes m'a prié de vous recommander au commandant en chef de notre armée.

« Je me suis rendu avec d'autant plus d'empressement au vœu de mon collègue, que j'attache, moi-même, un grand prix au succès de la mission toute nationale qu'il vous a confiée.

« Son Excellence ne pouvait faire choix d'un écrivain plus à la hauteur de son sujet.

« Je donne des ordres pour que, selon votre désir, une place vous soit réservée sur le paquebot de la correspondance du 8 janvier prochain.

« Recevez, etc.

« *Le maréchal ministre de la guerre,*
« VAILLANT. »

J'ai souvent entendu répéter cette phrase : — « On n'écrit pas l'*histoire* d'une guerre qui se fait. »

Non, l'histoire vivante ne s'écrit pas!... on l'écoute, on l'interroge ; il faut que les années écoulées soient venues apporter elles-mêmes leurs enseignements, fermer des tombes, et aient jugé par avance ; mais ce qui peut s'écrire, c'est le récit des événements, c'est la chronique exacte d'une campagne, d'une expédition, recueillie aux sources authentiques, et en dehors de tout jugement, de toute appréciation.

Les chroniqueurs sont restés des maîtres inimitables ; leurs récits palpitants n'ont pas vieilli ; ils donnent la vie, la couleur, le sentiment réel des faits qu'ils racontent ; ce sont les sources inépuisables, auxquelles tous les historiens sont venus tant de fois puiser et s'inspirer. — Ces chroniqueurs, que l'on nomme Villehardouin, Joinville, Commines, Froissard, etc., n'écrivaient-ils pas les épopées vivantes? — Soldats et écrivains tout à la fois, leur style est plein d'images, de mouvement, de chaleur vitale. C'est la route tracée par ces grands chroniqueurs que l'auteur de ce livre, tout obscur qu'il est, cherche à suivre. Loin de lui la pensée de porter un jugement sur des faits qui s'accomplissent encore, à l'heure où il écrit. Il se contente de raconter avec exactitude, avec impartialité, et apporte le fruit laborieux du travail d'une année.

Sa seule ambition, c'est d'avoir fait une œuvre consciencieuse et qu'il croit utile.

Décembre 1855.

CAUSES
DE LA
GUERRE D'ORIENT

CAUSES
DE LA
GUERRE D'ORIENT

I

Avant de commencer le récit de cette expédition et de ce siége formidable, œuvre gigantesque et inconnue jusqu'alors dans les annales de l'histoire, il est important, indispensable même de connaître les causes d'une guerre qui est venue subitement jeter la perturbation dans l'Europe entière.

Sans entrer dans les détails compliqués de ce que l'on est convenu d'appeler « la question d'Orient, » nous essayerons de la résumer succinctement.

Le point de départ de cette grave question, très-simple en lui-même, a pour ainsi dire été complétement effacé par l'importance des événements ultérieurs qui se sont produits ; — c'est ce qui arrive presque toujours.

Quel est ce point de départ, ou, pour mieux dire, cette première période de la question ?

Elle comprend les négociations de la France au sujet des lieux saints.

Depuis des siècles, les catholiques romains et les Grecs se disputent la possession et le privilége des sanctuaires de la Palestine.

Par un traité conclu entre la France et la Porte, en 1740, les Latins avaient acquis un droit et un titre sérieux (1).

Peu à peu néanmoins, les Grecs avaient empiété sur le droit des Latins; et en 1850, ceux-ci, de concessions en concessions, en étaient arrivés à être complétement exclus de neuf sanctuaires, sur lesquels ils avaient cependant des droits absolus; mais la crainte d'élever une de ces contestations religieuses toujours si fatales, était telle, que l'on avait gardé le silence. Toutefois l'exclusion de la grande église de Bethléem et celle de l'église du tombeau de la Vierge étaient considérables, douloureuses au point de vue de la religion, d'autant plus, que les Grecs marquaient leurs usurpations au Calvaire par la destruction des tombes les plus vénérées (2).

Les Pères de la terre sainte adressèrent leurs réclamations à la France, dont la garantie couvrait, par un traité, les droits de l'Église latine.

(1) Art. 33. Les religieux latins qui résident présentement, comme de tout temps, en dehors et en dedans de Jérusalem et dans l'église du Saint-Sépulcre, dite *Camané*, resteront en possession des lieux de pèlerinage qu'ils ont, de la même manière qu'ils les ont possédés par le passé.

(2) Les tombes de Godefroy de Bouillon, de Baudoin et des autres rois des croisades, furent brisées et détruites.

Ce fut alors que le gouvernement français, en présence de plaintes réitérées, essaya de terminer ce triste différend.

Le général Aupick, dans sa réclamation adressée à la Porte, le 28 mai, se contentait de rappeler le droit des Latins et de réclamer la restitution des sanctuaires dont peu à peu les Grecs les avaient exclus.

A la fin de l'année seulement, réponse évasive du Sultan.

En 1851, le marquis de Lavalette avait succédé au général Aupick.

Une commission mixte de Français et de Grecs fut chargée d'examiner la question et de préciser les droits de chacun. Mais une lettre autographe de l'empereur de Russie au Sultan amena la dissolution de cette commission, qui avait tenu plusieurs séances.

Une autre, composée seulement de musulmans, fut appelée à la remplacer.

C'est le premier pas de la Porte qui trahisse clairement sa faiblesse et qui la montre, pliant déjà sous l'intimidation de la puissance russe.

Bientôt elle accorde aux Grecs un firman, dont le but et la portée étaient, tout en réservant les concessions faites nouvellement aux Latins par la commission musulmane, d'invalider, en fait, les titres et les droits que les capitulations de 1740 garantissaient aux catholiques.

Cette nouvelle décision, prise en dehors de la France, pouvait donc, sous la forme apparente d'une rivalité religieuse, soulever une question d'influence politique de la plus haute gravité.

Toutefois notre ambassadeur, continuant à marcher dans les voies de la conciliation, consentait à fermer les yeux, pourvu que le firman fût seulement enregistré, mais qu'il n'en fût pas donné lecture solennelle devant les communautés réunies à Jérusalem. — Le chargé d'affaires de la Russie en exigeait, au contraire, la lecture publique.

La question resta longtemps pendante, comme le sont d'ordinaire les questions décisives, jusqu'au jour où Fuad-Effendi, chargé du portefeuille des affaires étrangères, reconnut le droit sérieux des engagements contractés envers la France et résolut de les maintenir.

Tel est l'ensemble de ces premières négociations; elles sont la base des récriminations de la Russie, de ses exigences et de ce cruel conflit qui a déjà versé tant de sang.

Nous avons résumé les faits sans réflexion aucune, avec impartialité, les laissant parler eux-mêmes et peser de leur propre poids dans la balance de la justice.

II

On le voit, la Russie entre impérieusement dans la question. — C'est pour elle un échelon à franchir.

Quelle était la position de la Turquie?

Certes, on ne peut contester que le fond de ce débat lui fût complétement indifférent. C'était une affaire toute personnelle entre sectes chrétiennes.

Placée entre deux nations alliées, également puissantes, elle ne pouvait être qu'impartiale : elle reconnaissait un droit ; mais elle circonscrivait ce droit dans des limites restreintes.

Dominée par la crainte, elle s'effrayait de sa propre équité comme d'un germe de guerre ; et lancée dans une voie de contradictions évidentes, elle se voyait menacée dans sa propre existence par une invasion soudaine.

C'est à ce moment qu'apparaît l'Angleterre ; elle n'est pas médiatrice, elle regarde, elle examine.

« Écouter, observer, mais garder la plus stricte neutralité : » — telles sont ses instructions ; et ces instructions restent les mêmes, quels que soient les ministres qui se succèdent.

Si nous ne nous étions imposé la tâche de traverser toutes ces périodes d'un vol rapide, il serait curieux d'examiner les documents qui émanent du cabinet anglais. C'est la voix de la vérité, en dehors de tout intérêt personnel ; car l'Angleterre ne peut être accusée d'avoir voulu, soit ouvertement, soit tacitement, favoriser l'accroissement de l'influence française en Turquie.

Après quelques tentatives conciliatrices restées sans résultat, elle suggéra au cabinet français l'idée de traiter directement la question avec la Russie.

Cette pensée, à la fois digne et ingénieuse, dégageait la Turquie d'une injuste responsabilité, et la rendait, en réalité comme en fait, entièrement étrangère aux décisions ultérieures qui pouvaient être prises.

La France accepta et commença à traiter directement. Mais pendant que notre ministre à Saint-Pétersbourg entrait en communication directe avec le comte de Nesselrode, la Russie envoyait des troupes dans les provinces danubiennes, et y concentrait un corps d'armée important (1).

La question des lieux saints venait enfin de recevoir une solution, celle à laquelle s'était arrêté le nouveau ministre Fuad-Effendi; et certes, en l'acceptant, la France persévérait encore dans sa modération.

Mais la Russie persévérait, elle aussi, dans ses exigences inadmissibles, et alléguant une parole violée, exigeait un acte de réparation.

« C'est à l'obtenir qu'il faut travailler, » disait-elle.

Le 4 février 1853, la mission du prince Menschikoff à Constantinople était officiellement annoncée.

---

(1) Une des pièces les plus curieuses de ce grand procès diplomatique est la dépêche du comte de Nesselrode au baron Brunow (Corresp. part., I, n° 72). L'amertume qui perce à chaque mot dans ses récriminations contre la France dévoile déjà, à son propre insu, la pensée intime de la Russie.

III

La question religieuse est terminée; la question politique commence; car la Russie n'avait soulevé ce débat que pour ouvrir à sa souveraineté la porte du Bosphore.

Ce fut le 28 février que le prince Menschikoff arriva à Constantinople, tandis que son gouvernement, vis-à-vis du cabinet anglais, protestait par des rapports officiels de ses intentions conciliantes, et y ajoutait des communications privées qui devaient enlever le doute s'il existait, le soupçon s'il avait pu naître.

Aussi l'Angleterre, devenue médiatrice dans ce grave débat, vit-elle arriver sans crainte l'ambassadeur russe en Turquie. Elle croyait aveuglément aux protestations de Saint-Pétersbourg, au désir d'arrêter ce conflit qui mettait en question les plus graves intérêts; et elle devait y croire.

Quel contraste frappant offre l'attitude menaçante, hostile, dédaigneuse de cet envoyé, avec la confiante tranquillité de l'Angleterre!

Le prince Menschikoff entre à Constantinople; deux corps d'armée russes entrent en Bessarabie.

Les peuples comme les individus, comme tous les êtres existants, ont parfois un instinct secret qui leur fait deviner les dangers dont ils sont menacés, et certes, l'appareil militaire de cette mission n'était pas de nature à étouffer les pressentiments d'intimidation et de menace qui murmuraient tout bas au fond de chaque pensée.

Fuad-Effendi, que le prince Menschikoff avait refusé de voir, venait de donner sa démission (1).

L'affront fait au premier ministre était grand; aussi l'émotion fut-elle universelle, la crainte générale. La Turquie était menacée dans son indépendance par cette attitude provocante et par tous les préparatifs militaires de l'empire russe.

Sur l'appel du grand vizir, les chargés d'affaires de France et d'Angleterre répondirent qu'ils allaient prendre les ordres de leurs gouvernements.

« La Turquie sera perdue avant que ces réponses soient arrivées! » s'écria le séraskier avec la plus profonde consternation.

L'Angleterre, s'appuyant avec une aveugle bonne foi sur les assurances réitérées de la Russie, refusait de croire à la réalité de ces appréhensions. La France, plus directement intéressée, devait être plus inquiète, plus prudente, plus attentive; elle résolut de ne pas

---

(1) Les motifs qui déterminèrent Fuad-Effendi, ministre des affaires étrangères, à présenter sa démission à S. M. le Sultan, sont dans le refus que fit le prince Menschikoff de lui rendre visite.

D'après tous les usages reçus, il est de règle que tout nouvel ambassadeur fait sa première visite au grand vizir; la seconde au ministre des affaires étrangères. Ce dernier attendait le prince dans les appartements de son ministère avec tout le cérémonial d'usage; mais celui-ci refusa d'y entrer, malgré l'invitation qui lui en fut faite par l'introducteur des ambassadeurs.

rester inactive, en face d'une position dont la gravité pouvait s'accroître chaque jour.

Donc telle était la position.

La Turquie consternée, — la France attentive, — l'Angleterre crédule encore.

Et comment l'Angleterre ne l'eût-elle pas été en présence de constantes et formelles protestations (1)?

Les communications s'échangeaient entre les divers cabinets; mais le prince Menschikoff restait toujours, comme une menace vivante, à Constantinople.

A côté du but apparent, quel était le but caché de cette mission extraordinaire?

Le voici : Un traité secret entre la Turquie et la Russie contre les puissances occidentales (2).

Lord Strattford Redcliffe venait d'arriver à Constantinople. — Le nouvel ambassadeur français, M. de Lacour, ne devait s'y trouver que quelques jours plus tard. Lord Redcliffe s'empara de la situation et la jugea clairement, dans toute son étendue comme dans toute sa portée; il fit comprendre au Divan que la question des lieux saints devait être séparée des nouvelles et tacites propositions de la Russie (3).

Le moment est venu où les réponses évasives sont sans valeur, où les détours sont inutiles, où la vérité forte et nue doit apparaître au grand jour.

(1) Corresp. part., I, n° 113.
(2) Corresp. part., I, n° 135, inclosure 2.
(3) Projet de traité secret proposé à la Porte par le prince Menschikoff. (Corresp. part., I, inclosure n° 153.)

Lord Strattford, le prince Menschikoff et notre nouvel ambassadeur sont en présence ; — les dernières contestations sont réglées à la satisfaction de la Russie. Mais de nouvelles instructions arrivent du cabinet de Saint-Pétersbourg ; ce sont de nouvelles exigences, et, le 5 mai, le prince adresse une note au Divan.

Il n'est plus question de traité secret ; la Russie demande une convention qui est, ajoute l'envoyé extraordinaire, dans l'intérêt seul des immunités religieuses du culte orthodoxe, et pour servir de garanties dans l'avenir.

Après six conseils de ministres (tous les grands fonctionnaires en activité et en non-activité ayant assisté aux deux derniers), la Porte refusa de prendre aucun engagement de cette nature, qu'elle regardait comme incompatible avec sa dignité et son indépendance.

« Il est constant, disait le nouveau ministre des affaires étrangères, qu'un gouvernement qui, pour une question aussi grave que celle-ci, signerait un engagement avec un autre gouvernement, ferait un acte entièrement contraire au droit international et effacerait totalement le principe de son indépendance. »

Le 21 mai, le prince Menschikoff quittait Constantinople avec tous les officiers supérieurs qui faisaient partie de sa mission (1).

(1) Le 9 juin, Reschid-Pacha recevait du grand chancelier de Russie, au sujet du départ de l'envoyé extraordinaire, une lettre qui équivalait à une déclaration de guerre. Nous en reproduisons textuellement les principaux passages :

« L'Empereur, mon maître, m'a informé que le prince Menschikoff

IV

La rapidité de cet aperçu ne nous permet pas d'examiner ou de discuter quelle était l'atteinte grave portée par les prétentions de la Russie à la souveraineté du Sultan; mais nul ne pouvait s'y méprendre. — Signer ce traité : c'était de la part de la Turquie exhaler de sa propre bouche le souffle qui devait, selon les expressions de M. de Nesselrode, « faire tomber en poudre ce corps déjà si faible et si chancelant. »

La question des lieux saints, proclamée si haut, avait complétement disparu. — La Turquie n'était plus posée en arbitre au milieu d'intérêts qui, en fait, lui étaient

---

a dû quitter Constantinople, sans avoir rien pu obtenir des garanties qu'il demandait pour le maintien des droits et des priviléges de l'Église grecque. L'empereur considère le refus de la Porte comme un manque complet d'égards, comme une injure faite à sa personne. Il approuve complétement la conduite de son ambassadeur.

« Dans sa sollicitude pour la conservation de l'empire ottoman, il engage la Porte à réfléchir encore une fois sur les conséquences désastreuses de son refus, dont toute la responsabilité doit peser sur elle; il lui accorde un dernier délai de huit jours.

« A l'expiration de ce terme, les troupes russes traverseront les frontières, non pour faire la guerre, mais pour obtenir du Sultan les concessions qu'il a refusé d'accorder par les voies d'une entente amicale. Le comte de Nesselrode espère toutefois que la Porte, mieux avisée, cédera avant que l'Empereur ait besoin de recourir à des moyens qui répugnent à ses sentiments pour le sultan Abdul-Medjid, mais dont l'emploi lui est impérieusement commandé par sa conscience et par celle de ses peuples. »

complétement étrangers ; elle se trouvait elle-même en jeu, attaquée dans les attributs les plus précieux de sa propre souveraineté : on voulait, sous un spécieux prétexte de protectorat religieux, soustraire moralement à l'autorité du gouvernement turc dix ou douze millions de ses sujets.

L'Autriche, la Prusse, l'Angleterre et la France s'interposèrent officieusement jusqu'au départ du prince Menschikoff.

Sa résolution inébranlable causa un profond étonnement. — Quelque prévus que soient certains événements, quand ils arrivent, ils étonnent encore.

L'Angleterre surtout, qui avait cru plus aveuglément, fut plus profondément blessée. Son gouvernement dut s'avouer qu'il avait été trompé.

Qu'étaient devenues toutes les assurances tant de fois données, tant de fois réitérées par le cabinet de Saint-Pétersbourg au sujet de cette mission ?

Lord Clarendon s'en plaignit amèrement à sir Hamilton Seymour, le représentant de l'Angleterre en Russie (1).

---

(1) Corresp. part., I, n° 195.
Sir Hamilton répondait ainsi (Corresp. part., I, n° 268) :
« Ç'a été, je puis l'affirmer à Votre Seigneurie, un grand soulagement pour moi d'apprendre que si mes rapports ont contribué à égarer le gouvernement de Sa Majesté touchant les intentions du cabinet impérial, sur la Turquie, la faute ne peut en être attribuée à mon inexpérience. J'aurais pu me méprendre sur les explications et les assurances de M. de Nesselrode, si elles ne m'eussent été données qu'une fois ; mais on imaginera difficilement que j'aie pu me méprendre sur le sens de ses protestations, répétées sans cesse, et l'hy-

Celle-ci avait rejeté sur le ministre turc, puis sur l'ambassadeur de France, les obstacles qui avaient surgi au commencement de ce grave débat; cette fois ce fut l'ambassadeur d'Angleterre qu'elle accusa (1).

Du départ du prince Menschikoff va naître une nouvelle phase, un dernier, un suprême effort : la conférence de Vienne.

pothèse de ma méprise devient inadmissible, lorsqu'on voit que la série des déclarations faites à l'envoyé britannique, par le cabinet russe, est successivement répétée au secrétaire d'État des affaires étrangères de Sa Majesté par le ministre russe à Londres. Je veux bien avouer cependant à Votre Seigneurie, que j'ai encouru tout le blâme qui peut s'attacher à la foi complète donnée à des assurances solennelles, et que ç'a été mon malheur, comme mon devoir, d'exprimer au gouvernement de Sa Majesté la confiance que m'inspiraient ces assurances. »

(1) « L'Empereur, dit M. de Nesselrode, croit être resté fidèle aux déclarations qu'il a faites au gouvernement anglais. Il avait promis de pousser la modération et la patience, aussi loin qu'elles pourraient aller ; mais en portant à la connaissance du cabinet anglais les préparatifs militaires qui coïncidèrent avec l'ouverture des négociations, il ne lui avait pas dissimulé, qu'il pourrait arriver un moment, où il se verrait contraint d'y avoir recours. . . . .

« Nous connaissons, ajoutait-il, les efforts que l'ambassadeur d'Angleterre à Constantinople a faits auprès du Sultan, comme auprès des membres de son conseil, pour l'encourager à la résistance, en cherchant à lui persuader que nos menaces ne dépasseraient pas la portée d'une pression morale, en lui promettant l'appui et les sympathies de l'Europe, s'il accordait à ses sujets l'égalité devant la loi, et des priviléges plus conformes aux mœurs libérales de l'Occident. »

V

Quelles étaient nettement les prétentions de la Russie? qu'exigeait-elle dans son ultimatum? — Que la Porte se liât vis-à-vis d'elle, pour ce qui regardait l'administration des intérêts religieux des Grecs; et elle s'emparait d'avance, comme gage matériel, de deux provinces de l'empire ottoman.

Par cette invasion soudaine des Principautés danubiennes qui équivalait à un démembrement partiel de l'empire turc, l'équilibre européen était menacé.

La Russie, souveraine absolue de la mer Noire, n'ayant qu'à étendre la main pour toucher au Bosphore, plaçait la Méditerranée sous la menace des flottes de Sébastopol; du fond de ses ports inaccessibles, elle atteignait tous les empires et tous les royaumes.

Les quatre grandes puissances européennes s'unirent afin d'empêcher une guerre qui semblait imminente, et dans le but, tout en sauvegardant l'amour-propre de la Russie, de sauvegarder aussi l'indépendance de la Turquie.

Toutefois la France et l'Angleterre, devant le développement de l'agression russe, tinrent leurs escadres à portée de secourir efficacement le Sultan.

La pensée de cette conférence médiatrice n'était-elle

pas bien tardive, pour en espérer une favorable issue? L'amertume et le fiel n'avaient-ils pas déjà pris leurs places dans les cœurs?

L'Autriche proposa de fondre ensemble et la note russe et la réponse émanée du Divan, pour en tirer une conclusion admissible des deux côtés, travail difficile, lorsque l'on compare ces deux documents si opposés l'un à l'autre. Mais la diplomatie a des ressources inconnues dans la subtilité de son langage, dans ses nuances, dans ses appréciations, dans ses allures; — aussi, essaya-t-elle cette fusion.

Au premier projet envoyé à lord Clarendon par le comte Walewski, notre ambassadeur à Londres, succédaient déjà d'autres combinaisons, pesées, admises un instant, puis rejetées; enfin le projet français ayant été confidentiellement approuvé par M. de Nesselrode, le 24 juillet, il y eut à Vienne une première conférence, chez le comte de Buol. — La note du comte Walewski fut commentée par M. de Buol, qui intercala quelques amendements.

Pendant ce temps, l'invasion des Principautés (3 juillet) avait produit un effet terrible à Constantinople. L'exaltation de la population, surtout celle du vieux parti turc, allait toujours croissant.

La note rédigée dans la conférence, et à laquelle la Russie avait donné son acceptation, fut portée à Constantinople (1).

(1) Corresp. part., II, n° 56.

La majorité du conseil se prononça pour le rejet.

Toutefois, à force d'instances, on parvint à faire accepter au Divan la note en principe, sauf trois modifications, dont Reschid-Pacha expliqua, dans un mémorandum, l'objet et le sens.

La Turquie, la seule sérieusement engagée par les bases de ce nouveau traité, repoussait tout ce qui lui paraissait douteux ou obscur, et prêtant plus tard à de fausses interprétations. — D'un autre côté, les Puissances, ayant approuvé antérieurement le refus de la Porte, de souscrire à des prétentions qui portaient atteinte à son indépendance, ne pouvaient avoir la pensée de contraindre maintenant le Sultan à signer un acte qui, plus tard, pourrait aboutir à un résultat analogue (1).

(1) Il est assez curieux de comparer ensemble le texte des paragraphes, tel qu'il avait été accepté, et celui proposé par la Porte.

Texte de la note de Vienne.

« Si à toute époque les empereurs de Russie ont témoigné leur active sollicitude pour le maintien des immunités et priviléges de l'Eglise orthodoxe grecque dans l'empire ottoman, les sultans ne se sont jamais refusés à les consacrer de nouveau par des actes solennels qui attestaient leur ancienne et constante bienveillance à l'égard de leurs sujets chrétiens. »

Modifications de la Porte.

« Si à toute époque les empereurs de Russie ont témoigné leur active sollicitude pour le culte et l'Église orthodoxe grecque, les sultans n'ont jamais cessé de veiller au maintien des immunités et priviléges qu'ils ont spontanément accordés, à diverses reprises, à ce culte et à cette Église dans l'empire ottoman, et de les consacrer.... etc. »

Texte de la note de Vienne.

« Le soussigné a reçu en conséquence l'ordre de déclarer par la présente, que le gouvernement de Sa Majesté le Sultan restera fidèle à la lettre et à l'esprit des stipulations des traités de Kainardji et Andrinople, relatives à la protection du culte chrétien, et que Sa Majesté regarde qu'il est de son honneur de faire observer à tout jamais et

Il faut le dire, les modifications que présenta le gouvernement turc et qui lui paraissaient d'une si haute gravité, semblèrent puériles, inutiles surtout, aux Puissances qui avaient rédigé cette note; elles insistèrent pour décider la Porte à l'accepter, sans en altérer les termes (1).

Presque en même temps, survint tout à coup, le 7 septembre, une dépêche de M. de Nesselrode qui commentait et interprétait la note de Vienne.

Cet acte de franchise (comme le dit, lui-même, le grand chancelier) amenait de nouvelles et inextricables complications; il tuait toute espérance de repousser la guerre, ce fléau des nations civilisées. Les Puissances, qui avaient si sévèrement blâmé la Turquie, se trouvaient réduites au silence.

de préserver de toute atteinte, soit présentement, soit dans l'avenir, la jouissance des priviléges spirituels qui ont été accordés par les augustes aïeux de Sa Majesté à l'Église orthodoxe d'Orient, et qui sont maintenus et confirmés par elle, et en outre de faire participer, dans un esprit de haute équité, le rit grec aux avantages concédés aux autres rites chrétiens par convention ou disposition particulière. »

Modification de la Porte.

« Le soussigné a reçu, en conséquence, l'ordre de déclarer que le gouvernement de Sa Majesté le Sultan restera fidèle aux stipulations du traité de Kainardji, confirmé par celui d'Andrinople, relatives à la protection, par la Sublime Porte, de la religion chrétienne, et il est en outre chargé de faire connaître que Sa Majesté regarde qu'il est de son honneur,... etc., et en outre de faire participer, dans un esprit de haute équité, le rit grec aux avantages octroyés, ou qui seront octroyés aux autres communautés chrétiennes, sujettes ottomanes. »

(1) La dépêche de lord Clarendon à lord Stratffort (10 sept., Corresp. part., II, n° 88) montre jusqu'à quel point les prières et les remontrances ont été poussées. Le cabinet français agissait aussi dans le même sens.

Un dernier effort fut tenté dans l'entrevue que l'empereur Nicolas eut à Olmutz avec l'empereur d'Autriche; mais c'était le dernier soupir de la diplomatie aux abois.

« Acceptez, disait-on à la Turquie, la note de Vienne, et en même temps les quatre Puissances vous adresseront, de leur côté, une note qui donnera à celle de Vienne une interprétation contraire au mémorandum de M. de Nesselrode et favorable à l'indépendance ottomane. »

Le gouvernement français, dans son ardent désir de maintenir la paix, ne repoussa pas ce projet, tout étrange qu'il dût paraître.

Il n'en fut pas de même de l'Angleterre; et le cabinet français, qui n'avait penché vers ce moyen mixte que pour ne pas créer, par sa personnalité, de nouveaux obstacles dans le débat, se rendit aux justes arguments de lord Clarendon (1).

Dès lors on marchait à grands pas vers la guerre. Si, de fait, elle n'existait pas encore, la paix était mortellement atteinte par deux grandes blessures : — l'envahissement des Principautés danubiennes et le désastre de Sinope (2).

(1) Corresp. part., II, n° 135.

(2) Forcée par le mauvais temps de se réfugier à Sinope, l'escadre ottomane, composée de 7 frégates, 3 corvettes et 2 bateaux à vapeur, se trouvait à l'ancre le 30 novembre. Elle fut tout à coup surprise et attaquée dans le port par la flotte russe sous le commandement du vice-amiral Nachinoff : 2 vaisseaux à trois ponts, 4 vaisseaux de ligne, 3 frégates, 1 transport et 3 bateaux à vapeur.

Le vice-amiral Nachinoff profita d'un vent favorable pour entrer dans le port et fit immédiatement le signal aux Turcs de se rendre. L'es-

VI

Tels sont les principaux points qui constituent les véritables causes de la guerre d'Orient.

Nous les avons, autant qu'il nous a été possible, dégagés des détails diplomatiques qui les enveloppaient. Notre but était d'indiquer la marche progressive des

cadre ottomane, malgré l'excessive supériorité numérique des forces ennemies, résolut de se défendre jusqu'à la dernière extrémité plutôt que d'amener son pavillon, et vers midi et demi environ, ouvrit elle-même le feu.

Le combat fut terrible, acharné; car du côté des Turcs la lutte était désespérée; ils ne combattaient pas pour vaincre, mais pour mourir avec honneur. Une heure après le coucher du soleil, ce sanglant combat durait encore, et la ville en feu, dont plusieurs quartiers avaient été incendiés par des bombes lancées par les vaisseaux ennemis, éclairait d'une teinte lugubre ce sinistre spectacle.

La flotte ottomane fut anéantie; huit bâtiments furent coulés à fond et disparurent sous les flots, broyés par les boulets russes.

Le Mizamié, de 60 canons, commandé par Kadri-Bey, et ayant à son bord Hussein-Pacha, lutta jusqu'à la dernière heure avec un énergique désespoir. Ne pouvant plus combattre et ne voulant pas amener leur pavillon, ces deux intrépides officiers ont fait sauter la frégate et se sont ensevelis avec elle dans les flots.

Ali-Bey, qui commandait *le Navik* (52 canons), imita ce superbe exemple de courage et de dévouement à la patrie; plutôt que de se rendre à l'ennemi, il fit aussi sauter sa frégate.

La plume du chroniqueur ne peut rendre la lugubre et terrible majesté de cette scène de désastre; cruelle victoire pour les vainqueurs, noble défaite pour les vaincus.

La flotte russe éprouva de son côté de grandes avaries; plusieurs de ses vaisseaux, complétement démâtés, ne purent sortir du port que remorqués par les bateaux à vapeur.

Elle quitta le port de Sinope le vendredi.

événements, de les classer, de les traverser d'un coup d'aile rapide, de montrer quelle a été, dans cette grave question, l'attitude respective de chaque nation, et quelles ont été les nécessités, plus fortes que les volontés, créées par les événements eux-mêmes et par l'ambition exigeante et hautaine de la Russie.

On l'a dit : c'est le choc de deux humanités, le duel terrible de deux civilisations.

Qu'en sortira-t-il? — C'est l'avenir seul qui peut répondre; mais il appartient à toute grande nation de tendre la main à la faiblesse qui demande secours et appui ; il lui appartient surtout, non d'abaisser ses regards vers la réalité des intérêts matériels, mais de les élever vers la sphère des intérêts généraux sérieusement compromis.

Ce sera pour la France et pour l'Empereur un honneur éternel, d'avoir été les premiers à opposer une digue à cet empiétement qui menaçait dans l'avenir, le repos de l'Europe entière, d'être entrés résolûment dans la question, et d'avoir dit à la Russie : « Vous n'irez pas plus loin!... »

Cette alliance de deux grands pays qui représentent la civilisation de l'Occident, est un fait de haute et profonde politique; elle cimente l'union des deux peuples sur le champ de bataille; elle raye les tristes pages du passé, resserre les liens qui existaient déjà, et fait flotter sur la ville de Constantin, comme deux ailes protectrices, les deux drapeaux unis.

LIVRE PREMIER

LIVRE PREMIER

CHAPITRE PREMIER.

I. — Le sort en est jeté : les dernières croyances de paix se sont évanouies, les relations diplomatiques de la France et de l'Angleterre ont cessé avec la Russie ; les déclarations de guerre sont échangées ; on se prépare à combattre.

Ce ne sont plus seulement quelques milliers d'hommes qui partent pour l'Orient, c'est une armée. La France y envoie le maréchal de Saint-Arnaud ; l'Angleterre, lord Raglan.

De toutes parts les troupes s'acheminent vers les ports où elles doivent s'embarquer. — Le souffle des batailles a passé sur la nation française et réveillé sa nature ardente et belliqueuse, car cette guerre est une guerre nationale, qui remue au cœur de chaque homme, comme au cœur de la nation entière, les plus nobles instincts. C'est la protection du fort sur le faible, c'est la grande question du respect des nationalités.

La voix d'un intérêt personnel de conquête ou

d'envahissement ne guide pas notre armée, elle combat pour la justice et le droit (1).

Dans toute la France, la religion appelle sur les soldats qui partent la protection du ciel. — Dans toutes les églises, ce sont des prières et des chants pieux; cardinaux, archevêques et évêques lancent des mandements qui parcourent l'étendue de leurs diocèses, noble langage à la fois de piété et de vrai patriotisme.

II. — Déjà nos bâtiments se répandent dans la Baltique et dans la mer Noire. Le pavillon national flotte

---

(1) *Convention d'alliance conclue entre la France et l'Angleterre.*

Art. 1er. Les hautes parties contractantes s'engagent à faire ce qui dépendra d'elles pour opérer le rétablissement de la paix entre la Russie et la Sublime-Porte sur des bases solides et durables, et pour garantir l'Europe contre le retour des regrettables complications qui viennent de troubler si malheureusement la paix générale.

Art. 2. L'intégrité de l'Empire ottoman se trouvant violée par l'occupation des provinces de Moldavie et de Valachie, et par d'autres mouvements des troupes russes, Leurs Majestés l'Empereur des Français et la Reine du royaume-uni de la Grande-Bretagne et d'Irlande se sont concertées et se concerteront sur les moyens les plus propres à affranchir le territoire du Sultan de l'invasion étrangère et à atteindre le but spécifié dans l'article 1er.

Art. 3. Quelque événement qui se produise en conséquence de l'exécution de la présente convention, les hautes parties contractantes s'obligent à n'accueillir aucune ouverture ni aucune proposition tendant à la cessation des hostilités et à n'entrer en arrangement avec la cour impériale de Russie, sans en avoir préalablement délibéré en commun.

Art. 4. Animées du désir de maintenir l'équilibre européen, et ne poursuivant aucun but intéressé, les hautes parties contractantes renoncent d'avance à retirer aucun avantage particulier des événements qui pourront se produire.

au haut des mâts; les escadres combinées poussent des reconnaissances audacieuses. — Le canon a tonné devant Odessa, dont il a détruit le port militaire (1),

---

(1) La triste cause qui a occasionné le bombardement d'Odessa a appelé l'attention publique sur ce regrettable fait de guerre, qui entacherait gravement l'honneur du drapeau russe, si on ne voulait croire jusqu'à la dernière extrémité à un fâcheux et incompréhensible malentendu. En voici la relation oficielle.

BOMBARDEMENT D'ODESSA.

Le vice-amiral Hamelin écrit en date du 10 avril 1854 :

« La frégate à vapeur anglaise, *le Furious*, s'étant rendue, le 6 avril à Odessa, pour réclamer les consuls et ceux de nos nationaux qui pouvaient désirer sortir de la ville, à l'approche des hostilités avec la Russie, malgré le pavillon parlementaire que cette frégate avait arboré et que son embarcation portait également, les batteries d'Odessa ont tiré traîtreusement sept coups de canon à boulet sur cette embarcation, peu d'instants après qu'elle avait quitté le quai. C'est un procédé sans exemple dans l'histoire des guerres civilisées. L'amiral Dundas et moi, nous allons aviser aux mesures sévères qu'exige un pareil procédé. »

L'aide de camp général baron d'Osten-Sacken, gouverneur d'Odessa, s'empressa d'adresser, au vice-amiral Dundas, une lettre dans laquelle il protestait contre l'imputation d'une semblable félonie.

Voici cette lettre en son entier.

« Odessa, 14 avril 1854.

« L'aide de camp général baron d'Osten-Sacken croit devoir exprimer à M. l'amiral Dundas sa surprise d'entendre assurer que, du port d'Odessa, on ait fait feu sur la frégate *le Furious*, couverte d'un pavillon parlementaire.

« A l'arrivée du *Furious*, deux coups de canon à poudre ont été tirés, par suite desquels le navire hissa son pavillon national, et s'arrêta hors de la portée du boulet; aussitôt il en partit une embarcation sous pavillon blanc dans la direction du môle, où elle fut reçue par l'officier de service, qui, à la question de M. l'officier anglais, répondit que le consul d'Angleterre était déjà parti d'Odessa. Sans autre pourparler, le canot reprit la direction du navire; mais il allait le rejoindre, lorsque la frégate, au lieu de l'attendre, s'avança dans la direction du môle, laissant le canot à sa gauche, et s'approcha des batteries à portée de canon. Ce fut alors que le commandant de la batterie du môle, fidèle à sa consigne d'empêcher tout navire de guerre ennemi

et nos troupes débarquent à Gallipoli, pendant qu'en toute hâte des convois s'organisent à Toulon et à Marseille.

de franchir la distance du tir, se crut en devoir de faire feu, non plus sur le parlementaire, qui avait été respecté jusqu'au bout de sa mission, mais sur un bâtiment ennemi qui s'avançait trop près de terre, après avoir reçu, par les deux coups à poudre, l'intimation de s'arrêter.

« Cette simple exposition des faits, tels qu'ils ont été rapportés à S. M. l'empereur, doit détruire d'elle-même la supposition, d'ailleurs inadmissible, que dans les ports de Russie on ne respecte pas le pavillon parlementaire, dont l'inviolabilité est garantie par les lois communes à toutes les nations civilisées Baron d'OSTEN-SACKEN. »

Le capitaine du *Furious*, William Lorinc, écrivit alors à l'amiral Dundas une lettre dans laquelle il protestait à son tour contre les explications que donnait le gouverneur d'Odessa, au sujet du feu que les batteries de cette place avaient fait sur le pavillon parlementaire.

« En cette circonstance, écrit-il, le bâtiment de Sa Majesté placé sous mon commandement atteignit Odessa, à la pointe du jour et vers cinq heures cinquante minutes. A quatre ou cinq milles de distance, les couleurs anglaises et le pavillon parlementaire furent hissés.

« C'est seulement vingt minutes au moins après (à six heures un quart environ), que deux coups de canon à poudre furent tirés de la batterie. Considérant ces coups de canon comme une invitation de ne pas m'avancer davantage, je fis stopper immédiatement et mettre la barre en grand à bâbord

« Depuis ce moment jusqu'au retour de l'embarcation, les roues ne firent pas un tour, et le bâtiment dérivait peu à peu, par suite d'une brise modérée de nord-ouest, qui soufflait du côté de la terre. L'arrière était tourné vers la Quarantaine, et j'eus soin de m'abstenir d'ouvrir les sabords du premier pont et de toute manœuvre qui pût faire supposer la moindre intention hostile de ma part.

« Sept coups de canon furent tirés. Le premier était évidemment dirigé sur l'embarcation, alors à environ un mille du rivage, et il tomba à soixante ou soixante-dix yards près d'elle, qui se trouvait dans le sud de la ligne, entre la batterie et le bâtiment. Les autres se succédèrent de près, et peuvent avoir été dirigés, soit contre l'embarcation, soit contre le bâtiment, parce qu'ils étaient plus dans la ligne droite de cette direction.

Débarquement à Gallipoli.

III. — Le général Canrobert, que nous verrons sans cesse envoyé en éclaireur pour juger les positions, apprécier les obstacles, est déjà à Constantinople; il

« Le lieutenant Alexander, une fois au môle, demanda à voir le consul anglais : on lui dit qu'il n'était pas là, qu'il était trop bonne heure, qu'on allait envoyer chercher le capitaine de port, et on l'invita à regagner son navire. Il demanda si le consul anglais était encore à Odessa; il lui fut répondu par l'officier de garde de retourner à son navire, et une personne qui était là, comme interprète anglais, ajouta : qu'il ne lui était pas permis de dire rien de plus.

« Pendant tout ce temps, les couleurs anglaises et le pavillon parlementaire étaient déployés bien en évidence à bord du bâtiment et de son embarcation.

« Ce que j'atteste ici peut être corroboré par le témoignage de l'officier de garde, le mécanicien en chef, le mécanicien de garde, et par tout homme du bâtiment. »

La nouvelle de ces événements était parvenue à la flotte combinée, mouillée sur rade de Baltchik, près Varna. — Les escadres alliées appareillent le 17 avril et mouillent le 20 sur la rade extérieure d'Odessa, le tirant d'eau des vaisseaux ne leur permettant pas d'approcher du mouillage habituel de cette ville.

Les deux amiraux, après s'être concertés, pensèrent que les explications du gouverneur ne pouvaient suffisamment justifier l'agression dont les autorités d'Odessa s'étaient rendues coupables, et le 21 avril 1854, ils écrivirent au baron d'Osten-Sacken :

« Attendu que malgré le pavillon parlementaire les batteries de cette ville ont tiré plusieurs boulets, tant sur la frégate que sur l'embarcation, au moment où cette dernière venait de quitter les quais du môle où elle était arrivée avec confiance;

« Les deux vice-amiraux, commandant en chef les escadres combinées d'Angleterre et de France, se croient en droit d'exiger une réparation de Votre Excellence;

« En conséquence, tous les bâtiments anglais, français et russes actuellement mouillés près de la forteresse ou des batteries d'Odessa, devront être remis sur-le-champ aux deux escadres combinées.

« Si, au coucher du soleil, les deux vice-amiraux n'ont point reçu de réponse, ou n'en ont reçu qu'une négative, ils se verront obligés

ne fait qu'y toucher barre; c'est vers Gallipoli, centre des opérations, que se tournent tous ses regards. Il a vu le Sultan, il a vu les ministres, qui lui ont fait l'accueil le plus empressé. « Le bon vouloir du gouvernement turc nous est assuré sur tous les points, écrit le général, mais faut-il ajouter la même foi à leur pouvoir? Les rouages de l'administration sont tels, que la moindre affaire exige de longs retards pour être réglée.

« Le séraskier, Rizza-Pacha, représente dans le gouvernement l'homme de la force, de l'énergie raisonnée, de l'activité; le ministre des affaires étrangères, l'homme de la finesse, de l'intelligence, du calcul. »

d'avoir recours à la force, pour venger le pavillon d'une des escadres combinées, de l'insulte qui lui a été faite, quoique les intérêts de l'humanité les portent à n'adopter qu'avec regret cette résolution dernière, dont ils rejettent la responsabilité sur qui de droit. »

Les amiraux n'ayant pas reçu de réponse dans les délais que prescrivait leur dépêche au gouverneur d'Odessa, le 12 au matin, huit frégates à vapeur, dont trois françaises et cinq anglaises, se dirigèrent sur le port impérial d'Odessa, et à six heures et demie, quatre de ces frégates commencèrent le feu sur les batteries de terre.

« Les deux môles ainsi que les batteries intermédiaires ont vivement répondu, » dit le rapport de l'amiral Hamelin; « à dix heures, quatre autres frégates se sont réunies aux premières, et alors l'action est devenue générale. Elle a continué jusqu'à cinq heures du soir, heure à laquelle, l'amiral Dundas et moi, avons fait signal aux frégates de rallier l'escadre. L'incendie avait gagné la batterie du môle impérial; la poudrière avait sauté; une quinzaine de navires, à l'exception de deux ou trois, étaient coulés ou en feu. Les établissements de la marine étaient également en feu ou très-endommagés par les obus. La ville et le port marchand, où se trouvait réunie une grande quantité de navires de toutes les nations, ont été respectés. »

Déjà les Russes ont franchi le Danube sur deux points.

A Constantinople, parmi les personnes les plus aptes à juger la question, les avis sont partagés sur les événements qui peuvent se produire.

Il est assez curieux de recueillir aujourd'hui à des sources certaines ces opinions de hauts personnages, datées de plus d'une année.

« Les uns pensent, dit une correspondance confidentielle, que le général turc, Omer-Pacha, pourra défendre pendant plusieurs mois les passages des montagnes (1); d'autres, au contraire, croient que les Russes, dont la force numérique est très-considérable, rejetteront sans peine le général turc dans le camp retranché de Schumla, le bloqueront et forceront le passage des Balkans entre Schumla et Varna, pour marcher à tire-d'aile sur Andrinople et la capitale de l'empire, avant que les puissances alliées de la Turquie aient eu le temps de concentrer leurs forces. »

Cette opinion, la plus menaçante, était la plus accréditée; — bien qu'elle fût douteuse, il fallait donc se prémunir contre elle.

Aussi, était-il urgent de presser l'arrivée des troupes et leur concentration sur Gallipoli (2), d'où elles

---

(1) Omer-Pacha, qui s'était d'abord porté à Karasou au-devant de la colonne de gauche ennemie qui, de Galata, s'avançait vers la Dobrutscha, avait dû sagement se retirer en avant de Schumla.

(2) Dans la prévision des événements, le général Canrobert s'empressa de s'entendre avec le pacha de Roumélie pour l'établissement d'un service d'estafettes entre ces montagnes et Gallipoli.

seraient au besoin échelonnées ou massées vers Andrinople.

IV. — En France comme à Constantinople, on comprenait qu'il fallait se hâter.

Le maréchal de Saint-Arnaud, commandant en chef l'armée d'Orient, est arrivé à Marseille.

Le 24 avril, le maréchal passe à Toulon la revue de la division Forey, qui va s'embarquer ; il adresse aux soldats une de ces rapides et chaleureuses allocutions qui remueraient le sang dans les veines les plus attiédies, et date de Marseille son premier ordre du jour (1).

---

(1) « Soldats !

« Dans quelques jours, vous partirez pour l'Orient ; vous allez défendre des alliés injustement attaqués, et relever le défi que le Czar a jeté aux nations de l'Occident.

« De la Baltique à la Méditerranée, l'Europe applaudira à vos efforts et à vos succès. Vous combattrez côte à côte avec les Anglais, les Turcs, les Égyptiens ; vous savez ce que l'on doit à des compagnons d'armes : union et cordialité dans la vie des camps, dévouement à la cause commune dans l'action.

« La France et l'Angleterre, autrefois rivales, sont aujourd'hui amies et alliées ; elles ont appris à s'estimer en se combattant ; ensemble, elles sont maîtresses des mers ; les flottes approvisionneront l'armée, pendant que la disette sera dans le camp ennemi.

« Les Turcs, les Égyptiens ont su tenir tête aux Russes depuis le commencement de la guerre ; seuls, ils les ont battus dans plusieurs rencontres ; que ne feront-ils pas, secondés par vos bataillons

« Soldats ! les aigles de l'Empire reprennent leur vol, non pour menacer l'Europe, mais pour la défendre. Portez-les encore une fois, comme vos pères les ont portées avant vous ; comme eux, répétons tous, avant de quitter la France, le cri qui les conduisit tant de fois à la victoire : *Vive l'Empereur !*

« *Le maréchal de France,*
« *Commandant en chef l'armée d'Orient,*
« A. DE SAINT-ARNAUD. »

Revue à Toulon (24 avril 1854).

Tout s'apprête pour le départ du maréchal, et *le Berthollet*, qui devait cinq mois plus tard ramener tristement son corps en France, va l'emporter bientôt plein d'espérance et croyant à la vie.

Le départ du commandant en chef de l'armée d'Orient ut un splendide spectacle.

Audace, énergie, amour inné des entreprises chevaleresques, tels étaient les instincts qu'il résumait en lui.

V. — C'était le samedi 29 avril. La garnison de Marseille, en entier sous les armes, était en bataille sur la jetée de la Joliette. De toutes parts se presse la population émue. Le maréchal arrive dans la voiture du préfet. — A côté de la voiture, marche le général de division avec son état-major.

Les fanfares militaires et les salves de l'artillerie saluent le départ du commandant en chef (1). Toutes les têtes sont découvertes, tous les bras s'agitent, toutes les voix veulent jeter un dernier adieu, un vœu de gloire et de triomphe au bâtiment qui s'éloigne.

---

(1). La France a tiré l'épée; elle appelle ses enfants à cette œuvre d'aide et de protection. De tous côtés les soldats valeureux, les intrépides lieutenants qui depuis tant d'années combattent pied à pied sur la terre d'Afrique, vont paraître tour à tour sur cette grande et mémorable scène de la guerre d'Orient. Nous croyons compléter le travail difficile que nous avons entrepris, en faisant connaître un à un les généraux que la confiance du pays honore d'importants commandements; nous retracerons rapidement leur passé, nous dirons quelle a été leur vie militaire, leur rude apprentissage de combats et de fatigues. Pour quelques-uns, ce sera le tribut mérité par d'héroïques actions, pour

« Quelque déchirement qu'il y ait à quitter sa patrie, » écrivait un des officiers de l'état-major du ma-

d'autres, celui que l'on doit à de mâles courages que la mort a glacés. — Cette étude nous a paru à la fois utile et intéressante.

LE MARÉCHAL LEROY DE SAINT-ARNAUD.

Le maréchal Leroy de Saint-Arnaud, qui venait d'être appelé au commandement en chef de l'armée d'Orient, était entré au service le 16 décembre 1816. Né le 20 août 1801, il avait donc quinze ans.

Il entra dans les gardes du corps (compagnie du duc de Gramont), passa avec l'épaulette de sous-lieutenant dans la légion du département de la Corse, puis dans celle des Bouches-du-Rhône, et enfin au 49e régiment d'infanterie de ligne.

Le sous-lieutenant Saint-Arnaud quitta le service et ne le reprit qu'en 1831. Lieutenant au mois de décembre, il prit une part active à la guerre de Vendée, et fut officier d'ordonnance du général Bugeaud.

C'est en 1836, que commença la vie réellement militaire de M. de Saint-Arnaud; la terre d'Afrique était le rendez-vous de tous ceux qui voulaient s'initier au rude et difficile métier de la guerre. Actif, énergique, intelligent, plein de jeunesse, le lieutenant obtint, en 1837, le grade de capitaine dans la légion étrangère, où il servait depuis son arrivée en Afrique. Chaque jour amenait un nouveau combat; déjà le capitaine Saint-Arnaud, dans une charge à la baïonnette, avait été grièvement blessé. — Après l'assaut de Constantine il fut décoré de la Légion d'honneur.

En 1841, il est chef de bataillon dans le corps des zouaves. Ces zouaves, soldats fantasques et terribles, se signalaient partout par leur audace et leur irrésistible élan; leur nouveau chef de bataillon se fait remarquer dans les opérations militaires entreprises dans le courant de l'année. Comme les soldats qu'il commande, il a l'entraînement du champ de bataille.

Le 25 mars 1842, il est promu au grade de lieutenant-colonel. Plusieurs rapports du maréchal Bugeaud au ministre de la guerre signalent à sa bienveillance les services rendus par cet officier supérieur.

En 1844, il est élevé au grade de colonel et appelé au commandement de la subdivision d'Orléansville. — C'est à cette époque qu'apparut sur la scène d'Afrique un nouveau chef, un nouveau libérateur que tous proclamaient l'invulnérable, et dans lequel les tribus avaient une confiance aveugle.

A la voix de Bou-Maza, le soulèvement fut général; et trois colonnes

réchal, « il y a une noble et grande émotion, un mâle bonheur à lui dire ainsi adieu. »

commandées par les colonels Leroy de Saint-Arnaud, Pélissier et l'Admirauld, ont ordre de refouler les bandes ennemies. Cette lutte acharnée dura près d'une année ; comme une bête fauve, il courait de montagnes en montagnes, de ravins en ravins, trouvant sur ses pas de nouveaux soldats et de nouvelles ressources. Enfin, traqué de toutes parts, abandonné par les siens, ce chef intrépide rendit ses armes au colonel Saint-Arnaud. La croix de commandeur de la Légion d'honneur fut la récompense de cette brillante campagne.

Le 3 novembre 1847, le colonel est promu au grade de maréchal de camp.

Appelé au commandement de la subdivision de Mostaganem, il passa, en 1849, à celui de la subdivision d'Alger.

D'expéditions en expéditions, de combats en combats, le général Saint-Arnaud avait parcouru toute l'Algérie.

En 1851, il prenait le commandement de nouvelles opérations militaires dirigées contre les Kabyles, tribus insoumises qui levaient sans cesse le drapeau de l'insurrection et entretenaient dans leurs montagnes un état perpétuel de guerre. Ce fut pour ce général une belle et glorieuse page militaire, pleine d'énergie, d'imprévu, d'infatigable activité, de résolutions soudaines. Après une longue série de combats sanglants, la colonne expéditionnaire parvint enfin à imprimer la terreur au cœur des tribus soulevées, qui, refoulées dans vingt-six rencontres, et voyant de tous côtés les ruines de leurs villages incendiés, se soumirent à nos armes.

Le succès de cette difficile et glorieuse expédition valut à son chef le grade de général de division, et sa place était marquée, parmi les capitaines qui avaient illustré de leurs noms le sol de l'Afrique.

Le général avait au plus haut degré l'instinct militaire. Aimant l'inconnu, amoureux à l'excès des résolutions imprévues, soudaines, il ne doute jamais ni de lui ni des autres, et place avec raison, parmi les premières qualités du soldat, l'énergie de la volonté à côté de l'énergie du cœur.

Appelé à diriger le département de la guerre le 26 octobre 1851, et élevé à la dignité de maréchal de France le 2 décembre 1852, il quittait le ministère au mois de mars 1854, pour recevoir le commandement en chef de l'armée française qui allait combattre en Orient.

CHAPITRE II.

VI. — Le 10 avril, S. A. I. le prince Napoléon, qui avait réclamé l'honneur de partager les périls et la gloire de l'armée française, quittait Paris (1). L'ambassadeur de la Sublime-Porte, Vely-Pacha, avait voulu accompagner le prince jusqu'à Toulon, lieu de son embarquement.

S. A. I. embarquée le 17 sur *le Rolland*, au milieu d'acclamations unanimes, arriva à Constantinople le 1er mai, après s'être arrêtée à Malte, à Smyrne, à Gallipoli. — Le Sultan avait mis le palais de Fétigé-

---

(1) Le 25 février 1854, le prince Napoléon adressait la lettre suivante à l'Empereur :

« Sire,

« Au moment où la guerre va éclater, je viens prier Votre Majesté de me permettre de faire partie de l'expédition qui se prépare.

« Je ne demande ni commandement important, ni titre qui me distingue ; le poste qui me semblera le plus honorable, sera celui qui me rapprochera le plus de l'ennemi. L'uniforme, que je suis si fier de porter, m'impose des devoirs que je serai heureux de remplir, et je veux gagner le haut grade que votre affection et ma position m'ont donné.

« Quand la nation prend les armes, Votre Majesté trouvera, j'espère, que ma place est au milieu des soldats ; et je la prie de me permettre d'aller me ranger parmi eux pour soutenir le droit et l'honneur de la France.

« Recevez, Sire, l'expression de tous les sentiments de respectueux attachement de votre tout dévoué cousin, NAPOLÉON. »

Palais-Royal, ce 25 février 1854.

Séraï à la disposition du prince, et vint l'y visiter, marque d'insigne honneur, qui étonna au plus haut degré la population musulmane.

C'était l'initiation complète de cette nouvelle alliance protectrice représentée à Constantinople par un membre de la famille impériale.

VII. — Pendant ce temps, *le Berthollet*, qui portait le commandant en chef, arrivait le 2 mai à Malte, à huit heures du matin, aux acclamations de la garnison anglaise qui accueillit le maréchal avec des hourras répétés. — Le même jour, à onze heures du soir, le bâtiment reprenait la mer.

Le 7, le maréchal touche à Gallipoli où sont réunis tous les envois de troupes (1). Aussitôt son arrivée, il les passe en revue, il inspecte avec soin les travaux de défense commencés, l'installation des camps en dehors de la ville, il visite les bivouacs, s'entretient avec les généraux des dispositions prises pour l'amélioration du port et l'assainissement du pays à l'entour des campements, puis se dirige sur Constantinople; il voudrait être à même de juger, d'apprécier, de voir par ses propres yeux la situation réelle.

---

(1) Les instructions de l'Empereur au maréchal avant son départ disaient :
« La presqu'île de Gallipoli est adoptée comme lieu principal de débarquement, parce qu'elle doit être, comme point stratégique, la base de nos opérations, c'est-à-dire la place d'armes où nous mettrons nos dépôts, nos ambulances, nos approvisionnements, et d'où nous puissions avec facilité nous porter en avant ou nous rembarquer.»

Le bruit qui circule de la marche rapide des Russes et de leur arrivée possible sur Andrinople, le tourmente, l'inquiète ; son sang bout dans ses veines d'impatience et de préoccupation.

« Je ne crains pas les revers, » écrit-il, « je ne redoute que les lenteurs obligées : j'ai foi en Dieu et en mon étoile. »

Enfin, le lundi 8 mai, le maréchal atteignait les rives du Bosphore, et, avant de doubler la pointe du Sérail, la corvette française saluait la ville de Constantin.

A six heures du soir, *le Berthollet* jetait l'ancre devant Tophana. — Dans quelques jours les deux généraux en chef des armées alliées, le prince Napoléon et le duc de Cambridge, se trouveront réunis à Constantinople (1).

VIII. — La vieille ville ottomane avait une animation, une vie inaccoutumée ; ses nuits, d'ordinaire obscures et silencieuses, étaient éclairées par des flambeaux, réveillées par le bruit de fêtes ; de tous côtés des uniformes reluisaient au soleil, des sabres résonnaient sur le pavé.—Mais derrière ces fêtes, derrière ces honneurs rendus aux hôtes et aux défenseurs qui arrivent, s'agitent les plus graves questions. Les conférences avec les ministres se succèdent sans relâche, car l'ennemi marche ; il a quitté la Dobrutscha, remonte le Danube et se concentre pour

---

(1) Le maréchal de Saint-Arnaud s'était établi avec son état-major à Yeni-Keuï, sur le Bosphore, en face de Beikos, près de Thérapia. Le Sultan, aussitôt qu'il y fut installé, lui envoya six chevaux tout sellés et harnachés.

attaquer Silistrie. A tout instant il peut menacer Omer-Pacha dans ses lignes ; les jours sont précieux, et chaque heure perdue a son poids dans la balance des événements.

Les ministres ottomans comprennent cette gravité de leur position ; ils comprennent surtout qu'ils doivent, par tous les moyens en leur pouvoir, favoriser les opérations militaires qui se préparent, que nul obstacle ne doit et ne peut venir d'eux ; mais ils ont dans leur propre sein des ennemis terribles à combattre, le vice intérieur de leur administration, et les lenteurs interminables qui en sont les conséquences obligées.

Le maréchal, avec cette activité d'esprit, cette fièvre de mouvement qui le dévorait, s'était emparé de la situation. Il demandait, et il obtenait aussitôt. « La question, » écrivait-il alors, « est de savoir si la Porte pourra tenir tout ce qu'elle promet. »

En face d'événements qui pouvaient surgir à chaque instant, il fallait, après avoir envisagé la question sous toutes ses faces, arrêter une base d'opérations, prendre un parti sérieux, immédiat.

Il fut donc décidé qu'une entrevue aurait lieu à Varna, entre les trois généraux en chef, français, anglais, turc, et qu'à eux se joindraient les deux amiraux Hamelin et Dundas, le séraskier et le ministre de la guerre et de la marine du Sultan.

IX. — Déjà le commandant Henry, officier d'ordonnance du maréchal, est parti pour Schumla, chargé de prévenir Omer-Pacha de se trouver à Varna.

Plus que tous, le généralissime turc désire ardemment se rencontrer avec les généraux alliés; il sait que de leur présence, et d'une résolution prise en commun, résultera, avant tout, une impression morale qui agira sur ses troupes, en même temps qu'elle arrêtera l'ennemi dans ses tentatives audacieuses.

Le jour du départ est le 18; car le maréchal attend, le 17, le lieutenant-colonel Dieu et le commandant Henry, qui doivent être de retour de Schumla. — Ils pourront déjà donner, sur l'armée turque et la position d'Omer-Pacha, d'utiles renseignements.

X. — Le 17, ces deux officiers arrivent. — « Le commandant Henry, écrit le maréchal, arrive de Schumla et de Varna; il est enchanté de l'accueil qui lui a été fait par le généralissime turc; il a trouvé un homme empressé pour les Français et éloigné de toute idée de leur faire obstacle en rien; il m'attend, il attend surtout l'armée avec grande impatience. »

Le colonel Dieu et le commandant Henry apportaient en outre quelques renseignements qui pouvaient, avant leur départ de Constantinople, donner aux deux généraux une idée première des hommes et des choses qu'ils allaient voir.

« Dans l'armée turque, disaient-ils, il y a un général en chef et des soldats; de points intermédiaires, aucun.

« A peine si Omer-Pacha se sert de cartes; il ne reçoit pas de situation, et n'a qu'une idée imparfaite de l'effectif de son armée; jamais, il ne visite ni un hôpital, ni un malade, ni un blessé.

L'officier d'ordonnance du maréchal de Saint-Arnaud était allé, par ses ordres, dans les hôpitaux. On le regardait avec une surprise mêlée d'admiration; et pour quelques malheureuses piastres distribuées au nom de la France, les malades et les blessés lui baisaient les mains (1).

Le généralissime turc n'a pas un plan arrêté; sa seule pensée est de rester à Schumla, où son camp retranché est défendu par 45 000 hommes. Il n'attaquera pas, et attendra pour toute action offensive la coopération de ses alliés.

Il n'a aucune indication précise sur l'armée ennemie; sa seule appréciation est celle-ci : « Je crois l'état sanitaire de cette armée mauvais; si elle passe un mois dans la Dobrutscha, c'est pour moi une bataille gagnée, car elle sera décimée par les maladies. Les Russes qui se trouvent sur la rive droite du Danube ne font

---

(1) *Extrait d'une lettre du commandant Henry.*

« *Constantinople, 18 mai*. — Le maréchal part ce soir pour Varna. Je reviens de Schumla. Omer-Pacha m'a reçu avec empressement; sa physionomie est fine et distinguée; il ne paraît point affligé de cet orgueil qu'on lui prête souvent, et est également éloigné du sentiment contraire. Il sent sa valeur, et sent aussi que son rôle cesserait, si nous n'arrivions pas; il l'avoue sans faiblesse.

« J'ai parcouru les lignes de Schumla, les casernes, les hôpitaux; j'ai vu là, des soldats mal vêtus, mal chaussés; j'ai eu le cœur serré dans les hôpitaux : quel abandon! Des haillons de couvertures, des murs pour oreillers, et les braves gens ne se plaignent pas.

« Quel triste et désolé pays que cette Bulgarie, qui devrait être la terre de promission! Les Cosaques russes harcèlent ces pauvres Bulgares à quatre lieues de la route que j'ai suivie. Les bachi-bouzouks, Cosaques turcs, brûlent leurs villages; et ces malheureux partent pour le pays inconnu, loin de la guerre qui dans les deux partis leur donne des ennemis. — Quel magnifique sol cependant! Quelle richesse, si l'on voulait en profiter! »

aucun mouvement en avant; la gauche est appuyée sur Kustendjé, et la droite en arrière de Rassowa; quelques éclaireurs cosaques ont poussé jusqu'à 5 lieues de Silistrie. L'appréhension du débarquement de l'armée française à Varna tient les Russes en échec. »

Tel était à peu près l'aperçu de la position générale; tel du moins qu'il ressortait des renseignements pris sur les lieux, et de ceux que les envoyés tenaient de la bouche du généralissime lui-même.

XI. — C'est en suivant ainsi pas à pas cette campagne, dès son début, que l'on pourra sérieusement en apprécier les diverses phases.

Avant de partir pour Varna, où devait se tenir l'importante conférence dont nous avons parlé plus haut, le maréchal résume ainsi la situation :

« S'il nous était permis de temporiser et de faire alliance avec le temps, qui ne peut servir les Russes, je dirais : Ne nous pressons pas, et forts que nous resterons, choisissons notre temps pour frapper un ennemi fatigué et affaibli; mais l'inaction n'est pas possible dans la position politique où nous sommes, parce que les Turcs attendent, les Autrichiens attendent, les Valaques attendent, l'Europe attend ; et, ne rien faire, serait ouvrir la porte aux plus mauvaises pensées. C'est à nous de trancher le nœud gordien. La diplomatie est au bout de son rouleau (1). »

(1) Lettre du maréchal à S. Exc. le ministre de la guerre. — 17 mai. Yeni-Keuï.

XII. — Le 18, le maréchal de Saint-Arnaud, lord Raglan, le séraskier et Rizza-Pacha s'embarquèrent pour Varna.

La veille, au soir, le maréchal avait décidé le séraskier à pousser jusqu'à Schumla (depuis bien longtemps il n'était pas arrivé à un séraskier de déployer une aussi grande activité). Le maréchal, impatient de connaître la force réelle de l'armée turque et le degré de confiance que l'on pourrait avoir en elle, avait le dessein de s'y rendre aussi.

D'après les mouvements de l'armée russe, il devenait à peu près certain que celle-ci tenterait quelque action sérieuse de ce côté, et, le cas échéant, la position de Schumla devenait d'une grande importance.

Le gouvernement turc était radieux, plein de confiance et d'espoir ; il n'en était pas de même des deux généraux en chef. Certes, les armées alliées pouvaient, dès aujourd'hui, apporter leur influence morale à la cause qu'elles défendaient ; mais pouvaient-elles déjà, dans le présent, lui être d'un secours réel par leurs forces combinées ?

XIII. — L'armée française s'organisait avec activité à Gallipoli. Le maréchal avait laissé les instructions les plus pressantes à ce sujet et avait écrit à l'Empereur et au ministre de la guerre pour activer les arrivages ; il sentait la nécessité d'être prêt, soit du côté d'Andrinople, soit du côté de Varna. « Suppliez le ministre de la marine de faire un *sublime effort,* » disait-il dans sa correspondance; « complétez, augmentez mon effectif. »

L'affaire de Grèce l'inquiétait visiblement, non par son importance, mais par les troupes que l'on y envoyait, et qui se trouvaient détournées de leur but principal.

Ainsi, dès le 15 mai, il écrivait au ministre : « Je comprends les embarras nouveaux que suscite à tous les gouvernements cette Grèce, que nous eussions dû laisser tomber dans l'Archipel; mais il est important que la division Forey arrive promptement à Gallipoli, et qu'elle ne soit ni retardée, ni diminuée d'un seul homme (1).

---

(1) Pendant le mouvement d'embarquement des troupes de la 4ᵉ division pour Gallipoli, un ordre du ministre de la guerre prescrivit au général Forey, commandant cette division, de retarder son départ pour recevoir de nouvelles instructions. Les graves et justes sujets de mécontentement que l'attitude du gouvernement grec, et son évidente participation aux troubles de l'Épire et de la Thessalie avaient donnés à la France et à l'Angleterre, forçaient le gouvernement de l'Empereur à diriger une expédition sur le Pirée.

« La France et l'Angleterre (dit une note insérée au *Moniteur*) ne déclarent pas la guerre à la Grèce; elles veulent soustraire le gouvernement hellénique à la funeste influence à laquelle il a cédé, et lui offrir une dernière chance de salut. »

Un régiment de marins anglais, placés sous les ordres du général français, faisait partie de cette expédition.

D'après ses instructions, le général Forey ordonna l'embarquement de ses troupes le 11 et le 12 mai. — Malte ayant été désignée comme point de réunion, chaque navire marcha isolément, et tous arrivèrent à Malte du 15 au 20 mai.

Ce fut là, que le général instruisit ses troupes, par un ordre du jour, de l'objet spécial de sa mission.

« Soldats, disait cette proclamation, au moment où nous allions partir de Toulon pour rejoindre nos frères d'armes à Gallipoli, un ordre de l'Empereur est venu changer momentanément notre desti-

« Le meilleur moyen d'encourager les bonnes dispositions, » ajoutait-il, « et de décourager les mauvaises, c'est de se montrer fort partout, prêt partout et disposé à agir partout. »

XIV. — Le 19, à neuf heures du matin, *le Berthollet* arrive à Varna, où les Turcs ont une garnison de 6000 hommes.

Les événements marchent rapidement ; il n'y a plus de doute sur les intentions de l'armée ennemie. Omer-Pacha apporte lui-même, à Varna, la nouvelle que les Russes avancent en toute hâte, jettent des ponts sur le Danube, et se concentrent autour de Silistrie,

---

nation ; c'est au Pirée que vous allez aujourd'hui, pour rappeler le gouvernement grec au sentiment de ses devoirs envers la France, qui a tant fait pour lui. Dans cette mission, honorable pour votre division, vous vous montrerez les dignes enfants de la France, soldats braves s'il le faut, disciplinés toujours ; et après avoir donné un appui aux Grecs paisibles, que des ambitieux ou des insensés, excités par des agents étrangers, voudraient entraîner à leur perte, vous continuerez votre route pour l'Orient, où vous attendent vos compagnons d'armes. »

Le 25, à cinq heures du soir, la flottille entrait au Pirée, et y trouvait place tout entière sous la direction de l'amiral Le Barbier de Tinan.

Le général Forey fut informé que le roi Othon n'avait point encore pris de décision au sujet des demandes formulées, mais qu'elle devait l'être dans la soirée. Une grande émotion régnait à la cour.

Le 26, avant le lever du jour, des marins français et anglais descendirent à terre dans des chaloupes armées de canon, s'emparèrent du lazaret, de la poudrière et des avenues principales donnant sur les quais ; en même temps l'amiral saisissait quelques petits bâtiments grecs soupçonnés d'être armés pour une cause peu avouable ; le général Forey fit tenir prêts à débarquer deux bataillons, pendant qu'il reconnaissait lui-même le lieu le plus convenable au campement de ses troupes. Le camp, ayant la droite vers le fort de Mungchie, la gauche vers celui du Pirée, le front tourné dans la direction d'Athènes, fut placé sur un terrain dont la partie supérieure, au nord, pro-

qui, selon toutes probabilités, sera investie avant dix jours (1).

L'armée turque se trouve donc seule en face de l'armée russe : il faut, sans perdre un instant, prendre une résolution et agir. — Toutefois, Silistrie a une garnison de 18 000 hommes, bien commandés, et Omer-Pacha répond d'une longue résistance.

---

tégait les troupes contre le vent du nord-ouest, qui apportait avec lui les miasmes des marais d'Athènes.

L'ultimatum adressé au gouvernement grec était le renvoi de son ministère, son remplacement par un cabinet dévoué aux Puissances alliées, et une déclaration formelle de complète neutralité.

Le Roi donna son acceptation entière, à la suite d'une conférence qui eut lieu à bord du vaisseau-amiral, entre le général Forey, l'amiral Le Barbier de Tinan, MM. Wyse et Forth-Rouen. Il fut convenu que, dans le but d'assurer l'exécution des promesses de la cour d'Athènes, une force de 3000 hommes resterait au Pirée, afin d'occuper fortement ce point. Le colonel Breton prit le commandement de ce corps. Dès lors le but de la mission confiée au général Forey étant atteint par le retour du gouvernement grec à des sentiments plus dignes de lui-même, le général ordonna que les troupes, à l'exception des 3000 hommes nécessaires à l'occupation du Pirée, continueraient, le 29, leur marche sur Gallipoli, où le maréchal de Saint-Arnaud les attendait avec la plus vive impatience ; mais la division n'arrivait pas complète, ainsi qu'il le demandait, pour parer aux graves et pressantes éventualités du siége de Silistrie.

Avant de s'embarquer, le général Forey laissa pour adieux à ceux qui restaient, ces paroles pleines de dignité : « En me séparant de vous, j'emporte au moins, comme consolation, la certitude que le corps d'occupation continuera, dans ce pays, les souvenirs qu'y a laissés l'armée française, dans la campagne qui a donné à la Grèce la liberté, et qui l'a placée au rang des nations de l'Europe. »

(1) Le 11 mai, les Russes ayant quitté la Dobrutscha et remonté le Danube, étaient débarqués près de Silistrie, et avaient attaqué cette place. Le 16, renforcés par une partie d'un nouveau corps d'armée arrivé tout récemment sur les lieux, ils étaient parvenus à établir un pont sur le Danube et à passer, en nombre considérable, du côté de la rive droite.

En face des éventualités qui se préparent, les généraux ont décidé qu'ils partiront pendant la nuit, à deux heures, pour se rendre à Schumla (1).

Le matin, il y avait eu conférence de cinq heures. C'était la première fois que les trois généraux en chef se trouvaient réunis, la première fois que la question des opérations militaires s'agitait sérieusement; et cela (on pouvait le dire) sur le champ de la guerre.

Omer-Pacha, qui possède à un haut degré l'intelligence militaire, quelle que puisse être au fond, selon l'appréciation de quelques-uns, la vanité de son caractère, reconnaissait son insuffisance et son impossibilité de résister à l'ennemi. « Lui offrir la bataille, ce serait, disait-il, vouloir la destruction entière de son armée, à laquelle est réservée un meilleur sort (2). »

(1) Bien que prévenus de la conférence de Varna, les amiraux français et anglais n'étaient pas encore arrivés. L'escadre est retenue en croisière devant Sébastopol par une brume tellement épaisse, que toute communication devenait impossible par signaux ou autrement, si ce n'est entre les vaisseaux les plus voisins des lignes occupées par les amiraux. Il faut attendre; on craint les abordages. L'escadre s'apprête à rallier Baltchick au plus tôt. *Le Berthollet* et *le Caradoc* partent à sa rencontre pour ramener en toute hâte les deux amiraux à Varna.

(2) « Omer-Pacha, écrivait le maréchal, ne mérite ni tout le bien ni tout le mal que l'on a dit de lui; c'est un homme d'autant plus remarquable, d'autant plus utile chez les Turcs, qu'ils n'en trouveraient pas un autre pour le remplacer; c'est un vrai soldat. Comme général, il a de bonnes et saines idées, à côté de projets impossibles et de vues politiques incroyables; cette tête ferme et solide a cependant besoin d'une direction et la demande.... »

OMER-PACHA.

Au moment où apparaît sur le théâtre de la guerre cette nouvelle figure que les événements ont subitement grandie, et qui représente

C'est dans ces dispositions que le généralissime turc est venu à Varna. L'attaque de Silistrie par les troupes moscovites rendait la position plus critique et plus difficile encore.

en sa personne la Turquie armée, comme le maréchal Saint-Arnaud et lord Raglan représentent les forces militaires de la France et de l'Angleterre, il n'est pas sans intérêt d'esquisser les principaux traits de la vie étrange d'Omer-Pacha.

Homme de guerre, dans un pays auquel toute administration militaire semblait inconnue, il a reconstitué une armée; et quelque défectueuse qu'elle doive nous paraître et qu'elle soit en effet, c'est elle qui portera les premiers coups, c'est elle qui enregistrera les premiers succès.

La physionomie du généralissime turc est froide, on pourrait presque dire sombre; son regard est sec plutôt que pénétrant, mais ferme, résolu; on chercherait en vain à lire une impression sur ce visage impassible auquel une barbe grise, des lèvres brunes donnent une expression mâle et énergique.

Telle est l'impression que nous avons ressentie personnellement, en voyant Omer-Pacha.

La curiosité qu'éprouvait le maréchal de Saint-Arnaud de connaître le général en chef de l'armée turque, d'étudier et de porter un jugement sur cet homme, objet de tant d'opinions diverses, était partagée par tout le monde.

Beaucoup l'exaltent à l'excès, d'autres au contraire lui nient toute qualité militaire.

La vie d'Omer-Pacha n'est pas semblable à celle de nos généraux, qui s'est faite sur les champs de combats. C'est avec la vie elle-même qu'il a lutté résolûment, opiniâtrément; il a forcé l'avenir, il a voulu, ce qui est la première, la plus grande, la plus difficile des qualités, voulu, malgré les obstacles, la misère, la souffrance, voulu sans cesse, voulu toujours, et il est arrivé, comme arrivent les esprits supérieurs, par la force et la persistance de sa pensée.

On lui reproche de l'amour-propre, une sorte de confiance illimitée en lui-même, l'audace imperturbable de sa conviction. — Si on retirait à Omer-Pacha cette foi en lui, cet amour-propre, cette audace de conviction personnelle, on en ferait un homme vulgaire; ce qu'il n'est pas, et ce que ne peut pas être, celui qui, parti de très-bas, est arrivé très-haut.

Il a doté la Turquie d'une armée qu'il a reconstituée, organisée, disciplinée.

XV. — La nature ardente, active du maréchal, sa haute position dans l'armée, tout devait l'entraîner à diriger, à mouvementer, pour ainsi dire, les graves débats qui allaient s'ouvrir. Aussi, dès le début de

Né à Valski, dans le district d'Ogulini, sur les confins de la Croatie, il s'appelait Michel Lattas, et était le fils de Pierre Lattas, soldat au service de l'Autriche, qui obtint plus tard la lieutenance de ce petit village de Valski. Il naquit dans la religion grecque; élevé d'abord à l'école de son village, il entra dans l'institution supérieure de Thurni près Carlstadt.

Le jeune enfant était actif, intelligent, travailleur; ses supérieurs le remarquèrent. Quoiqu'il fût d'une santé faible, d'un extérieur presque chétif, il se sentait entraîné par une vocation ardente vers l'état militaire. Ce fut avec douleur que sa mère le vit entrer, comme cadet volontaire, au régiment d'Ogulini.

Sa belle écriture, son activité, appelèrent promptement sur lui l'attention de ses chefs, et bientôt il fut placé dans la chancellerie des ponts et chaussées, où le major directeur-commandant l'employait tantôt comme copiste, tantôt comme aide ingénieur.

Un triste événement décida de sa destinée. — Son père fut accusé pour des causes relatives à son service et passa en jugement. — Dès lors, la position du jeune Lattas dans son régiment devenait impossible, cruelle même; il le quitta et erra longtemps sur les frontières, sans ressources, sans asile, vivant au hasard.

Comment quitta-t-il son régiment? — Qu'il nous soit permis de ne pas nous prononcer, c'est un point qui est resté obscur, volontairement peut-être. Qu'importe! — dans la vie des hommes, comme dans la vie des nations, il y a des pages obscures et incomplètes.

Michel Lattas abandonnait donc le pays où il était né, sans appui, sans protecteur, n'ayant pour tout bien que l'espérance, précieux trésor, que les souffrances et la misère ne peuvent enlever à une âme forte.

Où allait-il? — Il ne le savait. Bientôt, inconnu à tous, au milieu d'une nation où la différence de religion est une barrière qui repousse, il fut comme perdu; nulle part il ne trouvait d'appui; nulle porte ne lui était ouverte; nulle main ne lui était tendue.

Ses faibles ressources étaient épuisées; la misère vint. Peut-être se prit-il à regretter au fond de son cœur sa modeste position, qu'il avait foulée aux pieds pour les hasards d'une vie aventureuse.

Enfin, un négociant turc le chargea de l'éducation de ses enfants;

la conférence, prit-il la parole, priant Omer-Pacha d'exposer clairement la situation de son armée, sa force, ses ressources, et les projets qu'il avait formés pour s'opposer à l'ennemi, dont les attaques

mais il dut, pour obtenir cet emploi, embrasser le mahométisme C'est de cette époque que date son nom d'Omer. — Les questions de religion ne se discutent pas; la foi prend sa source plus haut que l'homme.

Michel Lattas savait-il bien ce qu'il abjurait, en abjurant la foi chrétienne, la religion de sa mère, celle de son berceau? L'enfant perdu, errant au hasard, s'était dit : « C'est en Turquie que je ferai ma destinée, c'est là que m'attend l'avenir. » Il brisa la barrière qui était entre lui et cet avenir. — Le renégat devint le généralissime des armées turques.

Il entra pour la première fois à Constantinople avec les enfants dont il était le professeur.

Nous nous gardons bien d'accueillir toutes les fables que l'on a débitées sur Omer-Pacha. Bientôt nous le revoyons dans une école militaire, où il est placé comme professeur, grâce à de nouveaux protecteurs qu'il a su conquérir; car dans tous les pays et chez tous les peuples, la protection est une rude et difficile conquête.

Nous sommes obligé, dans cette courte notice, de n'enregistrer que sommairement les différents épisodes de cette existence si fertile en événements.

La Turquie venait d'acquérir la triste expérience de la nécessité impérieuse où elle était de réformer son organisation militaire.

Elle chercha des ressources en dehors de ses moyens ordinaires, et, comprenant trop tard l'inertie et l'insouciance de sa propre administration, elle accueillit favorablement le bras et le talent des étrangers. C'est de ce moment que date véritablement la carrière d'Omer-Pacha. Aide de camp du vieux séraskier Kosrew-Pacha, qui l'avait pris en affection, il put utilement employer les qualités qui le distinguaient, une véritable instruction et une infatigable activité. Soutenu par cette haute protection, il épousa une des plus riches héritières de Constantinople, fut nommé major ; et sous les ordres immédiats du général polonais Chrzanowski, chargé de la direction des affaires militaires à Constantinople, il prit une part importante à la réorganisation de l'armée. Il fut ensuite employé à des travaux topographiques en Bulgarie et dans les provinces danubiennes. — C'est ainsi qu'en explorant les moindres sentiers, les plus légères ondulations de terrain, les ravins, les

n'étaient plus une probabilité éventuelle, mais un fait accompli.

Il lui demanda également de dire ce qu'il avait appris concernant l'armée russe, son effectif approximatif et

plaines, les escarpements, les cours d'eau, il parcourut, pas à pas, ce pays dans lequel il devait plus tard, comme général en chef, conduire l'armée turque.

Nommé successivement aux divers grades, il rendit d'éminents services au gouvernement ottoman dans les troubles de Syrie. Énergique dans le commandement, sévère dans la discipline ; infatigable, audacieux, il étouffa les tentatives de révolte du vieux parti turc, partout où il les combattit.

En 1848, il devait monter sur un plus vaste théâtre; les événements politiques le mettaient en contact avec l'élément européen. L'esprit révolutionnaire se répandait de tous côtés comme un torrent de feu; deux corps d'armée furent envoyés dans les provinces danubiennes, l'un russe, l'autre turc, pour occuper simultanément la Moldavie et la Valachie. Omer-Pacha eut le commandement des troupes turques. Placé entre les exigences de la Russie et celles de l'Autriche, il sut remplir avec une rare habileté de modération et de prudence cette mission délicate.

En 1851, il marcha contre les Bosniaques, farouches musulmans qui se refusaient à toute pensée de réforme. Déjà la révolte avait fait de rapides progrès; Omer-Pacha, muni de pouvoirs illimités, la comprima en quelques mois. Cet acte de guerre de haute stratégie montra ce que l'on devait, ce que l'on pouvait attendre d'un tel chef.

Il fut employé en 1852 dans l'expédition contre les Monténégrins.

Aujourd'hui le voilà revenu dans ces mêmes provinces danubiennes, qu'il a tant de fois parcourues.

Retranché dans son camp de Schumla, il reçoit sous sa tente les généraux en chef des armées alliées, et leur présente une armée incomplète, comme apparence extérieure, étrange même sur certains points, mais ayant un ensemble militaire, manœuvrant avec calme et précision.

« Les soldats sont mal habillés, mal chaussés, mal armés, écrivait le maréchal de Saint-Arnaud; mais ils se battront bien. » Ils l'avaient prouvé à Olteniza, ils le prouvaient à Silistrie.

Tel est Omer-Pacha, tel est l'homme auquel la Turquie a confié le soin de ses futures destinées, tel est le généralissime turc.

surtout les intentions que, d'après les mouvements de cette armée, il pouvait supposer au général Paskewitsch (1).

Le généralissime turc exposa alors, avec beaucoup d'intelligence et de clarté, sa situation et celle de son armée.—Son effectif, disséminé un peu partout, s'élève à environ 104 000 hommes. Les principaux points sont : Silistrie, 18 000 hommes ; — Schumla, 45 000 ; — Kiddlin et Kalafat, 20 000 environ ; — Varna, 6000 ; le reste dispersé çà et là. Ces troupes sont bien approvisionnées en munitions de guerre, et les subsistances ne leur manqueront pas.

Il regarde la position qu'il a prise à Schumla comme très-forte; il est certain d'y opposer aux Russes une digue infranchissable, et même de les battre, s'ils viennent l'attaquer. Omer-Pacha connaît la valeur et la solidité de ses soldats derrière des retranchements; c'est pour cela que, loin de chercher à livrer bataille à ses ennemis, il a pris la détermination d'attendre l'arrivée des armées alliées, qu'il appelle de tous ses vœux.

Quant aux Russes, leurs projets paraissent se dessiner clairement, depuis que le feld-maréchal Paskewitsch a pris le commandement. — Paskewitsch est vieux, cassé, ne monte point à cheval; mais il a une grande décision, la volonté d'agir, et il veut qu'un dernier rayon de gloire vienne encore illuminer la fin d'une vie illustre.

---

(1) Le maréchal avait demandé à Omer-Pacha de s'exprimer en italien, qu'il parle plus couramment que le français, il traduisait à lord Raglan, pendant qu'un interprète traduisait au séraskier et à Rizza-Pacha.

Sans aucun doute, l'ennemi veut s'emparer de Silistrie pour se créer une base solide d'opérations; il concentre ses forces autour de cette place, et jette de tous côtés des ponts sur le Danube, sans tenir compte des défilés à franchir, pour arriver devant cette ville par la rive droite, ou prévoir le danger d'une inondation imminente du fleuve.

XVI. — « Il ne faut pas en douter, dans un laps de temps très-rapproché, » dit Omer-Pacha en élevant la voix et en s'animant visiblement, « ils auront complétement investi Silistrie, dont ils pousseront le siége avec vigueur, pour arriver promptement à un résultat définitif. — Dans ce moment, ils n'ont que 45 000 hommes environ devant cette place, mais l'armée est nombreuse; et, quoiqu'elle ait souffert des maladies depuis le commencement de cette campagne, elle peut facilement et rapidement se compléter à 130 000 hommes. De tous côtés les renforts s'avancent, et dans deux mois, ce chiffre pourra s'élever à 200 000. En Crimée, ils font des travaux considérables, et ont, tant à Sébastopol qu'aux environs, m'a-t-on dit, 75 000 hommes. — Ce sont de bonnes troupes; voilà sur quoi il faut compter. »

Pour être dans le vrai de la situation, on doit évidemment faire la part d'un peu d'exagération; la gravité des événements grossit le plus souvent les objets.

Après cet exposé, fait d'une manière simple, à phrases rompues, mais très-intelligibles, et souvent empreintes d'un cachet d'énergie, Omer-Pacha a ajouté avec force, en se résumant, pour ainsi dire :

« Silistrie sera infailliblement emportée ; j'espère qu'elle tiendra six semaines, mais elle peut être prise dans quinze jours, et nous pouvons, un matin, être surpris par cette nouvelle et l'annonce de la marche des Russes sur Schumla. Il y a plus ; comme je vous l'ai dit, j'ai la presque certitude de battre les Russes, s'ils viennent m'y attaquer ; mais est-ce que les Français et les Anglais qui sont sur le territoire turc, à Gallipoli, à vingt jours de marche de Varna (ou à vingt-quatre heures, en venant par mer), me laisseront bloquer ici, se priveront des ressources d'une bonne armée qui se battra bien, je vous en réponds, et nous laisseront écraser par les Russes, quand avec eux, nous pourrions les jeter de l'autre côté du Danube et sauver la Turquie ? »

Ces paroles, prononcées avec une animation vraiment soldatesque, produisirent sur les assistants une profonde impression.

Ce qu'avait dit Omer-Pacha était vrai, cet appel énergique, fait par le chef de l'armée ottomane à la France et à l'Angleterre, ce raisonnement, fondé sur la logique même des événements, frappèrent le maréchal de Saint-Arnaud et lord Raglan. — La décision à prendre était grave, décisive peut-être ; les deux généraux envisagèrent donc froidement la position de la Turquie, celle de son armée, engagée presque tout entière dans une lutte inégale. Ils pesèrent, d'un autre côté, quelle devait être l'attitude des deux nations qui venaient, aux yeux du monde, lui porter secours, et voici le résultat de leur délibération.

XVII. — Une division française occupera une position militaire à 1 lieue environ de Varna, et fera les ouvrages de campagne nécessaires pour s'y fortifier.

Une division anglaise se portera à Dévena, que les Russes ont occupée en 1828, et où subsistent encore des redoutes et des travaux assez importants.

Dévena est à sept heures de marche, pour la troupe venant de Varna; c'est un passage obligé; quatre routes, dont les communications sont faciles viennent s'y croiser.

XVIII. — Le maréchal expose ainsi lui-même les motifs qui, dans la conférence, ont fait adopter ces mesures.

« Relever le moral de l'armée turque qui se verra soutenue de fait, et, en même temps, produire l'effet contraire chez les Russes.

« Obliger le maréchal Paskewitsch à prendre un parti définitif, à repasser le Danube, quand il verra les têtes de colonne anglo-françaises entrer en ligne, ou à redoubler d'efforts pour emporter Silistrie.

« Forcer enfin les Autrichiens à se prononcer; car ils ne pourront plus objecter que les Français sont trop loin du Danube et des Russes....

« Nous restons les maîtres de limiter notre démonstration, » ajoute le maréchal, « mais je ne me dissimule point que nous ne le serons plus, si les Russes avancent. Nous ne sommes pas venus en Turquie pour nous enfermer dans Varna ou dans Schumla.

« Nous nous verrons donc forcément entraînés à jeter rapidement toutes nos forces entre ces deux points, mais nous ne serons jamais dans de meilleures conditions pour livrer bataille à un ennemi qui vient se placer devant des troupes fraîches, entre un grand fleuve et un camp retranché. — Toute la question est dans les forces que nous pourrons mettre en ligne, à côté des Turcs qui nous donneront 60 000 hommes de bonnes troupes et deux cents pièces de canon, bonne artillerie. Lord Raglan écrit à son gouvernement pour hâter les envois de troupes et en demander de nouvelles. Moi, je fais comme lui. »

On le voit, la conférence de Varna était le premier pas, les troupes anglo-françaises allaient marcher à l'ennemi; et c'était, selon toutes les prévisions, sur le sol même de la Turquie que le premier choc des deux armées aurait lieu.

La volonté de Dieu devait en ordonner autrement.

CHAPITRE III.

XIX. — Les généraux en chef partirent pour Schumla dans la nuit qui suivit. Ils s'arrêtèrent deux heures à

Pravadi, pour examiner et apprécier l'importance de cette petite ville, située dans le fond d'un entonnoir et dominée de tous côtés par les petits Balkans, qui commencent en cet endroit.

La route qui y conduit est superbe, mais pauvre et sans culture; on ne voit de terres remuées par le travail que dans un fort petit rayon, autour des rares villages que l'on découvre, hameaux à peine habités, où la misère se traîne inactive et abrutie. Cependant le sol est fertile; son aspect seul dit à tous ceux qui le regardent, quelles richesses sont renfermées dans son sein.

En avançant vers Schumla, toutes les habitations sont abandonnées. — Les pauvres Bulgares, placés entre la crainte des bachi-bouzouks, dont les bandes indisciplinées ravagent le territoire, et la terreur que leur inspirent les Russes qui entourent Silistrie, ont enlevé à la hâte sur des chariots tout ce qu'ils possédaient, et se sont réfugiés avec leurs femmes, leurs enfants et leurs troupeaux, dans les endroits les plus couverts. — C'est un triste spectacle de voir cette population sans abri, errant ainsi au hasard. — Femmes, enfants, animaux couchés pêle-mêle, prêts à fuir au premier signal, regardaient d'un air moitié curieux, moitié effrayé, la voiture qui emportait vers le camp les trois généraux en chef.

Ces jalons humains semés de distance en distance traçaient, pour ainsi dire, la route de Pravadi à Schumla.

XX. — Là, ce fut un autre tableau, tableau imposant et grave qui frappa vivement le maréchal.

« Partout, dit-il lui-même, on trouve la trace d'un coup d'œil militaire intelligent ; les ouvrages, les redoutes sont bien disposés ; l'emplacement des troupes, qui sous la tente tiennent l'ordre qu'elles doivent avoir en cas d'attaque, est parfaitement choisi. En un mot, ce camp retranché n'a qu'un défaut, celui d'être un peu trop grand, mais tout y est bien compris ; les ouvrages importants sont garnis d'une grosse artillerie en très-bon état et bien servie (deux cent cinquante pièces dans les bastions et redoutes extérieures). Ce camp, avec 45 000 hommes de bonnes troupes commandées par un homme déterminé, comme Omer-Pacha, peut tenir longtemps contre une forte armée (1). »

Telle est l'impression première que ressentit le maréchal de Saint-Arnaud et que partageait son collègue lord Raglan. Cette impression fut bonne, elle était importante dans les circonstances actuelles, car l'ennemi frappait aux portes de Silistrie, car Schumla pouvait devenir un champ de bataille.

Le but principal du maréchal était d'examiner sérieusement les troupes turques, afin de savoir dans les actions de guerre qui allaient s'engager, de quel poids réel elles pouvaient peser dans la balance, et ce que l'on devait croire, craindre ou espérer d'elles. Omer-Pacha n'avait pas moins de hâte de mon-

---

(1) Dépêche à S. Exc. le ministre de la guerre.

trer ses soldats, car il les aime avec une confiance sans bornes.

Ici encore nous citons textuellement l'opinion du maréchal :

« Les troupes que j'ai examinées avec le plus grand soin sont mal armées, mal habillées, mal chaussées surtout, mais leur ensemble est militaire ; elles manœuvrent bien, avec calme. Les chevaux de la cavalerie sont petits pour la plupart, sans apparence, mais ils sont bons et ont beaucoup de fond. L'artillerie est ce qu'il y a de mieux, les attelages sont solides, les pièces bien tenues ; les artilleurs manœuvrent aussi bien que les nôtres. J'ai été surpris, par des essais faits devant moi, de la justesse du tir.

« En résumé, il y a à Schumla 45 000 hommes qui se battront bien partout, mais qui, se sentant encadrés entre des Français et des Anglais, se montreront de braves et d'excellents soldats (1). »

XXI. — Le côté le plus défectueux de cette armée était dans les hôpitaux, où les malades et les blessés mouraient sans secours, mal soignés, presque oubliés, comme s'ils eussent été déjà morts, manquant de chirurgiens et de médicaments.

Les rapports de l'officier d'ordonnance du maréchal sur cet état de choses n'était que trop vrai, et celui-ci put s'en assurer par ses propres yeux. — C'était un

---

(1) Le maréchal de Saint-Arnaud à S. Exc. le ministre de la guerre.

cruel spectacle d'entendre de tous côtés ces plaintes étouffées, ces gémissements inachevés de la souffrance, de voir cet amas pêle-mêle d'hommes étendus, aux figures blêmes, aux joues creusées, et dont la vie à moitié éteinte par la maladie et les blessures, semblait être devenue un fardeau pour les vivants. — Le souvenir de nos hôpitaux si soigneusement dirigés et de cette préoccupation constante qui veille pleine de sollicitude au chevet des malades et des blessés, donnait à cet abandon quelque chose d'étrange qui semblait appartenir à une autre civilisation; car dans l'armée, ce qui fait la confiance et le courage du soldat, ce qui soutient son énergie morale contre les épreuves, les souffrances, les privations, c'est la pensée que, toujours, en tous lieux, il aura les soins qui guérissent le corps et ceux qui consolent et fortifient l'âme.

Aussi le généralissime Omer-Pacha vit-il avec regret cette visite.

« Nous manquons de beaucoup de choses, » disait-il avec une expression pleine d'amertume.

Le maréchal s'arrêta devant les groupes, les examina avec intérêt, distribua quelque argent et sortit le cœur serré.

Il écrivit aussitôt au ministre de la guerre (1), pour demander qu'un certain nombre de médecins français fussent détachés dans les hôpitaux turcs, pour organiser le service médical qui leur faisait défaut complétement.

(1) 19 mai 1854.

XXII. — Le soir, le maréchal était dans sa tente, lorsque, vers les neuf heures, le séraskier, Omer-Pacha et Ismaïl-Pacha entrèrent tout à coup, la figure bouleversée.

Un courrier venait de leur apporter en toute hâte des nouvelles datées de Silistrie, du samedi, 20 mai, deux heures de l'après-midi.

« Les Russes, au nombre de 70 000 hommes pressaient l'attaque de la place avec acharnement; le bombardement continuait jour et nuit sans interruption; une partie du parapet du côté du Danube était détruit. L'investissement complet était imminent. »

C'était dans leur pensée la perte de Silistrie. — Le séraskier surtout couvrait l'avenir du voile le plus funèbre; il voyait la ville écrasée, Schumla enlevée, et avant deux mois, les Russes sous les murs de Constantinople. Omer-Pacha, plus calme, répondait, quels que fussent les événements de la guerre, d'arrêter l'ennemi six mois au moins.

Sans partager entièrement les funestes appréhensions du séraskier, ni la confiance d'Omer-Pacha dans ses troupes, on ne pouvait se dissimuler que cet état de choses présentait une haute gravité.

Il fallait opposer une digue au torrent.

Ce n'étaient plus seulement une division française et une division anglaise qui devaient être envoyées à Varna, mais, le plus rapidement possible, toutes les forces disponibles des deux armées.

Lord Raglan, instruit de cette complication nouvelle,

partageait entièrement l'avis du maréchal, sur l'importance et l'efficacité des secours qu'il fallait porter sur ce point, et promit, de son côté, d'employer toutes ses ressources. Dès que les généraux ottomans furent instruits de cette décision, leur abattement se changea en une joie qu'ils ne cherchèrent pas à dissimuler, et qui se peignit sur leurs visages avec une étrange rapidité.

XXIII. — Voici sommairement les dispositions prises pour parer aux premières éventualités.

Omer-Pacha devait se porter lui-même à deux marches en avant de Schumla, avec 30 000 hommes et cent vingt pièces de canon.

En concentrant les forces disponibles de Viddin et de Sophia, le généralissime turc réunissait, dans vingt jours, 70 000 hommes et cent quatre-vingts pièces de canon.

Le même espace de temps permettait à lord Raglan d'avoir 20 000 Anglais en ligne, et le maréchal de Saint-Arnaud espérait porter le nombre de ses troupes sur ce point à 35 000 hommes, surtout si, comme il l'espérait, il recevait la brigade de Gallipoli et la 4e division commandée par le général Forey, retardée dans sa marche, on le sait, par les affaires politiques de la Grèce.

Cela formait un total de 120 à 125 000 hommes de bonnes troupes, appuyées par trois cent dix pièces de canon.

Avec une telle armée, on pouvait avec confiance attendre les Russes. — La partie devenait presque égale, car l'armée ennemie, d'après toutes les prévisions et les calculs, n'avait pu réunir plus de 150 000 hommes et quatre cents pièces de canon.

Il est facile de comprendre, que cet apport des armées alliées rassurait le séraskier sur l'avenir de Constantinople.

XXIV. — Le 22 mai, à neuf heures du soir, le maréchal arrivait à Varna. Il se rendit en toute hâte à bord du *Berthollet*, où l'amiral Hamelin l'attendait déjà depuis longtemps.

Le résultat de la conférence, qui dura plusieurs heures, fut que l'amiral mettait à la disposition du maréchal toute sa flotte, pour le transport des troupes et leur débarquement assez difficile à Varna.

L'amiral, on le sait, revenait d'une croisière avec les vaisseaux anglais sur les côtes de Crimée et devant Sébastopol. Le maréchal l'interrogea avec une avide curiosité sur le résultat de ses observations; car la Crimée était son idée favorite. Comme il le dit lui-même : « Il pâlissait sur ses plans, et déjà, dans sa pensée, il cherchait le point vulnérable. » Mais il ne faut pas déduire de là que ce soit sa volonté seule qui ait voulu, qui ait demandé, qui ait osé l'expédition de Crimée.

En suivant pas à pas les négociations de Varna et l'enchaînement des faits qui se sont succédé, on verra que la Crimée était un peu l'idée favorite de tout le monde. — En France, en Angleterre, on caressait cette pensée, comme une œuvre d'audace et d'énergie digne de deux grandes nations.

Dès le début, l'amiral entrevoyait d'immenses difficultés, pour ne pas dire des impossibilités presque insurmontables à un débarquement possible en Crimée.

« Les Russes, dit-il au maréchal, y ont de 70 à 80 000 hommes. — Tous les ports sont défendus. — Sur toutes les crêtes, près de la mer, des sémaphores sont établis avec des signaux et des postes de cavaliers qui, aussitôt que l'on découvre un bâtiment, en donnent avis et courent prévenir dans l'intérieur de Sébastopol et à Simphéropol. — Les Russes sont déterminés à une défense à outrance; ils brûleront et dévasteront le pays. Ils ont 20 000 hommes à Anapa, prêts à être lancés en Crimée par la mer d'Azof; le débarquement sera difficile partout (1). »

Mais ce n'était pas du débarquement en Crimée qu'il s'agissait alors, c'était du débarquement immédiat, rapide à Varna, pour jeter, sans un jour de retard, les têtes de colonne en face des Russes, et leur montrer les drapeaux alliés.

Le maréchal semblait communiquer à chacun l'activité qui le dévorait.

XXV. — Déjà il est de retour à Constantinople (2). Mandé chez le Sultan, il assiste à un conseil présidé

---

(1) Lettre du maréchal à S. Exc. le ministre de la guerre, — 22 mai, à bord du *Berthollet*, minuit.

(2) Sur les ordres de l'amiral Hamelin, six frégates à vapeur remorqueront de gros bâtiments; six frégates à vapeur fournies par le

par Sa Hautesse, et dans lequel Reschid-Pacha servait d'interprète.

Le maréchal rend compte de ce qu'il a vu à Varna et à Schumla. — Ce ne sont plus de ces observations nuageuses, incertaines, irrésolues, timides, auxquelles le Sultan est depuis longtemps habitué; la situation ne permet pas d'équivoque. La parole du maréchal est rapide, incisive; il expose brièvement, mais avec cette clarté énergique que l'on retrouve dans toutes ses correspondances, la position critique de Silistrie, que l'armée russe enveloppe et resserre chaque jour davantage dans ses réseaux; il retrace la séance de Schumla, les fatales nouvelles qui sont venues jeter le trouble dans l'esprit des généraux turcs, et la détermination prise de se porter immédiatement sur Varna, ainsi que les mesures immédiates qui ont suivi cette détermination.

Le maréchal s'anime; il déduit, avec la confiance qu'il sent en lui-même, la situation militaire, les forces des trois armées et les projets des généraux en chef. En l'écoutant, l'inquiétude qui dévorait le Sultan s'éloigne de sa pensée, et l'on voit l'espérance, comme un rayon de soleil, briller déjà sur son visage.

« J'ai toute confiance, dit-il, dans la France et dans

gouvernement turc doivent aussi remorquer plusieurs transports; l'amiral Bruat donnera tout le concours de son escadre. « Avec ces ressources, on aura jeté à Varna 24 000 hommes en deux voyages. Lord Raglan a trouvé le même concours chez l'amiral Dundas. »

l'Angleterre, et je suis convaincu que toutes deux sauveront la Turquie. »

XXVI. — Jamais peut-être le chef de l'empire turc n'avait vu aussi clair dans sa situation réelle ; car jamais, dans toute l'étendue de son royaume, il ne s'est trouvé une personne qui, forte de la gravité des circonstances, ait ainsi élevé la voix, pour lui faire comprendre ce que valent, dans une décision prise, la rapidité et la netteté d'exécution ; — c'était un réveil subit dans la torpeur traditionnelle, un éclair électrique qui galvanisait un instant le Sultan et ses ministres. Des ordres immédiats furent donnés pour que « toujours » les ressources du gouvernement fussent mises à la disposition du maréchal. En si bonne voie, celui-ci ne s'arrêta pas ; il démontra clairement que, sans argent, on ne faisait point la guerre, et qu'il était urgent qu'un emprunt fût conclu sans retard (1). — Le soir même il fut signé au conseil.

C'était à ne pas y croire. — La vieille Turquie se faisait jeune et remuante ; le corps, « prêt à tomber en poudre, » se remettait à vivre.

XXVII. — Le lendemain, 25 mai, le maréchal devait partir pour Gallipoli, où il calculait pouvoir arriver le 26, à la pointe du jour.

---

(1) Lord Raglan, convoqué à ce conseil, ne s'y rendit pas : ce même jour était l'anniversaire du couronnement de la reine Victoria, et lord Raglan passait une revue de toutes ses troupes à Scutari. Un aide de camp du maréchal alla l'informer du résultat de la conférence.

Sûr des bonnes dispositions du gouvernement turc, il ne l'était pas autant de l'activité de ses agents et de l'empressement qu'ils mettraient à Gallipoli dans l'exécution des ordres qui leur seraient transmis; aussi, il pria le séraskier et le capitan-pacha de se rendre à Gallipoli pour s'assurer par eux-mêmes que les vapeurs et transports turcs fussent à leur poste; ils devaient s'y trouver le 28.

Déjà toutes les dates précises étaient dans la tête du maréchal (1). Le jour même de son départ pour Gallipoli, des nouvelles de Silistrie arrivèrent; elles étaient excellentes. Le 20 et le 21, deux attaques successives des Russes avaient été vigoureusement repoussées; l'ennemi avait, en se retirant, essuyé de grandes pertes. Aussi le courage des Turcs se relevait; ils reprenaient confiance en eux-mêmes et se faisaient tuer un à un derrière leurs remparts.

Cette nouvelle fut reçue avec enthousiasme à Con-

---

(1) En même temps qu'il écrivait à son frère, M. Leroy de Saint-Arnaud, en date du 25 mai : « Le débarquement de nos troupes est ordonné, il va commencer dans trois jours; le 2 juin, j'aurai 12 000 hommes à Varna, — le 8, 24 000, — le 18, 40 000. Les Anglais suivent le mouvement. »

Il écrivait au ministre de la guerre : « Le séraskier et le capitan-pacha seront à Gallipoli le 28, je leur ferai voir mes troupes, ils pourront comparer mes manœuvres aux leurs.

« Le 29, l'embarquement de la 1re division commencera; — le 5 juin, je serai à Varna pour assister au débarquement; — le 8, je reviens à Constantinople recevoir la 3e division, la montrer au Sultan, presser l'incorporation de la division turque, et présider à l'embarquement. Le 20 juin, mon quartier général sera à Varna. Avec *le Berthollet* j'y vais en onze heures. »

stantinople, et le maréchal dit, en mettant le pied sur *le Berthollet* : « Si Silistrie peut tenir jusqu'au 15 juin, les Russes ne la prendront pas. »

XXVIII. — Le 26 mai au matin, ainsi qu'il l'avait calculé, il débarquait à Gallipoli, animé de cette fièvre d'impatience qui le dévorait depuis son départ du camp de Schumla. Il ne perd pas un instant pour se rendre tout aussitôt un compte exact de la situation de l'armée, de ses ressources, de ses besoins. — Il ordonne une revue, il examine tout, et s'arrête consterné…. il avait oublié que, pour une expédition aussi lointaine, il pouvait se rencontrer des obstacles, des empêchements au-dessus de toute force humaine, les difficultés de la navigation. Artillerie, génie, subsistances, campements, chevaux, tout avait été embarqué avec la plus grande célérité et sans aucune perte de temps; mais la pensée du maréchal n'avait pas mis en ligne de compte les mers à traverser, et les vents contraires, contre lesquels il fallait que les bâtiments à voiles luttassent sans cesse : — l'espérance souvent est mauvaise logicienne.

Le premier moment de désenchantement fut cruel; le plan si laborieusement combiné de Schumla à Gallipoli s'écroulait tout à coup; le drapeau de la France ne pouvait pas encore se déployer; les aigles impériales ne pouvaient pas montrer leurs ailes d'or. Ce n'était la faute de personne, mais le résultat de la précipitation avec laquelle tout avait dû être fait.

Il ne se trouvait encore à Gallipoli que vingt-cinq ou

trente pièces d'artillerie attelées, prêtes à faire feu, et cinq cents chevaux environ venus par groupes, et appartenant à différents corps.

L'infanterie, privée de la presque totalité de la 4ᵉ division, ne présentait dans son ensemble que, vingt-sept bataillons disponibles, n'ayant pas encore marché, et dont les divers éléments manquaient de cohésion.

Tout le reste, personnel et matériel, était arrêté en mer par les vents du nord.

Le temps donné aux désenchantements fut court, les nouvelles résolutions rapidement prises.

« Dans cette situation, écrit lui-même le maréchal, porter à Varna, avec des chances éventuelles d'être conduit à combattre, des troupes aussi incomplétement préparées pour l'action, ce serait compromettre peut-être l'avenir de la campagne, avenir sur lequel le premier choc doit exercer une influence décisive ; d'un autre côté, abandonner avec la presque totalité de mes forces la base d'opérations, rendez-vous commun de tous les éléments qui doivent les compléter, c'est leur enlever les moyens de s'organiser rapidement, c'est trop donner au hasard. »

Dans la nuit même et le lendemain matin, le maréchal fit partir onze bateaux à vapeur, tant français que turcs, pour remorquer les bâtiments que l'on pourrait trouver entre l'Archipel et Ténédos, et recueillir les nombreux navires retenus par les vents contraires.

Le maréchal touchait du doigt la question la plus

grave, la plus difficile de cette expédition : le morcellement inévitable des transports.

Pendant que l'on embarquait les hommes sur les vapeurs, les approvisionnements, le matériel, les chevaux l'étaient sur des bateaux à voiles, que leurs remorqueurs étaient contraints souvent de lâcher en mer, par suite des gros temps.

XXIX. — Dans les conditions actuelles, le plan arrêté entre les ministres turcs, le maréchal et lord Raglan devait être modifié, car l'armée anglaise ne se trouvait pas plus avancée dans son organisation, que ne l'était la nôtre.

En gagnant du temps, les arrivages se continuaient, l'armée se constituait et l'on pouvait à peu près, sinon en totalité, tenir ce que l'on avait promis; car la position était délicate et difficile. Si, d'un côté, il n'était pas aisé de faire comprendre à la Turquie l'inaction de deux grandes puissances venues pour la secourir; de l'autre, lord Raglan avait pris des engagements avec son gouvernement, sans prévoir ou soupçonner ce qui arrivait; il avait écrit, donné des dates, et l'opposition était là, faisant de la logique sur le calendrier.

Les mécontentements sont des semences faciles à germer dans les esprits; elles grandissent et s'élèvent, sans tenir aucun compte des obstacles.

Il est si facile et souvent si agréable d'être mécontent!

XXX. — En prenant conseil des circonstances, voici ce qui fut décidé en principe (1) :

Si l'on s'abstenait de toute démonstration à Varna, c'était perdre son influence sur le gouvernement turc, jeter une grande démoralisation dans l'armée d'Omer-Pacha et parmi les défenseurs de Silistrie, auxquels on avait dit : « Ayez confiance, les armées alliées arrivent ; elles vous soutiendront. »

Mais, au lieu de pousser en avant toutes les troupes, on jetait seulement quelques corps bien constitués qui devaient rester sur les hauteurs de Varna, à une heure de la place, protégés par des ouvrages de campagne, ces troupes étaient commandées par deux généraux sages et habiles : les généraux Canrobert et G. Brown

---

(1) *Le maréchal au ministre de la guerre.* — *Gallipoli*, 26 mai :
« Pendant que je donnerai tous mes soins à compléter la constitution de l'armée, une division anglaise se rendra à Varna, ainsi qu'il a été entendu avec lord Raglan, et s'établira sur les hauteurs en avant de la place. La 1re brigade de la division Canrobert, commandée par cet officier général lui-même, sur la prudence et le bon jugement duquel je compte entièrement, s'y établira également.

« L'ensemble de ces forces, suffisant pour donner à l'armée turque l'appui moral dont elle a besoin, sera considéré comme l'avant-garde de celles qui doivent opérer dans un avenir prochain, en se basant sur la place de Varna.

« Dans l'intervalle je gagnerai du temps, je constituerai solidement mes divisions, je recevrai celle du général Forey, dont j'ai tant à déplorer l'absence, je concentrerai ma cavalerie à Andrinople, où elle s'organisera facilement, et où des approvisionnements importants sont réunis.

« La 3e division, qui s'acheminera dès demain vers Constantinople, sera ultérieurement dirigée sur Varna.

« J'arriverai ainsi à réunir en avant ou en arrière de cette place, en partie par la voie de mer, en partie par celle de terre, la totalité de l'armée dans des conditions de préparation qui seront très-satisfaisantes, sans que d'ailleurs la liberté de ses mouvements soit engagée. »

Si la ville assiégée, à bout de forces et de défense, tombait, devant l'attaque des Russes, si l'ennemi avançait, cette petite portion des armées alliées ne serait pas dans la nécessité de combattre dans de mauvaises conditions, et pourrait prendre le parti que les événements rendraient le plus favorable.

Les conséquences de ce plan, combiné par force majeure, étaient faciles à déduire. On tenait ainsi à peu près ses engagements avec les Turcs qui voyaient des troupes à Varna et une division à Constantinople; on montrait les têtes de colonnes aux Russes et aux Autrichiens, et l'on déployait ainsi sur le théâtre de la guerre les étendards réunis. Les Anglais, pour satisfaire à leur gouvernement, occupaient Dévena et tenaient l'extrême droite de la position, au lieu de tenir l'extrême gauche (1).

On répondait ainsi aux exigences du présent; la décision première n'était pas abandonnée : seulement, le mouvement en avant des troupes alliées ne s'exécutait pas dans les proportions que les deux généraux en chef avaient eu l'intention de lui donner.

XXXI. — Déjà l'amertume que le maréchal avait ressentie dans les premiers moments de son arrivée à

---

(1) « Quant à lord Raglan (écrit le maréchal), comme il a de plus l'embarras énorme d'être poussé par les officiers généraux pour faire quelque chose, je vais faire en sorte de le couvrir aux yeux de son gouvernement, en lui donnant par écrit, avec de nouvelles instructions, les motifs prudents et raisonnés qui me font modifier mon plan. »

Gallipoli, a disparu; le tourbillon des événements nouveaux l'enveloppe et l'entraîne. — Le 27, il ordonne une revue des troupes établies au bivouac autour de Gallipoli. Le séraskier, les principaux officiers d'une division d'infanterie anglaise campée aux abords de la ville et tous les officiers d'état-major entourent le maréchal, qui passe successivement, au pas de son cheval, devant les lignes établies dans l'ordre de leur campement, sur une étendue de 4 lieues (1).

Les trois divisions d'infanterie à peu près complètes offraient le plus magnifique développement qui se pût voir. L'attitude martiale, pleine d'énergie et d'assurance de ces troupes jetées si loin de leur patrie,

---

(1) Le lendemain le commandant en chef remerciait chaleureusement les troupes.

« Leur attitude toute militaire, disait-il dans son ordre du jour, témoigne de la confiance qu'elles ont en elles-mêmes et de l'influence heureuse que les habitudes du bivouac ont déjà exercée sur les corps qui n'étaient pas encore familiarisés avec elles. Le commandant en chef n'a pu voir sans une vive émotion ces braves soldats avec lesquels il a déjà combattu, ceux avec lesquels il va bientôt combattre, tous pénétrés d'un sentiment de patriotisme et d'honneur, qui sera l'origine et qui est le présage du succès de nos armes. Pour l'assurer, ils rivaliseront d'ardeur avec les troupes de l'armée anglaise, dont l'histoire militaire offre, comme la nôtre, de si belles pages; avec l'armée turque, que rend si respectable à nos yeux, l'invincible énergie avec laquelle elle défend, dans une lutte inégale, son droit et ses foyers.

« La discipline de l'armée est parfaite. Elle sera maintenue, moins, j'en suis assuré, par une répression sévère que par le bon esprit des soldats eux-mêmes. Ils se rappelleront que partout, mais particulièrement dans un pays allié, déjà appauvri par la guerre, la discipline d'où naît le respect de la propriété et de la personne des habitants, est la preuve de ce qu'on pourrait appeler l'honorabilité des armées, comme elle fait leur force au jour du combat. »

frappait les regards; on lisait sur toutes les physionomies l'impression profonde que produisait ce noble et mâle spectacle.

« J'en ai pleuré de joie et de fierté, écrit le maréchal, j'admirais les soldats que je suis chargé de conduire à la victoire. »

Les jeunes recrues avaient déjà emprunté à leurs aînés de l'armée d'Afrique des allures dégagées, et jusqu'au bronze de leurs visages. Dans les bivouacs, les vieux soldats habitués aux campements s'étaient faits les professeurs de leurs camarades encore inexperts.

XXXII. — Tout homme qui a vu ce bouge infect que l'on appelle Gallipoli, ses rues sombres, étroites, encombrées d'immondices, comprend aisément que tous les fléaux de la terre doivent s'y donner rendez-vous et se répandre parmi les miasmes putrides qui corrompent l'air; aussi le gros des troupes est-il éloigné de la ville, dont les abords ont changé d'aspect. — Le mouvement, le bruit ont remplacé le silence sépulcral des villes musulmanes et le sommeil léthargique de leurs habitants(1). Les travaux sur les lignes de Boulahir, poursuivis sans

---

(1) Les travailleurs sont employés chaque jour à déblayer le port et la darse, à construire des débarcadères et des jetées, à niveler les rues et les places, à établir des hôpitaux provisoires, à construire des baraques, à creuser des fossés pour l'assainissement de la ville et à élargir les quais.

Tous ces travaux se font avec une activité surprenante. Les Turcs en sont stupéfaits, émerveillés, et se demandent quel est le démon qui nous pousse; ils ne comprennent pas que c'est le travail des bras qui sauve et fortifie la vie du corps

relâche, présentent déjà un relief important; encore quelques semaines, et la presqu'île sera entièrement fermée par les ouvrages (1); mais il est triste pour une armée d'habiter un pays au sol inculte, sans ressources, sans produit aucun, et dans lequel elle est forcée de déployer, pour exister seulement, des efforts inouïs, ne rencontrant rien autour d'elle que le néant de toutes choses.

Le maréchal s'en effrayait, non pour le moment présent, mais pour l'avenir, lorsque les effectifs devraient être soumis aux épreuves des marches pénibles par les chaleurs, et à celles des privations, conséquences inévitables de leur éloignement momentané de la base d'opérations. — Inquiet, préoccupé, comme le sont presque toujours les généraux en chef, il multipliait ses demandes au ministre de la guerre; il eût voulu enchaîner les flots de la mer et retenir le souffle funeste des vents contraires, il eût voulu voir de nombreux navires jeter à la fois sur le rivage des divisions nouvelles tout armées, car on était passé du domaine de la théorie dans le domaine des faits, et il se sentait dès à présent aux prises avec eux.

« La France et l'Angleterre, disait-il, seront poussées par les événements eux-mêmes à la nécessité impé-

---

(1) Le camp de Boulahir est situé à 14 kilomètres nord de la ville; il tire son nom d'un village qui n'en est éloigné que d'un quart d'heure, et domine d'un côté l'entrée des Dardanelles, de l'autre le golfe d'Enos. C'est en avant de ce camp que s'élèvent des fortifications considérables.

rieuse d'augmenter successivement les deux armées d'Orient (1). »

XXXIII. — Oui, le maréchal de Saint-Arnaud était bien réellement aux prises avec la réalité des faits; sa pensée, sans cesse tourmentée, devenait l'écho du canon de Silistrie.

Chaque jour la position s'améliorait, les effectifs se consolidaient.

La 1re division anglaise, forte d'environ 6000 hommes, campée à Scutari, où lord Raglan avait établi son quartier général, était partie pour Varna.

Le 1er juin, la première brigade du général Canrobert, presque d'égale force, avec son artillerie et ses bagages, s'embarquait pour la même destination sur une flottille composée de six frégates à vapeur françaises, deux frégates et une corvette égyptiennes, remorquant quarante navires de commerce.

Ce détail, dans lequel nous n'entrons pas sans intention, montre quelle somme énorme d'efforts doit déployer la marine pour transporter seulement à petite distance, par un beau temps et sur une mer assurée, une simple brigade d'infanterie avec ses accessoires (2).

---

(1) Le maréchal à S. Exc. le ministre de la guerre. — 28 mai, Gallipoli.

(2) Pour bien apprécier les nouvelles dispositions qui allaient être prises, il n'est peut-être pas sans importance de faire cette remarque, que la France et l'Angleterre, entraînées au delà de leurs prévisions, avaient augmenté, selon les événements qui se produi-

XXXIV. — Une fois que les transports successifs auraient apporté à Varna le complément des quatre divisions, elles devaient être établies ainsi :

La droite à Varna et Bourgas ; le centre à Karnabad et Aidos ; la gauche vers Tamboli ; toutes observaient les défilés de la montagne, se tenant prêtes à refouler l'ennemi après qu'il les aurait franchis, à traverser elles-mêmes ces défilés, et à livrer à la hauteur ou en avant de Schumla une bataille, où seraient réunies toutes les forces des armées alliées dans des conditions d'action favorables.

Pendant que s'opérait la concentration des divisions d'infanterie vers les débouchés de la montagne, les régiments de cavalerie se dirigeaient sur Andrinople, où le général Morris, commandant la cavalerie, devait établir son quartier général.

« Mes troupes, écrivait le maréchal, gagneront ainsi

---

saient et selon les exigences de la situation, l'effectif des troupes qu'elles envoyaient en Orient.

D'abord l'on devait entrer en campagne avec 6000 hommes, et moitié autant d'Anglais. Un aussi petit nombre de troupes ne pouvait permettre de couvrir Constantinople, et d'avoir une place d'armes à Gallipoli. A mesure que les contingents augmentaient, les projets d'occupation devaient naturellement se modifier et s'agrandir. Lorsque le corps expéditionnaire fut porté à 30 000 hommes de troupes françaises, on pensa qu'une division devait être placée à Andrinople et même à Rodosto, les troupes ne pouvant, sans les plus graves inconvénients, être toutes entassées à Gallipoli ou à Constantinople. Puis enfin, la France s'étant décidée à porter plus de 60 000 hommes en Orient, et l'Angleterre à en envoyer 25 000, le cercle des opérations ne pouvait être aussi resserré ; il ne s'agissait plus d'attendre l'ennemi, il fallait le menacer en avant des Balkans, l'arrêter dans sa course, et lui opposer une digue de baïonnettes.

l'habitude et la solidité que donnent toujours les marches exécutées militairement; ce sera une préparation utile pour des soldats que de continuels transports par mer ou par chemins de fer ont désappris de faire usage de leurs jambes, et mon mouvement sera peut-être terminé plus tôt, que si j'avais tenté d'opérer par mer la réunion de tous ces éléments.

« Mon ordre de bataille établi, le temps aura marché : de nouvelles données politiques et militaires se seront produites ; je pourrai d'autant mieux agir selon les indications qui en sortiront, que les dispositions prises n'auront pas enchaîné mes mouvements ultérieurs. Une marche en avant me portera sur la direction du théâtre actuel de la guerre; une marche sur la droite me concentrera vers la mer dans une position massée, analogue à celle que j'ai à Gallipoli, mais beaucoup plus rapprochée des événements. — Dans l'état actuel des choses, je ne vois rien de mieux à faire, si ce n'est peut-être de me renfermer dans une défensive étroite et très-éloignée à Gallipoli. Cela eût été possible avec 15 000 hommes ; l'opinion, la dignité de notre pays, l'honneur du drapeau ne sauraient le permettre à une armée française réunie à une armée anglaise, formant un tout de 70 000 hommes au moins, appuyée par une flotte formidable, en présence des efforts désespérés que fait l'armée turque pour défendre ses foyers (1). »

(1) Dépêche du maréchal à S. Exc. le ministre de la guerre. — Gallipoli, 30 mai.

CHAPITRE IV.

XXXV. — Le gouvernement français ne pouvait qu'approuver la réserve du maréchal et la sage prudence avec laquelle il avait modifié son premier plan, qu'il ne se trouvait pas en mesure d'exécuter dans des proportions convenables.

« Je ne regrette nullement votre changement de détermination, lui écrivait le ministre de la guerre, la prudence doit dominer tous vos actes, toutes vos résolutions ; vos troupes ne sont pas encore habituées aux marches, à la fatigue, elles ne sont pas en haleine ; vos services de vivres et autres n'étaient pas prêts, vous pouviez apprendre en outre que Silistrie était tombée au pouvoir de l'ennemi, auquel cas, vous eussiez livré la bataille dans des circonstances toutes différentes de celles que vous aviez voulu mettre à profit (1). »

Le ministre ajoutait :

« J'approuve entièrement votre idée de faire marcher vos soldats ; usez des souliers, bronzez la figure de nos excellents fantassins, tout cela se retrouvera le jour du combat. »

Nous suivons religieusement, les documents en mains,

---

(1) Dépêche de S. Exc. le ministre de la guerre au maréchal. — 9 juin.

les premiers pas de l'organisation réelle de l'armée d'Orient. — Si nous avons quitté le domaine de la théorie pour le domaine des faits, nous ne sommes pas encore dans celui du drame et des actions de guerre ; mais il nous a semblé curieux, intéressant pour la suite même des événements importants qui vont se produire, d'approfondir et d'étudier dans tous ses détails cette première période de la guerre, c'est-à-dire l'établissement et le séjour de nos troupes à Varna.

Les nouveaux plans du maréchal n'étaient certes basés que sur des hypothèses. Dans la lutte qui s'engageait, tout était encore mystérieux ; les projets de l'ennemi n'apparaissaient pas au grand jour, et les résultats du siége de Silistrie pouvaient tout à coup changer la face des choses ; il fallait donc se sauvegarder contre les éventualités, selon ce qui se produirait vers le haut Danube (1).

XXXVI. — Toutefois Silistrie offrait une résistance à laquelle on était loin de s'attendre : la vue des drapeaux français et anglais qui arrivaient à Varna avait produit un grand effet sur le moral des assiégés ; les attaques des Russes étaient vigoureusement repoussées, et des luttes meurtrières, corps à corps, s'engageaient

---

(1) Un officier supérieur de l'état-major du maréchal écrivait à cette époque :

« On ne sait guère, à tout prendre, ce qui se passe chez les Russes : nous manquons d'espions, de bons espions du moins ; nous, au contraire, nous en trouvons un sous chaque pierre, Grecs et Turcs, fanatiques chacun à son point de vue différent. »

sur les remparts. — Les Turcs tenaient à soutenir leur vieille réputation d'intrépides défenseurs de murailles (1).

Les nouvelles qu'apportaient les courriers étaient excellentes ; sous l'influence de cette intrépide résistance, le blocus se relâchait. Certes la Russie n'avait pu faire entrer dans ses prévisions la pensée d'être arrêtée si longtemps devant Silistrie. De plus, les troupes devaient évidemment souffrir sur le Danube et éprouver des pertes sérieuses par les maladies qui sont particulières à cette contrée malsaine ; comme si le ciel eût voulu servir d'auxiliaire aux armées alliées, les chaleurs avaient pris depuis quelques jours une intensité tropicale, et les émanations pestilentielles de ces terrains marécageux enveloppaient l'ennemi d'un réseau mortel.

XXXVII. — Le maréchal était de retour à Yeni-Keuï, le 3 juin, pour s'entendre définitivement avec lord Raglan sur certains points, que les modifications apportées aux premières combinaisons avaient laissés indécis.

---

(1) *Dépêche du maréchal à S. Exc. le ministre de la guerre.* — 4 juin, *Yeni-Keuï :*

« Dans la matinée du 25 au 26 mai, les Russes ont de nouveau attaqué les ouvrages extérieurs, ils ont été repoussés avec perte.

« Dans la nuit du 29, à une heure et demie du matin, ils ont assailli avec des masses d'infanterie, les ouvrages dits Arab et Gulanti-Tabia ; sous un feu très-vif ils parvinrent à gagner le fossé, et bon nombre escaladant le parapet, pénétrèrent même par les embrasures dans l'intérieur des ouvrages. Mais la garnison lutta corps à corps avec les assaillants, et les repoussa dans un désordre que le feu du canon et la mousqueterie portèrent à son comble. »

La situation du général anglais devenait de jour en jour plus difficile et plus délicate devant les entraînements qui se produisaient autour de lui. — Les entraînements sont si faciles à ceux qui ne sentent pas peser sur eux la responsabilité réelle des événements.

L'ambassadeur anglais, le sentiment public, l'idée exagérée que l'on se faisait généralement de la position actuelle des armées alliées à peine débarquées sur le sol ottoman, tout contribuait à le pousser à l'exécution des premières combinaisons, qui consistaient à porter telles quelles, nos troupes dans leur ensemble à Varna, à les étendre vers Schumla, pour donner la main à Omer-Pacha, lui venir en aide, et dégager la place de Silistrie, si les circonstances qui se produiraient après l'établissement des troupes sur cette ligne en faisaient entrevoir la possibilité (1).

Aux préoccupations du chef de l'armée anglaise, il était facile de deviner combien la pression extérieure agissait puissamment sur lui.

Toutefois, bien que la totalité de ses forces fût à Scutari, bien qu'il disposât d'une véritable flotte de transports appartenant au commerce, qui restait incessamment attachée à ses mouvements, et que son ensemble fût à peine la moitié du nôtre, la constitution de son armée était loin d'être complète.

---

(1) « Je reconnais (écrit le maréchal au ministre), que c'est à mon avis personnel qu'a été due l'adoption de ce plan, mais cet avis s'est modifié devant l'évidence de la situation que j'ai rencontrée à Gallipoli, et je n'ai éprouvé à cet égard nulle hésitation. »

XXXVIII. — Le maréchal s'était de nouveau rendu à Varna pour y voir les troupes du général Canrobert, la division anglaise et les dispositions prises sur ce point, dans le but de s'y assurer une base éventuelle (1).

En revenant de Varna il se fit débarquer à Bourgas. Ce qu'il vit par lui-même, joint aux rapports de la commission qu'il avait envoyée sur les lieux, lui ôta la pensée de donner à ce point l'importance qu'il voulait primitivement lui attribuer.

Le port, en effet, est loin d'être sûr; ses abords sont difficiles; la ville est un grand village sans ressources, comme on en rencontre tant dans ce pays, dépourvu d'eau, même pour les habitants, qui la recueillent dans des puits où elle est troublée et le plus souvent saumâtre. Il était donc impossible de songer à établir en cet endroit une base de ravitaillement permanente, sur laquelle s'appuierait l'armée, à moins de tout créer et de transporter l'eau d'une distance de 2 lieues. — Varna restait le seul port où l'on pût réunir les ressources indispen-

---

(1) « Je visiterai au retour, écrivait-il, le port de Bourgas, où une commission va préparer une autre base de ravitaillement. L'importance de ces deux établissements, au point de vue d'opérations ultérieures sur le littoral de la mer Noire, est très-grande.

« J'aurai ainsi une base éventuelle à Varna, une à Bourgas, assurant mes ravitaillements et mes communications avec la flotte, une base centrale à Andrinople, où j'aurai accumulé des ressources considérables de toute nature, enfin une base d'opérations solide, bien pourvue, défendue par des lignes formidables à Gallipoli.

« Cela fait, ma sécurité sera entière; j'aurai tout prévu, même un désastre sur le champ de bataille, même une insurrection dans un pays où le gouvernement est si faible, et où la Russie a toute la population grecque pour auxiliaire. »

sables à l'armée, en conservant une communication constante avec les navires qui se trouvaient ainsi plus à portée du commandant en chef. Dès lors cette place devenait forcément le grand point d'appui des opérations de l'armée à l'est et au nord-est, comme Andrinople deviendrait celui des opérations vers le centre et à l'ouest des Balkans, si l'on jugeait, dans l'avenir, utile d'en diriger de ce côté.

XXXIX. — Certes, en France, les impatiences étaient grandes, la fièvre du combat dévorait tous les esprits; on avait hâte de lire un bulletin glorieux, de voir le drapeau de la France réellement engagé, et le pacte d'alliance et de protection cimenté par notre sang; on se demandait pourquoi cette inaction du général en chef. Et pendant ce temps, lui courait de Gallipoli à Constantinople, de Constantinople à Varna, de Varna à Bourgas, rassemblant ses légions, organisant son armée. — En France, on se livrait aux conjectures, on raisonnait sur des hypothèses, on bâtissait une facile logique sur des lieux communs; là-bas, les événements vous touchaient; chaque jour amenait un fait nouveau qui obligeait souvent à modifier, à changer même un plan étudié à l'avance et bien arrêté (1). Malgré les difficultés incalculables de transport, le gros des troupes devait être

---

(1) Si, d'un côté, le maréchal écrivait : « Je me meurs d'envie de voir Sébastopol, parce que j'ai dans l'idée qu'il y a quelque chose à faire par là, » il ne l'envisageait pas encore comme un coup de main audacieux, terrible, et il s'empressait d'ajouter : « Mais il faut de

rendu à Varna pour les premiers jours de juillet, et toute l'armée, en état de faire quelques marches en avant, dans la première quinzaine. La 4ᵉ division s'organisait, et devait suivre par terre les traces de la division Bosquet, en même temps que les chefs de service et les réserves de toute nature arrivaient pour constituer définitivement le grand quartier général.

Les mouvements de l'armée anglaise devaient se lier à ceux que nous venons d'indiquer.

« Et pour y arriver, » écrivait le maréchal, « nous aurons déployé toute l'activité, fait tous les efforts dont est capable une armée française, toujours prête à suppléer par son industrie aux moyens qui lui manquent. L'armée anglaise obtiendra de son côté les mêmes résultats, dans les mêmes conditions, et nous agirons alors de concert, dans le sens que les circonstances indiqueront. Nous aurons des côtés faibles assurément, mais l'ensemble offrira une solidité due au temps que nous aurons gagné, malgré les impatiences qui nous pressent. »

longs préparatifs, une campagne entière, toutes les ressources des flottes françaises et anglaises réunies. »

Et il répétait en même temps au ministre : « Je ne veux rien livrer au hasard, persuadez-vous bien que nous sommes prudents ; je ne m'occupe pas des entraînements qui nous entourent, lord Raglan et moi, je crois être dans le vrai, dans le solide, en opérant ainsi que je le fais. — Peut-être n'aurai-je pas répondu à tout ce qu'attendent de ma petite armée les bourgeois de Paris ou de Londres, mais j'aurai satisfait aux règles de la guerre, à celles qui sont étroitement imposées à un corps de 50 000 hommes, dont l'effectif et les moyens divers ne seront pas facilement renouvelés, et qui opère à 600 lieues de son pays, au milieu de difficultés seulement appréciables, lorsque l'on est aux prises avec elles. »

Silistrie aura-t-elle continué, jusqu'à cette époque, son héroïque défense? car les Russes, loin d'attaquer cette place avec le décousu et l'absence de méthode qu'on leur avait prêtés jusqu'ici, procédaient, au contraire, avec la solidité et la suite que l'on doit attendre de troupes bien dirigées. — Si l'on ajoute aux travaux qu'ils ont faits de tous côtés, soit sur la rive gauche, soit sur la rive droite du Danube, ceux qu'ils ont exécutés, assure-t-on, après leur invasion de la Dobrutscha, on reste convaincu que leur inaction apparente, si diversement commentée, se traduit par une incessante activité appliquée à des travaux considérables. Cette opinion était fondée sur les rapports récents d'un officier anglais, détaché auprès d'Omer-Pacha, qui avait pénétré dans Silistrie et assisté à toutes les péripéties du siége (1).

XL. — Il faudrait plus de place que nous ne pouvons en donner à cette première période, si nous voulions retracer, dans tous ses détails, cette série d'événements nouveaux qui semblaient chaque jour surgir du sol pour changer la face des choses et jeter un audacieux défi à tous les projets, à toutes les combinaisons; il nous faut saisir ces incidents au vol, les relater en passant, comme un voyageur qui, dans un dédale obscur, jette des jalons sur sa route.

---

(1) Le capitaine Simons venait d'arriver à Constantinople; suivant lui, les forces réunies sous Silistrie pouvaient être évaluées à 60 000 hommes; selon le lieutenant-colonel Dieu à 72 000 hommes.

XLI. — Les troupes se dirigent séparément sur Varna.

Pendant que la 1re division arrive par mer de Gallipoli, que la 2e, sous les ordres du général Bosquet, s'achemine par les Balkans, la 3e division se met en marche pour se rendre par terre à Constantinople, où les troupes de cette division doivent immédiatement s'embarquer.

C'est le 28 mai que le bataillon de chasseurs, formant l'avant-garde, se mit en mouvement (1). Elle devait suivre, à travers une nature le plus souvent aride et sauvage, la route qui longe le littoral de la mer de Marmara.

Jusqu'à Rodosto, la marche a été difficile et pénible; les troupes de l'avant-garde ont dû, avec la pince et la pioche, frayer un passage à l'artillerie à travers les roches. Tout le long du chemin, des corvées détachées en avant traçaient la route au milieu des ravins.

A partir de Rodosto, les difficultés disparurent. — Il n'y avait plus que le soleil qui dardait sur les têtes ses rayons brûlants, et la poussière qui s'élevait par nuages immenses, sous les pieds de nos fantassins.

Cette division, commandée par le prince Napoléon, était attendue avec grande impatience à Constantinople. Elle produisit sur tous les esprits une grande sensation.

« Ces soldats, écrivait un témoin oculaire, étaient superbes à voir avec leurs figures hâlées, leurs mains noircies, leurs vêtements déchirés, souillés de boue et de poussière par cette longue et rude marche; les splendeurs

(1) La division devait marcher sur trois colonnes; l'avant-garde, la 2e brigade, la 1re brigade.

réglementaires de la parade ne donnent aucune idée de cette magnifique et mâle beauté du soldat en campagne. » La division alla établir son campement à Daoud-Pacha, et des tentes s'élevèrent de tous côtés dans la vallée qui descend vers la mer.

Le maréchal qui se multiplie à Gallipoli, à Varna, à Constantinople, « reliant, comme il le dit lui-même, avec des efforts surhumains, les tronçons qui lui arrivent de toutes parts, » présente au Sultan la 3ᵉ division, le 17 juin, la veille de son embarquement.

XLII. — Une foule immense était accourue, envahissant les routes, les coteaux, la vallée.

Le temps est magnifique ; pas un nuage ne trouble la voûte azurée du ciel, et le soleil, ce soleil de l'Orient, répand ses rayons resplendissants.

Toutes les troupes turques avaient été commandées pour cette revue.

A dix heures, la division française quitte son campement et se met en marche, pour se ranger sur le plateau qui domine le vallon d'Eyoub, en face de la Corne-d'Or, où l'attendent les troupes ottomanes.

Le panorama qui se développe est immense et superbe ; les regards plongent dans l'intérieur de la ville et sur tous les coteaux de la Corne-d'Or, jusqu'à la pointe du sérail ; ils découvrent une partie du bassin du port Galata, Péra, puis enveloppent le Bosphore, la mer et ses îles, Scutari et les montagnes de l'Asie.

La division était rangée sur trois lignes, étagées les

unes derrière les autres, sur la pente douce du terrain (1).

A midi, paraît le Sultan monté sur un admirable cheval noir d'ébène, caparaçonné d'écarlate brodée d'arabesques d'argent; il est suivi d'un immense cortége de pachas et de ministres, aux décorations scintillantes de diamants, aux chevaux harnachés de pourpre et d'or.

Tout l'état-major des divisions française et turque se porte à la rencontre d'Abdul-Medjid, qui se dirige vers un grand pavillon vert surmonté du globe impérial, dressé à 500 mètres en avant du front de l'armée.

Les prairies, les vallons, les coteaux sont couverts d'une foule compacte : moisson humaine, dont les têtes se balancent sous les rayons ardents du soleil.

Bientôt le Sultan se met en marche ; à ses côtés sont le maréchal de Saint-Arnaud et un général anglais. Dans le cortége se confondent les uniformes des trois armées.

La figure pâle et impassible du Sultan, sur laquelle la jeunesse a perdu son empreinte, et qu'a flétrie avant l'âge,

(1) Les troupes françaises et ottomanes étaient rangées sur six lignes de profondeur, échelonnées sur le terrain que forme le plateau avant de se creuser en vallée, en face de la brèche du vieux rempart romain. Le régiment de zouaves et l'infanterie de marine étaient à la première ligne; le 20° et le 22° léger à la seconde, et à la troisième les spahis, l'artillerie et les bagages ; les trois autres lignes se composaient de troupes turques. A la dernière, devant les tentes du camp ottoman, flottaient les flammes rouges de ses lanciers. Les chasseurs de Vincennes, le génie et la gendarmerie formaient sur la droite une ligne en équerre.

le sombre souci d'un royaume sans cesse menacé, cette figure triste, rêveuse, cherchant l'avenir dans un horizon assombri, et que tous ceux qui l'environnent n'ont jamais vue sourire ou s'animer, semble avoir été tout à coup frappée du galvanisme de la vie, devant cette vaillante et noble armée, rempart vivant qui vient protéger la Turquie. C'est la France qu'il voit, la France guerrière, la France protectrice; et pour la première fois peut-être, un sourire effleure ses lèvres pâles; ses joues se colorent, il se penche souvent vers le maréchal, auquel il adresse la parole.

Le prince Napoléon était à cheval à la tête de son avant-garde, pour recevoir le Sultan; il a pris rang ensuite auprès de Sa Hautesse (1).

Le défilé des troupes présentait le plus magnifique coup d'œil qui se pût imaginer.

Les chasseurs de Vincennes s'avançaient au pas gymnastique; les zouaves avec leurs figures martiales, leurs allures étranges et leur costume africain ont frappé d'étonnement les Turcs qui suivaient du regard avec stupéfaction les lignes mouvantes des turbans verts.

Un escadron de spahis, seule cavalerie française qui fût encore à Constantinople, fermait la colonne de la 3ᵉ division. Ensuite sont venues en bon ordre les troupes turques, infanterie, artillerie et cavalerie.

---

(1) « Yeni-Keuï, le 20 juin 1854.—Le Sultan a passé, le 17, la revue de la 3ᵉ division, écrit le maréchal; Sa Hautesse a fait deux choses qui feront époque en Turquie : elle a galopé deux fois et est venue saluer la maréchale qui assistait en voiture à la revue. »

XLIII. — Le lendemain l'embarquement commença.

Mais ces troupes, jetées par le souffle de la guerre sous le ciel poétique de l'Orient, dans cette contrée aux fantastiques traditions, purent assister en passant à une de ces fêtes turques qui peuplent le Bosphore de lumières féeriques. Cette fête, appelée « la nuit de l'offre, » a lieu le soir du vingt-septième jour du Ramadan. — La mosquée de Tophana était splendidement illuminée pour y recevoir le Sultan, qui vint solennellement y faire ses prières. Le Bosphore, l'entrée de la Corne-d'Or et les navires pavoisés, étaient inondés de lumières flottantes, au milieu desquelles les agiles caïques passaient avec leurs feux divers, comme de scintillantes étoiles qui se jouaient sur les tranquilles eaux du Bosphore.

C'était un spectacle vraiment féerique, auquel venait se mêler le bruit du canon que les échos sonores répandaient au loin.

Quels étranges contrastes offre toujours et partout la vie humaine! Le canon qui annonce une fête à Constantinople, le canon qui tonne la guerre à Silistrie. Sans nul doute les prières du Sultan à la mosquée de Tophana parlaient au ciel de la ville assiégée.

XLIV. — Dans son camp de Schumla, Omer-Pacha sent l'attaque ennemie gronder et l'envelopper de plus en plus, comme un flot menaçant ; il craint que les armées alliées ne puissent arriver à temps pour sauver Silistrie ; il voudrait opérer une diversion qu'il conduirait sous les murs de la place, dans le but d'introduire des vivres dans l'intérieur de la ville, de relever une partie de la garnison, en un mot, de gagner du temps. Les armées alliées doivent prêter à sa droite l'appui moral de la présence d'une division à Bazardjik.

Le mouvement va s'opérer ; c'est un dernier effort dans cette lutte inégale et désespérée. Mais l'énergie de l'attaque redouble ; la mitraille et les feux de mousqueterie criblent l'air, le réseau se resserre, la mort plane de tous côtés sur les remparts au pied desquels chefs et soldats se couchent un à un pour ne plus se relever, et Omer-Pacha fait savoir au général Canrobert, qu'en présence des forces considérables, de nouveau concentrées autour de Silistrie, il ne croit plus possible de tenter le mouvement qui avait pour objet de ravitailler la place et de ralentir les travaux du siége.

Tout était dit pour l'héroïque cité ; elle touchait à sa dernière heure. — Mais le feu cesse ; la mort s'éloigne, l'ennemi effectue un mouvement rétrograde qu'il semblait avoir voulu masquer la veille par un redoublement de feu.

Les Russes ont abandonné le siége de Silistrie et repassent le Danube en détruisant leurs batteries, leurs redoutes, leur camp retranché.

XLV. — Cependant l'armée française arrive pleine d'ardeur, d'espérance et de foi en elle-même. Le général en chef aborde à Varna, le 25 ; il apprend la nouvelle de ce départ précipité de l'armée russe. Une seconde fois l'occasion favorable lui échappe ; il est trop tard !

« Les Russes me volent en se sauvant, » s'écrie le maréchal avec un accent de profonde amertume, qu'il ne cherche pas à dissimuler. — Leur mouvement est-il un piége ou une réalité? Prendront-ils la ligne du Sereth ou du Pruth ? Vont-ils se concentrer sur Bucharest ?

Les généraux s'assemblent en conseil ; des agents intelligents partent à la suite de l'armée ennemie, pendant que des reconnaissances de cavalerie poussent jusqu'au Danube.

Que de conjectures ne se sont pas faites sur ce départ subit, inattendu !

Certes la division Canrobert était au grand complet au camp de Franka, celle du général Bosquet débouchait des Balkans, celle du prince Napoléon débarquait à Varna, mais tout cela était encore à 30 lieues de Silistrie ; les alliés n'étaient donc pas immédiatement menaçants.

Le maréchal est atterré ; il sent l'inaction qui va peser sur ses troupes agglomérées à Varna. Le prix d'un premier combat, d'une première victoire était inestimable, et l'occasion de se rencontrer avec les Russes dans des conditions aussi favorables ne peut se présenter de longtemps. — Plus il sonde la position momentanée que lui fait cet événement inattendu, plus il est anéanti ; sa santé qui ne se soutient que par une fièvre perpétuelle d'activité, en ressent de cruelles et visibles atteintes.

« Je ne puis me relever du coup que m'a porté la retraite honteuse des Russes, écrit-il, je les tenais, je les aurais infailliblement battus, jetés dans le Danube. Nous voici retombés dans l'incertitude; j'ignore encore où ils sont, ce qu'ils font, ce qu'ils feront. »

L'armée entière ressentait le contre-coup de ces cruelles impressions, de ce profond découragement, et l'on accusait un retard dont on ne cherchait pas à approfondir l'impérieuse nécessité.

L'armée turque seule était dans l'enivrement du triomphe, et elle avait raison, car c'était une belle et glorieuse page à inscrire dans l'histoire de la Turquie.

XLVI. — Toutefois, en examinant avec impartialité le fond des choses, on est amené à voir une raison politique plutôt qu'une raison militaire, dans cette retraite subite (1).

---

(1) Le maréchal s'exprime ainsi dans une dépêche adressée au ministre de la guerre :

« 29 juin, Varna.

« Si l'on considère l'importance et la solidité des dispositions prises par les Russes de longue main, pour s'assurer l'occupation de la rive droite, dispositions auxquelles ils avaient sacrifié d'autres avantages qu'ils auraient pu obtenir dans les trois mois qui viennent de s'écouler ; si l'on considère la grandeur des moyens réunis en Valachie, en Moldavie et sur toute la rive gauche du Danube, en vue de la même occupation, et enfin l'affaiblissement d'autorité morale qui devait par suite atteindre l'armée russe se retirant devant Silistrie à la veille d'être enlevée, on reste convaincu que cette retraite n'est pas la conséquence de la résistance opposée par la vaillante garnison de cette place. La veille même du jour où l'armée russe effectuait ce mouvement rétrograde, qu'elle semble avoir masqué par un redoublement du feu de toutes ses batteries, Omer-Pacha faisait savoir au général Canrobert, qu'en présence des forces de nouveau concentrées autour

Une fois les premières émotions de la levée du siége passées, chaque chose avait repris son cours ordinaire, les affaires et les esprits. On se racontait les héroïques épisodes de ce siége mémorable ; on ne voyait plus dans l'armée ottomane ce qu'elle avait de désagréable, d'incomplet, de déguenillé parfois ; on ne se souvenait plus que des défenseurs de Silistrie. — Le courage est le trait d'union des nations entre elles : c'est le point de ralliement de tous les cœurs haut placés.

de Silistrie, il ne se croyait plus en mesure d'opérer le mouvement de diversion qu'il avait projeté. L'arrivée à Varna des armées alliées, les démonstrations (sur lesquelles M. de Bruck ne m'a donné aucun avis) faites par les Autrichiens, ont-elles suffi pour déterminer la retraite des Russes ? Elles ont contribué sans doute à ce résultat, mais l'ennemi renseigné jour par jour sur nos concentrations, savait qu'il était fondé à espérer la reddition de Silistrie avant notre arrivée. Sa retraite sur la rive gauche était assurée jusqu'aux bouches du fleuve, et il est permis de dire qu'aucune nécessité militaire actuelle ne l'obligeait à se retirer sitôt.

« Nous avons été ainsi conduits à chercher dans une combinaison politique l'origine de la détermination prise par l'armée russe ; et beaucoup ont pensé que le Czar, vaincu par l'évidence des difficultés accumulées autour de lui, se résignait à évacuer les Principautés, en vue d'amener l'Autriche à s'interposer de nouveau entre les puissances occidentales et lui. »

Dans une autre dépêche le maréchal ajoute :

« Le commandant de Villers, l'un de mes officiers d'ordonnance, est de retour de Silistrie, où je l'avais envoyé pour recueillir des nouvelles et examiner l'état des fortifications.

« Il est difficile de voir des travaux plus solides, plus étendus, plus perfectionnés que ceux faits par les Russes sur la rive droite du Danube en aval de Silistrie.

« Je suis pleinement confirmé dans mon opinion que l'intention des généraux était de se concentrer sur la rive droite du fleuve, pour livrer bataille aux armées alliées en avant ou en arrière de leurs fortifications. Un ordre venu de Saint-Pétersbourg a sans aucun doute déterminé leur retraite. »

« C'est d'un héroïsme si simple, disait le maréchal, que cela fait venir les larmes aux yeux (1). »

Mais à la guerre, on ne parle pas longtemps des faits passés; le présent vous enveloppe, l'avenir vous attire.

XLVII. — Les troupes arrivaient et se massaient à l'entour de Varna; chaque jour des navires débarquaient hommes, chevaux, matériel. Les camps se formaient; de tous côtés les tentes s'élevaient et, semblables à d'immenses troupeaux parqués sur les hauteurs, blanchissaient l'horizon (2).

La marine impériale avait dû réunir tous ses efforts et déployer l'intelligente activité qui la distingue, pour arriver à débarquer aussi rapidement sur la plage la partie des troupes dont le transport devait s'effectuer par mer. La marine montrait en cette occasion ce que l'on pouvait, ce que l'on devait attendre d'elle, et faisait présager les services importants qu'elle était appelée à rendre au pays.

Aussi le maréchal s'empressa-t-il, dès son arrivée

---

(1) « La garnison du fort d'Arab-Tabia est une garnison de héros, écrivait un officier. Ce fort est une redoute en terre. A droite et à gauche, le terrain est fortement raviné, de sorte que les Russes, quelques nombreux qu'ils soient, sont obligés de se ruer sur un front peu étendu, derrière lequel les Turcs infatigables les attendent nuit et jour; une grêle de boulets, de balles et d'obus labourent cette redoute et la place. »

(2) La 1re et la 3e division étaient déjà au complet; la 2e ne devait être en entier réunie à Varna que le 8. Deux jours après, arrivaient la presque totalité de l'artillerie, ainsi que la brigade de cavalerie du général Cassaignole, et la brigade du général d'Allonville, qui précédait la division Bosquet.

à Varna, d'aller solennellement avec tout son état-major remercier les amiraux Hamelin et Bruat de leur concours si utile et si empressé. Cette visite du commandant en chef de l'armée d'Orient cimentait une fois de plus l'union de la marine et de l'armée de terre, elle a produit sur les deux flottes réunies une profonde impression. — Tous les bâtiments étaient pavoisés dans la rade, et les acclamations les plus vives accueillirent le maréchal, lorsqu'il aborda le vaisseau-amiral. La veille, il avait publié un ordre du jour qui remerciait, au nom de l'armée, la marine impériale (1).

XLVIII. — Presque au même moment où la concentration des troupes à Varna réunissait les armées alliées

---

(1) « Varna, le 1er juillet 1854.

« Soldats,

« Pour vous rapprocher de l'ennemi, vous venez de mettre, en quelques jours, 100 lieues de plus entre la France et vous. Depuis que vous l'avez quittée, votre activité, votre énergie ont été à la hauteur des difficultés qu'il fallait vaincre, mais vous ne les auriez pas dominées sans le concours dévoué que vous a offert la marine impériale.

« Les amiraux, les officiers, les marins de nos ports et de nos flottes se sont voués à la pénible mission de transporter vos colonnes à travers les mers. Vous les avez vus livrés aux plus durs travaux, pour réaliser des opérations d'embarquement et de débarquement souvent répétées, et nous pouvons dire qu'ils se sont disputé l'honneur de hâter la marche de nos aigles.

« Témoin de cette loyale confraternité des deux armées, je saisis avec bonheur l'occasion qui s'offre à moi, de lui rendre hommage, et j'irai demain porter solennellement aux flottes des amiraux Hamelin et Bruat des remercîments auxquels j'ai voulu associer chacun de vous, et qui s'adresseront à la marine impériale tout entière.

« *Le maréchal, commandant en chef l'armée d'Orient*,

« A. DE SAINT-ARNAUD. »

sur le théâtre même de la guerre, le corps expéditionnaire de la Baltique s'embarquait et allait réduire en cendres la forteresse de Bomarsund.

Quoique nous voulions restreindre ce récit à l'ensemble des opérations qui ont amené et signalé l'expédition de Crimée, et non retracer les différentes phases de la guerre d'Orient, nous ne pouvons nous empêcher de citer cette admirable proclamation de l'Empereur au corps expéditionnaire; c'est dans ce même mois si fertile en graves événements, où devait être irrévocablement décidée l'expédition de Crimée, audacieuse entreprise qui a étonné le monde et couvert de gloire les armées alliées. Cette proclamation résume tout, la pensée de la France, la pensée de l'Empereur, — défense du droit, protection du faible. — Le 12 juillet, alors que ces paroles si noblement senties étaient prononcées à Boulogne, elles avaient une immense portée: elles levaient le doute, mettaient un terme aux appréciations diverses, elles parlaient un langage ferme et haut, digne de la nation, digne du souverain.

Cette proclamation disait :

« Soldats,

« La Russie nous ayant contraints à la guerre, la France a armé 500 000 de ses enfants. L'Angleterre a mis sur pied des forces considérables. Aujourd'hui nos flottes et nos armées, unies pour la même cause, vont dominer dans la Baltique comme dans la mer Noire. Je vous ai choisis pour porter les premiers nos aigles dans ces régions du Nord. Des vaisseaux anglais vont vous y transporter, fait unique dans l'histoire, qui prouve l'alliance intime de deux grands peuples et la ferme résolution des deux gouvernements de ne reculer devant aucun sacrifice pour défendre le droit du plus faible, la liberté de l'Europe et l'honneur national!

« Allez, mes enfants! l'Europe attentive fait ouvertement ou en secret des vœux pour votre triomphe. La patrie, fière d'une lutte où elle ne menace que l'agresseur, vous accompagne de ses vœux ardents; et moi, que des devoirs impérieux retiennent encore loin des événements, j'aurai les yeux sur vous, et bientôt, en vous revoyant, je pourrai dire : Ils étaient les dignes fils des vainqueurs d'Austerlitz, d'Eylau, de Friedland, de la Moscowa. Allez! Dieu vous protége! »

Des deux côtés c'était un grand pas dans la réalité des faits.

XLIX. — L'entente la plus cordiale régnait entre les deux armées; les commandants en chef de l'une et de l'autre étaient reçus avec acclamations. Toutes les fois que le maréchal parcourait les rangs anglais, les soldats agitaient leurs armes avec des hourras frénétiques.

Les mots d'ordre étaient : union et sympathie; il semblait que, pour jeter un voile plus épais sur le passé, les deux nations voulussent se rapprocher plus étroitement.

« Lord Raglan et moi, écrivait le maréchal, nous donnons l'exemple; » et autre part : « je suis avec lui dans des termes si excellents de confiance réciproque, que je suis assuré de tomber d'accord sur tous les points de la situation commune (1). »

Les troupes anglaises sont d'un aspect magnifique, leur tenue est irréprochable, elles manœuvrent avec une rare précision, mais avec cette froideur calme, raisonnée, lente, qui est le cachet de la nation et se re-

---

(1)   LORD RAGLAN.

Lord Raglan, le général en chef de l'armée anglaise, est un souvenir vivant des vieilles et glorieuses guerres de l'Empire; un des survivants de cette génération bientôt éteinte, il porte encore l'épée; il a vu sur les champs de bataille ces illustres capitaines qui s'appellent Soult, Ney, Masséna, Junot; il a assisté à ces grandes épopées militaires qui laisseront dans l'histoire des traces éternellement retentissantes. Aide de camp du duc de Wellington, il a fait toutes les campagnes de la Péninsule et pris part à cette innombrable série de combats, de siéges, d'attaques et de retraites qui composent les guerres d'Espagne et de Portugal. Lord Fitzroy Somerset, plus tard baron Raglan, le huitième fils du cinquième duc de Beaufort, est né à Badminton, en 1788.

Il entra au service à l'âge de seize ans et fut nommé cornette au 4ᵉ dragons, le 9 juin 1804.

Lieutenant, le 30 mai 1805, il est promu au grade de capitaine, le 5 mai 1808. — Pendant la guerre de la Péninsule, il fut attaché au duc de Wellington, alors sir Arthur Wellesley, en qualité de secrétaire militaire et d'aide de camp, et ne le quitta plus jusqu'en 1815.

Le général Arthur Wellesley prit le jeune Somerset en grande affection; il avait reconnu en lui des qualités solides et brillantes, une valeureuse intrépidité, une exactitude consciencieuse à remplir ses devoirs, une grande droiture de caractère et de cœur. Aussi le futur duc de Wellington se plaisait-il à appeler souvent auprès de lui son jeune aide de camp et à l'initier, par d'intimes entretiens, aux grands évènements qui se passaient sous ses yeux.

Le 29 septembre 1810, il reçoit sa première blessure à la bataille de Busaco. La première blessure du soldat, c'est le baptême de sa fortune militaire. En 1811, le jeune lord se distingua brillamment dans deux engagements successifs, qui eurent lieu le 3 et le 5 mai, à Fuentes-Onoro. Brillant officier, ardent à combattre, il montrait déjà ce mâle courage qui lui valut, de la bouche du maréchal de Saint-Ar-

trouve dans les soldats, comme dans les officiers. L'ensemble est remarquable sur tous les points ; la discipline sévère, le commandement des officiers, sec, hautain ; mais jamais on ne voit de chefs en colère.

Quel étrange contraste avec l'allure de nos troupes, avec leur désinvolture fière et aisée, leur air martial et

---

naud, cet éloge impérissable : « Lord Raglan est d'une valeur antique. » Partout où la guerre entraînait le chef de l'armée anglaise, Somerset suivait ses pas.

A la paix de 1814, il revint à Londres ; il était alors lieutenant-colonel dans la garde. Il fut envoyé à Paris comme secrétaire d'ambassade ; mais bientôt le cri de la guerre l'appela de nouveau ; il fit la campagne de Flandre, et le 18 juin 1815, à la bataille de Waterloo, dès le commencement de la journée, un boulet lui fracassa le bras. Le soir, il dut subir l'amputation.

Le 28 août 1815 il fut nommé colonel, ainsi que chevalier de l'ordre du Bain, en récompense de ses services distingués.

La paix était faite, il rentra dans la carrière diplomatique et revint à Paris comme secrétaire d'ambassade. Il accompagna le duc de Wellington aux congrès de Vienne et de Vérone, ainsi qu'à la mission spéciale du duc à Saint-Pétersbourg, lors de l'avénement de l'empereur Nicolas au trône.

Nommé successivement major général, le 27 mai 1825, et lieutenant général le 28 juin 1838, il fut dans l'intervalle secrétaire du duc de Wellington ; puis secrétaire militaire du Commandant en chef jusqu'en 1852.

Au mois de septembre 1847, il fut fait grand'croix de l'ordre du Bain, et à la mort du duc de Wellington, en 1852, obtint le poste de directeur général de l'artillerie. Au mois d'octobre de la même année, il était élevé à la pairie avec le titre de baron Raglan, et appelé au conseil privé.

Tel est le passé de lord Raglan. Lorsque la guerre fut déclarée à la Russie, l'Angleterre se souvint du vieux général et lui donna le commandement en chef de l'armée. Lord Raglan, l'homme du devoir et du dévouement, ne se souvint pas, lui, qu'un commandement en chef est un glorieux mais cruel fardeau, pour celui que les années de la vieillesse n'ont pas courbé une à une sur les champs de fatigue et de combat, et il accepta. C'est avec joie et orgueil que la nation anglaise vit partir pour la Crimée l'ami, le compagnon de Wellington.

l'énergie, l'élan qui se peignent sur toutes les physionomies ; on sent l'ardeur et l'impatience courir comme une fièvre dans les veines de nos soldats, et l'on comprend qu'à l'heure du combat, l'imprévu peut à tout instant s'emparer d'une situation difficile ; — dans l'armée anglaise au contraire, l'impassibilité semble un devoir (1);

---

(1) Nous lisons, dans une correspondance fort intéressante :

« L'armée anglaise est superbe à voir, les uniformes sont éclatants, les hommes magnifiques, les manœuvres sont bien exécutées, mais lentement ; ce sont de belles et solides murailles humaines qui marchent bien à la manœuvre, qui marcheront de même le jour du combat, ni plus ni moins.

« La plus grande cordialité se fait remarquer entre les chefs et les soldats des deux armées, les chefs se saluent courtoisement, et les soldats boivent ensemble, sans façon, le verre de la confraternité. La musique des régiments anglais, par une gracieuse prévenance, vient au-devant de nos troupes qui arrivent à Varna, en jouant les airs qui nous sont le plus sympathiques, et auxquels la nôtre répond par le *God save the queen ;* et c'est ainsi que nos colonnes entrent dans la ville. »

L'armée anglaise et l'armée française marcheront ensemble au combat ; aussi avons-nous pensé qu'on ne lirait pas sans intérêt ce résumé succinct de la vie des généraux anglais auxquels sont confiés d'importants commandements.

DUC DE CAMBRIDGE.

La 1re division est commandée par le duc de Cambridge, cousin de Sa Majesté la reine d'Angleterre. Le duc est âgé de trente-six ans, il passe pour un excellent militaire, et est un des plus élégants cavaliers qui puissent se rencontrer dans cette armée anglaise, si féconde en visages et allures aristocratiques. Cette division est admirable ; elle compte dans son sein trois bataillons de grenadiers de la garde et trois bataillons d'Écossais aux formes athlétiques.

SIR DE LACY-EVANS.

La 2e division est sous le commandement de sir de Lacy-Evans, un

l'officier qui commande sait d'avance ce que peut chacun de ses soldats ; pas un ne lui fait faute, mais pas

des officiers généraux les plus distingués de l'Angleterre. Né en 1787, il est donc dans sa soixante-huitième année. Engagé comme volontaire en 1803, il partit pour les Indes, où il se distingua brillamment dans différentes expéditions. Sir de Lacy-Evans n'appartenait pas à l'aristocratie ; aussi son avancement fut lent et pénible.

En Espagne, comme lieutenant, il se trouve, en 1812, sur tous les champs de bataille ; il y combat avec le plus brillant courage. A Hermosa, quoique grièvement blessé, il reste à cheval jusqu'à la fin de l'action. A la bataille de Vittoria, il conduit avec énergie une charge de cavalerie. — Chacun l'estimait, le citait ; mais cependant il n'obtenait aucun avancement.

Envoyé en Amérique sous les ordres du général Zoss, il se fait remarquer à la prise de Washington par son audace énergique.

Ce n'est cependant qu'à son retour en Angleterre que le lieutenant Lacy-Evans est enfin nommé capitaine.

Il ne tarda pas à être appelé au grade de major, et fit, dans l'état-major du duc de Wellington, la campagne de Belgique. Au retour, il fut nommé lieutenant-colonel.

Élevé successivement au grade de colonel et de général, on lit sur ses états de services : « Quatre blessures, sept chevaux tués sous lui, présent à cinquante batailles ou rencontres. » Lorsque l'armée anglaise fut appelée en Orient, on lui confia le commandement d'une division.

SIR GEORGES BROWN.

La division légère de l'armée d'Orient est commandée par le général sir Georges Brown, excellent officier général, dans le jugement duquel lord Raglan a la plus grande confiance. Ses cheveux blancs lui ont donné la sagesse et l'expérience, sans lui ôter l'énergie ; sir Georges Brown est âgé de soixante-six ans. Comme lord Raglan, il a pris part aux guerres de la Péninsule, et fait son éducation militaire sur les champs de bataille. Il était à Vimeira, à Busaco, et assista à toutes les batailles qui signalèrent la campagne du Portugal.

En Espagne, il prit une part glorieuse à l'assaut de Badajoz, ainsi qu'aux sanglantes affaires de Salamanca et de Vittoria.

Homme du devoir et de la discipline, sir Georges Brown joint à ces qualités une nature énergique, audacieuse et entreprenante.

L'Angleterre, on le voit, réunissait les derniers tronçons de sa vieille épée, elle appelait sur de nouveaux champs de combat les trois vieux

un ne dépasse par une inspiration soudaine ce que l'on espérait de lui.

CHAPITRE V.

L. — Varna devenait, par les nouvelles combinaisons arrêtées entre les généraux alliés, la principale base de nos opérations militaires. Cette ville, place forte de la Turquie d'Europe, mérite donc que nous en parlions avec quelque détail.

Bien que les derniers événements en aient développé les moyens de défense, elle n'est que très-imparfaite-

---

compagnons d'armes : lord Raglan, sir de Lacy-Evans, sir Georges Brown.

LORD LUCAN.

Lord Lucan, qui commande la cavalerie, est âgé de cinquante-quatre ans. Il est entré au service comme cornette en 1816, et obtenait le grade de général en 1851.

La vie de lord Lucan offre un incident étrange assez curieux à constater. Appelé aujourd'hui à combattre les Russes, pour défendre les intérêts de la Turquie, il servit, en 1828, comme volontaire, avec l'autorisation de son gouvernement, dans les armées russes contre les Turcs, et vint à Varna et à Schumla. Dans la campagne de 1829, il franchit les Balkans avec le général Diebitsch, qui lui avait donné le commandement d'une division de cavalerie. Il s'acquitta de ces fonctions à l'entière satisfaction du général russe, et vint à Andrinople, où fut signé, entre la Russie et la Turquie, le traité de paix que vient de déchirer la déclaration de guerre actuelle.

C'est le souvenir des services rendus par lord Lucan pendant ces deux années, qui appela sur lui l'attention du gouvernement, et lu fit donner le commandement de la division de cavalerie.

ment fortifiée. Du côté de terre elle est entourée par une muraille extérieure que coupent des embrasures multipliées à l'excès; des fossés étroits, peu profonds et quelques ouvrages avancés en défendent l'accès. — Du côté de la mer s'étend une chemise crénelée de 80 centimètres d'épaisseur (1).

LI. — Toutes les villes turques ont entre elles beaucoup d'analogie de construction. Varna ne diffère pas de cette règle commune. Une partie des maisons est en pierres de taille, d'autres sont en bois et tout enveloppées de verdure. Les maisons et les arbres vivent fraternellement; ceux-ci enlacent leurs branches aux murs qui s'entr'ouvrent pour leur livrer passage, et forment sur les rues des toits dentelés et mouvants, au travers desquels reluit un rayon de soleil, ou se glisse un coin de ciel bleu. Rien n'est plus charmant et plus bizarre à la

---

(1) Varna, à 30 lieues sud-est de Silistrie, est située sur la côte de la mer Noire, à l'embouchure d'une rivière du même nom, qui se jette dans un grand lac dont les bords sont marécageux. Sa rade peut recevoir une escadre; elle est bornée d'un côté par le cap Galata, et de l'autre par le cap Hodrova ou Sokhaulik; ouverte aux vents de l'est et de sud-est, elle se trouve à l'abri des vents du nord-ouest, les plus dangereux de la mer Noire. Le fond est très-bon; les plus gros vaisseaux peuvent y mouiller à une profondeur de 8 à 15 brasses.

C'est l'entrepôt de commerce de la Bulgarie et de la Valachie avec Constantinople.

Varna est célèbre dans l'histoire par la bataille livrée sous ses murs, le 19 novembre 1444, entre Ladislas VI, roi de Hongrie et de Pologne, et Mourad II, roi des Ottomans.

Le 11 octobre 1828, Varna tomba au pouvoir des Russes; mais ils l'abandonnèrent en 1829, à la suite du traité d'Andrinople, signé le 11 septembre.

fois que ces sortes de bazars en plein air, le long desquels les arbres s'élèvent, les vignes grimpent, projetant le soir leurs longues ombres fantastiques sur les murs et sur les visages. La population de Varna est très-mélangée; tous les costumes et toutes les religions s'y coudoient; cependant le Bulgare en forme, pour ainsi dire, le principal élément, et on le voit dans son costume étrange, conduisant par les rues et à travers les champs les arabas attelés de buffles; — c'est la partie active de ce pays, où le travail est si inconnu aux Turcs, qu'on le dirait défendu par le Coran.

Il est facile de comprendre le mouvement incessant, l'agitation, le bruit que l'arrivée des armées alliées a jetés tout à coup dans ce port; trois ou quatre cents travailleurs ouvrent des voies pour l'arrivage du matériel, et agrandissent les quais où doivent accoster les grandes embarcations; les bataillons débarqués traversent la ville. — Tantôt, on entend le bruit sourd et cadencé des pas de l'infanterie, tantôt le piétinement sonore des chevaux sur le pavé; les habitants regardent passer avec leur morne insouciance tout ce mouvement, tout ce bruit (1).

(1) La population bulgare restée dans le pays, obéissant à un fanatisme aveugle, que surexcitaient encore de sourdes menées, refusait de rester à notre service, malgré une solde de 3 francs par jour, attribuée aux plus misérables voitures bouvières. « L'on était parvenu, écrit le maréchal à en retenir huit cents, exactement payées chaque soir, bœufs et conducteurs nourris; cent cinquante ont déserté dans une nuit. Étroitement gardés à vue, les Bulgares brisent leurs voitures ou les brûlent, pour qu'elles ne puissent servir au transport de nos approvisionnements. »

LII. — La vallée, à l'extrémité de laquelle est bâtie la ville, continue de l'est à l'ouest bordée par les deux contre-forts des Balkans, dont la prolongation dans la mer Noire forme la baie de Varna.

Au pied des remparts de la ville s'étend le lac, et autour du lac de verdoyants et gras pâturages où paissent en liberté les troupeaux.

Un vaste plan incliné, traversé par des ondulations du sol, va rejoindre la base des montagnes qui élèvent à plus de 1000 pieds de hauteur leurs collines abruptes et leurs escarpements rocheux.

C'est sur cette partie supérieure du plateau que les armées alliées se sont établies.

La position est fermée au sud par les remparts de la ville, et au nord par les Balkans; quatre petits forts détachés la défendent à l'est et à l'ouest.

Les tentes apparaissent au sommet des mamelons, ou disparaissent tout à coup dans les plis de terrain. Quelques-unes sont dressées dans des vergers; celles-ci au milieu des vignes, d'autres, par groupes inégaux, s'étendent et se dispersent le long des falaises. Lorsque le soleil éclatant d'un beau jour dore de ses rayons ce vaste plateau, on aperçoit à travers un rideau de verdure étinceler les armes et manœuvrer les bataillons; les tambours, les clairons, les musiques militaires courent d'échos en échos dans les défilés des montagnes.

Tout autour des campements, et comme s'enlaçant avec eux, sont de riants jardins qui descendent du pied de la montagne jusqu'au bas des escarpements du bord de la mer. — Les ormes, les frênes et les figuiers s'accrochent aux anfractuosités du sol, et leurs racines dénudées pendent mêlées à des lianes qui les soutiennent et les enlacent.

C'est un panorama de belle nature et d'animation guerrière, au milieu duquel grondent les flots de la mer et s'agitent, comme des forêts flottantes, les mâtures des navires.

LIII. — Le maréchal continuait avec activité la concentration de ses troupes.

« Dans douze jours, écrit-il en date du 28 juin, je serai en mesure de me porter en avant.

« La 4ᵉ division a dû s'embarquer hier ou aujourd'hui sur la flotte de l'amiral Bruat.

« Constitué, je marcherai avec ces quatre divisions et leurs accessoires formant un tout d'environ 50 000 hommes.

« L'armée anglaise n'attend plus que quelques bataillons encore à Gallipoli, et les escadrons de cavalerie, encore en mer, pour être en mesure. Notre ensemble présentera 70 000 hommes de troupes. »

LIV. — Omer-Pacha venait d'arriver au camp français.

« Nous sommes les meilleurs amis du monde, » écrivait le maréchal; aussi, pour lui faire honneur, j'ai ordonné une grande revue des troupes.

« Demain, je lui montrerai 40 000 Français. »

C'était le 5 juillet.

Lord Raglan, l'amiral Dundas, l'amiral Lyons, l'amiral Hamelin, les officiers des deux flottes assistaient à cette revue.

La longue ligne des trois divisions, en bataille par bataillons en masse, s'étendait le long du plateau qui domine la ville. — Au versant de la montagne, se déployaient sur deux lignes l'artillerie et la cavalerie, en regardant la mer et la rade de Varna couverte de navires pavoisés qui balançaient mollement, au gré de la vague, les couleurs enlacées de la France et de l'Angleterre.

Le généralissime Omer-Pacha, en splendide costume de pacha, a passé cette revue avec un soin, une attention que tous remarquèrent. Il était silencieux, impassible; pas un mot ne sortait de ses lèvres; mais comme disaient les soldats : — « Il nous regardait tous dans les yeux. »

C'est que, pour Omer-Pacha, c'était plus qu'une revue, c'était une étude. — Pour la première fois, il lui était donné de voir, d'admirer cette belle armée française dont le passé lui avait tant parlé déjà, et qui venait aujourd'hui, à travers les mers, protéger la Turquie menacée.

LV. — Depuis l'entrée en campagne, le maréchal de Saint-Arnaud était tourmenté par le désir d'organiser la cavalerie irrégulière turque, et d'enrégimenter à son profit les bandes des bachi-bouzouks qui dévastaient les campagnes, pillaient et incendiaient les villages, brigands plutôt que soldats, devant lesquels des populations entières fuyaient épouvantées (1).

Le général Yusuf (2), indépendamment de ses brillants services en Afrique, était, par la nature même de ses

(1) Le maréchal écrivait au ministre de la guerre :
« Constantinople, 15 mai.
« La cavalerie irrégulière turque se compose d'hommes personnellement braves, mais médiocrement montés pour la plupart, et surtout mal armés. Il ne s'agit que de les organiser, de les discipliner, surtout de leur procurer des armes.
« Le gouvernement turc me donnera le droit de choisir, parmi les 14 000 irréguliers qu'il possède, 4000 des mieux montés, je les donnerai au général Yusuf. »

(2)   GÉNÉRAL YUSUF.

Le général Yusuf, auquel le maréchal de Saint-Arnaud voulait confier le commandement d'une colonne mobile, qui, infatigable et menaçante, harcelât sans cesse et partout l'ennemi, a conquis par de longs et brillants services sur tous les champs de bataille de l'Afrique, l'honneur d'être admis, comme général de brigade, dans les cadres de l'armée française.
Sa vie a de grands points de similitude avec celle d'Omer-Pacha. Comme celle du généralissime turc, elle a été livrée aux hasards de l'imprévu ; les pages de son enfance sont obscures, incomplètes, même pour lui, et avant que son intrépidité vigoureuse, son dévouement à la cause française en Algérie, aient appelé l'attention sur lui, son nom était dans toutes les bouches, et c'était à qui raconterait sur le jeune Arabe les épisodes les plus romanesques et les plus dramatiques. Comme dans toutes les histoires dont l'imagination s'empare, il y avait du vrai et du faux.
« Ma première enfance, nous a dit le général Yusuf lui-même, n'a laissé dans ma mémoire que des traces confuses. Je suis né en 1808. Je me rappelle avoir été à l'île d'Elbe ; et quand j'interroge ma pensée, il me semble me rappeler l'Empereur. J'étais confié à une dame polonaise, qui devait me conduire à Livourne, et de là à Florence, pour y commencer mon éducation. Le navire sur lequel je m'étais embarqué tomba au pouvoir des pirates algériens, qui alors infestaient les côtes de la Méditerranée. Je fus conduit à Tunis et n'entendis plus

qualités, celui sur lequel on devait jeter les yeux; aussi, sur la demande du maréchal, fut-il appelé d'Afrique où il exerçait un commandement.

Dès son arrivée à Varna, le général fut chargé de l'organisation de huit régiments de cavalerie irrégulière

jamais parler des personnes avec lesquelles j'étais parti. Le Bey me prit en amitié, et mon éducation fut très-soignée; j'appris la jurisprudence mahométane, l'art militaire, l'arabe, le turc, l'espagnol et l'italien. J'avais alors quinze ou seize ans, et les faveurs du Bey m'entouraient davantage encore; à dix-sept ans j'étais décoré du grand nicham, tel que je le porte aujourd'hui.

« Un événement imprévu changea le cours de ma destinée. Le roi Charles X ayant décidé qu'une expédition irait venger à Alger l'honneur de la France outragé, envoya à Tunis M. d'Aubignos pour engager le Bey à se faire représenter dans l'armée française par quelques-uns de ses officiers. La pensée de faire partie d'une expédition, d'assister à des combats, exalta tout à coup mon imagination chevaleresque, je suppliai le Bey de me permettre de suivre l'envoyé de la France. Un regard farouche de mon souverain m'apprit que j'avais encouru à jamais sa disgrâce.

« J'avais des envieux, des ennemis.—Quel est celui qui n'en a pas, lorsque la faveur s'attache à lui? On s'empara d'une histoire d'amour que l'on tourna à mal; on m'en fit un crime auprès du Bey, et me sachant en disgrâce, on m'accusa hautement. Je fus jugé; il me serait certes arrivé malheur, si le consul général de France, M. de Lesseps, dont la mémoire m'est toujours restée chère, ne m'eût fait prévenir du danger qui me menaçait, en me proposant une évasion.

« J'acceptai avec reconnaissance; le brick l'*Adonis* était devant les côtes; rendez-vous fut pris aux ruines de Carthage, et à la tombée de la nuit, n'emmenant avec moi que mon écuyer, je me dirigeai vers le lieu convenu. Malheureusement, il y avait en cet endroit un poste de Turcs : je fus poursuivi, atteint, forcé de livrer un combat inégal où j'allais succomber, lorsque les deux fils de M. de Lesseps, Ferdinand et Jules, qui s'étaient personnellement chargés de protéger mon évasion, vinrent à mon secours; c'est à leur dévouement et à leur énergie que je dois la liberté et la vie.

« J'arrivai à Sidi-Ferruch; le général Danrémont me reçut avec bonté, et m'attacha à M. d'Aubignos en qualité d'interprète. Bientôt le général me chargea d'organiser un escadron de mameluks, dont

turque à la solde de la France. Ces régiments, une fois constitués, entraient dans la formation d'une colonne mixte, dont le commandement devait lui être confié.

La mission de cette colonne, composée de quelques bataillons et escadrons français, était d'agir isolément, une fois les opérations actives commencées, de harceler l'ennemi, de l'inquiéter sur ses flancs, sur ses derrières et de couper ou arrêter ses convois.

Le général Yusuf comprenait les difficultés de l'entreprise, en face de ces hordes barbares habituées au brigandage et à l'indiscipline. Il eût préféré de beaucoup une colonne légère composée d'éléments hétérogènes, avec laquelle il eût rempli le même but et rendu les

---

un capitaine d'artillerie, M. Marey-Monge, prit le commandement, et sous les ordres duquel j'ai commencé à servir la cause française, que j'ai depuis défendue toute ma vie »

Tel est le récit que nous tenons de la bouche du général Yusuf lui-même.

En 1831, sa brillante bravoure lui valut le grade de capitaine dans les chasseurs algériens, troupe indigène, connue aussi sous le nom de *gendarmes maures*. D'un caractère aventureux, entreprenant, Yusuf parcourut pendant toute l'année la Mitidja, en partisan, avec ses chasseurs algériens.

En 1832, il fut envoyé en reconnaissance à Bone par le duc de Rovigo. Un bataillon venait d'être massacré; le capitaine Yusuf apporta des renseignements précis, et fut chargé de l'expédition avec le capitaine d'Armandy. Après la prise de la citadelle, fait d'armes d'une surprenante audace, Yusuf fut nommé chevalier de la Légion d'honneur. Il fut fait bey de Constantine en 1835, et nommé chef d'escadron; en 1837, lieutenant-colonel, commandant les spahis d'Oran. Il suivit le général de Lamoricière, en 1840, à Mascara, et s'y distingua brillamment.

En 1842, il est nommé colonel, commandant les trois régiments de spahis, et inspecteur permanent de la cavalerie indigène.

Partout, sur le sol de l'Algérie, si fécond en luttes incessantes, on

mêmes services ; toutefois il se mit à l'œuvre avec activité et commença ce laborieux travail de recrutement et d'organisation intérieure. « Ce n'est pas, écrit-il lui-même, sans répugnance et sans observations, que j'acceptai cette mission du maréchal ; j'avais sur ces hommes la même opinion que tout le monde avait en France. »

LVI. — Mais, comme on ne peut réussir dans une entreprise qu'en agissant avec conviction, le général en vint bientôt à se persuader que les bachi-bouzouks n'étaient pas si bandits qu'ils en avaient l'air, et que le brigandage, s'il était chez eux un instinct, était aussi une nécessité de circonstance.

le retrouve l'épée à la main. Il prend part à la brillante affaire de la Smala, et s'y fait remarquer encore par son élan et son intrépidité. A la bataille d'Isly, il combat avec sa bravoure accoutumée, et s'empare du camp d'Abder-Raman. Peu après, il est nommé maréchal de camp au titre étranger. Il avait été successivement élevé au grade d'officier, et de commandeur dans la Légion d'honneur.

Jamais le général Yusuf n'a quitté l'Afrique. C'est pour ainsi dire sa terre d'adoption; c'est là qu'il a connu les mâles et nobles émotions de la guerre ; c'est là qu'il a vécu ; c'est là qu'il a conquis une seconde nationalité

Enfin, le 24 décembre 1851, il fut placé dans les cadres de l'armée française, et nommé commandant de la subdivision de Médeah.

A la prise de Laghouat, par le général Pélissier, en 1852, le général Yusuf parvint à attirer le chérif hors des murs avec une partie des défenseurs de la ville, et lui livra un sanglant combat. La plaque de grand officier de la Légion d'honneur fut la récompense de ce beau fait d'armes.

Le maréchal de Saint-Arnaud, dès qu'il fut en Orient, écrivit une dépêche pressante au ministre de la guerre, pour lui demander le général Yusuf, qui fut rappelé de l'Algérie pour être mis aux ordres du maréchal.

N'avaient-ils pas quitté leur pays et fait 5 ou 600 lieues pour défendre les droits du Sultan ? — Jetés sans solde, sans nourriture, sans moyen aucun de subsistance, dans les plaines du Danube, ne pouvait-on pas les comparer à ces torrents auxquels on a oublié de tracer un lit, et dont les flots désordonnés se répandent au hasard, dévastant les campagnes, renversant les habitations, déracinant les arbres sur leur passage? Ces hommes, pêle-mêle des nations, débris de la féodalité asiatique, auraient eu besoin d'être plus fortement contenus que les autres ; ils furent livrés à eux-mêmes; Dieu et les pauvres habitants bulgares savent quel désordre, quel pillage, quelle ruine marchèrent sur leurs pas, et furent le résultat de cet abandon.

LVII. — Le maréchal avait son idée fixe : il pressait tous les jours davantage le général Yusuf de se hâter dans la formation de ses régiments ; il était plein de confiance, ne pourrait-on pas dire d'illusions ?

« Mes spahis d'Orient » (c'est ainsi qu'on les appelait), écrit-il au ministre, « s'organisent sous l'habile direction du général Yusuf. Ces hommes qui, sans solde et sans vivres, étaient la terreur du pays, sont très-dociles entre nos mains, et le général en fera des Cosaques aussi redoutables, et peut-être plus redoutables que les vrais Cosaques du maréchal Paskewitsch, comme éclaireurs. Je suis assuré que les services à attendre de ces irréguliers dépasseront mes espérances. »

Omer-Pacha ne voyait pas évidemment d'un œil favorable cette organisation des bachi-bouzouks (1), enrôlés pour ainsi dire, dans l'armée française; il ne pouvait s'y opposer, mais laissait percer en toute occasion son mauvais vouloir. Le général trouva donc souvent une

---

(1) Nous avons entre les mains, sur les bachi-bouzouks, quelques documents qui nous paraissent curieux à citer; ils ont un cachet étrange et particulier, si l'on songe, qu'il s'agit de ces hordes barbares, vivant de vol et de pillage. (Ils devraient, par leur date, être classés quelques pages plus loin, mais ils nous semblent plus convenablement placés ici.)

Le 25 juillet, le général Yusuf reçut du maréchal commandant en chef la lettre suivante :

Varna. — « Mon cher général, je vous adresse ci-joint copie d'une lettre que je viens de recevoir d'Omer-Pacha, au sujet de l'agha Bel-Khassim, qui refuse d'entrer avec sa cavalerie dans la nouvelle formation des spahis d'Orient. Les motifs donnés par l'agha Bel-Khassim sont purement religieux, et expliquent le retour à Schumla de plusieurs des bandes de bachi-bouzouks envoyées à Varna.

« Omer-Pacha joint à sa lettre, comme spécimen des déclarations de cette nature, celle qu'il a reçue du dervis, chef des Zaptgies de Koniah. Je vous en transmets une copie, pour que vous jugiez par vous-même de l'esprit qui domine ces gens.

« Je n'ai rien à répondre à Omer-Pacha, qui ne se croit pas le pouvoir d'obliger des hommes, venus pour servir volontairement leur souverain, à s'enrôler sous nos drapeaux. Mais, malgré ces déceptions, auxquelles il fallait bien s'attendre de la part de certains musulmans fanatiques, il n'y a pas lieu, mon cher général, de désespérer de la formation des spahis d'Orient. Persévérez dans les efforts que vous avez faits jusqu'ici, et je suis convaincu que vous parviendrez à compléter bientôt l'effectif que nous avons fait entrer dans nos prévisions.

« *Le maréchal commandant en chef,*
« A. DE SAINT-ARNAUD. »

Voici la lettre d'Omer-Pacha :
« Routschouk, le 22 juillet 1854.
« Monsieur le maréchal,
« Après avoir reçu votre dépêche du 11 juillet, j'ai fait engager l'agha Bel-Khassim à se joindre, avec sa cavalerie, à la nouvelle formation de spahis d'Orient, dont Votre Excellence vient de commencer l'organisation à Varna. Contre toute attente, ce chef m'envoie par écrit une réponse négative aux propositions qui lui étaient faites à ce

opposition sourde, et rencontra des obstacles parmi les chefs même dont il avait espéré le plus actif concours. Cependant il avait déployé tant de persévé-

sujet, propositions aussi honorables pour lui, qu'avantageuses pour sa troupe. Comme l'agha Bel-Khassim fait cette campagne en volontaire, il est hors de mon pouvoir de lui donner l'ordre positif de subir une organisation qui serait, comme il le dit, contraire aux engagements pris par lui envers son monde.

« Dans le moment même, me parviennent des rapports de Schumla, qui m'informent qu'un grand nombre de bachi-bouzouks, envoyés récemment à Varna, retournent par bandes à Schumla, déclarant ne pas vouloir servir sous un drapeau étranger. A leur égard, je m'empresse de vous déclarer, monsieur le maréchal, ce que je viens de dire à propos de l'agha Bel-Khassim. Ce sont tous des volontaires, des gens qui sont venus à leurs propres frais pour servir leur Souverain, qui ont la conviction de mourir en martyrs en mourant dans son service ; il en est autrement, disent-ils, s'ils servent pour de l'argent : tout le mérite religieux est perdu pour des mercenaires, et j'ai l'honneur de transmettre à Votre Excellence, ci-joint, en traduction, la lettre des Zaptgies de Koniah, qui exprime cette idée. Je ne pense pas pouvoir employer des mesures coercitives contre ces volontaires, avant d'avoir obtenu de mon gouvernement des instructions spéciales à ce sujet.

« OMER-PACHA. »

« Au Serdar Ekrem Omer-Pacha,

« Nous, cavaliers Zaptgies de Koniah, du commandement du Kolassy, Jussufaa.

« Vous nous avez ordonné de venir à Varna ; nous nous y sommes rendus, et nous avons fait le service avec les troupes françaises. Le commandant de ces troupes a voulu nous faire quitter celles de notre patrie, et nous enrôler dans ses rangs. Nos soldats ne consentent pas à cela. Par cette raison la troupe s'en est allée à Schumla.

« J'ai voulu déconseiller les soldats en les suivant jusqu'à Jénibazar avec mes propos ; ils me répondent : « Nous sommes prêts à donner
« nos têtes dans une guerre du Padischah contre ses ennemis. Si
« nous mourons comme des soldats de notre Padischah, nous mourrons
« comme des martyrs et ayant quelque mérite devant Dieu ; mais en
« entrant au service étranger et servant pour de l'argent, nous mour-
« rons comme des mercenaires, en exposant par là, pour toujours, nos
« familles à la honte. »

« *Signé* : dervis ALI, chef des Zaptgies. »

rance et d'activité, qu'il était parvenu au bout de peu de temps, à mettre en ligne six régiments, d'un effectif de trois mille chevaux.

LVIII. — Après avoir abandonné Silistrie, l'armée russe avait opéré une grosse concentration à Calarasch, sur la rive gauche du Danube; les évaluations les plus générales en portaient le total à 80 ou 100 000 hommes (1). Des détachements d'infanterie et de cavalerie faisaient en même temps sur la même rive, entre Giurgewo et Tourtoukai des démonstrations, dont l'objet était probablement de faire croire à une occupation solide de cette partie du fleuve, pendant que le gros des troupes qui s'y trouvaient rassemblées antérieurement, effectuait son mouvement de retraite.

Rien encore dans la marche des colonnes autrichiennes qui pût avoir un caractère de certitude.

Le maréchal regardait comme une grave question, en face des hésitations de l'Autriche, de lancer les armées alliées entourées de difficultés matérielles, à travers des contrées ravagées, abandonnant ainsi la mer, leurs vaisseaux et la base naturelle des opérations qu'elles étaient venues entreprendre en Turquie.

Le Danube passé, nul ne pouvait dire où s'arrêteraient les nécessités de ce grand mouvement offensif.

(1) Lettre du maréchal au ministre. — Varna, 4 juillet.

LIX. — Le général Bosquet était arrivé à Varna, précédant sa division de trois jours.

Omer-Pacha venait aussi de s'y rendre sur l'invitation du maréchal, pour conférer sur les dispositions les plus convenables à prendre dans la situation actuelle.

Il fut arrêté que les armées ne feraient aucun mouvement décisif, avant que l'on vît réellement clair sur l'ensemble de la situation, et particulièrement sur l'attitude de l'Autriche et les mouvements de son armée en Valachie (1). L'Autriche alors devenait en effet franchement notre alliée, et il fallait convaincre cette nation de notre ferme volonté de ne jamais l'abandonner dans une lutte avec la Russie; mais le moment n'était pas venu; c'était toujours le même vague, la même indécision.

LX. — Sur ces entrefaites, un envoyé autrichien arriva au camp par ordre de l'empereur d'Autriche, pour se mettre en rapport avec les généraux en chef.

« Cet envoyé qui m'apporte, » écrit le maréchal, « une lettre du général baron de Hess, commandant en chef l'armée autrichienne, m'a déclaré n'avoir reçu, au sujet des vues du général autrichien, aucune instruction spéciale, et s'est borné à remettre la lettre du général auquel il devait rapporter ma réponse, qui est restée,

---

(1) Provisoirement et en attendant les événements, les troupes d'Omer-Pacha étaient divisées en trois groupes principaux : l'un allait aboutir à Routschouk, l'autre à Silistrie, le troisième était resté à Schumla.

après m'être entendu avec lord Raglan, dans une prudente réserve. L'objet de cette mission, directement annoncé au maréchal par M. de Bruck, semblait pourtant caractériser d'une manière plus décisive et plus tranchée les projets de l'Autriche (1); celle-ci, quoique disposée à entrer dans la petite Valachie, voulait seulement occuper les positions abandonnées par les Russes, si ces derniers, par un retour offensif, tentaient de les reprendre.

LXI. — C'est alors, qu'au milieu de toutes ces difficultés, de tous ces obstacles, de toutes ces éventualités contraires, nous voyons apparaître la plus terrible de toutes les complications : le choléra. Il s'était déclaré à Gallipoli, et ne pouvait tarder à frapper aux portes de Varna. — Fléau implacable qui allait décimer ces belles et admirables troupes, l'admiration et l'orgueil de leur chef; la mort devait les frapper dans l'inaction, et se glisser furtive et inexorable au milieu des tentes amoncelées.

---

(1) Voici l'extrait de la dépêche du comte de Buol communiquée au maréchal par le baron de Bruck, internonce d'Autriche :

« L'entrée des troupes autrichiennes dans le territoire de la Turquie, rendant nécessaire d'établir un concert avec le commandant en chef de l'armée ottomane, comme avec ceux des troupes auxiliaires, S. M. l'Empereur a résolu d'envoyer au quartier général de Bulgarie un officier supérieur dans la personne du lieutenant-colonel Kalick, pour se concerter, tant avec le général Omer-Pacha qu'avec les généraux français et anglais. Vous êtes chargé, monsieur le baron, de donner connaissance au maréchal de Saint-Arnaud et à lord Raglan de la susdite intention de notre auguste maître; ils voudront bien reconnaître dans cette mesure, combien leur désir d'entrer en relations avec l'armée autrichienne est partagé par le gouvernement impérial. »

Le lac qui entourait Varna et les marais qui l'avoisinent répandaient déjà leurs miasmes fiévreux (1).

Le fléau asiatique n'avait encore lancé que ses avant-coureurs ; mais quels tristes échos résonnaient dans les pensées ! Malte, le Pirée, Gallipoli, étaient atteints.

A Gallipoli, les hôpitaux se remplissaient, et les tombes se creusaient silencieusement autour des camps ; les vivants d'aujourd'hui étaient les morts du lendemain.— Cet amas infect de maisons mêlées aux immondices de toute nature, que l'indolence des habitants du pays laissait croupir au coin des rues, sur le seuil des habitations, semblait un audacieux défi jeté à l'épidémie. — Dans l'armée, autour des camps, dans les bivouacs, les mesures les plus rigoureuses de salubrité étaient prescrites, mais toute agglomération d'hommes porte en soi un germe funeste. En outre, les transports de troupes qui arrivaient du midi de la France apportaient des cholériques (2).

---

(1) « Il fait une chaleur tropicale, » écrit un officier d'état-major du maréchal ; « l'eau se dessèche, les fontaines se tarissent, les rares ruisseaux sont à sec. L'état sanitaire est encore généralement bon, mais déjà des malaises subits, des vomissements disent que le moment approche, où la plus terrible des luttes, la lutte sans gloire, va commencer. »

(2) Un des aides de camp du maréchal écrivait au ministère de la guerre :

« Le maréchal est persuadé que le choléra qui s'est déclaré à Malte, au Pirée, à Gallipoli, vient des apports successifs de la 5ᵉ division, embarquée sous l'influence cholérique qui régnait à Avignon, Arles, Marseille, au moment de leur départ. Le maréchal espère que l'on aura suspendu tout nouvel envoi. Les renforts ne seraient en ce moment qu'un aliment de plus pour les hôpitaux. »

LXII. — C'est une cruelle position que celle d'un général en chef qui sent une épidémie mortelle prête à s'abattre sur ses troupes, et qui se débat dans une inaction forcée. — « J'emploie, écrit-il au ministre, tout ce que le ciel m'a donné de dévouement, d'intelligence et d'activité pour mener nos affaires à bien. »

Le maréchal espère, en effet, pouvoir porter quelques colonnes en avant et répondre ainsi à l'impatience de son armée, qui s'affaisse dans l'oisiveté ; car on ne peut laisser les soldats inactifs sans danger. Sa pensée travaille incessamment, la corde est tendue, vibrant dans toutes les directions ; il veille comme une sentinelle avancée, mais sa santé s'altère visiblement de toutes ces luttes intérieures qu'il faut étouffer sous une apparence calme (1).

La grande question qui s'agitait au fond de toutes ces difficultés et de ce silence, c'était la possibilité d'un débarquement sur les côtes de Crimée.

En France, en Angleterre, aux Tuileries, à Saint-

---

(1) « Je cherche, écrit le maréchal, chaque jour et chaque nuit le défaut de la cuirasse, je le trouverai et j'y frapperai.... Une bataille perdue aurait pour les Russes peu de conséquences, mais une défaite serait désastreuse pour nous. Les chances ne sont pas égales.

« Ce qui me donne le plus de mal, c'est de retenir l'ardeur des officiers et des soldats ; tout le monde veut marcher en avant ; et moi, qui le veux plus que personne, je ne le fais point paraître, et je reste froid comme glace. »

Et plus loin :

« Je remercierais bien qui pourrait me dire quel jugement l'histoire portera dans cent ans sur le général en chef condamné à se mouvoir dans cet obscur dédale. »

James, dans le cabinet du commandant en chef, à Varna, c'était la même pensée : frapper la Russie d'un coup retentissant et faire saigner sa puissance par une large blessure.

De tous côtés, sur terre, sur mer, des reconnaissances s'effectuent; les unes sont sur le Danube et notamment à Silistrie; les autres étudient le pays entre Varna, Schumla, la Dobrutscha et Routschouk. Des frégates à vapeur côtoient tout le littoral et la côte de Circassie; on sonde la mer, on examine les terrains, on pèse les difficultés comme les espérances, on calcule, on étudie avec une volonté infatigable, on coordonne ses ressources, on complète le matériel, et l'on construit, en toute hâte, à l'arsenal de Constantinople, sur des formes nouvelles et des dimensions calculées à l'avance, des chalands destinés à porter l'artillerie prête à faire feu (1).

LXIII. — Sur la rive gauche du Danube, les Turcs, après avoir franchi le fleuve à Routschouk, avaient ren-

---

(1) *Dépêche du maréchal au ministre.* — *Varna, 9 juillet.*

« Tout en m'occupant de la direction éventuelle de nos opérations futures sur le Danube, je ne néglige pas l'étude des moyens qui me permettraient de transporter tout ou partie de mes colonnes sur tel point de la côte de la mer Noire, qui serait choisi pour être le théâtre d'une action de vigueur portée à très-courte distance dans les terres. La frégate à vapeur *le Vauban* est partie pour opérer sur ce littoral une reconnaissance détaillée, à laquelle prennent part des officiers spéciaux appartenant aux deux armées et à la flotte. D'un autre côté, j'ai réuni dans une commission sous ma présidence, des officiers compétents de la flotte et de l'armée, afin de discuter la question du transport et du débarquement des troupes. »

contré les Russes, et, à la suite d'un combat sanglant à Giurgewo, étaient restés maîtres de la position ; action pleine de courage, mais aussi de folle témérité qui augmentait encore la confiance des troupes turques, en ajoutant à la démoralisation des Russes sur ce point (1). Néanmoins, partout où ces derniers s'étaient montrés, ou avaient séjourné sur la rive droite, les Bulgares abandonnaient leurs villages pour se joindre à eux.

CHAPITRE VI.

LXIV. — Le maréchal, tout en préparant sans relâche ses moyens d'exécution, attendait avec impatience

---

(1) Le 7 juillet, les troupes impériales sous le commandement de Hassan-Hakki-Pacha avaient eu un engagement avec les Russes.

« Le matin vers deux heures (selon les Turcs, neuf heures), dit Omer-Pacha dans son rapport, une forte colonne d'attaque fut dirigée sur l'île de Kama, située au pied de Roustchouk, en même temps que de l'île de Moukan-oglou, un autre corps marchait sur Giurgewo. Les Russes firent venir à la hâte de Giurgewo et du village de Slaposia beaucoup de troupes et de canons, et engagèrent le combat à Kama. Les Ottomans, renforcés par un gros détachement qui fut envoyé sur les lieux, et soutenus par le feu de la forteresse, reçurent vigoureusement l'ennemi. Après dix heures et demie d'un combat acharné, les Russes cédèrent le terrain. Les Ottomans se mirent alors sans perdre de temps à l'ouvrage pour fortifier l'île de Cama, tandis que l'ennemi établissait des corps de garde sur les derrières, détruisait les ponts qui existaient sur le fleuve et au détroit de Giurgewo, et mettait enfin le feu aux embarcations, ainsi qu'à divers établissements militaires qui se trouvaient dans le port de cette ville. »

que la résolution fût définitivement arrêtée entre les deux gouvernements, de tenter un hardi coup de main sur les côtes de la Crimée, résolution que lui laissait entrevoir une dépêche chiffrée ainsi conçue, qu'il avait reçue le 1er juillet.

« En admettant que le siége de Silistrie soit levé, rentrez dans le voisinage de Varna, et ne descendez pas au Danube ; on veut que l'armée soit toujours prête à être emportée par la flotte. »

La lettre du ministre, en date du 4 juillet, qui confirmait cette dépêche, disait : « Malgré la levée du siége de Silistrie, l'importance de Varna reste la même, car, c'est par Varna que la flotte peut vous donner tout son concours, c'est par cette place que vous pouvez recevoir le plus rapidement possible et vos renforts et vos ravitaillements. »

Le ministre terminait ainsi :

« Telle est l'idée du gouvernement ; mais il est bien entendu que ces instructions n'ont rien d'absolu. Vous êtes au centre des événements ; c'est donc vous, en définitive, qui seul pouvez juger ce que les faits et les événements de chaque jour peuvent vous obliger de faire. Je m'en rapporte de la manière la plus complète à votre prudence. »

LXV. — Lord Raglan recevait presque en même temps de Londres des communications positives dans le même sens ; la position tendait donc à se dessiner d'une façon plus précise ; la France et l'Angleterre comprenaient, combien cette inaction était fatale à la cause qu'elles venaient défendre ; elles comprenaient surtout, qu'il était indispensable d'agir vigoureusement sur un point quelconque, que l'influence politique et militaire des armées alliées en dépendait entièrement, et qu'il fallait enfin, comme le disait énergiquement le maréchal, « sa part au canon. »

Cette unité dans la pensée des deux cabinets, les instructions de lord Raglan, plus pressantes encore que celles du maréchal, la liberté de mouvement accordée au général en chef de l'armée française pour saisir l'occasion qu'il jugerait la plus favorable ; tout cela était un grand pas en avant.

« J'ai reçu votre dépêche chiffrée du 1er juillet, qui semble assigner un autre terrain que la Valachie à une action de guerre (écrit le maréchal au ministre, en date du 14 juillet) ; j'étais du reste fort peu disposé à aller mêler mes masses dans la Valachie aux masses autrichiennes. Votre dépêche, si je l'ai bien interprétée, et les communications dans le même sens, que lord Raglan a reçues de Londres par le courrier d'hier, semblent indiquer que les deux gouvernements sont disposés à entrer dans des résolutions différentes et à en prescrire l'exécution. J'attends des ordres, et ne crois pas devoir discuter ces résolutions ; je vous en ai entretenu à l'avance dans plusieurs lettres antérieures ; mais ces ordres, quels qu'ils soient, me rendront heureux, parce qu'ils apporteront une donnée certaine au milieu d'une situation, dont le vague et l'incertitude dépassent la mesure, et forment le problème le plus singulier qui se soit peut-être produit dans l'histoire de la guerre : c'est celui que présentent quatre armées parfaitement indépendantes l'une de l'autre, marchant vers un but politique, qui n'est probablement pas le même pour toutes, en sorte, qu'il n'est pas permis de dire à l'avance, qu'une ligne militaire commune soit possible. »

LXVI. — Nous avons mentionné plus haut que le commandant en chef de l'armée anglaise recevait de son côté des instructions positives. Les voici, telles qu'elles ont été résumées dans un document officiel adressé au maréchal par le ministre de la guerre.

« Se bien garder d'entrer dans la Dobrutscha et de poursuivre les Russes au delà du Danube; réserver toutes les troupes, tous les moyens, pour tenter une expédition en Crimée et faire le siége de Sébastopol; ne renoncer à cette entreprise capitale, qu'après avoir acquis la conviction raisonnée d'une disproportion évidente des forces de la défense avec celles de l'attaque, disproportion qui ne pourrait que s'accroître, si l'expédition n'était pas immédiatement effectuée. Un corps ottoman commandé par des officiers français et anglais serait chargé de s'emparer de Pérékop, et de fermer l'isthme à l'ennemi, ou bien de faire une diversion en Circassie, en s'emparant d'Anapa et de Soukomn-Kalé, les seules positions que la Russie ait gardées sur ces côtes. »

On le voit, le gouvernement anglais était très-net sur

l'expédition de Crimée et sur la question du siége de Sébastopol; le gouvernement français conservait plus de réserve, et laissait plus de latitude au général en chef.

« Le ministre de la guerre écrivait encore au maréchal, en date du 14 juillet, lord Raglan vous aura sans doute communiqué ses instructions, et vous aurez examiné avec lui, si elles étaient d'une exécution possible. Pour moi, j'ai pensé que le gouvernement de l'Empereur, avant de vous donner des instructions, devait attendre que le mouvement des Russes se dessinât davantage, que la coopération des Autrichiens se fût nettement montrée, et que nous fussions un peu mieux fixés relativement à l'attitude que ces deux Puissances vont prendre l'une vis-à-vis de l'autre. »

Plus loin, une autre dépêche dit :

« Dernièrement, le 7 juillet, l'Autriche, dont la lenteur est désespérante, demandait que nous allassions en Valachie appuyer de nos troupes les troupes qu'elle y enverrait; le ministre des affaires étrangères, en me consultant sur la réponse à faire à l'Autriche, me faisait connaître, que le gouvernement anglais avait formellement défendu à lord Raglan de descendre au Danube et d'aller compromettre son armée avec les fièvres si meurtrières de la Moldavie; le gouvernement anglais veut tourner ses efforts d'un autre côté. »

Ce n'est donc point, comme on le dit, l'insistance aventureuse du maréchal et sa volonté personnelle de jeter par la France quelques bulletins glorieux, qui ont entraîné l'expédition de Crimée, contre laquelle se sont élevées, dans le début, des récriminations, dont nous ne voulons discuter ici ni l'importance ni la valeur; ce fut la volonté des deux gouvernements.

Il est important de ne pas confondre la décision avec l'exécution, deux choses pourtant essentiellement distinctes.

LXVII. — Après tant de vague, tant d'incertitude, tant d'irrésolution flottante, la dernière période de juillet devait amener de sérieuses décisions. En effet, ou il fallait renoncer à toute opération de guerre, ou il fallait accepter les éventualités d'une entreprise qui marquât nettement la coopération active des armées alliées dans cette guerre, et permît enfin à leurs drapeaux unis de se déployer sous le canon de l'ennemi.

Il était impossible de se mouvoir plus longtemps dans cette impasse d'une position mixte; mais jusqu'au dernier moment, des obstacles et des épreuves étaient réservés à cette vaillante armée, qui devait plus tard donner l'exemple de toutes les abnégations, de tous les courages.

Le choléra faisait sa funèbre moisson au Pirée et à Gallipoli. Déjà il avait frappé le duc d'Elchingen (1), un

---

(1)   DUC D'ELCHINGEN.

« La mort du duc d'Elchingen, écrivait le ministre de la guerre, a profondément ému, par la perte même que fait l'armée. »

Cette mort, en effet, eut un grand et cruel retentissement, car le général avait su se concilier l'estime et les sympathies de tous. Il fut pour ainsi dire foudroyé par le choléra. Il venait de passer une revue

des généraux le plus estimés et le plus justement aimés de l'armée ; le duc avait succombé subitement, atteint par le terrible fléau ; et, pendant que son corps reposait sur la terre étrangère, un bâtiment, retournant en France, rapportait son cœur à sa famille en deuil.

et descendait de cheval, lorsqu'il en ressentit les premières atteintes ; ce n'était déjà plus la maladie, c'était la mort. Quelques heures après, il expirait, sans que son fils, qui venait de partir pour Varna, eût le temps de revoir une dernière fois son père et de lui adresser un adieu. Sa dernière pensée fut pour son pays, regrettant que le ciel ne lui eût pas accordé de mourir sur un champ de bataille, en soldat. La carrière du général d'Elchingen a été courte ; l'avenir lui appartenait.

Né, le 22 avril 1804, il était le second fils du héros de la Moskowa. Admis à l'École polytechnique en 1822, il renonça à entrer dans l'armée française pour ne pas prêter serment. Il demanda à servir en Suède, où il fut nommé sous-lieutenant dans un régiment d'artillerie, après avoir passé par tous les grades et subi les divers examens. Le 11 mai 1826, il était nommé lieutenant.

Il rentra en France au moment de la révolution de juillet, et le général Gérard le prit comme officier d'ordonnance. Le 20 août 1830, une ordonnance royale l'admettait dans les rangs de l'armée française avec le grade de capitaine de cavalerie. Il prit part à l'expédition de Belgique, se distingua au siège d'Anvers, et reçut la croix de la Légion d'honneur, le 9 janvier 1833.

Nommé officier d'ordonnance du duc d'Orléans, il accompagna le prince dans ses expéditions en Afrique, et prit part à celle de Mascara. C'est dans cette rude campagne qu'il contracta les premiers germes d'une maladie qui altéra pour toujours sa santé.

Nommé chef d'escadron au 1er régiment de carabiniers, puis au 4e de cuirassiers, le commandant Ney voulut de nouveau accompagner le prince royal dans son expédition des Portes-de-Fer.

« Si votre fils part pour l'Afrique, il est mort, » dit à la maréchale un médecin célèbre, M. Marjolin.

Le commandant Ney partit malgré les larmes de sa mère et les instances mêmes du prince. Il avait dans l'âme ces nobles élans qui ne connaissent que le devoir et qui savent l'accomplir ; sa vie entière en est un exemple.

En 1840, il fut de nouveau officier d'ordonnance du prince

LXVIII. — Trois jours après, le 17 juillet, le général Carbuccia (1), commandant la brigade de la lé-

royal, puis officier de la Légion d'honneur; il se distingua brillamment dans l'expédition de Médéah, et son nom fut cité à l'ordre du jour, par le maréchal Valée, le 27 mai 1840.

Élevé au grade de lieutenant-colonel en 1841, il fut, après la mort du duc d'Orléans, attaché à la personne du comte de Paris.

Aux qualités militaires qui le distinguaient, le duc d'Elchingen joignait une rare et sérieuse instruction. Il parlait plusieurs langues et se livrait, en dehors de son service militaire, à des études approfondies : aussi fut-il désigné, en 1843, pour faire partie d'une commission chargée d'examiner diverses propositions relatives à l'organisation de l'enseignement, à l'École militaire de Saint-Cyr. La même année, il était membre du jury d'inspection des études, à la même École.

Colonel du 7ᵉ régiment de dragons, le 14 avril 1844, il se fit bientôt remarquer comme un des chefs de corps les plus capables, et attira sur lui l'attention des généraux inspecteurs, qui le signalèrent au premier rang, comme un des officiers d'avenir que comptait l'armée française.

Confiant dans la justesse d'appréciation du colonel d'Elchingen, et dans le résultat de ses études sévères, le ministre de la guerre l'appela souvent au sein des commissions, dans lesquelles son opinion avait un grand poids.

Il fut promu au grade de général de brigade en 1851, et reçut le 15 janvier 1852, le commandement de la subdivision du Calvados. Il sollicita sa mise en disponibilité, qui lui fut accordée.

Lorsque la guerre d'Orient appela la France à combattre, le duc d'Elchingen demanda avec instances à faire partie de l'armée expéditionnaire que nos vaisseaux emportaient en Turquie.

Au mois de mars 1854, il fut nommé au commandement d'une brigade de cavalerie à l'armée d'Orient, et quatre mois plus tard, à Gallipoli, il succombait aux atteintes du fléau, qui devait, trois jours après, frapper un autre général.

Nous avons voulu que ces pages où se trouvent retracées les gloires, comme les amertumes, de cette mémorable expédition, fussent un écho du sentiment unanime de douleur et de regrets qui accompagna la nouvelle de cette mort prématurée et inattendue.

(1) GÉNÉRAL CARBUCCIA.

Le général Carbuccia était à peine âgé de quarante-six ans. Comme soldat, il avait toutes les qualités qui distinguent l'homme de guerre.

Esprit laborieux, actif, intelligent, il s'était livré en Afrique à des

gion étrangère, était aussi victime de l'épidémie. Dans le même mois, deux généraux, jeunes, ardents au travaux et à des recherches scientifiques d'une réelle valeur. Mais, celui que l'armée regrette aujourd'hui, c'est le général auquel avait été dévolu le commandement de la légion étrangère, commandement difficile, épineux, sur des soldats intrépides, mais souvent difficiles à discipliner, natures étranges, qu'il fallait dominer par la puissance morale, hommes de toutes les nations, souvent sans aveu, n'apportant que leur courage.

Déjà le général Carbuccia avait commandé un de leurs régiments en Afrique, et avait su se faire aimer de ces hommes, qui aiment peu et ne craignent rien. C'est un juste hommage à rendre au soldat mort à son poste, que de récapituler les diverses phases militaires de sa vie.

Élève à l'École spéciale militaire de Saint-Cyr, ce fut le 1er octobre 1827, que le jeune Carbuccia, né à Bastia, le 14 juillet 1808, en sortit comme sous-lieutenant au 17e régiment d'infanterie de ligne. En 1830, il partait pour l'Afrique, et se distinguait au passage du Teniah et à l'expédition d'Oran.

Le 16 octobre 1832, il fut nommé lieutenant; capitaine le 9 janvier 1834. — Il rentra en France au mois de mai 1836.

En 1839, sur sa demande, il retourna en Algérie, fut blessé au combat du blockhaus d'Ouled-el-Kebir, près Blidah, et reçut une seconde blessure l'année suivante à El-Mezzaoni.

Cité à l'ordre de l'armée au combat d'Ouled-el-Kalest, il fut blessé une troisième fois, le 29 du même mois.

Élevé au grade d'officier supérieur en 1841, chevalier de la Légion d'honneur le 6 août 1843, il fut cité à l'ordre de l'armée les 7 mars 1843, 29 juin et 22 novembre 1845, et 7 avril 1846.

Lieutenant-colonel en 1846, sa bravoure au combat de Djelfa lui valut encore, le 5 mars 1847 une citation à l'ordre de l'armée.

Promu au grade de colonel, il prit le commandement du 2e régiment de la légion étrangère, et fut investi du commandement supérieur de la division de Batna.

En 1849 il dirigea, comme major de tranchée, les premières opérations du siége de Zaatcha, et s'y fit remarquer par son intrépidité; officier de la Légion d'honneur le 2 décembre 1850, il rentra en France, et fut nommé général de brigade, le 10 mai 1852.

Investi, le 31 mai 1854, des fonctions de chef d'état-major général du camp du midi, il était appelé, le 11 juin, au commandement d'une brigade de l'armée d'Orient.— Un mois s'était à peine écoulé que l'armée apprenait la perte qu'elle venait de faire.

combat, pleins d'espérance en l'avenir, pleins de noble foi en eux-mêmes.

L'armée de Gallipoli s'émut devant ce double coup, qui lui présageait peut-être de plus grands désastres encore ; mais elle puisa une nouvelle énergie dans son deuil, et se releva plus fière, plus mâle, plus ardue à la lutte.

Le 9 juillet, le choléra se déclarait dans les hôpitaux de Varna, où il devait exercer aussi de cruels et terribles ravages.

Le maréchal parcourait les camps, visitait les hôpitaux, prescrivait les mesures les plus sévères, isolant les corps qui arrivaient de Gallipoli.

Mais déjà le fléau gagnait chaque jour d'intensité ; il enveloppait le camp. — C'était une voix de plus qui disait : Hâtez-vous.

LXIX. — Lord Raglan venait de communiquer au maréchal une dépêche qu'il recevait de son gouvernement, explicite, pressante, telle, en un mot, qu'il la considérait à peu près, *comme emportant l'ordre d'attaquer Sébastopol* (1).

Il fut donc résolu que les généraux et les amiraux se réuniraient dans un grand conseil. — De cette conférence, solennelle par les graves questions qui devaient s'y agiter, et dans laquelle siégeaient les chefs des deux armées, devait sortir la décision inébranlablement arrê-

---

(1) Dépêche du maréchal. — Varna, 19 juillet.

tée de l'expédition de Crimée. — L'attention de toute l'Europe était fixée sur ce petit coin de terre et sur cette ville que baignaient, d'un côté, les flots de la mer Noire, et qu'entouraient de l'autre, comme une ceinture protectrice, les camps échelonnés et les pavillons des trois nations.

LXX. — En effet, le 18 juillet, les deux généraux en chef, les amiraux Dundas et Hamelin, Bruat et Lyons, se réunirent en conseil. Les instructions du cabinet anglais, on l'a vu plus haut, poussaient lord Raglan en avant, celles du gouvernement français, moins impératives, et laissant au général en chef plus de liberté de mouvement, reconnaissaient seulement l'impérieuse nécessité d'une expédition, et disaient : Agissez.

Par suite des dépêches qu'ils avaient reçues, et sous la pression de l'opinion qui les harcelait dans les journaux de Londres, les chefs anglais abordèrent résolûment la question, et votèrent unanimement pour l'expédition.

« Les décisions auxquelles le conseil réuni chez moi s'est arrêté, écrivait le maréchal dans une dépêche au ministre de la guerre, doivent être considérées comme définitives, et j'applique toute mon activité et tous mes soins à préparer leur exécution....

« Je n'ai pas à beaucoup près sous la main, disait-il encore, tous les moyens matériels nécessaires pour rendre certain le succès d'une entreprise, dont la préparation eût exigé des mois entiers dans des circonstances ordinaires ; mais j'ai invoqué le concours des amiraux, et j'espère réunir en temps utile assez de ressources, pour pouvoir agir dans de bonnes conditions. »

Il écrivait d'autre part à son frère :

« Oui, ce sera, si l'on veut, une audacieuse entreprise ; on en aura peu vu de plus vigoureuses, de plus énergiques ; mais est-il possible d'admettre que, devant un ennemi qui se retire et vous brave, deux belles armées, deux belles flottes resteront inactives et se laisseront dévorer par les fièvres ? »

Et il ajoute plus loin : « Or, frère, je dépose dans le creux de ton oreille que, vers le 10 août, nous débarquerons en Crimée. » En effet, le conseil assemblé avait décidé que les deux armées réunies entreprendraient une expédition et sortiraient enfin d'une inaction fatale.

LXXI. — « Il faut, » écrivait le maréchal, en date du 27 juillet, « que l'on entende le canon de la France en 1854, mais il faut toujours tirer un parti utile d'une entreprise qui coûte du sang. — Les Autrichiens m'embarrassent bien plus que les Russes ; ils me lient, me retiennent et m'entravent. L'Autriche, loin de se décider, loin de se presser, temporise et voit venir ; c'est sa politique ; la Prusse l'inquiète. »

La Crimée, Sébastopol, tel était le but de l'expédition projetée ; car les instructions des deux gouvernements, comme aussi les intérêts de la guerre, interdisaient le Danube aux généraux en chef et leur montraient la Crimée, cette clef de tous les rêves de la Russie, comme

Sébastopol est l'arsenal de sa puissance maritime dans la mer Noire; sa pensée ambitieuse y veille infatigable et plane sur l'entrée du Bosphore, en étendant ses regards sur les côtes de l'Asie (1).

(1) Quelques détails, puisés à diverses sources et résumés ici, nous paraissent curieux et intéressants, au moment où la Crimée va devenir le théâtre d'une guerre mémorable. En faisant connaître l'aspect général du pays, ils attestent une fois de plus l'importance que l'empire russe doit attacher à sa conservation.

La haute valeur politique et commerciale, que sa position géographique assigne à la Crimée, ne peut échapper à personne. Le Danube lui apporte toutes les denrées de l'Occident et de l'Europe centrale; par l'Euxin, elle se relie aux provinces les plus fécondes du centre de l'Asie; elle touche à Constantinople par le Bosphore; les Dardanelles lui livrent les routes de la Grèce, de l'Italie, de l'Égypte et celle de tous les ports de la Méditerranée. Par la mer d'Azof et l'isthme de Pérékop, elle se met en rapport immédiat avec les régions septentrionales de l'Europe et de l'Asie; et les produits de la péninsule, comme ceux qu'elle tire, par ses navires, de l'Anatolie et autres contrées du Levant, y trouvent un rapide et lucratif écoulement.

L'aspect de la Crimée varie à l'infini. Ce sont des vallées, tantôt sombres et sinueuses entre deux hautes murailles de rochers, tantôt, au contraire, spacieuses, inondées de soleil, et traversées par de larges courants d'eaux.

Sur le flanc des montagnes s'échelonnent à l'infini des villages tartares. Comme l'Italie, c'est le pays des contrastes: la vie présente se mêle à chaque instant aux ruines de la vie passée; l'aristocratie russe est venue, pour ainsi dire, greffer ses maisons de plaisance, ses villas les plus coquettes au milieu des vieilles tours à moitié brisées, et parmi les sévères et mâles débris des constructions d'une époque lointaine.

Simphéropol est une des villes les plus modernes de la Crimée *Baktchi-Saraï* ou la ville des jardins, bâtie en échelons sur le penchant d'une montagne, est bien le vrai type de la cité orientale. Ville commerçante, à laquelle des canaux souterrains apportent des eaux éloignées, elle voit dans son sein s'élever de superbes jardins, et les mosquées, les temples arméniens, les élégantes églises grecques se mêler et se confondre.

Sébastopol est plutôt un vaste arsenal qu'une ville; construite au

Les événements ultérieurs pouvaient seuls modifier le plan que l'on se proposait; et, dans ce cas, qu'il fallait prévoir, les préparatifs de cette grande opération militaire seraient dirigés vers un autre but moins important, mais dont les résultats étaient certains.

Les généraux en chef et les amiraux décidèrent donc, qu'une commission composée d'officiers des deux armées chercherait, en s'approchant plus près des côtes qu'il n'avait été possible de le faire jusqu'alors, à éclaircir certains points restés douteux sur la topographie des lieux et sur la possibilité d'un débarquement.

Les instructions données furent de reconnaître, à 3 lieues environ au nord ou au sud de Sébastopol, le lieu le plus favorable à un débarquement de troupes, tout en s'assurant des dispositions que l'ennemi pouvait avoir prises pour s'y opposer.

Cette commission était composée, pour l'armée française, du général Canrobert, des colonels Trochu, Lebœuf, et du chef de bataillon du génie, Sabatier. Les

---

sommet d'une colline escarpée, elle domine la mer et s'admire dans ses ports nombreux et superbes, où veillent incessamment les canons de forts redoutables. Citons aussi *Théodosia*, ouvrage des Génois; *Pérékop*, enceinte bastionnée; *Eupatoria*, surnommée la cité des brasseurs, et rappelons que la Crimée, par son antique rtilité, était appelée : « le grenier de Mithridate. »

« Par suite des nations différentes qui ont successivement envahi ou conquis la Crimée, écrit un voyageur, chaque ville est frappée d'un cachet à elle, souvenir de l'époque et de la race qui l'ont fondée : aucune ne ressemble à la ville voisine. Parfois, dans la même enceinte, deux villes, l'une vieille et l'autre neuve, l'une grecque ou russe et l'autre turque ou tartare, ont été bâties à se toucher, mais sans se confondre »

Anglais envoyaient le général Brown avec des officiers supérieurs de l'artillerie et du génie.

LXXII. — « Je suis entre deux projets, écrit le maréchal à l'issue de cette grave conférence, tous deux contrariés par l'inaction de l'Autriche qui laisse libres les mouvements de la Russie. L'un, c'est Sébastopol et la Crimée qu'il faudra toujours finir par prendre, et dont la possession sourit plus encore à l'Angleterre qu'à la France ; mais débarquer en Crimée et faire le siége de Sébastopol, c'est une campagne tout entière, ce n'est pas un coup de main ; il faut d'énormes moyens et être sûr du succès. »

Puis, jugeant lui-même les difficultés et les obstacles, ainsi qu'il l'avait fait dans la conférence, en face de ses collègues, il ajoute :

« En nous supposant débarqués, et l'on débarque presque toujours, il nous faudra peut-être plus d'un mois de siége pour prendre Sébastopol parfaitement défendu. Pendant ce temps-là les secours arrivent ; et j'ai deux, trois batailles à livrer.

« Il est facile de dire : Allez vous emparer de Pérékop et fermez le passage ; mais il faut mener des troupes à Pérékop, où l'on ne débarque pas, faute d'eau pour les gros bâtiments. — De plus, Pérékop est mortel !... Puis, il faudra fortifier cette position, la rendre imprenable pour les Russes : les travaux finis (et ils coûteront du monde), nous les ferions défendre par les Turcs. — C'est le lot que Silistrie leur assigne dorénavant.

« Néanmoins, malgré toutes les difficultés, les obstacles, le manque de moyens et de temps, Sébastopol me sourit tellement, que je n'hésiterais pas, s'il y a apparence de réussite, et je m'y prépare. J'attends ce soir, ou demain le retour de la commission spéciale que j'ai envoyée reconnaître et étudier à fond la possibilité et le point de débarquement (1). »

Telles étaient les appréciations, l'on pourrait presque dire, les appréhensions du général en chef de l'armée française, alors qu'il calculait toutes ses ressources, pesait toutes ses chances et activait les préparatifs de cette importante expédition.

LXXIII. — « L'autre projet, écrit le maréchal à la même date, a son mérite ; il présente de bons résultats, sans faire craindre aucune mauvaise chance, que celle d'une absence de vingt jours de Varna, absence cependant, pendant laquelle le désir dangereux d'Omer-Pacha d'aller en avant, peut nous créer de sérieux embarras

« Ce projet consiste à aller se jeter sur Anapa et Soudjac-Kalé qui sont défendus par 20 000 Russes que l'on peut cerner et prendre. J'attaque Anapa et Soudjac-Kalé en même temps. Double débarquement au nord et au sud ; j'ai fait reconnaître la plage et les forts : rien de plus aisé, surtout avec les préparatifs considérables faits pour Sébastopol, et qui me serviraient.

« De plus, ce qui rend l'affaire fort importante au

---

(1) Lettre du maréchal à S. E. le ministre de la guerre.— 27 juill., Varna

point de vue politique, le lieutenant de Shamyl, Naïb-Pacha, est ici à Varna, avec cinquante chefs circassiens ; il vient m'offrir, si je descends en Circassie avec une armée, de soulever toutes les tribus, et de mettre à ma disposition quarante mille fusils pour couper la retraite aux Russes et les détruire ; c'est bien tentant (1). »

LXXIV. — Comme personne n'ignore de quel poids l'opinion personnelle du maréchal a pesé dans la ba-

---

(1) Le 25, il était arrivé à Varna une députation de chefs circassiens, parmi lesquels le beau-frère de Shamyl, son premier lieutenant.

Ce sont de magnifiques guerriers, de superbes et intelligentes physionomies respirant le courage et l'énergie.

L'on peut conclure des différents entretiens qui ont eu lieu, que ces tribus et leur chef fondent sur nous de grandes espérances pour les soutenir dans leur guerre d'indépendance. « Leur ambition, répètent-ils, serait de nous voir au milieu d'eux. »

Leurs paroles, comme disent les Arabes, sont lourdes de promesses, mais, ce dont ils se gardent bien de parler, c'est de l'anarchie qui règne entre les différentes tribus et ceux qui les commandent. Chacune veut agir isolément, tout en concourant au but commun, et ne reconnaît que difficilement l'autorité d'un chef suprême.

Le maréchal a ordonné, en leur honneur, une revue des régiments de cavalerie campés à Varna. L'admiration se lisait dans leurs yeux devant l'élan, la précision, l'ensemble de nos manœuvres.

Leurs costumes, leurs fières allures, la robuste énergie de leurs traits ont produit aussi parmi nos soldats le plus grand effet. On sent que cette race d'hommes est née pour l'indépendance et la lutte ; leurs physionomies ont le cachet âpre et sauvage de leurs montagnes. Ils montaient des chevaux barbes avec une excessive dextérité, et se servaient, pour les conduire, d'un filet si léger, que l'on eût pu croire, à tout instant, qu'il allait se rompre sous leurs doigts.

Ils font la guerre un peu à la manière des barbares. Lorsque des prisonniers russes tombent en leur pouvoir, ils les offrent, moyennant rançon, aux généraux russes ; si ceux-ci hésitent en raison de la somme demandée, ils décapitent aussitôt impitoyablement leurs captifs, et disent qu'il est indispensable d'avoir, de temps en temps, recours à ce moyen, pour maintenir les rançons à un prix raisonnable.

lance des décisions qui se sont prises, et des événements qui se sont passés, il est d'un intérêt puissant et réel d'écouter le langage de cette opinion; c'est de l'histoire, et de l'histoire vraie, ce qui est difficile et rare.

Quoique la résolution du conseil eût été tenue secrète, chacun devina l'importance de l'entretien, à la durée de la conférence, qui fut de trois à quatre heures.

« De graves conseils s'agitent, écrivaient des officiers, en date du 19; les amiraux ont passé la journée ici, et le mot de Crimée se répète tout bas. »

Dans les camps, les secrets sont difficiles à garder. Ce fut d'abord un vague murmure qui se répandit dans l'armée; mais les impatiences le dévoraient et en faisaient déjà une réalité. Les bâtiments étaient partis, emportant les membres de la commission pour la difficile et périlleuse exploration dont ils sont chargés; car il ne faut plus agir sur l'inconnu, s'en tenir à des données incertaines, approximatives; c'est du rapport de cette commission que doit ressortir le véritable point d'attaque. — Aussi avec quelle impatience son retour est-il attendu! A Baltchick, des ordres sont donnés pour que l'arrivée des bâtiments soit immédiatement signalée au grand quartier général.

Les explorateurs reviennent le 28 juillet.

LXXV. — Le conseil s'assemble aussitôt sous la présidence du maréchal de Saint-Arnaud.

Les généraux Canrobert, Martimprey, sir G. Brown et l'amiral Lyons, sont appelés dans son sein.

Ils rendent compte de leurs opérations; leur rapport est clair, net, précis.

La commission s'est approchée des côtes assez près pour que des boulets russes atteignissent son bâtiment; elle a étudié dans son ensemble et dans tous ses détails la configuration du terrain, en conservant les limites qui lui avaient été assignées avant son départ, 3 lieues environ au sud ou au nord de Sébastopol.— Dans ces conditions, la Katcha est le point qu'elle détermine d'un avis unanime, comme offrant le plus de sécurité et les chances les plus favorables à un débarquement; elle n'avait à se prononcer sur aucune autre question (1).

LXXVI. — A peine revenu de son aventureuse exploration, le général Canrobert, dont l'activité est infatigable, monte sur *le Cacique* pour aller rejoindre sa division et prendre la direction de l'expédition dans la Dobrutscha.

C'est le 29 juillet. — Au moment où il va s'embarquer, chacun voudrait lire dans ses yeux ce qui a été définitivement résolu avant son départ. De tous côtés des questions lui sont adressées : *Alea jacta est*, sont les seuls mots qu'il jette en passant à ceux qui l'inter-

---

(1) *Lettre du maréchal. — Varna, le 29 juillet.*

« Tous ces hommes distingués, spéciaux, ont bien vu, bien étudié, et tous déclarent que le débarquement est possible sans témérité, et doit réussir, si les troupes sont vigoureuses, les mesures bien prises et les ressources suffisantes. »

rogent, et le navire l'emporte vers sa pauvre division qu'il devait trouver si cruellement frappée.

CHAPITRE VII.

LXXVII. — Cette reconnaissance armée dans la Dobrutscha a donné lieu à de terribles récriminations. Les résultats, en effet, en ont été tristes et désastreux ; au lieu de fuir l'épidémie, on allait à sa rencontre ; au lieu de lui arracher des victimes, on lui apportait un aliment nouveau (1).

Le choléra commençait, nous l'avons dit, à exercer dans l'armée de sérieux ravages. L'immense agglomération d'hommes sur un même point, une chaleur insupportable, d'affreuses exhalaisons, provenant des immondices dont les rues de Varna étaient remplies malgré les ordres les plus sévères, tout faisait craindre que ce ne fût le prélude d'une épidémie terrible et générale.

« Le duc d'Elchingen nous a été enlevé en douze heures, » écrivait le maréchal qui ignorait alors la mort du général Carbuccia, « tirons de cette cruelle perte un avertissement. »

---

(1) Nous avons sous les yeux tous les documents de cette expédition, les lettres du maréchal, les correspondances relatives à ce fait, ainsi que le journal des divisions. De plus, nous nous sommes renseignés auprès du général Yusuf et du général Espinasse qui ont bien voulu, avec une obligeance dont nous leur sommes très-reconnaissant, entrer dans de grands détails au sujet de cette opération.

LXXVIII. — Des reconnaissances anglaises et françaises avaient exploré la Dobrutscha et fouillé le pays.

Le colonel Desaint est de retour, ayant parcouru, de la mer au Danube, tout le territoire situé entre Kustendjé, Czernavoda et Hirsowa. Le rapport du colonel était très-positif ; il y avait encore dans la Dobrutscha 10 000 Russes environ et trente-cinq pièces de canon (1).

Le maréchal résolut donc d'utiliser en cette circonstance les spahis d'Orient, et de pousser une vigoureuse pointe, en faisant appuyer les mouvements de cette cavalerie par les trois divisions échelonnées, et prêtes à se porter en avant au premier signal.

Outre le but militaire que se proposait cette petite excursion qui devait inquiéter l'ennemi par une diversion, le maréchal y voyait l'avantage de déplacer ses troupes éprouvées par l'épidémie, de les enlever à l'influence pestilentielle qui les décimait, de remonter leur moral en les arrachant à une inaction funeste, et de les préparer, par quelques marches et par d'utiles fatigues, aux événements ultérieurs.

LXXIX. — Le 19 juillet, le maréchal fit appeler le général Yusuf qui venait de terminer l'organisation des

(1) *Extrait d'une lettre du maréchal au général Yusuf.*

« Ces 10 000 hommes étaient divisés entre Matschin, Matihe, Toutcha et Babadagh. La cavalerie, composée de deux régiments de hussards et de 1000 à 1200 Cosaques, se trouvait autour de Babadagh, et, à 3 lieues en avant, dans la direction de Kustendjé et du lac. »

spahis d'Orient, et avait réuni un effectif de trois mille chevaux.

Il lui confia le secret du projet de débarquement en Crimée, arrêté dans la conférence du 18.

« Avant de tenter cette grande opération, lui dit-il, il faut que vous marchiez avec vos 3000 hommes contre les Russes, qui se trouvent sur la rive droite du Danube, aux environs de Babadagh, à 45 lieues de Varna. Vous serez suivi dans cette diversion par les trois divisions échelonnées, et vous trouverez à Kustendjé les deux bataillons de zouaves commandés par le colonel Bourbaki, auquel je prescris de déférer aux ordres que vous pourriez avoir à lui donner. Vous vous arrangerez de manière à être de retour à Varna le 4, pour pouvoir vous embarquer le 5 pour la Crimée. »

Le général s'occupa donc immédiatement des préparatifs de son départ, et le 22, il quittait Varna (1).

---

(1) La rapidité avec laquelle cette petite colonne devait effectuer sa marche ne permettant pas d'établir de dépôt intermédiaire, elle dut emporter, pour gagner Kustendjé, quatre rations de biscuit et trois rations d'orge par cavalier.

« Je dirige par mer sur Kustendjé, écrivait le maréchal au général Yusuf les vivres et l'orge nécessaires pour vous ravitailler et pour vous porter en avant. Ils sont calculés en biscuit et en orge sur un effectif de 4000 hommes et de quatre mille chevaux, pendant douze jours, ce qui doit suffire à la durée de votre opération et à votre retour.

« Après-demain 21, la 1re division, avec un escadron du 1er hussards, se mettra en marche. La 2e brigade s'arrêtera à Mangalia; la 1re brigade poussera en avant le 1er régiment de zouaves jusqu'à Kustendjé, où il arrivera le 26. Les trois autres bataillons de cette 1re brigade se porteront à mi-chemin de Mangalia à Kustendjé. Vous serez en mesure de vous faire appuyer par ces troupes; le 1er régiment de zouaves se portant au besoin à deux marches en avant, vers Sitiskoï, et les trois autres bataillons s'avançant jusqu'à Kustendjé. »

LXXX. — Les instructions du maréchal étaient claires, ses ordres précis.

« Vous êtes prévenu, lui disait-il, prenez vos précautions ; entendez-vous avec Espinasse ; faites votre coup de main rapidement et vigoureusement ; nous n'avons pas de temps à perdre dans la Dobrutscha, et de plus grandes choses nous attendent autre part. Vous examinerez tout ; et s'il y a quelque chose à faire, je suis sûr que vous le ferez (1). »

Le général Espinasse, qui commandait par intérim la 1re division en l'absence du général Canrobert, en reconnaissance sur les côtes de Crimée, avait reçu du maréchal des instructions analogues, lui prescrivant de faire partir sa division, le 21 au matin, pour Mangalia et Kustendjé (2).

(1) Lettre du maréchal au général Yusuf. — Varna, 24 juillet.

(2) *Journal de la 1re division.*

« Le 19 juillet, le maréchal envoie des ordres par lesquels le commandement de la division est dévolu au général Espinasse, et qui prescrit que la division doit partir, le 21 au matin, pour Mangalia et pour Kustendjé.

« Les troupes prennent des vivres d'ordinaire pour quinze jours.

« Le 21, à quatre heures et demie, départ.

Journal de la 2e division.

« Le 19 juillet, à huit heures du soir, le général reçoit l'avis que la division se mettra en mouvement le 22, pour appuyer, avec la 1re et la 3e division, un mouvement de reconnaissance des spahis d'Orient dans la Dobrutscha. La division doit se rendre en deux jours à Bajardjik, s'installer sur ce point, et détacher des bataillons sur les routes de Silistrie, de Rassowa et de Mangalia. Ces troupes emporteront quatre jours de vivres dans le sac, deux jours d'orge sur les chevaux, et seront suivies de trois cent soixante-dix arabas chargés du complément de dix jours de toute nature. »

La 2ᵉ division se mettait également en marche, le 22 à quatre heures du matin, ayant à sa tête le général Bosquet. Elle devait se rendre en deux jours à Bajardjik, s'y installer et détacher des bataillons sur les routes de Silistrie, de Rassowa et de Mangalia.

La 3ᵉ division, commandée par S. A. I. le prince Napoléon, quittait son bivouac le 23.

Le point extrême de la marche était Kustendjé, où la 1ʳᵉ division devait établir son camp, prêt à soutenir la colonne du général Yusuf qui se portait à une ou deux marches de ce point.

LXXXI. — Le 23, le maréchal adressait au général Espinasse un extrait du rapport du colonel Desaint.

« L'importance de ces renseignements, lui disait-il, sur les forces en cavalerie des Russes au fond de la Dobrutscha ne vous échappera pas; je fais à M. le général Yusuf la même communication, et je lui répète que son opération doit conserver le caractère d'une reconnaissance rapide, dont le meilleur résultat serait d'attirer l'attention de l'ennemi de ce côté, et de lui faire craindre un mouvement dirigé sur la ligne de retraite de Valachie. L'enlèvement de quelques avant-postes rendrait ce succès aussi satisfaisant que possible. Il importe de ne rien risquer en voulant faire plus. Telles sont mes dernières instructions. Le général Yusuf arrive le 26 à Kustendjé. Le 1ᵉʳ régiment de zouaves et les vivres y seront rendus le 25 au matin ; faites appuyer promptement sur ce point les trois autres bataillons de votre 1re brigade, avec les deux batteries d'artillerie de la 1re division, et poussez votre 2e brigade jusqu'à Kustendjé, pour être en mesure de bien soutenir le colonel Bourbaki, et définitivement le général Yusuf aux demandes duquel vous devrez déférer dans cet objet (1). »

Le général Bosquet recevait en même temps l'ordre d'avancer sur Mangalia en quittant Bajardjik, où la 3e division devait venir le remplacer.

LXXXII. — Les lettres du maréchal aux deux généraux se succédaient rapidement. Il semblait craindre que ses intentions n'eussent pas été bien comprises, que l'on n'osât trop, ou que l'on n'osât pas assez.

« Prenez bien vos mesures, répétait-il, vous êtes prévenu de la possibilité de trouver des forces plus considérables que celles que vous attendez. L'important est de bien soutenir Yusuf, pour qu'il ne lui arrive rien. — Je lui écris d'être « rapide, vigoureux et prudent. »—Ne perdez pas de vue, que vous ne pouvez rester longtemps dans la Dobrutscha; vous ne devez qu'y paraître, connaître l'ennemi, tâcher d'enlever quelques postes, et, une fois votre présence éventée, vous retirer et retourner sur vos pas dans les environs de Mangalia, où vous recevrez des ordres.

« Songez que nous avons des choses plus importantes à faire très-prochainement. Les trois divisions doivent

---

(1) Lettre du maréchal au général Espinasse. — Varna, 23 juillet.

être échelonnées entre Baltchick, Bajardjik et les camps, le 5 août. — Réglez-vous là-dessus, et dites-le au général Yusuf (1). »

Les lettres adressées au général Yusuf, qui avait le commandement de cette expédition, étaient écrites dans les mêmes termes, avec la même insistance, la même fièvre de style.

Tout était prévu, excepté ce qui devait arrêter ces troupes impatientes de combattre, le choléra, ennemi mortel, insaisissable, qui plane sur toutes les armées.

Sans doute, le maréchal comptait, d'une part, sur la marche, de l'autre, sur la proximité de la mer du gros des troupes, pour éviter les funestes influences de ce climat pestilentiel, « où il suffit, dit un voyageur, de remuer la terre pour en faire sortir les fièvres les plus pernicieuses. »

LXXXIII. — Il est intéressant de suivre, à travers ce pays, la marche de notre armée, qui devait marquer par des tombes les traces de son rapide passage (2).

---

(1) Lettre du maréchal au général Espinasse. — Varna, 24 juillet.

(2) *Diverses étapes jusqu'à Kargalic.*

N^{os}	Kil.		1854.	N^{os}	Kil.		1854.
1		Franka.....	21 juillet	6	30	Mangalia...	25-26 juillet
2	20	Kapacle.....	21 —	7	22	Orlikeuï...	27 —
3	24	Baltchick...	22 —	8	20	Pallas.....	28 —
4	20	Kavarna....	23 —	9	33	Kargalic...	29 —
5	26	Kilibekeuï...	24 —				

Nous accompagnerons la 1re division, celle qui est partie la première et a été la plus cruellement éprouvée.

Aux environs de Varna, jusqu'à 10 lieues de parcours environ, on traverse des forêts; puis ensuite, plus un arbre, plus un ravin; tout au plus, à de grandes distances, des dépressions de terrain où croupissent des eaux marécageuses. L'œil plonge dans les horizons les plus reculés sans y rien rencontrer; pas un ruisseau d'eau vive ne sillonne ce pays désolé. Ce ne sont que plaines immenses, unies, couvertes de longues herbes, de chardons, de plantes de toute nature; — herbes ou fleurs sauvages arrivaient à la ceinture des soldats, et souvent tellement serrées, que leur marche en était ralentie; — c'est la seule végétation de ces steppes qui s'étendent à l'infini, et au milieu desquels s'élèvent de temps à autres des débris de tumulus, vestiges presque effacés de la vie qui animait jadis ces contrées, aujourd'hui désertes et silencieuses.

A mesure que l'on dépasse Kavarna, où la division avait établi son bivouac le troisième jour, les villages, devenus plus rares, se composent de quelques misérables huttes en pierres sèches, où se sont réfugiées des familles bulgares qui s'enfuient à notre approche, emportant avec elles, dans leurs bras et sur des arabas à demi brisés, tout ce qu'elles possèdent. La famille entière se groupe autour du père, qui ose à peine retourner la tête pour regarder avec effroi *la ville immense,* c'est-à-dire le camp français qui s'est élevé soudain dans cette plaine, où le matin paissaient en liberté leurs bœufs et leurs bestiaux.

LXXXIV. — Le 25, la colonne arriva à Mangalia, après avoir traversé quelques plaines couvertes de moissons, puis des landes tapissées, comme les journées précédentes, de longues herbes au milieu desquelles la colonne traçait son large chemin. — Mangalia est ruiné, abandonné. Parmi les débris, on apercoit encore quelques maisons, dont les habitants épouvantés ont fui vers le sud ; mais la ville a, pour ainsi dire, disparu sous les broussailles et les ronces qui ont envahi ses rues désertes.

Les troupes bivouaquèrent à la droite des spahis d'Orient et du régiment de lanciers turcs. — Ce fut là, que le général Yusuf, qui avait quitté Varna le 22, se rencontra avec le général Espinasse et s'entendit avec lui.

LXXXV. — La colonne quitta Mangalia le 26, à quatre heures du soir, et traversa encore de longues plaines sans fin, sur lesquelles le soleil dardait ses ardents rayons.

Autour d'elle étaient couchées des ruines, des morceaux de colonnes antiques, des cimetières dont les pierres blanches, semées çà et là, semblaient des fantômes de la vie passée. — Aujourd'hui de grands aigles et des vautours y promènent seuls leur ombre mouvante, ou, perchés silencieusement, se tiennent immobiles sur les plus hauts tumuli.

LXXXVI. — Le 27, les troupes, qui n'étaient plus qu'à une marche de Kustendjé, établirent leur camp le long de deux mamelons.

Au bas de ces mamelons, se trouvait un marais; et autour de ce marais, des sources fraîches et limpides qui serpentaient. — La route qui longe le bord de la mer a toujours le même aspect; des herbes touffues, des tombes, des maisons formant parfois un pauvre hameau, des eaux stagnantes, de hautes broussailles. Quelques troupeaux de chevaux sauvages, et des bandes d'oies qui s'élèvent des lacs avec des cris perçants, sont les seuls êtres qui attestent que la vie est possible dans ces tristes régions. — Puis, çà et là, des villages détruits, brûlés, dévastés par l'ennemi. La place des maisons se reconnaît aux monceaux de pierres; les jardins, les chemins disparaissent sous une sauvage végétation, et les rares puits sont comblés ou infectés par des corps humains jetés pêle-mêle avec ceux des animaux; — les ravageurs sont les Russes et ces hordes indisciplinées venues de l'Asie.

En approchant du vallon où est la muraille de Trajan, un violent orage éclata tout à coup; le ciel devenu sombre, apporta à ce lieu désert une nuit subite que les éclairs sillonnaient de leurs rais enflammés; puis ces nuages lourds, sinistres, s'entr'ouvrirent tout à coup et se répandirent en torrents. — Dans ces lieux inhabités, au milieu de ce vaste désert qui ne portait que les traces de la ruine et de l'oubli, cet orage avait quelque chose de saisissant.

A trois heures et demie, on arriva au bivouac de Kustendjé, près du lac de Pallas, où la tête de colonne de la division Espinasse vint asseoir son camp, à environ 1 lieue de la ville.

Kustendjé, comme toutes les villes turques de la Dobrutscha, n'est plus qu'un amas de ruines, ruines récentes, débris fumants encore, que les Cosaques ont laissés derrière eux ; tout y est bouleversé, confus, ravagé, écrasé, brisé.

LXXXVII. — Le même jour où la division prenait son dernier campement, l'avant-garde de la petite colonne du général Yusuf se trouvait en présence de la cavalerie russe. Un engagement sans grande importance eut lieu ; puis l'ennemi se retira, laissant une vingtaine de morts. Dans ce combat, le capitaine du Preuil, avec une trentaine de bachi-bouzouks, fut cerné par un escadron de lanciers russes : son cheval fut tué ; lui-même reçut neuf coups de lance ; mais les hommes qui l'entouraient se battirent vigoureusement et le dégagèrent.

« C'était la première fois que je les voyais au feu, écrivit le général Yusuf, et je fus tellement content d'eux, que le lendemain je résolus de me porter plus en avant, et d'attaquer l'ennemi énergiquement. »

Sachant que des forces importantes étaient partagées sur différents points, il faisait savoir au général Espinasse : « que ses avant-gardes avaient des Cosaques devant elles, que trois régiments russes étaient dans les environs, qu'il marchait à leur rencontre avec 1200 zouaves, quatre pièces de canon et sa cavalerie, et qu'il le priait de venir à lui avec sa division. »

Le général Espinasse n'hésita pas à se porter en avant, pour rejoindre la colonne engagée et être prêt à tout événement, si des forces supérieures se trouvaient concentrées sur ce point.

LXXXVIII. — Le lendemain en effet, à Karnasani, au nord de Kustendjé, pendant que le général Yusuf essayait en vain d'attirer sur sa droite des Cosaques réguliers, un combat sérieux s'engageait entre eux et deux régiments de bachi-bouzouks commandés par deux officiers français. Après une courte lutte de masse à masse, les Cosaques battirent en retraite mais avec ordre, ne cédant le terrain que peu à peu. Cette fois encore, les bachi-bouzouks se battirent énergiquement, et ce fut à grand'peine que le commandant Magnan et le capitaine de Sérionne les empêchèrent de poursuivre l'ennemi qui se repliait sur Babadagh.

Le général avait résolu de tomber à l'improviste par une marche de nuit sur le gros des troupes réuni aux alentours de Babadagh; mais au moment où, à six heures du soir, l'ordre du départ fut donné, 500 hommes restèrent étendus sur le sol et ne purent se relever. Le choléra s'était abattu comme la foudre sur la colonne expéditionnaire. — A huit heures, il y avait déjà 150 morts et 350 agonisants. C'était un affreux spectacle, bien propre à briser les cœurs les plus affermis. Il ne s'agissait plus de combattre, de chercher un ennemi, sans cesse disparaissant devant soi, mais bien d'échapper au fléau.

LXXXIX. — La colonne du général Espinasse, qui s'était avancée jusqu'à Kargalik, avait été frappée comme celle du général Yusuf : morts et mourants étaient entassés sous les tentes. — L'ennemi n'avait pas paru, et des cadavres jonchaient le sol de tous côtés; les fosses se creusaient, les terres remuées répandaient à l'infini des émanations pestilentielles ; souvent les bras qui creusaient le sol, s'arrêtaient avant d'avoir fini leur œuvre, et celui qui tenait la pioche, s'étendait silencieusement, pour ne plus se relever, sur le bord de la fosse entr'ouverte. Ceux qui vivaient encore étaient chargés sur des chevaux ou portés à bras par les soldats; les attelages d'artillerie étaient encombrés de malades.

Cette nuit fatale fut la nuit du 30 juillet.

Le lendemain, les deux colonnes se rencontrèrent, et la 1re division vit défiler le triste cortège du général Yusuf qui regagnait Kustendjé avec ses troupes, emportant ses malades sur les chevaux de ses cavaliers; affreux et triste spectacle ! La maladie avait courbé la tête des plus intrépides.

Ne pouvant mutuellement se secourir, il fallait éviter toute agglomération d'hommes. La colonne passa sans s'arrêter et continua sur Mangalia, laissant, comme de funestes étapes, des fosses qui indiquaient le chemin.

XC. — La division du général Espinasse regagnait, de son côté, son bivouac de Pallas, où elle avait conservé un bataillon avec les sacs de l'infanterie et une section d'ambulance et les impedimenta.

Le 31, toute la division réunie évacuait ses malades sur Kustendjé, où le vapeur *le Pluton* les recueillait (1).

Tous les corps étaient frappés indistinctement. Le général décida que le lendemain on partirait pour se reporter sur Varna ; mais dans la même journée, à dix heures, le général Canrobert arrivait sur *le Cacique*.

XCI. — De toutes parts, dans ce camp décimé, des acclamations s'élèvent ; les mourants veulent se relever pour aller au-devant de leur général ; car il semble toujours aux malheureux, que tout événement nouveau doit apporter une amélioration à leurs souf-

---

(1) *Ordre de la Division.*

« Dans cette circonstance difficile les deux bataillons d'arrière-garde, le 9ᵉ bataillon de chasseurs et le 1ᵉʳ bataillon du 27ᵉ de ligne, n'hésitèrent pas à confectionner des brancards avec leurs sacs de campement, d'y établir leurs camarades frappés de la maladie qu'ils portèrent pendant plusieurs heures, sans même abandonner les armes et les sacs de ceux qui avaient succombé dans la journée précédente.

« Le général commandant provisoirement la division porte avec plaisir à la connaissance des troupes ces actes de dévouement et de fraternité....

« Il témoigne en particulier sa satisfaction, à M. le commandant Nicolas et à M. le colonel Vergé, pour le dévouement qu'ils ont développé en cette circonstance.

« Bivouac de Pallas, 31 juillet,
« Général ESPINASSE. »

frances; en outre, peu de généraux ont été aimés des soldats comme l'est le général Canrobert.

Quel funèbre tableau s'offrit à ses yeux! De tous côtés sous les tentes-abris étaient étendus des fiévreux. De toutes parts, on entendait des gémissements, la mort glanait indistinctement dans tous les rangs. C'est ainsi qu'il la retrouvait, sa belle division, si fière, si martiale, et qu'il avait quittée pleine d'animation, de vie, de bouillante ardeur.

Sans prononcer un mot, il joignit les mains, et les officiers qui l'entouraient, virent des larmes rouler dans ses yeux. Puis il se mit à parcourir le camp, parlant aux uns, relevant le courage des autres, ranimant les malades par l'espoir de prochains combats, se penchant sur tous ceux qui allaient mourir.

XCII. — Le fléau continue à frapper; il redouble, il augmente ses coups. Dans la nuit et dans la matinée, plus de 800 malades sont évacués successivement sur Kustendjé avec tous les chevaux et mulets du corps des officiers de l'artillerie.

Le 1er août, à six heures et quart, la division quitte le camp de Pallas, emportant, hélas, avec elle la mort dans ses entrailles.

Le 2 août, l'épidémie a tellement augmenté d'intensité, le nombre des malades est devenu si considérable, que les cacolets, les litières et les arabas ne peuvent suffire; on emploie à ce triste usage les chevaux de main et les mulets des généraux et des officiers.

Le général Canrobert dans la Dobrutscha.

Chose étrange, et dont on a peine à se rendre compte, les vivres manquent. Le général Canrobert a fait demander à Varna, par le bâtiment qui emportait ses malades, que les vivres, dont il a un besoin urgent, lui soient envoyés à Mangalia.

XCIII. — Dans la nuit, le capitaine Mancel (1) est expédié pour requérir du général Yusuf, qui a les devants, des moyens de transport et de subsistance.

Le général Espinasse lui-même, atteint par le fléau, reste en arrière avec un régiment, pour garder les malades qui n'ont pu être transportés. Chaque jour, le tableau de tant de misères devenait plus

---

(1) Le général Yusuf rend compte ainsi lui-même, dans un écrit qu'il nous a communiqué, de l'arrivée du capitaine Mancel :

« Le capitaine Mancel, aide de camp du général, marcha toute la nuit pour m'atteindre et me demander de faire tous les sacrifices possibles, afin d'envoyer des vivres et des moyens de transport à la colonne.

« Je fus, je l'avoue, atterré d'une telle nouvelle. Comment en effet retourner vers le fléau qui nous décimait, avec des bachi-bouzouks qui étaient regardés, quelques jours auparavant, comme indomptables et incompatibles à nos mœurs ! Il n'y avait pas de temps à perdre ; je réunis tous les bachi-bouzouks, je leur fis le tableau de la malheureuse situation où se trouvait la colonne qui perdait ses enfants pour venir sauver leur religion et leur pays, et à laquelle il fallait à tout prix porter des vivres et des moyens de transport. La réponse fut nette et claire : « Nous ne leur porterons pas les vivres sur nos chevaux, mais sur nos épaules. » Heureusement des vivres venaient d'être débarqués à Mangalia ; six cents chevaux furent chargés instantanément, et les officiers français en tête (car ceux-là on les trouve toujours), le commandant Magnan, le commandant Abdelal, du 4ᵉ chasseurs d'Afrique, le capitaine Faure, mon aide de camp, le capitaine de Serionne, tous chargèrent leurs chevaux, et, la bride en main, on fit 6 lieues à pied pour rejoindre la colonne. »

cruel, plus accablant, mais le courage de ceux que le mal n'atteignait pas, ne faillit point un seul instant.

Le capitaine Mancel avait rejoint le général Yusuf, et celui-ci expédiait aussitôt un régiment de lanciers turcs avec tout ce dont il pouvait disposer en vivres et en moyens de transport; — ce régiment atteignit la division, un jour avant son arrivée à Mangalia.

Un escadron continua sa route pour aller retrouver les cholériques laissés en arrière avec le général Espinasse; mais la plupart ne pouvant être transportés sur les chevaux, le général Canrobert les envoya chercher par des arabas.

XCIV. — Enfin la division entière est réunie à Mangalia (1). Les spahis d'Orient continuent leur route sur Varna.

---

(1) Bien que le choléra continuât à frapper sans relâche cette belle division qui semblait, selon la douloureuse expression d'un témoin oculaire, « s'être fondue sous la main de Dieu, » le général Canrobert, pour relever, encourager les esprits, publia cet ordre du jour empreint des plus nobles et des plus mâles sentiments :

« Le fléau qui depuis dix jours n'a cessé de peser sur nos rangs a à peu près disparu. La Providence, en vous l'envoyant, a voulu éprouver votre courage, votre résignation; ces vertus de l'homme de guerre ont été chez vous au-dessus du mal, dont il lui a plu de vous frapper. A l'exemple de vos pères à Jaffa, vous avez montré devant le choléra le même front serein qui rendit les glorieux vainqueurs des Pyramides et de Monthabor encore plus grands devant la peste, qu'ils ne l'avaient été devant l'ennemi, et attira sur eux l'admiration de l'histoire.

« Je vous remercie, mes camarades, de votre dévouement. J'en rends compte à votre général en chef, dont la sollicitude vous suit, et qui, après avoir pourvu à vos besoins, m'écrivait : « Je vous loue du
« calme et de l'ordre qui ont régné dans votre colonne au milieu des

« L'ambulance, » dit le journal de la division, « ne peut suffire, même avec des auxiliaires, au nombre des malades. Pour les soigner, chaque corps envoie un détachement avec un officier et deux sous-officiers ; les cholériques sont classés par corps, installés sous leurs petites tentes, et soignés avec le plus grand dévouement par leurs camarades. »

Bientôt des bâtiments arrivent, les cholériques et les malades, au nombre de deux mille environ, y sont transportés (1).

La partie valide reprend sa marche de bivouac en bivouac, et rejoint son campement.

La 2ᵉ et la 3ᵉ division étaient retournées à Varna, atteintes aussi par l'épidémie, mais ayant moins souffert que la colonne du général Yusuf, et la 1ʳᵉ division.

« circonstances difficiles, où se révèle la véritable valeur de ceux qui
« commandent et de ceux qui obéissent. »

« Chefs et soldats, vous avez été ce que vous serez toujours, les enfants d'élite de la France : fermes devant le danger, sous quelque forme qu'il se présente, et sans cesse prêts à donner à votre patrie et à notre Empereur une existence qui leur appartient et qui est entre les mains de Dieu.

« Sous peu, nous aurons gagné des contrées saines, où votre santé sera complètement rétablie, et, après les regrets donnés à nos compagnons qui ont succombé, il ne nous restera plus de ces mauvais jours que le souvenir des vertus qu'ils ont fait ressortir en vous, vertus qui font l'orgueil et la consolation de votre général, et sont le sûr garant de vos prochains succès contre l'ennemi.

« Bivouac de Mangalia, 7 août. « CANROBERT. »

(1) Le 9, du bivouac de Tchabla, le général Espinasse et le lieutenant-colonel de Senneville, chef d'état-major du général Canrobert, tous deux gravement atteints, ont dû être évacués sur *le Vauban*.

XCV. — Tel est le récit exact, dans toutes ses parties et dans tous ses tristes détails, de cette douloureuse expédition, qui fit tant de victimes en si peu de jours.

Comme tous les événements désastreux, celui-là a soulevé contre les chefs de terribles accusations. « La fatigue des troupes, disait-on, les marches forcées dans cette contrée malsaine, par des chaleurs accablantes, avaient été la cause du mal qui avait ravagé leurs rangs. Il fallait prévoir, deviner, pressentir. »

Hélas! les forces et les prévisions de l'homme sont bien impuissantes contre cet implacable fléau dont Dieu seul dispose.

CHAPITRE VIII.

XCVI. — Pendant que le choléra sévissait si cruellement sur nos troupes dans les plaines de la Dobrutscha, il continuait et augmentait ses ravages à Varna.

Chaque jour semblait lui fournir un aliment de plus. Outre les hôpitaux, des ambulances en plein air étaient construites de tous côtés; et pourtant, les abris manquaient au chiffre toujours croissant des malades.

Bientôt les navires venus de Kustendjé et de Mangalia débarquèrent les cholériques de la division Canrobert, sur laquelle il semblait qu'un souffle de peste avait passé.

Ce fut un lugubre cortége qui traversa les rues de Varna et vint encombrer les ambulances, déjà insuffisantes.

La 2ᵉ et la 3ᵉ division apportaient aussi leur triste tribut. — La flotte elle-même, est déjà atteinte et le choléra sème de malades et de mourants les cadres des navires; mais l'espérance d'entrer bientôt en campagne soutient les cœurs, relève les courages. C'est au milieu de cet aspect de mort, au milieu de la contagion qui frappe, que se font les préparatifs de la prochaine expédition; l'artillerie s'exerce à embarquer et à débarquer son matériel sur des chalands de nouveau modèle, construits à Constantinople. Les projets du général en chef ne sont plus un secret pour personne : les mots Crimée, Sébastopol, courent dans toutes les bouches.

« Je soutiens tout le monde, écrit le maréchal avec un sentiment de profonde désolation, mais j'ai l'âme brisée.

« Voilà où nous en sommes; volonté d'agir, moyens préparés, et Dieu qui nous frappe dans notre orgueil, en envoyant un fléau plus fort que la résistance humaine. »

XCVII. — De grandes tentes-hôpitaux ont été établies sur les hauteurs de Franka au sommet des collines, où l'air plus vif que l'on y respire doit être un puissant auxiliaire contre l'épidémie : des renforts de médecins et d'infirmiers arrivent, des sœurs de charité appelées de Constantinople, bravent la mort avec cet admirable courage qui tient de la femme et des anges;

elles veillent infatigables, intrépides au chevet des malades, apportant à toutes ces misères le dévouement de leurs cœurs et les consolations de leurs douces paroles.

Devant tant de zèle, de courage et de charité, le fléau semblait reculer ; les cas devenaient moins foudroyants et plus rares.

Évidemment l'épidémie était dans sa période décroissante.

Mais Dieu, pour éprouver la mâle énergie de cette armée qui allait combattre, voulait ne lui épargner aucune calamité.

XCVIII. — Le 10 août, à sept heures du soir, le feu se déclara dans la rue marchande de Varna (1). L'incendie se propagea rapidement, dévorant toutes les constructions en bois. Bientôt alimenté par les matières inflammables qu'il rencontrait, esprits, huiles, liqueurs, il prit des proportions effrayantes ; d'immenses gerbes de flammes s'élevaient vers le ciel avec d'épais tourbillons de fumée.

Des camps environnants, on aperçut une clarté soudaine envahir l'horizon et envelopper la ville comme

---

(1) Un instant on attribua cet incendie à quelque complot grec fomenté par des émissaires cachés ; mais les recherches les plus minutieuses, les enquêtes les plus sévères n'ont rien pu découvrir, et tout porte à croire, comme l'a écrit le maréchal, « que cette déplorable catastrophe a été le résultat d'une imprudence d'un marchand, qui aurait laissé sa lumière près d'un tonneau contenant de l'alcool ; quelques gouttes ont pris feu et ont enflammé les vêtements de l'homme qui, en fuyant, a propagé le feu partout. »

d'un manteau de feu. — Des bataillons accoururent de toutes parts au secours de la ville incendiée, pendant que, dans l'intérieur, les troupes résistaient pied à pied avec une énergie désespérée au torrent de flammes qui avançait toujours vers les poudrières.

Généraux et soldats étaient mêlés dans cette lutte terrible ; et l'on voyait passer à travers des lueurs sinistres, les marchands emportant dans leur fuite ce qu'ils avaient de plus précieux. C'était un tumulte de cris, de gémissements dominé tout à coup par le bruit des toitures enflammées qui s'effondraient avec fracas, lançant, comme le cratère d'un volcan, des nuées d'étincelles. Le plus effroyable des désastres était imminent ; les poudrières se trouvaient, pour ainsi dire, cernées par ce réseau de flammes, et les munitions pour toute la guerre étaient là !... huit millions de cartouches.

De longues toiles, que des canonniers mouillaient incessamment, avaient été étendues sur les toits ; car des brandons enflammés y tombaient à chaque instant.

XCIX. — Cependant les troupes arrivent des camps extérieurs ; le général Bosquet est à son poste avec elles. Le maréchal est sur les lieux, ainsi que les généraux Martimprey, Bizot et Thiry ; tous enfin sont là, encourageant du geste et de la voix les travailleurs qui abattent les murs à coups de hache et, avec une énergie, un courage, un dévouement indicibles, semblent prendre l'incendie corps à corps et lutter avec lui.

Quatre fois le maréchal, désespéré, épouvanté de cet affreux désastre qui allait anéantir une partie de son armée sous les ruines de la ville, eut la pensée de sonner la retraite.

« Mais Dieu m'a inspiré, écrit-il, j'ai résisté, j'ai lutté, j'ai envoyé mes adieux à tous, et j'ai attendu. »

La pensée ne peut se rendre compte des résultats que pouvait entraîner cette effroyable catastrophe. C'eût été la ruine, l'anéantissement de tout : la tête de l'armée, les chefs valeureux dont s'honore le pays, et qui avaient appris par tant d'années de combats et de rudes épreuves à commander les autres, eussent été tous engloutis dans cet abîme de feu. Aux lueurs des flammes qui s'élançaient menaçantes, apparaissaient leurs visages calmes et impassibles ; ils dirigeaient les travaux, arrêtaient le désordre, empêchaient la terreur.

C. — Il y eut un moment de cruelle angoisse : ce fut celui où les travailleurs, qui sapaient à la hache une dernière maison touchant presqu'à notre magasin à poudre, furent rejoints par le feu ; s'ils fuyaient, tout était perdu, mais les officiers eux aussi, avaient la hache en main, et frappaient les murailles en désespérés. Enfin un grand bruit se fait entendre, les travailleurs s'éloignent à la hâte ; la maison se balance un instant sur elle-même, puis s'écroule. — Dès lors le danger n'était plus imminent. Les magasins étaient dégagés, on était maître du feu ; il était cinq heures du matin. — Dix heures de lutte incessante, dix heures de mort certaine !

Le septième de Varna n'existait plus.

Le lendemain, dans la partie brûlée de la ville, l'incendie durait encore. — Cinq jours, les débris fumèrent, et les flammes que l'on croyait étouffées reparaissaient par instants, au milieu des décombres amoncelés.

CI. — Pendant cette fatale nuit, une partie de l'armée anglaise avec ses chefs lutta contre le feu, côte à côte avec nos soldats. Même courage, même dévouement, même abnégation.

Leurs pertes furent plus sensibles que les nôtres ; deux de leurs grands magasins furent entièrement détruits. De notre côté, nous avons perdu, par suite de l'incendie, plusieurs dépôts de régiment et quelques magasins sans très-grande importance.

CII. — C'est une page inconnue et pourtant bien fertile en événements, en épisodes, en drames réels que celle de ce séjour à Varna, où fut résolue, préparée, entreprise cette grande expédition, malgré les obstacles, les difficultés, le manque de ressources, l'épidémie, les menaces d'une saison avancée, et les appréhensions de tout genre. Nous cherchons à en suivre pas à pas la trame difficile et compliquée.

CIII. — Avant d'avancer plus loin dans ce récit, il est important de dire quelques mots, les derniers, sur les spahis d'Orient.

Le général Yusuf était rentré à Varna depuis cinq ou six jours au plus, que déjà les désertions commençaient dans le corps des bachi-bouzouks : 110 spahis, dans la nuit du 10 au 11 août, avaient quitté le camp avec leurs armes. Chaque nuit, chaque jour, on s'apercevait de la disparition de quelques-uns de ces hommes, qui étaient entrés avec répugnance au service des *Giaours* de la France et qui, sans doute, soumis à une sévère discipline, regrettaient déjà leur sauvage indépendance et leur vie de pillage.

Comme cette désertion en masse, de nature à compromettre sérieusement l'organisation des spahis d'Orient, prenait une proportion croissante, et que, d'un autre côté, le maréchal, à cause des difficultés de transport, avait renoncé à la pensée de les utiliser dans l'expédition projetée, le général Yusuf crut devoir demander au général en chef la dissolution de ce corps, qui fut licencié par arrêté en date du 15 août 1854 (1).

Du reste, la France et l'Angleterre s'étaient émues avec raison du spectacle à la fois odieux et corrupteur de ces dévastations par les hordes errantes des bachibouzouks, en face d'une armée que les hasards de la guerre allaient exposer peut-être à des privations sans nombre, et en avaient demandé le renvoi au Sultan.

---

(1) *Lettre du général Yusuf au maréchal.* — *Varna, 13 août 1854.*

« Les hommes demandent en masse à quitter notre service et à retourner dans leur pays ; j'ai sondé à cet égard leurs dispositions qui ne sont pas douteuses, et il faut s'attendre, dans un avenir très prochain, à les voir tous abandonner notre drapeau. »

Ce ne fut pas sans de grandes difficultés et sans mesure de sévère répression contre une résistance opiniâtre, que l'on put arriver à ce résultat.

Les bachi-bouzouks ne comprenaient pas, qu'étant venus de si loin, disaient-ils, pour défendre les droits du Sultan, on les renvoyât ainsi ; et lorsqu'on leur parlait des ravages qu'ils semaient partout sur leurs pas, ils répondaient : « Il faut bien vivre. »

Quinze cents environ furent incorporés dans l'armée régulière ; mais le plus grand nombre fut désarmé, et les armes ne furent restituées que le jour du départ, avec une petite somme à chacun pour les frais de voyage (1).

CIV. — Les jours marchaient, impitoyables dans leur cours ; car la main de Dieu ne presse, ni ne ralen-

---

(1) Lors de la mesure du licenciement et du renvoi des bachi-bouzouks, de tristes scènes se sont produites dans l'intérieur de la Bulgarie où ils essayèrent de résister, refusant, à la fois, et de s'enrégimenter dans l'armée régulière et de rendre leurs armes ; du côté de Giurgewo il y eut de sanglants épisodes, des bataillons égyptiens durent prendre les armes contre les Albanais pour les contraindre à la soumission. C'est devant la force seulement, et après une défense impuissante qu'ils se soumirent ; ils furent conduits sur la rive droite du Danube. Les bachi-bouzouks asiatiques, campés dans les îles du Danube n'opposèrent aucune résistance. Les volontaires soldés et les principaux chefs furent exceptés.

Dès lors la tranquillité, le calme reparurent dans ces tristes contrées, qu'avaient ravagées à la fois les maladies et le pillage. Les habitants qui s'étaient enfuis et qui erraient à l'aventure dans les plaines et dans les montagnes, reparurent peu à peu dans leurs villages dévastés, et s'établirent sous de misérables huttes, à côté de leurs anciennes habitations en ruine.

tit leur durée, selon nos joies ou nos douleurs. Si le choléra diminuait sensiblement à Varna, il redoublait d'intensité dans la flotte ; quelques vaisseaux avaient perdu le dixième de leur équipage. Les amiraux consternés, se demandaient, si ce n'était pas folie d'entreprendre dans de telles conditions une expédition aussi aventureuse.

Déjà le doute gagnait les esprits, les indécisions commençaient à se faire jour.

Le général en chef de l'armée française, au contraire, inébranlable dans sa résolution, semblait vouloir assumer sur lui la responsabilité des événements ultérieurs par son énergique volonté d'agir, qui repoussait tous les avis d'une prudence, sage peut-être, mais trop tardive.

CV. — Nos alliés qui, dans le principe, poussés par la pression de l'opinion publique et par les instructions de leur cabinet, avaient demandé, bien plutôt qu'accepté, l'expédition de Crimée, hésitaient devant les chances contraires qui s'accumulaient chaque jour, et devant les difficultés créées par des événements imprévus, en dehors de toutes les prévisions ; si les chefs ne faisaient pas aux projets arrêtés une opposition ouverte et fortement accentuée, ils ne cachaient pas leurs appréhensions.

Le découragement commençait à germer dans les masses. La semence en est aussi féconde que celle d'un enthousiasme souvent exagéré. Telle est la nature humaine.

« Beaucoup hésitent, écrivait le maréchal, ou bien sont maintenant opposés à l'expédition. » Cette phrase était, il faut le dire, l'expression du sentiment général devant notre effectif affaibli par le choléra, miné par les fièvres, devant les tempêtes tant prédites de la mer Noire, en présence surtout des flottes, frappées aussi par le choléra, et de notre matériel de siége encore incomplet.

CVI. — Les amiraux s'assemblèrent à Baltchick le 19, pour conférer sur la gravité des événements.

Les amiraux Dundas et Hamelin se prononçaient contre l'expédition dans les circonstances actuelles. Le maréchal, quelques jours après, réunit un conseil de guerre. De nouveau la possibilité de l'expédition, retardée par de fatals événements, fut mise sur le tapis.

Si, d'un côté, l'on avait contre soi des chances défavorables, des éventualités contraires presque certaines; de l'autre ne fallait-il pas peser la position que cette inaction allait créer aux deux armées? — Les événements qui traversent les mers s'amoindrissent souvent en touchant le rivage opposé. La France, l'Angleterre, l'Europe attendaient attentives. Comprendrait-on la gravité de la situation faite aux troupes à Varna? Enfin, les deux armées ravagées, par l'épidémie, ne pouvaient être relevées que par une grande et énergique entreprise.

Le maréchal domina la discussion : « Il ne s'agit plus de songer aux obstacles, dit-il, mais de les vaincre; c'est une grande responsabilité, soit : il faut savoir se mettre au-dessus d'elle. Plus de doute, plus d'indécision, le temps nous presse ; notre résolution aujourd'hui doit être irrévocable. »

Il parla avec élan, avec énergie, avec cet entraînement de parole qui lui était propre.

Ce qui se passa dans ce conseil est étrange ; fascinés par cette éloquence de conviction qui exposait à la fois, avec une égale franchise, le bon et le mauvais côté de l'expédition, les plus indécis, les plus opposés votèrent affirmativement. Et comme cela était advenu le 17 juillet, il fut décidé, à l'unanimité, que les préparatifs de l'opération se continueraient avec activité, et que l'embarquement des troupes aurait lieu vers la fin du mois (1).

(1) Aussitôt que le conseil fut assemblé, le maréchal, avec cette importance que lui donnait sa position élevée et la netteté de sa résolution, prit la parole. Nous tenons les détails qui suivent d'une des personnes qui assistaient au conseil.
Après avoir fait un exposé fidèle de la triste situation des deux armées frappées par le choléra, inactives, inutiles à la cause qu'elles venaient défendre, se décimant loin de l'ennemi, sans gloire et sans profit ; après avoir rappelé les combats que la Turquie avait déjà livrés, et la nécessité impérieuse de prendre enfin une attitude offensive, digne à la fois de la France, de l'Angleterre et de la cause que l'on défendait; il envisagea de nouveau, avec calme, les difficultés, les obstacles, les chances défavorables qui rendaient le triomphe plus glorieux et feraient de cette entreprise un acte d'audacieuse énergie qui étonnerait le monde entier. « Jugez, appréciez, leur dit-il, élevez-vous à la hauteur des circonstances, souvenez-vous que l'Europe entière vous regarde, et prononcez : mais sachez-le bien, l'irrésolution n'est plus permise, une fois une décision prise ; il ne sera plus possible de regarder en arrière et de revenir sur ses pas. Si vous vous prononcez dans le sens affirmatif, rien ne devra plus nous arrêter. »
Alors la discussion s'engagea, elle fut vive ; il y eut contre l'expédi-

CVII. — Le lendemain de cette importante conférence, le maréchal convoqua chez lui les généraux.

« Messieurs les généraux, leur dit-il, il a été résolu en conseil qu'une expédition serait entreprise en Crimée. Les troupes s'embarqueront à la fin de ce mois. Je sais que parmi vous, les avis sont partagés au sujet de cette campagne; aussi, ne vous ai-je point réunis pour vous demander des avis, mais pour vous faire connaître le but de l'opération, le plan qui a été adopté et les résultats que j'en espère. Je ne puis faire mieux, pour vous mettre au courant de toute cette affaire, que de vous donner lecture de la dépêche que je viens d'écrire à ce sujet. »

tion de Crimée des avis contraires. Parmi ceux-là, il faut ranger l'amiral Dundas, qui jusqu'au dernier jour se montra opposé à l'entreprise, et chercha à l'entraver par tous les moyens en son pouvoir; et l'amiral Hamelin, qui hésitait devant l'immense responsabilité d'une semblable campagne, dont les chances étaient loin d'être certaines. Mais lord Raglan, l'amiral Lyons, l'amiral Bruat se prononçaient affirmativement.

La conférence fut longue, animée, et le maréchal y avait pris, dès le commencement, en dirigeant, en dominant la discussion, la position qui convenait au commandant en chef de l'armée française. Enfin, on fut appelé à voter.

Le premier fut lord Raglan : Oui, dit-il. — L'amiral Dundas, entraîné par lord Raglan, vota aussi pour l'affirmative, mais certainement à contre-cœur. Les autres votes furent tous dans le même sens; ceux qui dans le commencement de la conférence avaient hésité, étaient entraînés à leur propre insu par le courant.

Le maréchal vota le dernier; et quand ce fut à lui, il se leva et dit :

« Messieurs, c'est donc chose convenue et *irrévocablement arrêtée*, l'expédition aura lieu. Réunissons maintenant tous nos efforts pour ne perdre ni un jour, ni une heure, ni une minute. »

Le colonel Trochu prit alors le registre des correspondances, et fit lecture de cette dépêche fort longue, qui relatait dans leurs différents détails et dans leur marche progressive les événements que nous avons retracés avec soin, depuis le commencement de ce récit. Il n'est pas inutile cependant, d'en résumer ici les principaux points.

CVIII. — « A peine les armées alliées étaient-elles débarquées à Gallipoli, disait le maréchal, que la défense héroïque de Silistrie prolongeait la lutte sur le Danube, au lieu de la transporter au centre de l'empire ottoman. Les généraux en chef crurent qu'ils auraient le temps d'arriver sur le théâtre de la guerre pour sauver peut-être la ville assiégée, ou du moins venir en aide à l'armée turque, que les forces russes menaçaient d'écraser. L'imminence du péril commandait cette décision, comme aussi le devoir des deux nations, qui avaient réuni leurs drapeaux, pour protéger l'intégralité de l'empire ottoman: Le courage de la défense et l'arrivée des armées alliées firent lever aux Russes le siége de Silistrie.

« Poursuivre l'ennemi dans un pays ravagé et infecté de maladies pestilentielles, eût été un désastre certain.

« Pour la possibilité d'une campagne au delà du Danube et sur le Pruth, il eût fallu la coopération active, réelle de l'Autriche, dont les indécisions perpétuelles avaient créé aux généraux en chef des difficultés sans nombre.

« L'inaction était-elle possible aux deux armées campées à Varna? Cette inaction ne pouvait-elle pas, ne devait-elle pas amener le découragement au milieu des épreuves qui leur étaient peut-être réservées si loin de la patrie? ni l'honneur militaire, ni l'intérêt politique ne la permettaient. Il fallait forcer l'ennemi à nous craindre. La Crimée était devant nous comme un gage. Frapper la Russie dans la Crimée, l'atteindre jusque dans Sébastopol; c'était la blesser au cœur.

« En présence de ces faits, les généraux en chef des deux armées et les amiraux des deux flottes, après avoir discuté les chances favorables ou opposées, résolurent d'entreprendre l'expédition de Crimée.

« Depuis cette décision, les calamités les plus fatales semblent s'être réunies pour s'opposer à notre entreprise : un terrible fléau s'est abattu sur nous et a jeté la mort dans nos rangs, le feu a anéanti une partie de nos approvisionnements et de ceux de nos alliés, la saison déjà avancée nous menace; mais la force inébranlable de la volonté et l'énergie du cœur triompheront de tous ces obstacles. Les préparatifs s'achèvent; vers la fin du mois, les troupes seront embarquées; et, avec l'aide de Dieu, elles débarqueront bientôt en Crimée, sur le sol même de la Russie.

« Certes nos ressources ne sont peut-être pas aussi complètes que l'on aurait pu le désirer, nous n'avons pas une armée très-nombreuse; le courage et l'élan des troupes en décupleront le nombre; rien n'est impossible à des soldats comme les nôtres et à l'union fraternelle des deux nations. »

CIX. — Telle était en substance la lettre du maréchal : elle n'apprenait en réalité rien de nouveau aux généraux présents, qui tous étaient instruits de la décision prise et de l'expédition projetée; mais elle donnait un caractère officiel, irrévocable à des conversations intimes et particulières.

« Vous recevrez, ajouta le maréchal, les ordres d'embarquement et de débarquement, ainsi que les instructions nécessaires. Bientôt donc nous serons en Crimée, la France, l'Empereur et votre général en chef comptent sur vous. »

Dès lors un nouvel élan fut imprimé aux travaux de cette œuvre laborieuse qui constitue l'embarquement du matériel et des vivres, et la confection, pour les armes spéciales, des accessoires indispensables à un siége.

Une grande partie du parc de siége était arrivée, et le ministre de la guerre écrivait au maréchal :

« Comme vous, je pense, maréchal, que, plus le débarquement de vos troupes sera prompt et rapide, plus le succès est assuré. C'est pour cela que je vous fais expédier tous les vapeurs que le ministre de la marine, par un sublime effort, a pu réunir à Toulon; vous ne sauriez trop en avoir. C'est par le transport d'un personnel et d'un matériel immenses, fait d'un seul coup de Varna en Crimée, que la France et l'Angleterre montreront la puissance de leurs moyens et la force irrésistible de leur alliance, non-seulement dans la lutte actuelle, mais dans toutes les autres que l'avenir tient probablement en réserve. »

CHAPITRE IX.

CX. — Toutes les indécisions sont vaincues, tous les obstacles sont surmontés, le jour du départ est fixé ; la France et l'Angleterre vont confier leurs destinées aux flots de la mer.

La santé du maréchal, visiblement altérée par ses luttes incessantes avec le fléau, avec l'incendie, avec les volontés contraires, les avis opposés, semble reprendre une nouvelle vitalité. — Il sent la lourde responsabilité qui pèse sur lui (1) ; et tout bas il demande à Dieu, avec d'ardentes prières, de lui rendre, pour quelques jours seulement, la force de ses jeunes années.

(1) Le maréchal ne se dissimulait pas les difficultés et les périls de l'expédition de Crimée ; il en pesait toutes les chances, et il écrivait :

« N'est-ce pas bien lourd tout cela, pour un pauvre homme qui lutte contre ses propres souffrances, qui les domine pour d'autres luttes plus importantes et plus nobles, qui heurte sa tête, sans l'amollir, contre des obstacles sans nombre que la prudence humaine ne peut ni prévoir, ni empêcher? Voilà la vie qui m'est faite et le rôle qui m'est imposé! Pensée triste, qui ne change rien à mes résolutions, à ma fermeté, à mon entrain, à ma confiance même, parce que j'ai foi dans le Dieu de la France et dans ses soldats, mais qui vous prouve que je ne me fais pas d'illusions et que j'envisage tout d'un œil calme. « Fais ton devoir, advienne que pourra. »

« Par une dernière grâce d'état, ma figure ne dit rien de mes souffrances, et pour tout le monde je représente ; mon énergie fait le reste. »

Si sa pensée s'ouvre intérieurement à des appréhensions; s'il redoute les éventualités contre lesquelles depuis deux mois il lutte pied à pied, il le cache à tous, et promène dans les camps un visage calme et souriant, sur lequel chacun semble lire le présage de la victoire. Qu'importent les hasards de la mer que peut soulever la tempête; qu'importent les élémentsdéchaînés; qu'importent les ennemis à combattre, fussent-ils cent fois plus nombreux que les deux armées réunies; il a hâte de fuir ces lieux détestés qu'empoisonne une épidémie mortelle. — Mieux vaut que ses soldats meurent sous le canon, que dévorés par le fatal fléau! Il pleure ces mâles courages, ces énergiques combattants qui se couchent par centaines sur le sol étranger; il sent que dans cette inaction de chaque jour, dans cette lutte obscure avec la mort, le découragement peut venir aux âmes les plus fortes. Quoi! des milliers d'hommes ont déjà disparu à Gallipoli, au Pirée, à Varna, dans la Dobrutscha, et l'étendard de la France ne s'est pas encore déployé devant l'ennemi!

Ce qui a hâté cette expédition audacieuse, qui devait donner tant de gloire à nos armes; ce qui a fait combattre, rejeter les avis de la prudence; ce qui a donné le courage de tout oser, de tout tenter, c'est que l'armée se perdait à Varna, qu'il fallait à tout prix aller en avant et croire à l'étoile de la France et à la sauvegarde de Dieu.

On a été, on a cru, on a osé. L'Alma, Inkermann, Traktir et Sébastopol ont répondu. — L'avenir appartient toujours au bon droit et aux saintes causes.

CXI. — Le 25 août, le maréchal annonce à l'armée, par son ordre du jour, l'expédition de Crimée.

« L'heure est venue de combattre et de vaincre, dit-il, généraux, chefs de corps, officiers de toute arme, vous ferez passer dans l'âme de vos soldats la confiance dont la mienne est remplie. Bientôt nous saluerons ensemble les trois drapeaux réunis, flottant sur les remparts de Sébastopol, de notre cri national : *Vive l'Empereur!* »

Le 28, paraît l'ordre de l'amiral Hamelin, concernant l'embarquement et le débarquement des troupes(1).

Déjà la marine a rendu à la cause commune d'émi-

---

(1)   L'AMIRAL HAMELIN.

L'amiral Hamelin, commandant en chef la flotte française dans la mer Noire, a payé par de longs et éminents services le poste élevé auquel l'avait appelé la confiance de l'Empereur.

C'est au moment où il tient dans ses mains les destinées de l'armée, qu'il n'est pas sans intérêt de rapporter le passé de celui sur lequel tous les yeux sont fixés.

La vie militaire du marin ne ressemble en rien à celle du soldat. Elle n'a point ce mouvement, cette agitation, cet élan des champs de bataille, cette existence joyeuse, animée du bivouac ; c'est la vigilance austère qui ne se repose ni jour ni nuit, c'est le commandement sévère, inflexible. Luttes perpétuelles avec les éléments, dangereuses et lentes excursions dans les mers lointaines, dévouements obscurs, courage de toutes les heures, abnégation de tous les instants ; telle est la carrière du marin.

Aussi, pour retracer la vie militaire d'un de ces hommes qui ont pris la mer pour patrie, il faudrait avec lui naviguer au milieu des tempêtes, et montrer ce que peuvent l'invincible courage de la volonté, l'accomplissement froid et raisonné du devoir.

L'amiral Hamelin eut deux bonheurs en commençant sa carrière:

nents et de glorieux services ; elle va encore acquérir de nouveaux titres, et couvrir d'une ville flottante cette

le premier, d'avoir, pour protecteur et pour guide, son oncle l'amiral Hamelin, rude et vigoureux soldat de mer, qui, de bonne heure, grava dans le cœur de son élève la route à suivre ; — le second, fut d'avoir posé, pour la première fois, le pied sur un bâtiment au bruit de la guerre, au sifflement du canon, et d'avoir assisté, enfant encore, à l'un de ces puissants drames qui laissent d'ineffaçables souvenirs.

Embarqué pour la première fois en 1806, à l'âge de dix ans, sur la frégate *la Vénus*, que son oncle commandait, il fit, en 1810, son apprentissage militaire à cette belle bataille du *Grand-Port*, si glorieusement inscrite dans les fastes militaires de la marine, et où l'amiral Duperré défendit contre les Anglais l'île de la Réunion.

La frégate *la Vénus* y joua un rôle terrible et superbe : engagée seule contre deux frégates et deux corvettes anglaises, elle soutint une lutte acharnée. Chancelante, brisée, foudroyée, elle ne cesse de faire feu de toutes ses batteries ; enfin, lorsque éventrée par les boulets, agonisante, elle n'est plus qu'un débris informe qui va s'engloutir, le commandant Hamelin sauve son équipage et laisse à l'ennemi un cadavre, que celui-ci est forcé d'abandonner à la mer. Baptême de superbe bataille que l'oncle donnait au neveu. — C'est sous les auspices de cette lutte mémorable que le jeune Ferdinand-Alphonse Hamelin débuta dans la carrière.

Enseigne de vaisseau en 1812 ; lieutenant en 1813, il fut attaché comme adjudant au vice-amiral Hamelin, qui partit sur la flotte de l'Escaut en 1814, et il prit part à ces dernières luttes de notre marine.

En 1823, il fit partie de la croisière envoyée devant Cadix, et destinée à seconder les opérations de l'armée de terre.

En 1827, il déploya une grande énergie, une infatigable activité contre les pirates algériens, qui infestaient la Méditerranée, et rendit au commerce de Marseille un service signalé. La ville lui vota des remercîments.

Il s'embarqua comme capitaine de frégate sur *la Favorite* pour une expédition dans les mers du Sud. Là, il eut à lutter contre les tempêtes ; il vit son équipage décimé par la fièvre jaune, fut lui-même atteint par l'épidémie, et montra, au milieu de tous ces dangers, de toutes ces calamités, de toutes ces luttes un calme inébranlable, un froid et impassible courage, qualités les plus essentielles dans la vie du marin.

On sait ce qui détermina l'expédition d'Alger. Après de justes réclamer dont la Russie semblait avoir fait un lac de son empire.

mations repoussées avec arrogance, le pavillon parlementaire avait été traîtreusement mitraillé dans la rade par les batteries africaines.

Le capitaine Hamelin, craignant de ne point faire partie de l'expédition, écrivit au chef même qui la commandait une lettre qui se terminait ainsi :

« Voilà plusieurs mois que je suis à terre : je trouve que c'est beaucoup pour un officier qui n'a pas encore trente-trois ans.

« Je vous demande donc le commandement d'un bâtiment faisant partie de l'expédition, une bombarde même. Je sais que ce n'est pas un commandement de mon grade ; mais peu m'importe, pourvu que j'aille au feu. »

La réponse à cette lettre fut le commandement de la corvette *l'Actéon*; et le nom du capitaine de corvette Hamelin fut cité dans plusieurs rapports.

Élevé au grade de capitaine de vaisseau en 1836, il exerça différents commandements jusqu'en 1842 ; il obtint alors le grade de vice-amiral. En 1844, il était à la tête de la station française envoyée dans l'Océanie. A son retour, il fut nommé membre du conseil de perfectionnement de l'École polytechnique, inspecteur général à Toulon et à Rochefort ; en 1849, membre du conseil de l'amirauté, on le retrouve préfet maritime de Toulon.

Au mois de juillet 1853, le vice-amiral Hamelin fut appelé au commandement en chef de l'escadre française dans la Méditerranée, alors à Besika.

Le 17 octobre, les flottes anglaise et française combinées franchirent les Dardanelles, et le 14 novembre, elles étaient dans le Bosphore.

Au mois d'avril 1854, en même temps qu'un corps d'armée française entrait à Gallipoli, les flottes se présentaient devant Odessa.

Nous avons retracé au commencement de ce récit les détails du bombardement de ce port.

L'amiral Hamelin va attacher son nom à une des opérations maritimes les plus hardies qui aient jamais été tentées. Ses ordres d'embarquement et de débarquement, modèles de clarté, de prévoyance de toute sorte, seront exécutés comme ils ont été conçus ; et sous son commandement, la marine impériale jettera en quelques heures toute une armée sur le sol de la Russie. C'est une belle page, qui s'est accomplie avec l'aide de Dieu, et dont l'amiral Hamelin a le droit d'être fier.

Maintenant il n'est plus d'avis opposés, plus d'appréhensions.

« Nous allons partir, écrit-on de Varna, et laisser la peste loin de nous; nous quittons le champ des morts pour le champ de bataille, et tout noble cœur doit s'en réjouir. »

Les camps sont remplis de mouvement, d'agitation et d'un tumulte de joie impossible à décrire; les généraux inspectent leurs divisions, donnent les ordres et jettent en passant, à la troupe assemblée, de ces mots ardents qui l'enthousiasment. L'ordre du jour du maréchal avait électrisé tous les soldats. Les vaisseaux sont prêts, les frégates à vapeur fument impatientes.

CXII. — La proclamation de l'Empereur à l'armée d'Orient arrive. Elle est reçue avec des acclamations mille fois répétées. Car c'est au moment où l'armée va s'embarquer pour combattre et que cette audacieuse entreprise va s'accomplir enfin, que la voix du Souverain lui crie des rives de la France : « Ayez confiance en votre général en chef et en moi, je veille sur vous. »

« Soldats et marins de l'armée d'Orient, disait l'Empereur,

« Vous n'avez pas encore combattu, et déjà vous avez obtenu un éclatant succès. Votre présence et celle des troupes anglaises ont suffi pour contraindre l'ennemi à repasser le Danube, et les vaisseaux russes restent honteusement dans leurs ports. Vous n'avez pas encore combattu, et déjà vous avez lutté avec courage contre la mort. Un fléau redoutable, quoique passager, n'a pas arrêté votre ardeur. La France et le souverain qu'elle s'est donné ne voient pas sans une émotion profonde, sans faire tous les efforts pour vous venir en aide, tant d'énergie et tant d'abnégation.

« Le premier Consul disait en 1799, dans une proclamation à son armée : « La première qualité du soldat « est la constance à supporter les fatigues et les priva- « tions ; la valeur n'est que la seconde. » La première, vous la montrez aujourd'hui ; la deuxième, qui pourrait vous la contester ? Aussi, nos ennemis, disséminés depuis la Finlande jusqu'au Caucase, cherchent avec anxiété sur quel point la France et l'Angleterre porteront leurs coups, qu'ils prévoient bien être décisifs ; car le droit, la justice, l'inspiration guerrière sont de notre côté.

« Déjà Bomarsund et deux mille prisonniers viennent de tomber en notre pouvoir. Soldats, vous suivrez l'exemple de l'armée d'Égypte ; les vainqueurs des Pyramides et du Mont-Thabor avaient comme vous à combattre des soldats aguerris et la maladie ; mais, malgré la peste et les efforts de trois armées, ils revinrent honorés dans leur patrie.

« Soldats, ayez confiance en votre général en chef et en moi. Je veille sur vous, et j'espère, avec l'aide de Dieu, voir bientôt diminuer vos souffrances et augmenter votre gloire Soldats, à revoir !

« NAPOLÉON. »

CXIII. — Le 31 août, l'embarquement devait commencer; mais le vent qui souffle avec violence briserait, contre les bâtiments, les chalands chargés de troupes; les préparatifs sont arrêtés jusqu'au soir.

Dans la journée du 1er septembre, la 1re, la 2e et la 3e division sont déjà embarquées et réunies dans la rade de Baltchick.

La flotte turque, prête à partir, est venue aussi y mouiller.

L'embarquement, réglé dans tous ses détails par un ordre du jour général, s'était fait avec ordre et précision; chaque portion de troupes avait un emplacement désigné à l'avance, où se trouvaient prêts à les recevoir les embarcations et les chalands construits à Constantinople.

Le maréchal s'embarque lui-même le 2, à quatre heures, sur *le Berthollet* qui doit le conduire à Baltchick. Là, le maréchal se rendra à bord du vaisseau-amiral *la Ville de Paris*, sur lequel il doit faire la traversée.

A six heures, il arrive en rade de Baltchick.

CXIV. — L'escadre anglaise n'avait pu quitter Varna, l'état de la mer ayant rendu impossible l'embarquement des chevaux.

Le 3, on l'attend vainement. — Le 4, l'amiral Dundas arrive à Baltchick.

Le 5 au matin, sur une lettre de l'amiral anglais, l'amiral Hamelin signale aux vaisseaux à voiles l'ordre d'appareiller. La brise est fraîche et vient du nord; les voiles gonflées se tendent sous le vent, comme de grande ailes blanches ; et l'on voit les bâtiments gagner successivement le large et disparaître dans la haute mer (1). Les vapeurs et les remorqueurs sont restés dans la baie, attendant l'escadre anglaise (2).

(1) Les flottes française et turque quittent Baltchick dans l'ordre suivant. Dans l'est, la flotte turque, composée de huit vaisseaux ; au milieu, l'escadre de l'amiral Bruat ; dans l'ouest, à la gauche, l'escadre de l'amiral Hamelin.

(2) Nous avons eu communication du journal autographe que le général en chef tenait lui-même sur l'expédition de Crimée, et dont il parle dans sa correspondance imprimée. Ce journal, commencé le 2 septembre, est arrêté le 25 du même mois, par sa mort. Les dernières lignes sont écrites d'une main tremblante et brisée par la souffrance. Nul document ne peut offrir à la fois plus d'intérêt et d'authenticité.

JOURNAL SUR L'EXPÉDITION DE CRIMÉE, TENU PAR LE MARÉCHAL DE SAINT-ARNAUD.

« 5 sept. — Sur une lettre de l'amiral Dundas qui annonce qu'il va nous suivre, la flotte appareille à quatre heures du matin. Dans la journée, l'amiral Dundas écrit qu'il n'est pas encore prêt.

« La flotte française, sans son convoi, continue lentement sa marche. A onze heures du soir, lettre de l'amiral Dundas ; il écrit que les transports arrivés n'ont pas assez d'eau, et qu'il espère appareiller enfin, le lendemain matin.

« 6. — La flotte anglaise ne paraît point. A midi j'écris à lord Raglan pour lui en faire comprendre les inconvénients, et j'envoie *le Caton*. La flotte louvoie pour attendre les Anglais.

« 7. — Même situation. Le vent devient favorable et la flotte fait route.

« A midi, l'amiral Hamelin envoie *le Primauguet* avec une lettre pour l'amiral Dundas. A trois heures, *le Caton* revient. C'est seulement ce matin, 7 septembre, que l'amiral Dundas s'est décidé à mettre à la voile ; et cette détermination tardive n'a été prise, qu'après une conférence très-vive avec l'amiral Lyons, qui voulait appareiller hier.... Le temps est superbe. »

C'est le lendemain que les vapeurs doivent, avec la flotte de nos alliés, rejoindre le gros de l'escadre ; mais la mer est forte, le vent violent, l'amiral anglais ajourne le départ jusqu'au 7, au matin.

Les bâtiments français ont pris le large, formés sur deux colonnes. — La flotte anglaise quitte enfin la rade de Baltchick. — Le rendez-vous général est à l'*île des Serpents*.

CXV. — « Ce n'est que dans la journée du 8, écrit l'amiral Hamelin, que j'ai été rallié par l'escadre anglaise et les deux convois, arrivant tous à la remorque de bâtiments à vapeur. » En effet, dès le matin, les vigies avaient signalé un grand nombre de bateaux à vapeur dans le sud-est. C'était la flotte alliée et nos derniers convois qui apparaissaient à l'horizon. Les trois flottes étaient réunies dans la journée. On voyait au loin, sous le mouvement des flots, s'agiter cette immense forêt de mâts ; le souffle du vent apportait le bruissement des 60 000 hommes entassés sur les ponts des navires.

Le même jour, il y eut conférence à bord de *la Ville de Paris*. L'amiral Dundas, l'amiral Bruat, le colonel Steel y assistèrent ; mais la mer était tellement houleuse, que lord Raglan ne put s'y rendre, à cause du bras qui lui manque. Cette conférence avait pour but de déterminer d'une manière précise, au double point de vue militaire et marin, le lieu où devait s'opérer le débarquement ; car les rapports ont signalé que les Russes occupent et défendent la Katcha, où il avait été primitivement résolu que l'on débarquerait. Le maréchal, en proie à des crises terribles, est contraint de quitter la séance. Les avis sont partagés; on décide que l'on ira prendre l'opinion de lord Raglan, à laquelle le maréchal déclare qu'il se rangera.

L'amiral Hamelin et le colonel Trochu se rendent à bord du *Caradoc*, où vient les rejoindre l'amiral Lyons.

Dans les circonstances actuelles, il était impossible de pouvoir rien arrêter de précis, avant d'avoir exploré de nouveau la côte, et constaté les préparatifs de défense que l'ennemi avait pu y faire.

Les voix furent unanimes pour qu'une commission, composée d'officiers généraux de terre et de mer, se rendît sur le littoral de la Crimée, depuis le cap Chersonèse jusqu'à Eupatoria. Des rapports de cette commission ressortirait la grande et importante décision du point de débarquement (1).

CXVI. — A six heures, *le Primauguet* partit, emportant les membres de l'ancienne commission, c'est-

---

(1) JOURNAL TENU PAR LE MARÉCHAL DE SAINT-ARNAUD.

« 8. — A cinq heures et demie, on revient à bord de *la Ville de Paris*. Après une longue discussion, il a été décidé que l'on ne déciderait rien du tout, avant d'avoir fait une nouvelle exploration d'Eupatoria, de la Katcha et des points de débarquement.

« A six heures les membres de la commission partent, j'ai le regret cuisant de ne pouvoir les accompagner; ma déplorable santé me tient cloué dans mon lit de douleurs. »

à-dire, le général Canrobert, le colonel Trochu, le colonel Lebœuf, auxquels furent adjoints l'amiral Bruat, les généraux Thiry, Bizot, Martimprey et le général Rose.

Cette corvette à vapeur fit route en compagnie du *Caradoc*, à bord duquel se trouvaient les généraux anglais lord Raglan, Burgoyne et Brown ; le contre-amiral Lyons était sur *l'Agamemnon*. *Le Sampson* fit partie de l'expédition, pour protéger la marche et les opérations des officiers explorateurs.

L'état du maréchal empirait de plus en plus.

La force morale du soldat et la volonté de son énergie étaient contraintes de ployer devant la violence du mal.

C'était avec une profonde douleur, qu'il avait vu s'éloigner les vaisseaux, sans avoir pu prendre part, avec le chef de l'armée anglaise, aux explorations si importantes de la côte (1). Des crises aiguës se succédaient sans relâche, laissant à peine au malade quelques instants de calme et de repos, pendant lesquels son esprit inquiet, tourmenté, s'occupait aussitôt des affaires de son commandement.

---

(1)   *Lettre du maréchal.* — *A bord de* la Ville de Paris.

« 10 *sept.* — Depuis le 6, je n'ai pas quitté mon lit ; mes souffrances sont devenues plus fréquentes et plus vives.

« Je suis en face du cap Tarkan, à 10 lieues au large et en calme ; toute la flotte anglaise et le convoi sont mouillés plus au nord : je manœuvre pour les joindre et attendre là les quatre vaisseaux à vapeur, que j'ai envoyés reconnaître la plage et les positions russes »

Le spectacle de cette lutte suprême est cruel et douloureux (1).

Aussitôt que le mal cesse, penché sur sa carte, il étudie, il approfondit ses projets; il attend surtout ce qui aura été décidé (2).

CXVII. — Le 11, la commission revient.

« Tout ce qu'elle rapporte est fort rassurant, écrit le maréchal; les Russes nous attendent à la Katcha et à l'Alma, mais ils n'ont pas fait de préparatifs de défense exorbitants; ils ont des camps, des troupes, sur ces deux points; toutefois rien de bien formidable. »

Les quatre navires envoyés en exploration avaient atterri sur la presqu'île de Chersonèse, où ils signalèrent un camp russe assez nombreux. Après avoir parcouru lentement et à petite distance tout le littoral, afin de se rendre un compte exact des différentes posi-

---

(1) « Quel assaut! quelle lutte! quelle faiblesse! quel désordre dans le principe de la vie! » écrit-il à son frère. « Ajoutons à tout cela mes préoccupations, mes soucis.... la pensée de laisser sans direction, sans chef, une armée à la veille d'un débarquement.... Et moi! mourir de la fièvre devant l'ennemi!... »

(2) JOURNAL TENU PAR LE MARÉCHAL DE SAINT-ARNAUD.

« 10. — Le temps est magnifique. A huit heures du matin, l'amiral Dundas envoie un bateau à vapeur pour faire connaître sa position et celle de tout le convoi. Il est mouillé à environ 20 milles nord-ouest du cap Tarkan. La flotte française manœuvre de manière à rallier le convoi et la flotte anglaise aux environs du même cap, où l'on a donné rendez-vous aux quatre bâtiments qui sont allés reconnaître le golfe de Kalamita. Il sera difficile d'avoir des nouvelles de la commission avant demain, 11. »

tions ennemies, ils purent s'assurer que rien n'était changé à la situation antérieure du port de Sébastopol et des vaisseaux russes. Mais les positions principales, sur les rivières de la Katcha et de l'Alma, étaient gardées par des camps nouvellement établis, et par de l'artillerie. On évaluait à 30 000 hommes environ, le chiffre des troupes campées sur toute cette partie de la côte.

Les quatre bâtiments continuèrent ensuite à remonter le littoral, depuis l'Alma jusqu'à Eupatoria, et aperçurent, vers le milieu de la côte qui sépare ces deux points, une plage très-favorable à un débarquement de troupes.

Les officiers explorateurs contournèrent ensuite la baie d'Eupatoria, et reconnurent la nécessité d'occuper cette ville qui pouvait servir de point d'appui aux armées et aux flottes, « et dans laquelle, dit le rapport de l'amiral Hamelin au ministre de la marine, un lazareth considérable et bien clos pouvait au besoin servir de réduit aux troupes débarquées. »

Lord Raglan réunit aussitôt à son bord les officiers composant la commission; car les heures étaient comptées, et les décisions devaient être aussi rapidement prises que résolûment exécutées.

CXVIII. — Voici ce qui fut arrêté, sauf toutefois l'approbation réservée du maréchal, et celle des amiraux en chef:

Débarquer sur la plage intermédiaire, entre la Katcha et l'Alma, à un endroit appelé : Old-Fort (vieux fort);

Occuper le même jour Eupatoria ;

Marcher dans le sud, la droite de l'armée appuyée à la mer, et sous la protection de vaisseaux qui suivraient le littoral, pour la soutenir de son artillerie et assurer ses approvisionnements (1).

La commission soumit au maréchal et aux amiraux, son travail et la décision qu'elle avait prise en commun. Malgré la présence des Russes à la Katcha et à l'Alma, malgré les troupes qui y sont rassemblées, l'opinion du maréchal est toujours pour un débarquement de vive force à la Katcha. Selon lui, c'est du temps et de la marche d'épargnés ; les forces russes ne peuvent être assez considérables sur ce point, pour mettre sérieusement obstacle au débarquement ; mais cet avis est combattu, surtout par lord Raglan et les généraux anglais (2).

« Les Anglais, écrit le maréchal, ne l'ont pas jugé possible. »

---

(1)   *Rapport du vice-amiral Hamelin.*

Ville de Paris, en mer, 12 sept. 1854.

« Il fut pris les résolutions suivantes :

« 1° Que le débarquement, au lieu de s'effectuer sous le feu de l'ennemi dans les baies de Katcha et de l'Alma, aurait lieu sur la plage intermédiaire, entre ces rivières et Eupatoria, au point marqué sur la carte *Vieux Fort* (parallèle de 45° de latitude).

« 2° Que le même jour l'occupation d'Eupatoria aurait lieu à l'aide de 2000 Turcs, d'un bataillon français, d'un bataillon anglais, de deux vaisseaux turcs et d'un vaisseau français. Cette ville n'a aucune espèce de défense ; il ne paraît même pas certain qu'il s'y trouve une garnison.

« 3° Que trois ou quatre jours après le débarquement, l'armée se mettrait en marche dans le sud, sa droite appuyée à la mer et à une escadre de quinze vaisseaux ou frégates à vapeur qui la suivraient le long du littoral, pour la protéger de son artillerie et assurer ses approvisionnements. »

(2) En effet, lord Raglan, insista avec une persistance infinie, pour

La commission a été sur les lieux, elle a exploré, elle a vu, elle a pesé, apprécié les éventualités, et elle a désigné Old-Fort, comme le point le plus favorable; le maréchal cède; — c'est à Old-Fort que l'on débarquera (1).

C'est en ce moment, plus que jamais, que l'on peut répéter le mot de César : *Alea jacta est;* pensée profonde, qui marque la limite de ce qui appartient aux hommes et de ce qui reste dans la main de Dieu.

CXIX. — Les flottes et les convois, occupant un espace de plus de 7 lieues, naviguent en commun vers Old-Fort, dont on n'est plus éloigné que de quelques milles.

Chaque minute qui s'écoulait, rapprochait davantage du moment solennel et décisif, où tous ces navires jet-

---

que les troupes débarquassent à Old-Fort et non à la Katcha; rien ne put l'ébranler dans cette conviction, ni modifier son avis.

Au moment du départ les instructions du maréchal au général Canrobert avaient été d'insister jusqu'à la dernière extrémité pour la Katcha.

(1) JOURNAL TENU PAR LE MARÉCHAL DE SAINT-ARNAUD.

« 11. — A une heure, les officiers généraux partis en reconnaissance reviennent. On a reconnu un point de débarquement entre Eupatoria et l'Alma qui offre plusieurs avantages, c'est Old-Fort. Les Russes sont préparés à Alma, à la Katcha, au Belbeck; ils ne le sont pas à Old-Fort. Avec de fausses attaques sur plusieurs points, le débarquement sera plus facile en cet endroit. J'aurais préféré un débarquement de vive force à la Katcha, plus rapprochée de Sébastopol; je crains les 5 lieues à faire pour arriver à l'eau.... Cependant je cède.... On débarquera à Old-Fort. »

teront une armée sur le sol de la Crimée, où la lutte, la véritable lutte commencera enfin (1).

Le maréchal se réveille de son abattement ; il compte les jours, les nuits, les heures. Les crises, domptées par ce suprême effort, s'éloignent et s'affaiblissent ; mais il sent bien que la force et l'énergie humaines ont des limites infranchissables ; sa plus grande, sa plus soucieuse préoccupation, c'est de savoir quel est le chef, entre les mains duquel il remettra le commandement, si ses forces le trahissent. Il y pense à chaque instant, il en parle sans cesse, et le 12, quand on cinglait à toutes voiles, vers le lieu du débarquement, il écrivait au ministre de la guerre :

« Je veux espérer que la Providence me permettra de remplir jusqu'au bout la tâche que j'ai entreprise, et que

---

(1) Le 12 septembre, à quatre heures de l'après-midi, *le Primauguet* jette sur *le Caffarelli* une lettre contenant des instructions écrites pour le commandant et pour le général Forey. Voici le texte de cette pièce :

« Le débarquement du corps expéditionnaire devant avoir lieu vers le milieu du golfe de Kalamita, sur une plage reconnue par la parallèle du 45°, les modifications suivantes sont apportées à l'ordre 336, relatif au débarquement des troupes.

« Les frégates et corvettes portant les troupes de la 4ᵉ division (*le Descartes* et *le Primauguet* exceptés) devront se tenir prêtes à aller, avec les vaisseaux anglais, jeter l'ancre devant la rivière de Katcha, soit avant, soit après le mouillage de la flotte, suivant le signal qui leur en sera fait, opérer une fausse attaque et un débarquement simulé dans cette baie. Le commandant de ces bâtiments réunis devra donc, dans l'après-midi et surtout dans la nuit, opérer tous les préparatifs de ces débarquements, lancer des fusées, tirer des coups de canon.... Ces bâtiments effectueront ensuite leur départ, de manière à avoir rallié la flotte au jour.

« La baie d'Eupatoria sera le refuge où la flotte devra aller jeter l'ancre en cas de survents. »

je pourrai conduire jusqu'à Sébastopol l'armée avec laquelle je descendrai demain sur la côte de Crimée ; mais ce sera là, je le sens, un suprême effort, et je vous prie de demander à l'Empereur de vouloir bien me désigner un successeur (1). »

CXX. — Par ordre du maréchal, qui affectionnait beaucoup le général Canrobert et avait grande confiance en son jugement, celui-ci s'était embarqué sur *la Ville de Paris*.

Depuis son départ pour l'Orient, le 12 mars 1854, le

---

(1) Nous citons en son entier la lettre du maréchal au ministre de la guerre.

A bord du vaisseau la Ville de Paris, *le 12 septembre* 1854.

« Monsieur le maréchal,

« Ma situation, sous le rapport de la santé, est devenue grave. Jusqu'à ce jour, j'ai opposé à la maladie dont je suis atteint, tous les efforts d'énergie dont je suis capable, et j'ai pu espérer pendant longtemps que j'étais assez habitué à souffrir, pour être en mesure d'exercer le commandement, sans révéler à tous la violence des crises que je suis condamné à subir.

« Mais cette lutte a épuisé mes forces. J'ai eu la douleur de reconnaître dans ces derniers temps et surtout pendant cette traversée, pendant laquelle je me suis vu sur le point de succomber, que le moment approchait où mon courage ne suffirait plus à porter le lourd fardeau d'un commandement qui exige une vigueur que j'ai perdue, et que j'espère à peine recouvrer.

« Ma conscience me fait un devoir de vous exposer cette situation. Je veux espérer que la Providence me permettra de remplir jusqu'au bout la tâche que j'ai entreprise, et que je pourrai conduire jusqu'à Sébastopol l'armée avec laquelle je descendrai demain sur la côte de Crimée. Mais ce sera là, je le sens, un suprême effort, et je vous prie de demander à l'Empereur de vouloir bien me désigner un successeur.

« Veuillez, etc.

« *Le maréchal commandant en chef,*
« A. DE SAINT-ARNAUD. »

général était porteur d'une lettre confidentielle du maréchal Vaillant, ministre de la guerre, qui lui disait :

« Par ordre de l'Empereur, vous prendrez le commandement en chef de l'armée d'Orient, si quelque événement de guerre ou de maladie empêchait le maréchal de Saint-Arnaud de conserver ce commandement. »

Le général avait toujours tenu cette décision secrète; car la lettre ne devait être produite, que le cas échéant (1).

On était en vue des côtes de Crimée, signalées le 12 au matin. Le maréchal avait écrit au ministre de la guerre, ainsi que nous l'avons dit plus haut; mais devant la violence du mal, qu'aucun remède ne pouvait dompter; et craignant que la réponse du ministre arrivât trop tard, il s'apprêtait à mander par lettre au général Morris, le plus ancien de grade des officiers généraux de l'armée d'Orient, de venir le rejoindre; c'est alors que le général Canrobert crut de son devoir, d'épargner au maréchal une démarche inutile et de faire cesser en même temps une inquiétude qui minait ses forces, autant que la maladie elle-même (2).

Il entra donc dans la chambre du maréchal :

---

(1) Bien souvent le maréchal, par une sorte de pressentiment, avait sondé le général Canrobert à ce sujet; mais celui-ci, fidèle aux instructions qu'il avait reçues, et en même temps, pour conserver dans toute son indépendance son rôle de général de division, en dehors de toute autre influence, n'avait en rien laissé soupçonner au maréchal le pli dont il était porteur.

(2) Dans le journal tenu par le maréchal depuis son départ de Varna, il n'y a que ces seuls mots à ce sujet :

« 13. — (Lettre close et confidentielle, Canrobert.) »

« Monsieur le maréchal, lui dit-il, vous êtes très-préoccupé de savoir quel sera votre successeur, dans le cas où votre santé ne vous permettrait pas de conserver le commandement en chef; dans les circonstances actuelles, il est de mon devoir de vous faire connaître la décision de l'Empereur : ce successeur, c'est moi..»

Et le général remit au maréchal la lettre dont il était porteur. La joie du maréchal fut franche et grande; il tendit à la fois ses deux mains au général.

« Que je vous remercie, mon cher Canrobert, lui dit-il, et quel tourment cruel vous m'ôtez de l'esprit! »

CXXI. — La terre de Crimée se déployait comme un immense banc de sable rougeâtre; une haute chaîne de montagnes découpait au loin l'horizon en lignes heurtées.

On ne peut que bien difficilement se figurer l'impression profonde que chacun ressentit, lorsque apparurent pour la première fois à l'horizon les côtes de la Crimée (1).

---

(1) LA CRIMÉE.

Il n'est pas sans intérêt, pour compléter l'ensemble de ce travail, de dire quelques mots de la Crimée et de faire connaître, le plus succinctement qu'il nous sera possible, le passé historique de ce pays, qui doit être le théâtre de grandes opérations de guerre.

La Crimée, par sa position presque centrale dans la mer Noire, domine à la fois les côtes de l'Asie, les bouches du Danube et l'entrée du Bosphore de Constantinople.

Il serait trop long d'énumérer ici les différentes nations qui, tour à tour, envahirent ce pays depuis le VIIe siècle avant J. C., époque où les Milésiens firent leur première apparition sur les côtes du Pont-Euxin.

La prospérité qu'ils durent à cette riche contrée amena promptement de nombreuses émigrations. Les Héracléens se dirigèrent vers la partie la plus occidentale en refoulant les sauvages habitants, et, s'établissant

Tous les regards se tournèrent avec une avide curiosité vers cette terre, sur laquelle devait retentir le choc des armées dans un avenir si prochain et si inconnu. Le choléra, les fatigues de la traversée, les tristes misères de la vie, tout fut oublié ; les pensées n'avaient plus qu'un but, les cœurs ne battaient plus que d'un seul espoir ; et une acclamation enthousiaste sortit à la fois de toutes les poitrines, unissant dans un même cri la France et l'Empereur.

Une brise fraîche de nord-ouest enflait les voiles.

A mesure que l'on avançait, la nature des côtes, qui sont basses, permettait aux regards de plonger dans l'in-

---

dans la petite presqu'île connue de nos jours sous le nom de l'ancienne Chersonèse, jetèrent les premiers fondements de la célèbre république de Kherson qui subsista, rapportent les historiens, pendant plus de quinze cents ans.

Les siècles qui passèrent virent le ravage et la destruction s'abattre incessamment sur cette malheureuse contrée. La république de Kherson qui avait dû, pendant les premières invasions des peuples barbares, la conservation de son indépendance à sa position reculée et peu accessible, dut courber la tête sous l'effroyable ouragan des Huns, qui vinrent du fond de l'Asie jeter sur la rive asiatique du détroit leur sanglant cri de guerre. Dans toutes les contrées où ces hordes barbares, descendant des sombres forêts du Septentrion ou des plaines sans limites du cœur de l'Asie, posèrent leur pied fatal, elles laissèrent derrière elles ruines et désolation

Ce fut vers 1226 de notre ère qu'apparurent les Tatars mongols, dont les bandes victorieuses sillonnèrent la Russie, la Pologne et la Hongrie. Mais ce n'était pas la dévastation qu'elles apportaient avec elles ; et la Tauride commença à se relever de ses ruines.

Bientôt les Génois, peuple intelligent, actif, aventureux, dont les galères côtoyaient tous les rivages pour y jeter des fondations, exercèrent sur cette contrée leur domination, et créèrent, en 1280, la célèbre Kaffa qui leur assurait définitivement l'empire de la mer Noire.

Pendant près de deux siècles, les colonies génoises ouvrirent de tous

térieur des terres, à une assez grande distance, et leur aspect silencieux, pacifique, confirmait les espérances d'un heureux débarquement.

Un coup de vent survenu dans la nuit jeta un peu de désunion dans les flottes alliées, en retardant la marche de quelques-uns des groupes des bâtiments de convoi. Un point de ralliement était devenu nécessaire ; on

---

côtés des sources merveilleuses de grandeur et de prospérité ; partout elles jetaient les semences d'un commerce industrieux et rapide, et appelaient à elles les productions de toutes les parties du monde.

Mais en 1543, l'étendard de Mahomet mit un terme à cet accroissement de chaque jour, de chaque année, et rompit les relations de la Crimée avec la Méditerranée. La division des partis, suscitée par le découragement, releva la tête et se mit de nouveau à déchirer cette contrée, tout à l'heure encore si riche, si florissante et si paisible Profitant de cette division, les Turcs se rendirent successivement maîtres des points occupés par les Génois (1473).

Après l'abandon des colonies génoises, les grandes lignes de communication furent rompues. Mais peu à peu les khans, tributaires de la Porte, puisèrent dans la fertilité du sol lui-même d'abondantes ressources. Vallées et coteaux se couvrirent de villages ; les moissons jaunissaient dans les plaines laborieusement cultivées, et un nombreux bétail paissait çà et là dans les steppes. Le développement du commerce et de l'industrie avait opéré une sorte de révolution sociale dans les mœurs musulmanes.

En 1736, la première invasion des Russes vint ébranler violemment l'existence politique de cette contrée. Le feld-maréchal Munich, à la tête de 100 000 hommes, força l'île de Pérékop et porta le ravage jusqu'au pied de la chaîne taurique. La paix de Belgrade arrêta cette invasion en apparence, mais non de fait. L'influence de la Russie devait peser sur cette contrée jusqu'au jour où elle l'asservirait à sa domination. Ce fut une œuvre occulte et laborieuse qui jetait la discorde, minait les forces vitales, et, jour par jour, préparait le but gravé dans sa pensée.

Ce système d'empiétement et d'agression, caché sous la forme de protectorat, aboutit à la donation complète de la Crimée entre les mains de Catherine II, en 1783 ; mais cette ambitieuse souveraine ne recueillit qu'un pays déchiré par de sanglantes discordes, épuisé par

mouilla à l'ouverture de la baie d'Eupatoria, pour laisser le temps aux vapeurs de rallier les vaisseaux restés en arrière.

CXXII. — Il est de ces tableaux magiques devant lesquels la plume se sent impuissante ; tel était celui que présentait le soir la flotte mouillée devant Eupatoria. On eût dit une grande ville fantastique surgie du sein

l'émigration des habitants, anéanti dans sa prospérité et dans son commerce par le découragement et l'abandon. — Des villages entiers disparaissaient, déserts du jour au lendemain, sans que l'on pût suivre les traces de leurs habitants. Les uns se réfugiaient en Turquie, les autres dans les montagnes du Caucase.

« La péninsule, dit un auteur estimé (Xavier Hommaire de Hell), couverte d'établissements fixes, et centre de la civilisation et de la puissance tatare, eut naturellement en partage les plus grandes calamités, et vit renouveler toutes les scènes de carnage et de dévastation qui avaient autrefois caractérisé les invasions des peuples de l'Asie : elle perdit au moins les neuf dixièmes de sa population; ses villes furent pillées et saccagées, ses campagnes dévastées. Dans l'espace de quelques mois, cette contrée, encore si florissante sous le dernier khan, ne présenta plus au regard qu'un vaste théâtre d'oppression, de misère et de destruction. »

Soixante-dix années environ se sont écoulées depuis lors, et la domination russe, dominatrice sans lutte et sans révolte, est restée impuissante à la faire sortir de l'abaissement où l'ont jetée les événements du siècle dernier. Nous parlons des forces réellement vitales et productives; car de tous côtés s'élèvent des châteaux, de brillantes et luxueuses habitations : la richesse auprès de la misère. Des moissons et des vignes s'échelonnent sur les riants coteaux du littoral. La terre est riche, les rayons du soleil fructifient ses entrailles, les vertes prairies de l'intérieur de la Crimée sont arrosées par des eaux abondantes, les arbres se courbent sous le poids de leurs fruits; mais le commerce, cette vie réelle de toute contrée qui veut exister, n'a pu se relever, et la population décimée des Tatars végète misérablement dans cette paix profonde et sans profit pour elle, malgré les vastes concessions faites aux Russes et les riches plantations qui s'élèvent et y fourmillent.

des flots. Le soleil venait de se coucher. L'air était très-pur, la mer unie comme un miroir ; on distinguait encore les nombreux signaux des bâtiments ; et les feux de positions, pâlis par les dernières lueurs du crépuscule, commençaient cependant à briller de toutes parts. A l'horizon, se massait dans une teinte sombre, la ville d'Eupatoria, dont les moulins, qui en dominent les hauteurs, se découpaient nettement sur le ciel encore lumineux.

Il avait été décidé que le général Yusuf débarquerait avec 3000 hommes, s'emparerait de cette place, l'occuperait et couperait ainsi les communications russes entre Simphéropol et Sébastopol.

CXXIII. — Le colonel Trochu et le colonel Stéel descendirent à terre en parlementaires avec quelques hommes, pour sommer la ville de se rendre ; ils la trouvèrent évacuée ; il n'y restait plus qu'un major russe et quelques centaines de soldats malades ou convalescents, que la grande réputation de salubrité du lac d'Eupatoria y avait attirés (1).

La ville n'essaya aucune défense, et la population

---

(1) Eupatoria est située au fond de la baie de Kalamita : l'assiette de cette ville est sur un plan légèrement incliné vers la mer ; on y voit de jolies maisons à un étage, construites en pierres, une poudrière au nord, surmontée d'un paratonnerre, trois ou quatre mosquées, autant d'églises ou chapelles, et cinquante moulins à l'est ; tel est l'aspect que présente Eupatoria. Le pays est beau, riche, environné de terres fertiles en grains, d'arbres fruitiers, de jardins.

Les bords du lac d'Eupatoria jouissent d'une grande réputation, et tous les ans, de nombreux malades viennent y chercher la santé.

tartare accueillit les Français avec de grandes démonstrations de sympathie (1).

Dans les circonstances telles qu'elles se présentaient, on ne jugea pas à propos d'occuper Eupatoria, afin de conserver toutes ses forces vives pour l'expédition sur Sébastopol; on y laissa un bâtiment et quelques compagnies d'infanterie de marine.

CXXIV. — « J'espère, écrivait en date du 13 l'amiral Hamelin, si le temps se fait beau, que nous pourrons demain, dans la matinée, nous diriger vers le point convenu pour y opérer notre débarquement. »

L'espérance de l'amiral devait se réaliser; le regard de Dieu nous protégeait.

Toute la journée du 13 fut donc employée à rallier les bâtiments en arrière et à porter les derniers ordres qui devaient assurer l'exécution prompte et rapide du débarquement de l'armée.

La nuit n'était pas encore venue que le général Can-

---

(1) JOURNAL TENU PAR LE MARÉCHAL.

« 13, Aussitôt que l'on sera mouillé à Eupatoria, j'irai conférer avec lord Raglan.

« Deux heures et demie, conférence avec lord Raglan.

« Plans arrêtés pour Eupatoria et le débarquement de demain matin. Trochu et Steel vont en parlementaires avec trois frégates à vapeur sommer Eupatoria de se rendre. Cette ville sera occupée par 3000 hommes, un bataillon anglais, un bataillon français, infanterie de marine, deux bataillons turcs, sous les ordres du général Yusuf, qui aura le commandement d'Eupatoria.

« A la première sommation, Eupatoria s'est rendue de la manière la plus naïve. Le commandant russe a répondu : « Nous sommes tous « rendus, faites ce que vous voudrez. »

robert accompagné du chef d'état-major général, le général Martimprey, partait pour une dernière reconnaissance, afin d'indiquer d'une manière exacte aux deux navires à vapeur, *le Primauguet* et *la Mouette*, la place que devront occuper les lignes de notre escadre, et s'assurer si l'ennemi avait pris de nouvelles positions sur la plage.

La nuit est calme et belle ; les étoiles lumineuses resplendissent dans le ciel ; une brise légère se fait à peine sentir.

Dans cette nuit solennelle et grave, soldats et chefs sont tous debout, attentifs et silencieux.

Bientôt on aperçoit rentrer à toute vapeur au milieu des lignes, les deux bâtiments qui sont allés en reconnaissance.

CXXV. — A deux heures et demie du matin, deux fusées, qui doivent indiquer à l'amiral Dundas que l'ordre est donné à la flotte française d'appareiller, partent du vaisseau-amiral.

L'amiral anglais répond à ce signal. L'ordre est aussitôt transmis par signaux à toute l'escadre ; et bientôt vaisseaux et frégates à vapeur, attelés les uns aux autres, s'avancent, dans l'ordre qui leur a été désigné, vers la plage du débarquement.

Le vaisseau-amiral remorqué par *le Napoléon* a pris la tête du convoi ; trois bâtiments, *l'Ajaccio*, *le Berthollet* et *le Dauphin*, se tiennent prêts à porter sur tous les points de la ligne les ordres de l'amiral.

Trois autres bâtiments ont pris les devants : ce sont *le Primauguet*, *le Caton* et *la Mouette*, ils ont mission de placer, à petite distance, des bouées de couleur différente pour indiquer le mouillage des trois colonnes.

A côté de notre escadre se développe la longue ligne du convoi anglais.

Ce fut un magnifique spectacle, lorsque les premières lueurs du jour montèrent à l'horizon, de contempler cette flotte, la plus belle qui ait jamais traversé les mers, se dirigeant en silence vers le lieu du débarquement. Ce sont de longues files de navires de toutes grandeurs, s'étageant à l'infini sur les flots de la mer; tous sont chargés de soldats, dont les baïonnettes reluisent aux premières clartés naissantes, — ville flottante, animée, qui transporte une émigration humaine d'un rivage à l'autre.

Les côtes sont devant nous; la plage silencieuse et déserte semble attendre ces milliers d'existences, pour recevoir d'elles la vie, le mouvement, le tumulte. — Officiers, soldats, matelots, tous ont les yeux attachés sur la rive.

CXXVI. — A sept heures du matin l'amiral Hamelin signale l'ordre de : *mouillage suivant le plan donné.*

La flotte est mouillée sur trois lignes parallèles.

La première, composée des vaisseaux de combat, transporte la 1re division. Sur la seconde ligne est la 2e division; la 3e division sur la dernière, car la 4e division, en compagnie de bâtiments anglais sous le commandement de l'amiral Dundas, est allée opérer un simulacre de débarquement sur la Katcha, afin d'occuper l'ennemi et de le tenir en haleine sur plusieurs points à la fois.

Trois pavillons carrés de couleur différente sont affectés aux trois divisions.

1re division, pavillon rouge. — 2e division, pavillon blanc.— 3e division, pavillon bleu.

Trois pavillons semblables devront être plantés à terre aux points désignés par les généraux de chaque division; et c'est sur ce point de ralliement que se dirigeront les embarcations et les chalands portant les troupes.

Dans l'ordre du débarquement, tout a été dit, tout a été indiqué, tout a été prévu, les éventualités de l'ennemi comme celles de la mer. On a peine à comprendre que les deux cent cinquante navires, dont se composaient les flottes combinées, aient pu sans confusion, sans avarie, sans accidents, exécuter une manœuvre, que leur agglomération rendait si épineuse et si difficile.

Dans cette occasion, la marine française a montré tout ce que l'on pouvait attendre d'elle. C'est qu'aussi, chacun comprenant l'importance de cette grande opération, rivalisait d'ardeur, d'activité et de dévouement.

A sept heures dix minutes le vaisseau-amiral laisse tomber l'ancre au poste assigné devant la plage ; le reste de l'escadre, s'arrêtant avec une précision mathématique à la place qu'elle doit occuper, suit ce mouvement. Aussitôt, chaloupes et canots sont immédiatement mis à la mer; les chalands, que depuis la veille chaque vaisseau conduit à la remorque; sont accostés le long du bord (1). On n'attend plus, pour commencer le débarquement, que l'ordre de l'amiral.

Tous les yeux sont fixés sur le bâtiment *la Ville de Paris*, qui doit donner le signal.

CXXVII. — Déjà les vigies placées au haut des mâts explorent du regard le terrain et cherchent à découvrir les traces de l'ennemi; rien n'apparaît, aucun mouvement de troupe ne se manifeste du côté de terre. Évidemment, ou les Russes, trompés par le faux débarquement de la Katcha, ne nous attendent pas de ce côté, ou leur intention n'est point de s'opposer à notre débarquement.

Toutefois l'amiral ne néglige aucune précaution; les chaloupes des quatre vaisseaux à trois ponts, chaloupes armées en guerre et approvisionnées de fusées à la Congrève, sont dirigées vers la terre, dès que l'ancre a touché le fond. Deux de ces chaloupes prennent poste à l'angle nord de la plage, les deux autres à l'angle du sud.

---

(1) Quarante chalands, pour l'artillerie de campagne, avaient été construits dans les chantiers de Constantinople. Chaque chaland peut porter deux pièces avec leurs avant-trains. Ces pièces ne sont pas attelées; la pièce n'est pas accrochée à son avant-train, mais engerbée avec lui. Chacun de ces deux groupes est placé soit à l'avant, soit à l'arrière du chaland. Au centre se trouvent les 12 chevaux et les servants et conducteurs, au nombre de 18 hommes. Ces chalands sont remorqués par des embarcations à la rame. A partir du moment où le chaland touche la terre, il faut douze à quinze minutes, pour que les pièces soient en état de tirer, d'après les expériences faites à Varna par une mer tranquille.

Les Anglais, au lieu de chalands, se servent de deux embarcations jumelées, sur lesquelles on place une plate-forme qui reçoit les pièces.

Presque au même moment une frégate et deux avisos à vapeur *le Descartes*, *le Primauguet* et *le Caton*, suivent la même direction, avec l'ordre de s'embosser aussi près de la plage que le permet leur tirant d'eau, de manière à balayer de leurs obus la falaise du sud, point où l'ennemi pourrait se présenter ; leurs feux, se croisant ainsi avec ceux des chaloupes, prendraient d'écharpe l'artillerie ennemie qui voudrait s'opposer à notre opération.

Dès lors le signal si impatiemment attendu paraît au mât du vaisseau-amiral ; un cri de joie s'échappe à la fois de toutes les poitrines, tous les cœurs bondissent.

Il est huit heures dix minutes.

CXXVIII. — Une baleinière de *la Ville de Paris*, portant le général Canrobert et le contre-amiral Bouet-Willaumez, se dirige en toute hâte vers la plage ; les marins se courbent sur leurs rames ; la baleinière a le vol d'un oiseau. Le capitaine Anne-Duportal, désigné comme commandant la plage, s'y rend de son côté.

A huit heures trente minutes, le pavillon français flotte sur la terre de Crimée, placé par les mains du général Canrobert qui vient de s'élancer sur la rive.

Quarante-deux ans auparavant, jour pour jour, le 14 septembre 1812, la grande armée commandée par l'empereur Napoléon Ier entrait à Moscou (1).

---

(1) « Cher frère, écrivait le maréchal à M. de Saint-Arnaud, le 14 septembre 1812, la grande armée entrait à Moscou : le 14 septembre 1854, l'armée française débarquait en Crimée et foulait le sol de la Russie. »

Débarquement des troupes à Old-Fort.

CXXIX. — Presque aussitôt l'on voit se dresser les guidons indicateurs sur les emplacements où doivent se former les trois divisions ; et comme répondant à ce signal, les chalands, les chaloupes, les canots-tambours, les canots ordinaires remplis de soldats couvrent la mer et s'avancent vers la plage. Les canots chefs de groupe des embarcations et chalands portent sur leur étrave le pavillon de la division qu'ils conduisent à terre. — Pas un instant de confusion, de doute ou de désordre ; tout cela s'entremêle, se confond un instant ; puis chacun prend sa direction ; *l'Ajaccio, le Dauphin, la Mouette* servent de remorqueurs.

L'œil a peine à suivre cette opération multiple qui se déroule à la fois sur tous les points et couvre, en même temps, le rivage, de nos soldats débarqués.

Le maréchal, debout sur la dunette du vaisseau-amiral, suit d'un regard attentif et fier les manœuvres qui s'accomplissent ; son énergie s'est réveillée avec l'heure du combat.

Déjà, le détachement d'infanterie de *la Ville de Paris* et celui des fuséens-marins et artilleurs de la marine ont pris position sur la falaise du sud.

Il est neuf heures vingt minutes ; toutes les troupes arrivent en masse.

Aussitôt débarquées, elles se forment.

Les cris : *Vive l'Empereur !* retentissent de toutes parts, sillonnant cette vaillante multitude qui brûle d'en venir aux mains avec l'ennemi et de donner aux aigles de la France un nouveau baptême de gloire et de feu.

La 1re division tout entière a touché la plage. La 1re brigade se dirige par la droite sur les hauteurs et les occupe militairement; la 2e brigade se dirige par la gauche et vient s'établir à la gauche de la première, se reliant avec la 2e division.

Celle-ci, conduite par le général Bosquet, vient prendre position sur l'emplacement qui lui est assigné pour son bivouac. La 3e division, sous les ordres du prince Napoléon, a touché terre et va se placer à son rang. Les grands gardes, petits postes, postes de soutien sont aussitôt établis de tous côtés.

Il est midi.

A dix heures, les troupes anglaises avaient également pris terre. Le général sir Georges Brown débarqua le premier avec un détachement de tirailleurs. Une certaine confusion, provenant d'un changement dans les plans arrêtés, avait entravé pendant quelque temps le débarquement des troupes (1).

La grande opération du débarquement est terminée (2); l'ennemi ne peut plus rien contre elle (3).

---

(1) L'on vit, rapporte un écrivain anglais distingué, un officier escorté d'un petit nombre de Cosaques, s'avancer à cheval du côté du rivage; il mit pied à terre, s'assit sur la plage, et, tirant son carnet, prit des notes sur les mouvements des alliés. — Cet officier était à portée du canon.

(2) On continue le déchargement des frégates à vapeur; le complément de l'artillerie, les chevaux des états-majors, et ceux d'un escadron de spahis, sont débarqués. Les navires du convoi qui ont quitté le mouillage d'Eupatoria à la voile, rallient l'escadre en grand nombre.

(3) *L'Invalide russe*, journal officiel de Saint-Pétersbourg, annonce

On entend la canonnade des bâtiments chargés de faire diversion, et on les voit s'approcher de la côte.

CXXX. — A deux heures, le maréchal accompagné de son état-major quitte le vaisseau-amiral et descend sur la plage; il monte aussitôt à cheval et parcourt toute la ligne que forment les troupes.

Nulle plume ne pourra rendre l'enthousiasme de ces premières heures. A la vue du commandant en chef, les acclamations, les hourras éclatent de toutes parts, et les échos de la Crimée portent à l'armée russe ces cris frénétiques d'impatience et d'orgueil. Les képis des officiers, les armes des soldats s'agitent en l'air; le visage du maréchal rayonne, ses yeux s'humectent de larmes; il salue le drapeau de la France qui flotte dans les airs; il remercie Dieu.

« Notre situation est bonne, écrit-il le même jour au ministre de la guerre, et l'avenir se présente avec des

---

ainsi le débarquement des armées alliées en Crimée : « L'aide de camp général prince Menschikoff, commandant les troupes en Crimée, a porté à la connaissance de S. M. l'Empereur que le 1 (12) de ce mois une nombreuse flotte anglo-française s'est montrée en vue d'Eupatoria, et qu'ensuite un corps considérable d'infanterie, avec quelque cavalerie, a opéré une descente entre Eupatoria et le village de Kaptougaï; à l'approche de l'ennemi, tous les habitants ont évacué la ville ainsi que tous les villages des alentours.

« Le prince Menschikoff, reconnaissant l'impossibilité d'attaquer l'ennemi sur une plage unie commandée par le feu de la flotte, a concentré la majeure partie de ses forces dans une position avantageuse, où il se disposait à recevoir les assaillants. Il ajoute en terminant que les troupes sous ses ordres, enflammées de zèle et de dévouement au trône et à la patrie, attendent avec impatience le moment de combattre l'ennemi. »

premières garanties de succès qui semblent très-solides. Les troupes sont pleines de confiance. La traversée, le débarquement étaient assurément deux des éventualités les plus redoutables qu'offrait une entreprise qui est presque sans précédent, eu égard aux distances, à la saison, aux incertitudes sans nombre qui l'entouraient. Je juge que l'ennemi qui laisse s'accumuler, à quelques lieues de lui, un pareil orage, sans rien faire pour le dissiper à son origine, se met dans une situation fâcheuse, dont le moindre inconvénient est de paraître frappé d'impuissance vis-à-vis des populations. »

Le soir, on lut aux soldats un ordre du jour qui se terminait par ces belles paroles :

« Soldats, à ce moment où vous plantez vos drapeaux sur la terre de Crimée, vous êtes l'espoir de la France; dans quelques jours vous en serez l'orgueil (1). »

La 4ᵉ division rallie la flotte à la nuit close.

---

(1) Tous les ordres du jour du maréchal sont surtout remarquables d'inspiration et de mâle énergie ; nous citons celui-ci en son entier.

ORDRE GÉNÉRAL.

« 14 septembre 1854, *pendant le débarquement sur les côtes de Crimée.*
    « Soldats !

« Vous recherchez l'ennemi depuis cinq mois ; il est enfin devant vous, et nous allons lui montrer nos aigles. Préparez-vous à subir les fatigues et les privations d'une campagne qui sera difficile, mais courte, et qui élèvera devant l'Europe la réputation de l'armée d'Orient au niveau des plus hautes gloires militaires de l'histoire.

« Vous ne permettrez pas que les soldats des armées alliées, vos compagnons d'armes, vous dépassent en vigueur et en solidité devant l'ennemi, en constance dans les épreuves qui vous attendent.

« Vous vous rappellerez que nous ne faisons pas la guerre aux paisibles habitants de la Crimée, dont les dispositions nous sont favora-

CXXXI. — Cette petite escadre, chargée de faire une diversion, était composée de cinq frégates ou corvettes à vapeur françaises, portant la 4ᵉ division, et de trois frégates anglaises. A hauteur de l'Alma, petite rivière à 5 lieues au sud du point choisi pour le débarquement, l'escadrille signala un camp de 6 à 7000 Russes environ, à mi-côte au sud de la rivière, à une distance, jugée approximativement, de 4 kilomètres; ce camp avait deux postes en avant, l'un au delà de l'Alma, l'autre plus en arrière, sur le revers opposé. Des Cosaques observaient du rivage les mouvements de la flotte.

Les trois frégates anglaises envoyèrent des obus dans sa direction. *Le Caffarelli* ouvrit son feu; il était en ce moment neuf heures et demie. Les Russes ne répondirent pas.

Aussitôt des embarcations remplies de soldats furent mises à la mer pour simuler un débarquement sous la protection des feux du *Caffarelli* et du *Coligny*, qui continuèrent à lancer des obus; les chaloupes approchèrent à 100 mètres du rivage (1) et s'y maintinrent quelque temps.

bles, et qui, rassurés par notre excellente discipline, par le respect que nous montrerons pour leur religion, leurs mœurs et leurs personnes, ne tarderont pas à venir à nous.

« Soldats! à ce moment où vous plantez vos drapeaux sur la terre de Crimée, vous êtes l'espoir de la France : dans quelques jours vous en serez l'orgueil.

« Vive l'Empereur! « *Le maréchal commandant en chef,*
   « A. DE SAINT-ARNAUD. »

(1) Journal de la 4ᵉ division.

Le poste le plus avancé, à portée de la grosse artillerie des vapeurs, abattit ses tentes; les troupes se formèrent et prirent la direction du grand camp.

A midi et demi, l'escadre continua sa marche vers le sud; elle arriva vis-à-vis de l'embouchure de la Katcha, où les vigies n'aperçurent que deux postes de Cosaques peu importants; elle s'avança encore dans la direction du golfe de Sébastopol, puis se dirigea vers le nord, pour rejoindre la flotte qui devait avoir opéré la mise à terre des troupes.

A la tombée du jour, le temps s'était couvert, le vent avait grossi la mer de telle sorte, que l'ordre fut donné de suspendre le débarquement de l'artillerie et des chevaux qui devenait dangereux (1). Pendant toute la nuit le vent continua et la pluie tomba avec violence.

Il ne restait plus à bord que la 4ᵉ division et la division turque.

Le 15 au matin, la mer, quoique moins forte, était cependant encore très-mouvementée près du rivage. A sept heures, la 4ᵉ division commence son débarquement, qui ne s'opère qu'avec de très-grandes difficultés et non sans dangers réels. La chaloupe qui portait le gé-

---

(1) *Journal tenu sur la dunette de* la Ville de Paris, *par M. le lieutenant de vaisseau Garnault.*

« Lorsque l'ordre de suspendre le débarquement fut signalé, l'escadre avait déjà mis à terre les trois divisions au complet munies de quatre jours de vivres, leurs bagages et leurs chevaux, les compagnies du génie et tout leur outillage, plus de cinquante pièces d'artillerie accompagnées de tout leur matériel, les chevaux des spahis, les chevaux du maréchal et de l'état-major. »

néral Forey et son état-major chavira en franchissant les brisants; plusieurs officiers tombèrent à la mer; heureusement personne ne périt. Quelques chevaux même gagnent le rivage à la nage; les embarcations ne peuvent toucher terre, le débarquement, suspendu par prudence, se continue quelques heures plus tard.

Enfin la division entière a pris pied et se dirige vers son campement, qui est établi sur deux lignes, dans une direction oblique par rapport au rivage, la droite en avant du quartier général du commandant en chef. Les trois autres divisions de l'armée française forment une courbe allongée vers l'est, la 1re division dans le sud, appuyant sa droite à la mer.—L'armée anglaise tient sa gauche dans le nord, s'épaulant également au rivage.

Tout autour du camp ce ne sont que vastes plaines, larges steppes nus, sans arbres, sans végétation aucune; partout on ne rencontre que de l'eau saumâtre, et, pour en trouver de potable, il faut aller à 7 kilomètres environ, vers l'est. Un petit lac n'est séparé de la mer que par une étroite chaussée, et l'on ne retrouve sur aucun point de la plage vestige du vieux fort indiqué par les cartes marines anglaises.

CXXXII. — L'expédition est commencée. Les trois drapeaux des nations alliées se déploient enfin devant l'ennemi.

Pendant le récit de cette première période, nous nous sommes abstenu de porter aucun jugement, nous renfermant entièrement dans notre rôle de chroniqueur.

Notre but unique était de jeter la lumière sur le séjour de notre armée à Gallipoli et à Varna, jusqu'à son débarquement sur la terre de Crimée.

Cette partie était la moins connue, la plus diversement commentée, blâmée par les uns, approuvée par les autres, sans que l'on fût instruit peut-être véritablement, du détail réel des faits et des nécessités de situation qui se sont élevées, pour ainsi dire, à chaque pas comme des obstacles ou des entraves.

Ce récit, nous l'avons fait avec conscience, exactitude rigoureuse et impartialité; maintenant, nous allons marcher dans la guerre, au bruit du canon; maintenant nous allons commencer le récit de cette grande épopée, dont la première page s'écrit sur les rives de l'Alma, la dernière sur les ruines de Sébastopol.

LIVRE II

LIVRE II.

CHAPITRE PREMIER.

I. — La marine française et la marine anglaise réunies avaient jeté en un seul débarquement plus de 60 000 combattants en Crimée (1).

Le maréchal espérait quitter Old-Fort, le 17 septembre.

Le succès de l'entreprise devait être surtout dans la rapidité des mouvements, afin d'empêcher de la part de l'ennemi une trop grosse concentration de forces sur un seul et même point.

Les troupes sont à peine débarquées, que les rapports arrivent de tous côtés; quelques prisonniers que l'on

---

(1) Les armées alliées qui venaient de débarquer mettaient sous les armes plus de 60 000 combattants.

L'armée française comptait 1446 officiers, 29 058 hommes et 2904 chevaux ou mulets, plus 133 bouches à feu dont 68 de campagne; 172 bâtiments, vaisseaux de ligne, frégates, corvettes, avisos à vapeur, avaient transporté cette armée largement pourvue de vivres et de munitions de guerre.

L'armée anglaise avait un effectif de 27 000 combattants environ : 22 600 hommes d'infanterie; artillerie et génie, 3100; cavalerie, 1100.

Une division turque de 7000 hommes commandée par Achmet-Pacha était adjointe aux armées alliées.

vient de faire, donnent d'utiles renseignements, ainsi que les Tartares, qui montrent une grande joie (1).

Il n'y a pas selon eux plus de 50 à 60 000 hommes en Crimée, un peu répartis partout et occupés à se concentrer.

Mais le 17, les Anglais ne peuvent encore se mettre en marche : une immense quantité d'impedimenta retardent à l'infini leurs opérations. Le départ est donc forcément remis au lendemain ; les deux armées doivent se mettre en mouvement vers onze heures du matin.

(1) Le premier détachement de cavalerie débarqué en Crimée fut un détachement de spahis. Le lieutenant de Molène partit aussitôt en reconnaissance avec les 70 cavaliers qui le composaient, afin de battre les environs de la plage et signaler l'approche de l'ennemi, s'il y avait lieu. Le lendemain le maréchal, averti qu'à quelques kilomètres de nos avant-postes, se trouvaient un fonctionnaire russe et un petit poste d'infanterie, envoya le colonel Trochu donner ordre à M. de Molène de tâcher de s'emparer de ce fonctionnaire, dont les papiers pouvaient renfermer d'utiles renseignements, et d'enlever le poste d'infanterie qui lui avait été signalé. Cet officier fit aussitôt monter ses hommes à cheval, et, guidé par un Tartare revêtu de l'uniforme de spahis, il traversa un gué praticable dans un seul endroit, cerna le village, et fondant aussitôt sur le poste, s'empara presque sans résistance des soldats stupéfaits et ébahis du costume insolite de nos cavaliers africains. Le fonctionnaire, qui s'apprêtait à prendre la fuite dans une voiture tout attelée, fut fait prisonnier, et les fantassins russes, chargés sur des chariots attelés de chevaux tartares, arrivèrent au camp français escortés par les spahis.

Les Anglais, en apercevant la petite troupe revenant de son heureuse excursion, l'accueillirent avec des hourras. C'étaient les premiers prisonniers, les premières armes enlevées à l'ennemi ; et lorsque le maréchal rentra dans sa tente, il trouva à l'entrée deux faisceaux de fusils russes.

Ce petit épisode, certes sans importance auprès des grands événements qui devaient se dérouler quelques jours plus tard, fit cependant sensation, parce qu'il était imprévu, et que la Providence semblait prendre nos premiers pas sous son égide.

« J'irai coucher sur le Bulganak, écrit le maréchal; le lendemain 19, je serai frais et dispos, j'aurai reconnu les positions russes, et je serai en mesure de forcer le passage de l'Alma et même de pousser l'ennemi jusqu'à la Katcha, si j'en ai le temps.

Dans la journée, *le Primauguet* sur lequel montent les généraux Canrobert, Thiry et Bizot va de nouveau reconnaître les abords de l'Alma et de la Katcha, afin de s'assurer si de nouvelles dispositions ont été prises par l'ennemi, et s'il a reçu des renforts. L'ardeur des troupes, leur enthousiasme, leur impatience de combattre, cette protection du ciel qui a permis au mois de septembre un débarquement aussi heureux et aussi inespéré, tout redouble la confiance du commandant en chef.

Le 18, encore du retard venant des Anglais. Quoi qu'il arrive, le maréchal est décidé à partir le lendemain (1).

II. — Le 19 au matin, l'ordre de départ est donné. Selon toute probabilité; l'on ne doit pas encore rencontrer l'ennemi, et la journée se passera sans combat.

La 1re division, tête de colonne de l'armée française, marche par bataillon, en colonne par peloton, l'artillerie au centre.

---

(1) *Lettre du maréchal. — Crimée, le 18 septembre* 1854.

« Je viens d'écrire à lord Raglan que je ne pouvais pas attendre plus longtemps, et que je lançais mon ordre de départ pour demain matin à sept heures; rien ne m'arrêtera plus. »

La 2ᵉ division protége le flanc droit; chacune des deux brigades marche en colonne par division.

La 3ᵉ division protége le flanc gauche.

La 4ᵉ division et les Turcs sont désignés pour former l'arrière-garde.

L'armée française représentait un immense losange, à l'angle saillant duquel se trouve la 1ʳᵉ division; aux angles latéraux les 2ᵉ et 3ᵉ, et en arrière la 4ᵉ division, précédée du contingent turc : les bagages marchent au centre. L'armée anglaise couvre sur la gauche cet ordre de marche, appuyée à droite par la flotte.

C'est un coup d'œil magnifique, l'armée et la flotte s'avancent presque alignées.

Le pays que l'on parcourt est une vaste plaine ondulée, sans arbre et sans eau; le temps est superbe, le ciel est bleu, le soleil brille.

L'ennemi ne cherche pas à nous disputer le passage de la Bulganak.

A une heure, la tête de colonne arrive sur les hauteurs qui dominent la vallée de l'Alma. L'armée russe est établie sur les hauteurs de la rive gauche; on aperçoit distinctement ses lignes; on peut compter les escadrons de sa cavalerie.

La 1ʳᵉ division établit son bivouac au centre de la position, entre la 2ᵉ division, à sa droite et la 3ᵉ à sa gauche. La 4ᵉ resta en réserve en arrière de la 3ᵉ sur le flanc de la berge. Derrière la 2ᵉ division était la division turque. Entre elle et la 4ᵉ, le grand quartier général.

Le lieu où l'armée est campée se compose d'une série de plis de terrain dans la direction des hauteurs de l'Alma, et parallèle aux crêtes, sans aucun escarpement soit en avant, soit en arrière.

III. — Dans la journée, le prince Menschikoff (1) qui commande l'armée russe envoie quelques escadrons de cavalerie et de l'artillerie à cheval qui viennent inquiéter la tête de colonne de nos alliés; mais ceux-ci les reçoivent vigoureusement : la reconnaissance se replie lentement et apparaît sur les trois heures aux environs des avant-postes de la 1ʳᵉ division.

(1) Nous avons pensé que cette notice biographique sur le commandant en chef de l'armée russe en Crimée ne serait pas lue sans intérêt.

LE PRINCE MENSCHIKOFF.

Le prince Menschikoff est un des plus hauts personnages de la Russie; il est arrière-petit-fils du célèbre Danilowitsch Menschikoff, ce favori de Pierre le Grand, qui débuta par vendre des petits pâtés devant la porte des tzars, puis passa par les premières charges de l'empire, et après une existence illustrée par d'immenses richesses et l'éclat des plus hautes dignités, mourut dans l'exil au fond de la Sibérie. Le courage et la résignation de Danilowitsch dans l'adversité égalèrent seuls la grandeur de sa fortune passée.

Le prince Alexandre Menschikoff, commandant en chef de l'armée russe, est né en 1789. Jeune encore, il fut envoyé à l'université de Dresde, où il étudia le droit; nommé, à son retour en Russie, gentilhomme de la chambre, il ne tarda pas à être attaché à l'ambassade de Berlin; mais il ne resta que peu de temps à ce poste; la carrière militaire offrait un plus vaste champ à son ambition et à ces rêves glorieux que fait toujours la jeunesse. En Russie surtout, la carrière des armes est la clef d'or qui ouvre toutes les portes et rapproche les sujets du trône impérial.

Le jeune Menschikoff entra en 1809 dans l'artillerie de la garde, avec le grade de sous-lieutenant. Nommé aide de camp de l'empereur Alexandre, il prit part aux grandes campagnes de 1813, 1814, 1815.

Des questions politiques l'éloignèrent ensuite de la cour; mais, à

Ce mouvement pouvait faire croire à une attaque. L'armée se forme aussitôt en bataille sur deux lignes; le maréchal envoie une batterie montée pour arrêter deux régiments de cavalerie russe qui s'étaient avancés dans la plaine. Dès le début de la canonnade, quelques obus arrivent fort heureusement au milieu des escadrons qui tournent bride immédiatement, et s'éloignent aux acclamations de l'armée française et anglaise.

Après être restées une heure en bataille, les troupes reçurent l'ordre de prendre leur campement. Aucun autre mouvement ne se manifesta chez les Russes.

l'avénement de l'empereur Nicolas, il monta promptement en faveur et fut envoyé, en 1827, comme ambassadeur extraordinaire en Perse. Le caractère hautain, dédaigneux et dominateur du prince Menschikoff convient peu aux allures d'ordinaire mielleuses, évasives, conciliatrices de la diplomatie. L'issue de cette ambassade fut la guerre qui dépouilla la Perse d'une partie considérable de l'Arménie.

En 1828, dans la guerre contre la Turquie, nous retrouvons le prince à la tête d'une division; il s'empare d'Anapa le 23 juin. Pour récompense de ce fait d'armes, l'empereur l'envoya sur le théâtre de la guerre en Europe, comme commandant des forces réunies de terre et de mer; pendant le siége de Varna, assiégée à la fois par terre et par mer, il fut grièvement blessé.

A son retour en Russie, il est nommé vice-amiral et chef de l'état-major de la marine. En 1831, il est appelé au gouvernement général du grand-duché de Finlande. Amiral en 1834, il est en 1836 ministre de la marine et retourne bientôt à son duché de Finlande; il est aussi membre du conseil de l'empire. Le prince Menschikoff prit une grande part à la réorganisation de la marine ordonnée par l'empereur Nicolas.

Lors des discussions de la Russie au sujet des lieux saints, il arriva à Constantinople chargé d'une ambassade extraordinaire, comme déjà il l'avait été auprès du schah de Perse. Il procéda de la même manière et amena les mêmes résultats : la guerre. Le rôle important qui lui est dévolu aujourd'hui, en Crimée, en fait un des acteurs principaux de ce grand drame.

Le prince Menschikoff juge sa position formidable et nous attend.

Des deux côtés tout se prépare pour l'action du lendemain (1).

IV. — Sur les cinq heures environ, le maréchal réunit devant sa tente les officiers généraux français et leur expliqua verbalement son plan de bataille concerté avec le général en chef de l'armée anglaise. — Ce plan consistait à attaquer la droite et la gauche de l'armée russe pour la contraindre ainsi à dégarnir son centre, sur lequel deux divisions françaises (1re et 3e) devaient marcher rapidement. Aussitôt le mouvement des deux ailes sérieusement prononcé, c'était sur la gauche de la ligne de bataille que se déployait l'armée de nos alliés ; — Notre aile droite était confiée au général Bosquet, qui avait ordre avec sa division, renforcée de la division turque, de tourner la gauche des Russes en escaladant

---

(1) JOURNAL TENU PAR LE MARÉCHAL.

« 19. — Temps superbe ; les armées se mettent en marche à sept heures du matin. A une heure, l'on arrive sur les hauteurs qui dominent la rive gauche de la Bulganak. A 5 kilomètres en face, on voit les hauteurs de l'Alma. Les Russes prennent position et ne nous montrent environ que 30 000 hommes. L'armée s'établit au bivouac.

« Vers trois heures, les Russes veulent tourner la gauche de nos avant-postes. On court aux armes ; des batteries sont mises en position et on chasse l'ennemi aux cris de *vive l'Empereur!* Premier succès !

« Le lieutenant-colonel Lagondie, envoyé au prince par lord Raglan, prend des Cosaques pour des Anglais et est enlevé. »

les pentes abruptes jugées inaccessibles. — La 1ʳᵉ et la 3ᵉ division abordaient le centre de la position. — La 4ᵉ division formait la réserve.

Des bâtiments de l'escadre combinée devaient serrer la côte et couvrir la marche et l'attaque de la 2ᵉ division.

Les heures de départ étaient ainsi fixées : l'aile droite de la ligne de bataille, formée par le général Bosquet, à cinq heures et demie. L'aile gauche, formée par les Anglais, à six heures. Le centre à sept heures.

Le soir, les chefs de corps reçurent, avec des instructions spéciales, un petit plan détaillé sur lequel était marqué l'emplacement que les troupes respectives devaient occuper.

V. — Dans la soirée le maréchal envoya le colonel Trochu au camp anglais communiquer au général en chef les derniers détails du plan combiné le matin avec lui dans son ensemble, et l'informer de l'heure à laquelle les troupes devaient se mettre en marche, afin de s'entendre avec lui, s'il croyait devoir apporter des modifications. Le colonel se rendit donc au quartier général de lord Raglan avec le général Rose, officier général anglais délégué auprès du maréchal. Lord Raglan approuva tout, et il fut convenu que le prince Napoléon et le général Canrobert, qui se reliaient au centre avec l'armée anglaise, s'entendraient avec les généraux alliés, afin d'opérer simultanément.

La nuit fut calme. Les hauteurs de l'Alma se couvrirent d'une quantité considérable de feux qui donnaien une idée approximative de l'effectif de l'armée russe et de l'étendue qu'elle occupait.

VI. — « Le 20 septembre, dit l'*Invalide russe*, le prince Menschikoff occupait la position sur la rive gauche de l'Alma, avec quarante-deux bataillons, seize escadrons et quatre-vingt-quatre pièces d'artillerie.

« Le centre de l'ordre de bataille était formé sur le bord de la berge escarpée de la rivière, vis-à-vis du village de Bourliouk, et l'aile gauche sur une hauteur à environ deux verstes de la mer : l'aile droite formait la partie la plus faible de la position.

« En avant de la ligne de bataille, sur la rive droite de la rivière, le village de Bourliouk, les vignes, les jardins et les vergers étaient occupés par de nombreux tirailleurs qui devaient en défendre les abords, sous la protection de nombreuses batteries.

« En réserve derrière le centre étaient postés trois régiments d'infanterie de Volhynie, de Minsk et de Moscou avec deux batteries légères à pied : sur leur droite étaient deux régiments de hussards avec deux batteries à cheval, et derrière l'aile droite un régiment de chasseurs.

« Un bataillon de la réserve avait été détaché, pour occuper le village d'Ouloukoul, en arrière du flanc gauche de la position et tout près du rivage de la mer. »

Tels étaient l'effectif de l'armée russe et sa position sur les hauteurs de l'Alma, le 20 au matin.

VII. — Au point du jour, le général Yusuf arriva par ordre du maréchal prendre le commandement de la division turque et se mettre aux ordres du général Bosquet.

A cinq heures et demie, la 2ᵉ division quitta son bivouac et se mit en marche à un kilomètre environ de la côte et parallèlement à elle, en s'avançant vers les hauteurs de l'Alma. A six heures et demie, on la voyait déjà se masser dans la plaine; et cependant aucun mouvement ne se manifestait encore du côté de l'armée anglaise. Le général Canrobert, étonné de cette immobilité des troupes, contraire aux instructions communiquées la veille, s'empressa de se rendre auprès du prince Napoléon; tous deux se dirigèrent, en toute hâte, vers la division de sir de Lacy-Evans.

Ils trouvèrent le général anglais dans sa tente. Comme le prince Napoléon et le général Canrobert lui exprimaient leur étonnement sur un retard qui pouvait compromettre gravement le succès de la journée :

« Je n'ai pas reçu d'ordre, » répondit sir de Lacy-Evans.

Il y avait évidemment un malentendu. Avant d'avoir le mot de cette énigme, le plus pressé était d'arrêter la marche de la division Bosquet qui, opérant seule son mouvement, pouvait être écrasée.

Le général Canrobert se rendit, sans perdre un instant, auprès du maréchal; celui-ci était déjà à cheval, et avait quitté son bivouac placé en arrière des lignes. Aussitôt instruit de ce qui se passait, il envoya en toute hâte un officier d'état-major, le commandant Renson, dire au général Bosquet de s'arrêter, pour attendre les troupes anglaises qui étaient en retard.

Pendant ce temps, le colonel Trochu partait de la plus grande vitesse de son cheval pour le quartier général anglais. Il était alors sept heures. Mais quelque hâte que mît le colonel, comme il avait près de deux lieues à parcourir sur un terrain inégal occupé par les différents bivouacs des troupes, le trajet prit une demi-heure. — Les lignes anglaises, que l'aide de camp du maréchal traversait, étaient encore dans leurs campements et nullement préparées à la marche convenue.

Toutefois lord Raglan était à cheval, lorsque le colonel Trochu atteignit le quartier général.

« Milord, lui dit celui-ci, le maréchal pensait, d'après ce que vous m'aviez fait l'honneur de me dire hier soir, que vos troupes, formant l'aile gauche de la ligne de bataille, devaient, se porter en avant à six heures.

— Je donne les ordres, répondit lord Raglan, on s'apprête et nous allons partir; une partie de mes troupes n'est arrivée au bivouac que fort avant dans la nuit (1).

— En grâce, milord, ajouta le colonel, hâtez-vous, chaque minute de retard nous ôte une chance de succès.

— Allez dire au maréchal, repartit lord Raglan, qu'en ce moment les ordres sont portés sur toute la ligne. »

---

(1) En effet, la première partie de l'armée anglaise n'avait atteint son bivouac que longtemps après nous, et la seconde, retardée par son bagage et son matériel, n'était arrivée que fort tard dans la nuit.

VIII. — Il était dix heures et demie lorsque le colonel Trochu annonça que les Anglais étaient prêts à partir. Mais tous ces retards inattendus, et l'indécision qui dut nécessairement en résulter dans les mouvements, ne permettaient plus d'exécuter le plan de la bataille, ainsi qu'il avait été primitivement conçu.

L'armée russe, au lieu d'être surprise par une manœuvre rapide, comme elle eût dû l'être, eut tout le temps de prendre ses dispositions, en suivant du sommet des hauteurs les mouvements de notre armée, qui s'avançait dans un ordre parfait au milieu d'une plaine immense. Aussi, prévoyant que l'offensive du général Bosquet n'était qu'une attaque secondaire, et que l'effort principal devait se faire par le centre et par la gauche de l'armée alliée où se trouvait toute l'armée anglaise, le général Menschikoff, confiant d'ailleurs dans les escarpements qui le protégeaient, affaiblit son aile gauche, pour renforcer son centre et sa droite.

A onze heures le général Bosquet reçut l'ordre de marcher définitivement en avant.

Déjà celui-ci, sur un mouvement du centre de l'armée française, avait repris sa marche; mais un second ordre du maréchal était encore venu l'arrêter.

Le général profita de cette inaction forcée, pour faire éclairer la plaine jusqu'aux abords de l'Alma, par des pelotons de chasseurs d'Afrique mis à sa disposition : puis, suivi de son état-major, et ayant avec lui le commandant de l'artillerie et du génie, il s'approcha de sa

personne, à l'abri de ses tirailleurs, très-près des hauteurs afin de reconnaître les passages.

Deux se remarquaient sur le flanc de la montagne. Le premier, plus près de la mer, paraissait accessible à de l'infanterie, tout en présentant de grandes difficultés par la roideur de ses pentes et de ses nombreux escarpements ; un sentier à peine tracé indiquait seul l'existence de ce passage. — Le second, à un kilomètre en amont du premier, débouchait d'un village incendié, situé sur les rives de l'Alma, et s'élevait sur les hauteurs, à travers un ravin très-étroit. En s'aidant des mains aux déchirures du sol et aux racines desséchées, l'infanterie, dirigée par des chefs déterminés, pouvait gravir les pentes à droite et à gauche ; mais des doutes sérieux s'élevaient sur la possibilité de faire monter l'artillerie par le chemin qui était dans l'intérieur du ravin ; le plus grand nombre pensait qu'il était impraticable. Le commandant de l'artillerie, ne croyant pas à une impossibilité aussi positive, appuya fortement auprès du général pour que du moins on le tentât, avant d'y renoncer.

Pendant cette exploration, les troupes avaient fait le café. Le terrain sur lequel on s'était arrêté était couvert de moissons fauchées ; et pendant qu'une partie des soldats s'en servait pour allumer le feu de leurs cuisines, les autres se couchaient sur les gerbes amoncelées.

Le mouvement tournant de l'aile droite de notre armée eut une immense influence sur le résultat de la journée; il est donc important de le suivre dans tous ses détails.

IX. — Le général Bosquet prit le commandement direct de la brigade d'Autemarre et se porta avec cette brigade, suivie de son artillerie, sur le village abandonné où se trouvait le second passage (1), tandis qu'il dirigeait la brigade Bouat, accompagnée de la division turque, sur celui qui longeait la mer.

Cette colonne se mit aussitôt en marche, en appuyant entièrement sur la droite pour traverser l'Alma, au point de jonction de cette rivière avec la mer.

D'un côté de la barre, l'eau n'avait que peu de profondeur; mais la vase s'y était à tel point amoncelée, qu'hommes et chevaux s'y fussent inévitablement perdus (2). De l'autre côté de cette barre, que les officiers et les marins du *Roland* avaient exploré, le sable de la mer avait formé une sorte de chaussée étroite, sur laquelle on pouvait traverser sans danger, mais seulement homme par homme.

C'était le seul passage praticable, et les troupes commencèrent à défiler. Les soldats avaient de l'eau jus-

---

(1) Nous avons cru devoir placer la biographie du général Bosquet, dont le nom a si puissamment grandi dans cette guerre d'Orient, après la mémorable journée du 5 novembre, qui le fit surnommer « le héros d'Inkermann. »

(2) Deux chevaux de hussards, qui y étaient entrés pour éprouver le gué, s'enfoncèrent à vue d'œil et faillirent y périr; ce ne fut qu'à grand'peine et après de longs efforts que l'on parvint à les retirer de la vase.

qu'à la ceinture et étaient à tout instant battus par les vagues, qui heureusement venaient sans violence mourir en cet endroit.

L'artillerie ne pouvait s'engager dans un semblable chemin, et le colonel Raoult, chef d'état-major de cette brigade, qui avait été reconnaître la passe, suggéra au général, la pensée d'envoyer la batterie mise à sa disposition, rejoindre celle qui marchait avec la brigade d'Autemarre. — L'ordre en fut aussitôt transmis (1).

Les difficultés elles-mêmes venaient ainsi à notre aide; car ces deux batteries, heureusement réunies, permirent au général Bosquet de répondre vigoureusement au feu de l'ennemi, et de lui tenir tête, en gardant ses positions jusqu'à l'arrivée des divisions du centre.

Après avoir traversé l'Alma, les troupes de la brigade Bouat commencèrent à gravir les contre-forts par un sentier tellement escarpé que les officiers devaient se tenir, de la main, aux crins de leurs chevaux, pour ne pas tomber. Ce sentier, bordé par des rocs abrupts, dont les flancs étaient inaccessibles, ne donnait également passage qu'à un homme de front; aussi, il est fa-

(1) *Journal de la 2ᵉ division*

« A une heure de l'après-midi, malgré les grandes difficultés de terrain qu'elle avait eu à vaincre, toute la 1ʳᵉ brigade est en position sur le plateau où elle est immédiatement rejointe par la batterie, qui le matin avait été mise aux ordres du général Bouat, et n'avait pu trouver un passage à la barre de l'Alma. »

cile d'apprécier, combien dans de telles conditions, dut être pénible et lent le gravissement de cette colonne, devant laquelle des obstacles imprévus, des impossibilités soudaines se présentaient à chaque pas. L'énergie des chefs, la résolution inébranlable des soldats, triomphèrent de tout : mais le feu était déjà vivement engagé, lorsque le général Bouat put opérer son mouvement sur le plateau et prendre ses positions en arrière.

X. — En effet, aussitôt que la colonne d'Autemarre, qui n'avait éprouvé aucune difficulté sérieuse à traverser l'Alma sur ce point, eut dépassé le village incendié, le général Bosquet lui donna l'ordre de s'emparer des hauteurs. — Les zouaves s'élancèrent, en tirailleurs, avec cet élan et cet entrain qui leur sont propres, gravissant des pentes presqu'à pic. Bientôt on les vit, s'étageant à droite et à gauche sur le flanc de la montagne, s'accrochant des mains aux aspérités du sol, aux accidents de terrain; et se soutenant les uns les autres; parfois ces fragiles appuis manquaient tout à coup et roulaient en bas de la pente, entraînant les soldats dans leur chute. Cinq ou six minutes s'étaient à peine écoulées, que les premiers tirailleurs se dessinèrent sur la crête supérieure. Ils engagèrent immédiatement le feu avec une cinquantaine de Cosaques qu'ils trouvèrent en face d'eux sur le plateau; ceux-ci ne tardèrent pas à se replier en arrière.

Dès que les premiers zouaves eurent atteint le sommet des escarpements, le général Bosquet se lança

Les Zouaves à l'Alma.

au galop suivi de son état-major, par le chemin du ravin, afin de reconnaître le terrain, apprécier l'ennemi qu'il aurait en face de lui, et prendre ses dispositions de combat.

La question de savoir si l'artillerie pourrait gravir ce chemin était restée indécise. Le commandant Barral, qui avait suivi le général Bosquet, vint lui dire qu'il avait maintenant la certitude de pouvoir faire monter ses pièces.

XI. — L'ordre fut aussitôt donné de faire avancer en toute hâte la 1re batterie. Dix minutes après, la 2e qui, par un heureux concours de circonstances, on le sait, avait rejoint la brigade d'Autemarre, reçut également l'ordre de se porter en avant.

Tout dépendait de la rapidité de l'exécution; les Russes, avertis de notre présence, à laquelle ils étaient si loin de s'attendre, ne pouvaient manquer de porter en force leur artillerie sur ce point, afin de le déblayer. Le transport de nos pièces par ce sentier étroit, escarpé, souvent brisé, était certes la limite du possible; mais l'hésitation n'était plus permise : à quelque prix que ce fût, il fallait arriver.

Les tirailleurs ouvrent un feu bien dirigé, vigoureusement nourri et maintiennent l'ennemi.

Le commandant Barral est revenu lui-même porter l'ordre aux batteries et en surveiller la périlleuse exécution. Si les attelages prennent le pas, les voitures sont infailliblement renversées au fond du ravin; car dans plusieurs de ses parties, le chemin, rompu par l'écoulement des eaux, offre de larges et profondes déchirures. Les servants abandonnent leurs sacs au bas de la rampe, pour être plus agiles et préparés à tout événement ; ils se placent près des roues, afin de les retenir dans le cas où le sol viendrait à manquer. Les hommes ont l'ordre de frapper les chevaux avec leurs sabres, s'ils hésitent à avancer, ou s'ils veulent prendre le pas.

Au signal donné, les pièces et les caissons partent au galop. Hommes et chevaux mêlent leurs efforts et se confondent en un élan désespéré. De tous côtés, sur les pas de ces lourdes masses, la terre se fend, les pierres détachées roulent et bondissent. Les servants se penchent sur les roues qui creusent dans les terres de dangereux sillons : parfois les chevaux tremblent et frémissent sur leurs jarrets; mais rien n'arrête ou ne ralentit le mouvement ; et le général Bosquet pousse une exclamation de joie, quand il voit les premières pièces arrivées sur la hauteur.

Le commandant Barral et le capitaine Fiévet qui commande la 1re batterie, marchent en tête. Les pièces sont placées à 100 mètres environ du point où elles ont débouché sur le plateau, dans une direction perpendiculaire à la ligne des crêtes des hauteurs de l'Alma (1).

---

(1) La position des batteries était donc en potence sur l'armée ennemie. La première pièce à 50 mètres environ d'un escarpement vertical de plus de 60 pieds de profondeur, qui était la limite des crêtes.

Toutes les pièces se placèrent successivement à la droite de la première.

Aussitôt que chaque pièce est dégagée de son avant-train, elle commence son feu, sans attendre l'arrivée des autres.

C'est l'artillerie française qui tira le premier coup de canon dans cette mémorable journée (1).

XII. — Le bataillon du 3ᵉ zouaves s'était déployé à 100 mètres en avant du point où l'artillerie était venue s'établir, et s'était couché dans un pli de terrain. Le colonel Tarbouriech, qui ne devait échapper ce jour-là aux balles ennemies que pour mourir le lendemain, frappé par le choléra, était à cheval avec le commandant Dubos, dominant les ondulations du sol qui servaient d'abri à leurs soldats, et assistant tous deux à ce duel d'artillerie.

La brigade d'Autemarre avait gravi les hauteurs et s'était massée en arrière.

La 2ᵉ batterie, que commande le capitaine Marcy, s'est déjà rangée à la droite de la 1ʳᵉ et a ouvert également son feu.

---

(1) Ce premier coup de canon fut pour ainsi dire le signal de la bataille.

En ce moment, le reste de l'armée ignorait encore si la 2ᵉ division était parvenue à couronner le plateau.

Le maréchal observait, sur un mamelon, les mouvements des troupes. Aux premiers coups tirés par la batterie Fiévet, les officiers qui l'entouraient et qui observaient attentivement les hauteurs avec leurs lunettes, dirent au maréchal en apercevant au loin les batteries massées sur les crêtes : « Voilà les Russes qui commencent leur feu contre la division Bosquet. »

« Non ! non ! s'écria tout à coup le maréchal, je vois des pantalons rouges, c'est Bosquet ! il a déjà gravi les hauteurs ; je reconnais là mon vieux Bosquet d'Afrique ! »

Mais le prince Menschikoff, incrédule d'abord à tant d'audace, et qui ne pouvait admettre qu'une partie de l'armée française eût déjà franchi les escarpements du côté de la mer (1), a envoyé en toute hâte trois batteries, de huit bouches à feu chacune, pour contre-battre l'artillerie française et refouler l'ennemi.

Sur ce plateau tout à l'heure calme et silencieux, bondissent les boulets, éclatent les obus; la fumée monte au ciel en épais tourbillons; — la bataille est engagée.

---

(1) Le général en chef de l'armée russe avait commis une faute irréparable en ne rendant pas impraticable, d'une manière absolue, le sentier par lequel l'artillerie pût gravir les hauteurs. En quelques heures de travail ce passage eût pu devenir infranchissable. Ce qui, sans nul doute, empêcha que l'on prévît ce cas, c'est que l'artillerie russe, beaucoup moins mobile que la nôtre, n'eût jamais pu surmonter de tels obstacles.

Du reste, le prince Menschikoff regardait de ce côté les escarpements comme tellement inaccessibles, même à l'infanterie, qu'il avait négligé d'en occuper les crêtes, et qu'à l'exception des quelques coups de fusil échangés avec un détachement de Cosaques, la brigade d'Autemarre atteignit le sommet du plateau sans rencontrer un ennemi devant soi.

Lorsqu'on signala au prince l'arrivée d'une partie de l'armée française sur les positions qu'il gardait, non-seulement il se refusa d'y croire, mais il entra dans une grande fureur contre l'officier qui lui faisait ce rapport.

Cet officier repartit aussitôt, et vint de nouveau examiner le terrain. En ce moment les troupes se massaient, et l'artillerie débouchait sur le plateau; il revint en toute hâte auprès du prince, qui ne voulut pas encore ajouter foi à son récit, et s'emporta, assure-t-on, vis-à-vis de cet officier, de la façon la plus injurieuse, donnant ordre à son propre aide de camp de se rendre sur le terrain où l'on disait avoir aperçu les têtes de colonnes ennemies.

Force lui fut de croire à l'assertion de son aide de camp, et il fit aussitôt porter sur ce point cinq batteries d'artillerie, qui formaient un total de quarante bouches à feu.

XIII. — Certes, dans cette journée du 20 septembre, en outre du courage et de l'élan indicible de nos troupes si ardentes à combattre, il a fallu la protection de Dieu et tous les heureux hasards de la guerre. C'est une belle page pour notre artillerie, que cette lutte inégale, dans laquelle elle devait être foudroyée; car deux autres batteries à cheval étaient venues se joindre aux trois premières (1) : — quarante pièces contre douze.

Le général Bosquet, qui ne se ménage point à l'heure du danger, s'est placé au milieu des boulets avec l'artillerie qui combat. Il voit ces deux nouvelles batteries se diriger sur la gauche; déjà il a reconnu leur calibre, qui est inférieur. Sans nul doute, elles viennent prendre position en avant des premières, pour utiliser fructueusement leur tir à courte distance, et nos deux batteries seront écrasées; mais les artilleurs russes s'arrêtent sur la même ligne, et n'ont pas compris la faute énorme qu'ils commettent. A la voix du général, à celle de leur brave commandant, nos canonniers redoublent d'ardeur; déjà leurs pièces reculent dans le sang, à chaque coup qu'elles envoient à l'ennemi; hommes et chevaux sont couchés sur le sol; par bonheur pas une pièce n'est atteinte, et toutes peuvent continuer leur feu (2).

---

(1) Ces batteries russes, composées chacune de huit bouches à feu, étaient placées à la distance de 850 mètres environ.

Deux batteries de 12, et une batterie de licorne (obusiers du calibre de 0^m,17 environ), à l'extrême droite, appuyées à l'escarpement.

A la gauche, deux batteries à cheval, calibre 6.

(2) L'artillerie éprouva des pertes considérables en hommes et en

XIV. — Depuis près d'une heure, le combat dure acharné, terrible, sans que les soldats puissent prendre part à l'action et dégager le terrain.

Tout à coup, deux régiments de cavalerie russe, appuyés d'une batterie à cheval, menacent de tourner la droite de notre artillerie. Si ce mouvement est énergiquement exécuté, les batteries Fiévet et Marcy, prises en rouage par cette batterie à cheval, sont dans une position désespérée; toutes les pièces peuvent en quelques minutes être mises hors de service. Le commandant Barral dirige aussitôt quelques obus sur la tête de colonne de cavalerie; deux ou trois atteignent les premiers pelotons, et y sèment le désordre. Pendant ce temps, le général Bouat, qui est arrivé sur le plateau avec sa brigade et la division turque, fait par une heureuse inspiration un mouvement en avant; les cavaliers, craignant d'être enveloppés, tournent bride et s'éloignent avec la batterie qu'ils escortaient.

« Allons, dit le commandant en retirant son képi et en regardant le ciel, décidément Dieu est avec nous. »

---

chevaux; trente-deux roues furent brisées; mais aucune pièce ne fut mise hors de service, ce qui permit de continuer pendant une heure et demie cette lutte inégale. D'après l'avis du général Bosquet et du commandant Barral, elle n'a été possible que grâce à la puissance et à la supériorité du nouveau système d'artillerie française, qui n'a que le calibre unique de 12, et lance indifféremment, de toutes ses pièces, boulets ou obus.

L'ancien système se composait des calibres 8 et 12; chaque batterie avait quatre canons et deux obusiers, ce qui n'utilisait que les deux tiers de la batterie, dans le cas où l'on devait tirer à boulets, et le tiers seulement, lorsqu'il fallait lancer des obus.

XV. — Mais ce que nous racontons ici n'est qu'une phase du grand drame qui allait se dérouler sur les rives de l'Alma.

Les divisions qui forment notre ligne de bataille, sont rangées ainsi de droite à gauche. Après la division Bosquet, celle du général Canrobert et celle du prince Napoléon, puis la division de sir de Lacy-Évans, celle de sir Georges Brown et celle du duc de Cambridge.

Le général Forey commande la réserve de l'armée française; le général Cathcart celle de l'armée anglaise.

La 1re et la 3e division française, commandées, l'une par le général Canrobert, l'autre par le prince Napoléon, doivent se mettre en mouvement quand la 2e division aura atteint les hauteurs et sera réellement engagée.

Ce fut un moment solennel que celui où toutes ces troupes attentives, impatientes, attendirent, massées dans la plaine, le signal du départ.

L'armée russe déploie ses colonnes dont on n'avait aperçu que la tête; ses lignes s'échelonnent sur le versant du plateau. On suit les mouvements exécutés avec une grande précision et beaucoup de rapidité.

Les généraux de division se sont rendus auprès du maréchal, pour recevoir ses derniers ordres. Celui-ci, leur montrant les hauteurs de l'Alma, ne leur dit que ces seuls mots :

« Chacun de vous doit attaquer droit devant soi, et

suivra pour manœuvrer ses propres inspirations; il faut arriver sur ces hauteurs; je n'ai pas d'autres instructions à donner à des hommes dans lesquels j'ai toute confiance. »

Quelques minutes s'étaient à peine écoulées, qu'un coup de canon se fait entendre sur l'extrême droite. La division Bosquet est engagée. C'est le signal.

Sur toute la ligne de bataille on sonne la marche. Chacune des divisions déploie ses masses et s'avance en bon ordre vers les terrains qui avoisinent le cours de l'Alma.

La 1re division (général Canrobert) est formée sur deux lignes, en colonne. Les 1er et 9e bataillons de chasseurs à pied (commandant Nicolas et commandant Montaudon, détaché des zouaves) sont en avant de la 1re brigade, qu'ils couvrent de leurs tirailleurs.

Le colonel Bourbaki, à la tête du 1er de zouaves, est chargé d'attaquer le hameau situé en amont du village d'Almatamac.

Dans les jardins et les plantations touffues qui entourent ce hameau, derrière un long mur en pierres sèches, sont logés de nombreux tirailleurs russes, qui commencent un feu très-vif sur le front de notre première ligne et accueillent vigoureusement les zouaves; ceux-ci, sans s'inquiéter de cette fusillade, s'élancent avec leur brave colonel vers la rivière; très-encaissée dans cet endroit, elle présente des escarpements abrupts.

Le génie fait une entaille dans le sol pour faciliter la descente de la berge; mais déjà les premiers soldats arrivés, s'accrochant avec les mains aux racines et aux déchirures du sol, se laissent glisser ou roulent jusqu'au bas, tandis que d'autres, se soutenant à des branches d'arbres, s'élancent dans l'espace avec une audacieuse énergie et retombent dans la rivière qu'ils traversent, ayant de l'eau jusqu'à la ceinture. Bientôt, de tous côtés, la cime des arbres qui bordent l'Alma en cet endroit s'affaisse sous le poids des assaillants, et, comme un pont aérien, les jette sur l'autre rive.

Un régiment russe, le 33ᵉ régiment de Moscou, descend rapidement à travers les plis de terrain, pour appuyer sa ligne de tirailleurs et empêcher le passage; mais une batterie de la 1ʳᵉ division (1) dirige aussitôt avec grand bonheur son feu contre cette colonne et l'écrase; la confusion s'y met; et bientôt le régiment disparaît, s'évanouissant, pour ainsi dire, dans les affaissements du sol.

La rivière est traversée; nos tirailleurs, armés de carabines de précision, font de grands ravages dans les rangs ennemis (2). Déjà les 1ᵉʳ et 9ᵉ bataillons de chasseurs à pied, le 7ᵉ de ligne et le 1ᵉʳ régiment de zouaves, gravissent avec un élan admirable, aux cris répétés de : *vive*

---

(1) Les cruelles atteintes de la Dobrudscha avaient diminué l'effectif des batteries de la 1ʳᵉ division, qui se trouvèrent, à la bataille de l'Alma, réduites à quatre pièces au lieu de six.

(2) Relation de la bataille de l'Alma, *Invalide russe* :
« Dès le commencement du combat, de nombreux tirailleurs ennemis, armés de carabines à balles coniques, firent de grands ravages dans nos rangs. Un grand nombre de commandants tombèrent les premiers, victimes de cette arme meurtrière. »

— *l'Empereur!* les pentes escarpées et les contre-forts qui les séparent de l'ennemi ; une nuée de balles et de boulets traverse leurs rangs et sème de morts ce glorieux chemin, où chefs et soldats s'élancent à l'envi.

XVI. — Pendant ce temps, la 3ᵉ division, commandée par le prince Napoléon, s'avançait rapidement aussi sur deux lignes. Ses tirailleurs couvrent la première ligne, qui se dirige, au pas de course, vers le village de Bourliouk que les vedettes russes viennent d'incendier. De tous côtés les flammes s'élèvent en gerbes éclatantes ; d'énormes meules, produit des moissons de la plaine, sont amoncelées devant les vergers et les jardins ; on aperçoit les Cosaques qui courent mettre le feu de l'une à l'autre.

Ce vaste foyer d'incendie dérobe aux assaillants l'ennemi qui les frappe et l'espace qu'ils ont à parcourir : on dirait que ces intrépides bataillons marchent sur un nuage de fumée ; le terrain est disputé pied à pied. Nos soldats, auxquels leurs chefs donnent l'exemple, s'élancent dans les fourrés, semblables à des bêtes fauves ; les tirailleurs russes, échelonnés sur la rive gauche de l'Alma, et abrités par un terrain effondré et inégal, continuent leur feu sur la tête de colonne qui s'arrête pour reconnaître les gués praticables. Les boulets et les obus balayent le terrain et jonchent la terre de morts. Notre artillerie peut seule protéger le passage des troupes. Le prince place lui-même en batterie, à la droite du village incendié, les douze pièces du commandant Bertrand, pour répondre aux feux plongeants qui l'accablent.

La 1re brigade, sous les ordres du général de Monet, traverse aussitôt au pas de course la rivière reconnue guéable. Le colonel Cler est en tête de ses zouaves, et le colonel Duchâteau marche avec son infanterie de marine, côte à côte de ces intrépides soldats.

Les deux régiments ont bientôt atteint le pied des hauteurs; rien ne les arrête; ils avancent toujours, pendant que la seconde ligne, massée en arrière, sous les ordres du général Thomas, soutient ce mouvement. Partout les tirailleurs ennemis sont refoulés; alors une batterie cachée se démasque subitement et couvre de mitraille le front de nos troupes.

XVII. — De tous côtés le combat fait fureur.

L'armée russe, débordée sur sa gauche et cherchant inutilement à écraser la division Bosquet par ses quarante pièces, fait sur le centre de sa position et sur son aile droite des efforts désespérés. La division Canrobert lutte énergiquement contre des défenses sérieuses qui permettent à l'artillerie russe de lui causer beaucoup de mal.

Les batteries de cette division, pour lesquelles le lit de l'Alma était infranchissable sur une grande étendue, avaient dû, sous les ordres du commandant Huguenet, prendre un grand détour et gravir les hauteurs par le chemin qu'avait suivi celles de la division Bosquet. Malheureusement le sol était effondré par le passage de ces deux batteries; les chevaux s'abattaient; les roues s'enfonçaient dans les terres déchirées ; mais l'ardeur, l'élan, la surexcitation de l'enthousiasme étaient tels, qu'il semblait que la force de la volonté aplanissait tous les obstacles et portait sur ses ailes invincibles chevaux et combattants.

Enfin, après d'héroïques efforts, la tête de colonne de la 1re division apparaît sur les premières crêtes de droite, en laissant à 700 mètres environ sur sa gauche, une construction en pierres blanches destinée à un télégraphe ; ce bâtiment inachevé est le centre de la position ennemie.

Les bataillons qui menaçaient la 1re division se sont repliés et reformés en carrés. Les batteries russes, contre lesquelles luttaient si énergiquement depuis près d'une heure et demie l'artillerie de la 2e division, apercevant le centre de notre armée qui tendait à déboucher sur les hauteurs, tourne tous ses efforts contre les nouveaux assaillants.

XVIII. — La 1re division s'est reformée sur le plateau, par bataillon en colonne double, sur deux lignes, prêt à former le carré, et se porte ainsi en avant, ayant la 2e brigade en seconde ligne.

Dans ce moment on voit derrière le bâtiment du télégraphe étinceler des milliers de baïonnettes ; c'est une grosse masse d'infanterie formée en espèce de carré long, qui s'avance lentement à l'ouest du télégraphe sous la protection de l'artillerie ; cette masse n'est plus qu'à 200 mètres environ de la colonne du général Canrobert, derrière un affaissement de terrain ; elle menace sérieusement son mouvement qu'elle foudroie par un feu terrible.

Le général, privé de son artillerie qui n'a pu encore le rejoindre, envoie un de ses officiers d'ordonnance, le capitaine de Bar, demander une batterie à la division Bosquet.

C'était au moment même où le commandant Barral, sur l'ordre du général, venait de faire remettre les avant-trains pour se porter en avant. Le commandant part aussitôt avec la batterie Fiévet et commence un feu à mitraille, à si courte distance, contre cette masse ennemie, qu'à chaque coup le canon faisait de sanglantes et larges trouées; des files entières s'abattaient, comme si elles eussent été fauchées par une lame de fer. Le désordre et la confusion se mettaient dans les rangs, et l'on voyait les officiers russes ramener sans cesse, avec une inébranlable énergie, leurs soldats débandés sur ce champ de combat et de mort (1).

Bientôt une des batteries de la 1re division accourt

---

(1) Le ravage que causa le premier feu de cette batterie fut immense. La distance était si rapprochée que l'on distinguait parfaitement tout ce qui se passait dans cette colonne, et le désordre qu'y jetait notre artillerie. Un officier russe, se tenant au plus fort du danger, courait de rang en rang, appelant les soldats que cette attaque imprévue avait désunis, les saisissant de ses mains, et reformant les pelotons avec un acharnement de courage indicible.

« Le brave officier, s'écria le général Bosquet emporté par cette admiration que cause toujours à un soldat le vrai courage, si j'étais près de lui, je l'embrasserais !... »

de toute la vitesse de ses attelages et vient remplacer la batterie Fiévet; celle-ci rejoint aussitôt la colonne du général Bosquet qui exécute un mouvement en oblique à droite, pour se porter sur les derrières du flanc gauche des Russes.

XIX. — Quelque rapidité que nous cherchions à mettre dans notre récit, nous ne pouvons embrasser à la fois toutes les phases de la bataille.

Pendant que la division Canrobert atteignait les hauteurs, la 3ᵉ division les gravissait de son côté avec une irrésistible résolution. — Elle traverse les ravins; elle livre des combats corps à corps. La brigade de Monet suit inébranlablement la direction qui lui a été indiquée; le colonel Cler, à la tête du 2ᵉ zouaves, attaque le front même du contre-fort occupé par trois bataillons russes; il monte la berge de l'Alma presqu'à pic, sous une grêle de fer et de plomb, et gravit sans s'arrêter l'arête du mamelon. Les Russes, intimidés par cette attaque soudaine, se replient en arrière après une courte résistance. Le 3ᵉ régiment de marine se conduit vaillamment et est cruellement éprouvé.

Le prince Napoléon envoie sa 2ᵉ brigade soutenir le général de Monet. Le général Thomas part à la tête du 22ᵉ léger et s'avance résolûment, mais un coup de feu l'atteint à l'aine et le met hors de combat.

XX. — Placé sur un mamelon, le maréchal embrasse l'ensemble des mouvements de son armée; il suit du regard ses vaillantes troupes dispersées sur les différents points, et gravissant sous un feu meurtrier les pentes de l'Alma. « Oh! les braves soldats!... s'écrie-t-il souvent. Oh! les dignes fils d'Austerlitz et de Friedland! »

Il voudrait être partout à la fois; car le danger est partout. Ce n'est plus cet homme malade, épuisé par les souffrances; le bruit du combat a ranimé ses forces, son regard vole avec sa pensée. Il entend le canon de Bosquet; il voit la 3ᵉ division gravir les dernières pentes; il voit les bataillons de la 1ʳᵉ couronner les crêtes et marcher à travers une pluie de mitraille; mais il voit aussi s'avancer contre eux des masses formidables; et tout autour de lui bondissent les boulets, frémissent les obus.

Il pressent, il devine que c'est sur le point, attaqué simultanément par ces deux divisions, que doit se concentrer maintenant le plus fort du combat, que c'est là où les Russes lutteront en désespérés. Il envoie dire au général Forey, qui placé d'abord à la gauche de la division du prince Napoléon, pour la relier à la droite des Anglais, se portait, sur un nouvel ordre, avec sa division de réserve, vers le général Bosquet, d'envoyer une de ses brigades au général Canrobert, et de se diriger avec l'autre sur l'extrême droite. — Le général traverse à la hâte avec la brigade du général de Lourmel le village d'Alma-tamack et franchit la rivière, pendant que la brigade d'Aurelle se met en mouvement pour rejoindre la première division. Cette brigade passe devant le petit mamelon sur lequel le général en chef est placé, entouré de tout son état-major.

Aussitôt que le maréchal aperçoit le général d'Aurelle, il lui crie d'une voix forte : « Général, allez vous mettre, sans perdre une minute, à la disposition de Canrobert qui a grandement à faire là-haut; je compte sur vous, d'Aurelle. »

Celui-ci, pour toute réponse, agite en l'air son képi au cri de *vive l'Empereur !* et s'élance dans la direction qui lui est indiquée.

Au moment où il va franchir la rivière, avec le 39ᵉ qui est tête de colonne, le colonel Trochu l'arrête par ordre du maréchal, pour que le général, avant de s'engager dans les ravins, reconnût bien la direction à suivre et ne s'égarât pas dans sa marche.

XXI. — Nous suivrons cette colonne, car c'est sur le lieu où elle se dirige que doit se passer l'épisode le plus saisissant de la journée, la prise du télégraphe.

Le général d'Aurelle envoie des officiers en toute hâte reconnaître le terrain, et s'assurer du point où est le général Canrobert; ils reviennent, et la brigade se remet en marche. Bientôt elle arrive au gué de l'Alma, où se trouve une batterie d'artillerie de la réserve qui a reçu ordre de traverser la rivière et de gravir les hauteurs pour appuyer les divisions du centre; mais cette batterie éprouve de grandes difficultés, et le retard qu'elles occasionnent peut se prolonger, si l'on attend qu'elle ait atteint l'autre rive.

Le général donne ordre au colonel Beuret, du 39ᵉ, de ne pas perdre un temps précieux. Les hommes s'élancent aussitôt sans s'inquiéter de la profondeur de l'eau, en dehors du gué, et traversent la rivière en se soutenant aux roues des pièces d'artillerie. A mesure que la colonne atteint l'autre rive, elle se reforme, jette ses sacs à terre, pour que rien ne ralentisse sa marche, et part au pas redoublé, à travers les escarpements vers le point où se trouve le bâtiment du télégraphe.

C'est là qu'est la bataille; c'est là que sont les efforts de l'attaque et de la défense.

De tous côtés nous couronnons le plateau; mais les forces russes considérables, massées derrière le télégraphe, les tirailleurs abrités dans cette tour en construction, les batteries placées à droite et à gauche déciment nos troupes. Déjà le 1ᵉʳ zouaves, les 1ᵉʳ et 9ᵉ chasseurs à pied de la 1ʳᵉ division, et à leur gauche le 2ᵉ zouaves de la 3ᵉ division, exposés à un feu meurtrier, s'abritent derrière les ondulations du plateau, et entretiennent avec les Russes un feu nourri, lorsque les deux batteries de la réserve, conduites par le commandant La Boussinière, arrivent, pour venir opposer artillerie contre artillerie. La batterie du capitaine Toussaint a quitté la route tracée afin d'arriver plus rapidement, par un mouvement sur sa gauche, en face même du télégraphe; les zouaves, aident eux-mêmes les pièces à gravir les derniers escarpements.

Elles sont bientôt placées et commencent leur tir, auquel les zouaves des deux divisions et les chasseurs à pied joignent un redoublement de feu. Quatre pièces russes remettent presque aussitôt leurs avant-trains et s'éloignent. Mais le feu des masses ennemies et celui de l'artillerie placée en arrière du télégraphe nous causent des pertes sensibles; cette position d'attente ne pouvait être longtemps gardée; une charge impétueuse de la cavalerie russe sur ce point était imminente.

XXII. — Le colonel Cler, qui connaît les troupes aguerries et résolues qu'il commande, comprend qu'il ne peut les sauver d'une entière destruction que par un de ces sacrifices qui arrachent la victoire : un instant il hésite entre une marche à la baïonnette sur la grande face du carré russe et l'attaque de la tour du télégraphe, centre et point culminant de la ligne ennemie; c'est pour ce dernier projet qu'il se décide, et se portant en avant de l'angle formé par les régiments : « A moi, mes zouaves ! s'écrie-t-il en lançant son cheval au galop, à la tour ! à la tour !... »

Tous se précipitent à la fois.—Ce sont le 2ᵉ zouaves, le 1ᵉʳ zouaves, en tête duquel est le colonel Bourbaki; les chasseurs à pied, le 39ᵉ qui est accouru avec le colonel Beuret et le général d'Aurelle.

C'est un torrent humain que rien n'arrête. Le colonel Cler est arrivé le premier à la tour; tous l'ont suivi; tous arrivent ardents, impétueux, irrésistibles.

Ce fut une courte lutte, mais une de ces luttes sanglantes, terribles, où chaque homme combat corps à corps avec son ennemi, où les regards se dévorent, où les mains s'étreignent, où les armes étincellent, heurtées les unes contre les autres. — Morts et mourants s'entassent, et les pieds des combattants les foulent et les étouffent.

Les Russes ont reçu ce choc formidable sur le fer de leurs baïonnettes; ils se demandent, si ce sont des hommes qui osent ainsi se ruer sur la mort; ils combattent; mais bientôt ils s'ébranlent, et ces masses formidables, menacées de tous côtés par les deux divisions qui s'avancent en colonnes serrées, se désunissent et opèrent leur retraite.

Le colonel Cler a saisi l'aigle de son régiment, qu'il arbore sur la tour au cri de *Vive l'Empereur!* Le sergent-major Fleury, du 1er zouaves, s'élance sur les échafaudages supérieurs de ce bâtiment en construction, et balance le drapeau, qui s'affaisse avec l'intrépide sous-officier frappé au front d'une balle de mitraille. Le drapeau du 1er zouaves flotte aussi sur ce glorieux trophée qu'un éclat d'obus brise à la hampe; le lieutenant Poitevin, porte-drapeau du 39e, se précipite à son tour en dehors de son bataillon, et vient au milieu d'une pluie de projectiles, planter sur la tour du télégraphe l'aigle de son régiment; un boulet le frappe en pleine poitrine et l'étend sans vie. Chacun, parmi tous ces intrépides, semble avoir en soi l'enthousiasme de la mort.

XXIII. — Mais déjà le général Canrobert accourt, appuyant avec sa division ce hardi mouvement; il fait mettre en batterie, en avant sur la gauche, la réserve de l'artillerie que dirige toujours au plus fort du danger son impétueux commandant La Boussinière. Le général d'Aurelle est près du général Canrobert, et reçoit ses ordres, lorsqu'un éclat d'obus, frappant ce dernier à l'épaule et à la poitrine, le renverse de son cheval sans mouvement.

Un cri de douleur s'échappe de toutes les poitrines: « Le général Canrobert est tué! »

On le transporte derrière le télégraphe ; les officiers de son état-major l'entourent avec consternation; mais bientôt le général reprend connaissance; il se relève, et ses premières paroles sont pour demander son cheval et retourner au combat. On le lui amène ; soutenu par son aide de camp, le bras en écharpe, ayant encore sur ses traits la pâleur de la mort, il se remet en selle et reparaît à la tête de ses bataillons, qui l'accueillent avec des cris de joie et d'enthousiasme.

XXIV. — En ce moment l'armée française est tout entière sur le plateau; les 1re et 3e divisions se reforment en bataille et, soutenues par leur artillerie, se portent franchement en avant pour presser la retraite, que l'armée russe opère en bon ordre, en refusant sa gauche menacée par le général Bosquet; celui-ci continue son mouvement en oblique à droite, pendant que la brigade Bouat et la brigade de Lourmel, couvertes par les échelons de la division turque qui longe la mer, observent et contiennent la cavalerie russe.

Le maréchal est arrivé sur le plateau, il félicite hautement le prince Napoléon qui est à la tête de sa division. En passant près des zouaves, il arrête son cheval et se découvrant devant eux, il leur crie d'une voix forte : « Merci, zouaves ! »

Ces deux mots font tressaillir tous les cœurs; d'unanimes acclamations y répondent aussitôt, et les troupes continuent leur marche.

Le maréchal observait le mouvement de retraite de l'armée russe, lorsque le général de Martimprey, chef de l'état-major, accourt de la gauche, et apporte la nouvelle que les Anglais arrêtés dans leur marche par une formidable artillerie, décimés par un feu meurtrier et menacés par des masses énormes, éprouvent de sérieuses difficultés à enlever les positions qui leur sont assignées.

Le maréchal ordonne aussitôt au prince Napoléon d'exécuter un changement de front à gauche, qui porte sa division sur la crête du ravin, au revers duquel luttent avec une énergique solidité les Anglais.

Le mouvement s'exécute; toute la division longe les crêtes d'un pas rapide.

L'ordre d'appuyer vivement sur la gauche est aussi envoyé aux généraux Canrobert et Bosquet.

« Allons aux Anglais! » s'écrie le maréchal en lançant son cheval dans la direction indiquée par le général de Martimprey, et en donnant ordre à l'artillerie de réserve de le suivre, afin de prendre en flanc les bataillons russes.

Le commandant de La Boussinière part avec la batterie Toussaint, de la plus grande vitesse de ses attelages, et, se rapprochant des crêtes, s'arrête résolûment à 400 mètres environ des tirailleurs. Aussitôt il commence son feu sous une pluie de balles et de projectiles de toute nature; car l'ennemi devinait le mal qu'allait lui faire subir cette artillerie placée à si courte distance et frappant à mitraille dans ses masses profondes.

XXV. — Le général de Martimprey avait dit vrai : les Anglais luttaient avec un héroïque courage contre les formidables défenses accumulées sur cette position. Entravés par des obstacles de terrain qui les avaient empêchés d'exécuter leur mouvement sur la gauche, ils sont venus se présenter hardiment en face de l'ennemi, marchant en bataille avec un admirable ensemble. — Les boulets, la mitraille, les balles, les obus trouent les rangs qui se resserrent aussitôt, sans que cette muraille humaine ait reculé d'un pas; mais, c'est lentement qu'elle avance sous ce feu meurtrier, laissant derrière elle de longues traînées sanglantes. La division Brown fait des prodiges de valeur; elle est foudroyée par 18 pièces de gros calibre et voit un de ses régiments (le 23ᵉ de ligne) presque entièrement détruit. Le major Norcott a enlevé une redoute; mais, écrasé lui-même, il est forcé de se replier, lorsque le duc de Cambridge, qui vient de passer la rivière avec toute sa division, accourt appuyer son mouvement.

Pressés à la fois par la division du duc, par celle de sir de Lacy-Evans et par la division Brown que soutient la réserve, les Russes débordés par leur gauche, portent leurs derniers efforts sur les hauteurs qui font face au village incendié ; et trois colonnes, qui soutenaient leur ligne de bataille à droite, assaillent à la fois les divisions anglaises. Celles-ci reçoivent avec solidité ce choc formidable, mais sans pouvoir avancer d'un pas. C'est alors que la batterie Toussaint, dirigée par le commandant La Boussinière, prend de flanc ces masses menaçantes et porte le désordre au milieu d'elles par sa mitraille et ses obus.

Les Anglais redoublent à la fois d'efforts, d'élan et de solidité. — Pendant que la brigade des gardes à pied, sous les ordres du major général Bentinck, refoule l'ennemi en arrière des hauteurs, la brigade des highlanders, commandée par le major général sir Colin Campbell, s'avance avec un ordre admirable, que n'ont pu un seul instant altérer les feux redoublés de la mousqueterie et de l'artillerie russes. On dirait, à la voir si calme et si précise dans ses mouvements, qu'elle défile sur un champ de manœuvre. Elle marche sur le flanc droit de la redoute russe, tandis que les gardes gravissent le versant. — Arrivés à cent pas, les highlanders foudroient l'ennemi par une décharge à bout portant et s'élancent à la baïonnette. — Des monceaux de cadavres couvrent le sol.

La division légère de sir Georges Brown, après avoir héroïquement surmonté tous les obstacles, apparaissait aussi en entier sur la crête des hauteurs, menaçant d'envelopper l'ennemi.

Le maréchal envoie un de ses aides de camp arrêter le mouvement des divisions, le secours qu'elles venaient porter devenant inutile.

XXVI. — La bataille est gagnée.

La position des hauteurs de l'Alma appartenait tout entière aux alliés; et l'armée russe, ayant son aile gauche tournée, débordée à la fois par le centre et l'aile droite, ne pouvant plus se maintenir sur aucun point, et affaiblie par des pertes énormes, opérait complétement le mouvement de retraite, sur toute la ligne de bataille, en se dirigeant sur la Katcha, et en laissant le sol jonché de ses cadavres et de ses blessés (1).

De tous côtés on voit se rallier dans la plaine les bataillons russes. Le général Bosquet ne peut porter

---

(1) L'*Invalide russe* annonce en ces termes l'affaire de l'Alma :

« L'aide de camp général prince Menschikoff a rendu compte à Sa Majesté que le 8 (20) septembre un corps anglo-français, descendu en Crimée, s'est approché de la position que nous occupions sur la rivière Alma, près du village de Bourliouk. Nos troupes ont repoussé pendant plusieures heures les attaques opiniâtres de l'ennemi; toutefois menacées sur les deux ailes par les forces nombreuses de celui-ci, et particulièrement par ses vaisseaux, elles se retirèrent vers le soir, au delà de la rivière la Katcha, et le lendemain prirent position en avant de Sébastopol.

« Après avoir pris toutes ses mesures pour la défense, le prince Menschikoff se préparait à opposer une vive résistance à l'ennemi, dans le cas où celui-ci l'attaquerait de nouveau. »

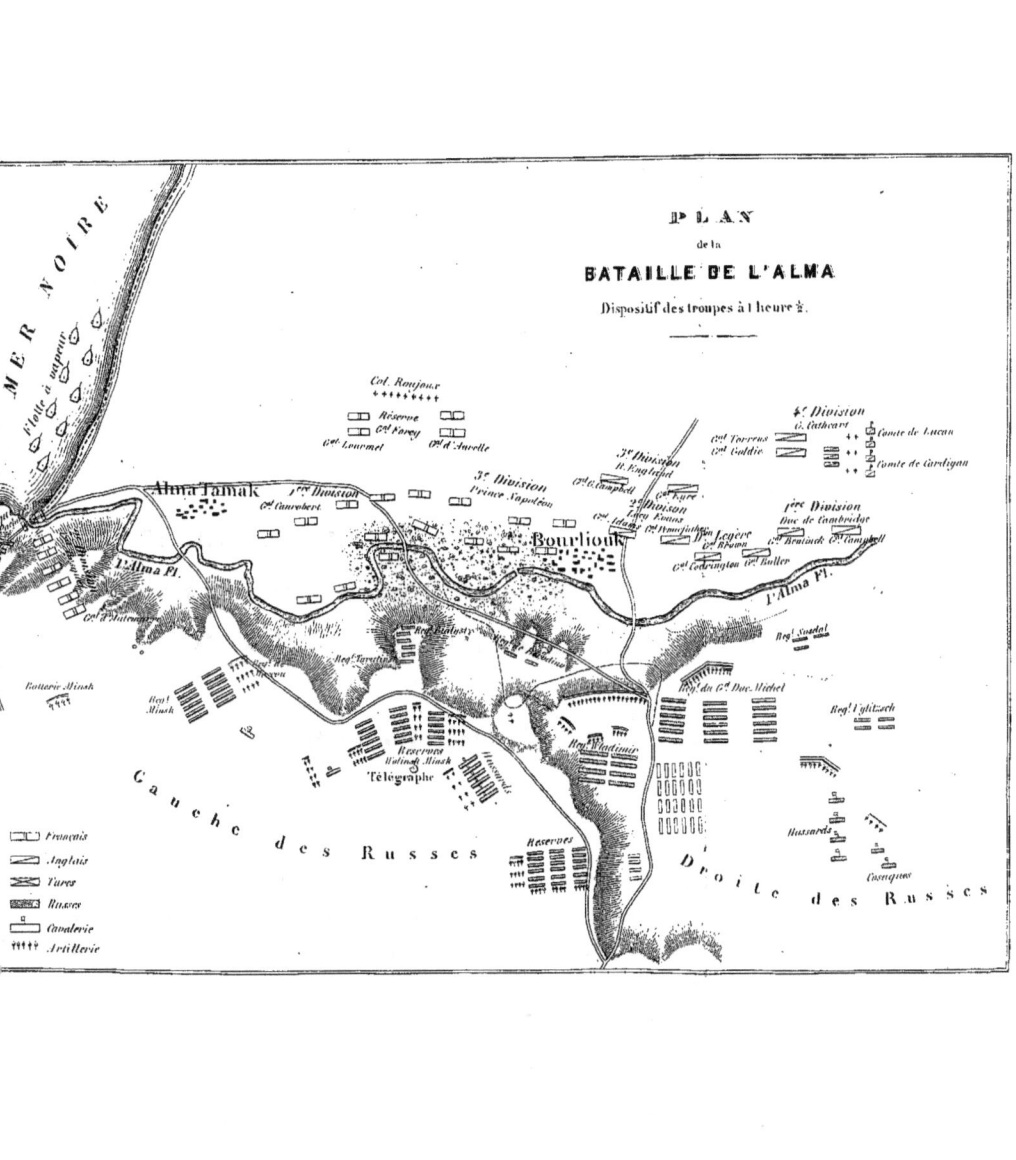

son infanterie assez en avant, pour que ses feux atteignent l'ennemi en retraite; mais son artillerie, placée sur des points favorables, jette le désordre parmi les vaincus, en tirant à boulets roulants sur les carrés formés par régiment en masse, qui couvrent les pentes. L'horizontalité du terrain permettant à nos boulets d'atteindre les Russes à longue distance leur causa des pertes sensibles.

Quatre heures s'étaient à peine écoulées, et le prince Menschikoff partait, chassé de ses positions qu'il jugeait inaccessibles, refoulé derrière ces hauteurs où il croyait nous arrêter si longtemps, lui qui, dans son orgueil dédaigneux, avait engagé des dames à assister, en voiture et à cheval, à la déroute des armées alliées. En voulant leur offrir le glorieux spectacle d'une victoire, il ne leur donnait que l'amer et cruel tableau d'une rapide défaite (1).

Nul ne pourra décrire l'élan irrésistible des troupes

---

(1) Nul fait plus curieux ne prouve l'aveugle confiance des Russes dans leur position sur les hauteurs de l'Alma. Un des généraux qui ont assisté à cette bataille nous racontait qu'au moment où l'extrême arrière-garde du prince Menschikoff fit son mouvement de retraite, l'on vit s'éloigner au grand galop des calèches remplies de dames, et des amazones qui étaient venues assister au triomphe certain de l'armée russe. Mais, par une étrange fatalité, un obus vint éclater au milieu de la masse russe; elle continua néanmoins à opérer son mouvement, laissant derrière elle les morts et les blessés qui avaient été atteints par les éclats de ce projectile. Deux calèches se détachèrent (nous dit la personne qui nous racontait ce fait, et je les ai vues), revinrent sur le lieu où gisaient les blessés; des hommes descendirent à terre, transportèrent les blessés dans les voitures et repartirent au grand galop.

pendant cette mémorable journée, cette ardeur guerrière qui bouillonnait dans le sang des soldats et des chefs. — Que de traits héroïques, que de morts sublimes sont restés obscurs et inconnus!

Pendant le combat, lorsque le maréchal passait au galop se rendant d'un point à un autre, sur son passage les blessés se soulevaient à moitié, cherchaient à se traîner, et, agitant en l'air leurs bras mutilés, ils criaient :

« Nous les tenons, mon maréchal, nous les tenons!... »

L'enthousiasme du combat se confondait avec l'enthousiasme de la victoire.

C'était la première fois que le canon de la France avait tonné dans cette guerre; l'ennemi terrifié se retirait sans essayer d'entraver notre marche, ou sans vouloir défendre les autres passages qui eussent pu nous coûter beaucoup de sang.

Le génie des deux peuples et le caractère individuel des deux nations se sont manifestés d'une manière bien frappante en cette occasion. Pendant que nos soldats et notre artillerie couraient, emportés par un indicible élan, gravissant tous les obstacles, franchissant avec des efforts désespérés les escarpements les plus abrupts; nos alliés, en admirable ligne de bataille, marchaient de leur pas habituel, essuyant le feu des formidables positions qu'ils devaient enlever, sans ralentir ni accélérer leur marche, abordant de front les difficultés, au lieu de chercher à les tourner. — Héroïque erreur, qui inscrit des noms glorieux dans les annales, mais les inscrit sur le livre des morts.

XXVII. — Un petit épisode, dont on a beaucoup parlé termina la bataille; c'est la prise de la voiture du prince Menschikoff.

L'armée russe était en retraite; les deux batteries à cheval de la réserve, qui avaient couronné les crêtes du côté de l'attaque des Anglais, rejointes par les deux batteries montées de cette réserve, s'étaient portées en avant, pour s'opposer aux charges de cavalerie que l'on redoutait de la part des Russes, et par lesquelles sans nul doute, ceux-ci devaient vouloir protéger leur mouvement rétrograde.

Le commandant de La Boussinière était en batterie dans cette position, lorsqu'il vit déboucher, à 600 mètres environ, une voiture attelée de trois chevaux de front. Cette voiture venait en ligne droite et de toute la vitesse de ses chevaux. — Aussitôt qu'elle reconnut l'artillerie française, elle voulut changer de direction; mais le commandant partit en toute hâte, à cheval, avec vingt servants; et pensant que peut-être c'était un courrier de Sébastopol, il se mit à la poursuite de la voiture, qu'il atteignit lorsqu'elle n'était plus qu'à 100 mètres d'escadrons russes, auxquels un large pli de terrain avait dérobé les divers incidents de cette scène.

Ces escadrons ne firent aucun mouvement en avant,

et n'essayèrent point de porter secours à la voiture.

Elle contenait cinq personnes, qui essayèrent de se défendre et firent d'abord feu contre les artilleurs, qui ripostèrent et blessèrent une d'elles. Toute résistance était inutile; les servants se mirent à la tête des chevaux, leur firent rebrousser chemin et ramenèrent la voiture, qui fut immédiatement dirigée vers l'état-major général avec les prisonniers qu'elle contenait (1).

XXVIII. — Sur tous les points la bataille était terminée; il était en ce moment cinq heures et demie. Si la cavalerie anglaise que commandait lord Lucan ne se fût embourbée dans les marais de l'Alma, elle eût pu être d'un grand secours dans la fin de la journée et augmenter de beaucoup le nombre des prisonniers restés entre nos mains.

« Si j'avais eu de la cavalerie (écrit le maréchal dans son journal en date du 20), le prince Menschikoff n'aurait plus d'armée, mais.... »

Le maréchal envoya un de ses officiers d'ordonnance préparer son bivouac sur le champ de bataille même, à l'endroit « dit du télégraphe; » c'était comme un der-

---

(1) Ce petit épisode de la bataille, qui ne fut pas sans importance, puisque cette voiture appartenait au prince Menschikoff lui-même, et contenait des papiers très-curieux, nous a été raconté, tel que nous venons de l'écrire, par le commandant de La Boussinière lui-même.

nier honneur qu'il voulait rendre à ce lieu, témoin quelques heures auparavant de la lutte acharnée de nos vaillantes troupes et de leur irrésistible élan; mais le terrain à traverser était si rude, si escarpé, si difficile, que les bagages du général en chef avec ses tentes ne purent atteindre le plateau qu'à neuf heures du soir.

Le maréchal était épuisé. Depuis douze heures, il était à cheval, courant sur tous les points de la bataille qui réclamaient sa présence, porté, pour ainsi dire, çà et là par le flot du combat. « Je suis content de mon état-major, écrit-il à sa femme dans une correspondance intime, je leur ai fait entendre à tous des boulets et des balles. »

Toutefois le maréchal, avant de prendre aucun repos, voulut passer devant le front des troupes.

Cette heure-là est toujours une heure grave et solennelle. Les vivants sont debout au milieu des morts; les places vides n'ont pas encore été remplies, et bien des chefs manquent à la tête de leurs soldats.

Cette revue, au milieu des débris de la bataille fumant et saignant encore, avait un aspect à la fois terrible et superbe. Les cadavres étaient presque tous étendus sur leurs fusils, comme s'ils eussent voulu garder encore cette arme, qu'on ne leur eût jamais arrachée vivants. Leurs pâles visages avaient cette expression calme, on pourrait presque dire souriante, que la mort, quand elle est instantanée, imprime d'ordinaire sur la face humaine. Un sentiment d'effroi se peignait dans les yeux des blessés russes, quand les soldats français approchaient d'eux; mais cette terreur involontaire n'était pas de longue durée.

XXIX. — On écarta les morts russes et français qui jonchaient le sol; et sur un petit emplacement, en arrière du télégraphe, on plaça deux cantines pour abriter du vent le général en chef; on étendit une botte de foin, et sur cette botte de foin un manteau rouge de spahi. Ce fut sur ce lit de camp improvisé que se coucha le maréchal. — Les personnes qui l'ont vu ainsi, sur ce champ de bataille qu'enveloppait encore la sanglante fumée du combat, n'oublieront jamais l'impression profondément douloureuse qu'elles ont ressentie devant ce visage cruellement creusé par la maladie, qui semblait avoir attendu la dernière heure du combat pour ressaisir sa victime. La voix du maréchal était faible, saccadée. A peine pouvait-on l'entendre; mais l'épuisement ne s'attaquait qu'à la partie physique, l'énergie morale était encore vivace.

Parfois, il se relevait à demi pour donner des ordres précis et s'informer des dispositions prises pour le campement des troupes.

Vers les dix heures, son installation fut achevée. Elle se composait de deux tentes : l'une dans laquelle il se couchait et travaillait, l'autre qui lui servait de salle à manger, et où il recevait les officiers (1). La nuit fut pour lui comme toutes les nuits, sans sommeil, mais aussi sans souffrance ; la joie de la victoire étouffait le mal dans sa poitrine.

XXX. — On lit dans son journal, à la date du 20 septembre : « Belle journée ! La dynastie napoléonienne a vieilli de vingt ans ; nos soldats sont toujours les Français d'Austerlitz et d'Iéna. »

Dans la nuit qui suivit la bataille de l'Alma, il écrivait à l'Empereur :

« Le canon de Votre Majesté a parlé ; nous avons remporté une victoire complète. C'est une grande journée, Sire, à ajouter aux fastes militaires de la France, et Votre Majesté aura un nom de plus à joindre aux victoires qui ornent le drapeau de l'armée française. »

Il écrivait à l'armée :

« Soldats ! la France et l'Empereur seront contents de vous. A Alma, vous avez prouvé aux Russes que vous étiez les dignes fils des vainqueurs d'Eylau et de la Moskowa. »

Il écrivait à la maréchale :

« Victoire ! victoire ! ma Louise bien-aimée ; hier,

---

(1) JOURNAL TENU PAR LE MARÉCHAL.

« A six heures du soir l'armée est établie au bivouac, sur le champ de bataille jonché de cadavres russes.

« Ma tente est sur l'emplacement de celle du prince Menschikoff, qui croyait être si sûr de nous arrêter, qu'il avait gardé sa voiture. Je l'ai prise avec sa correspondance, fort curieuse, qui me servira. »

20 septembre, j'ai battu complétement les Russes ; j'ai enlevé des positions formidables défendues par plus de 40000 hommes, qui se sont bien battus ; mais rien ne peut résister à l'élan français, et à l'ordre et à la solidité anglaise. Adieu, ma Louise, Dieu nous protége. »

Trois sources nobles et belles, par lesquelles s'épanchait la fièvre de son cœur.

Mais au milieu du juste orgueil de son triomphe, après tant de luttes, tant d'obstacles, tant de résistances terrassées, tant de craintes, tant d'amertume, quelles tristes et cruelles pensées durent l'assaillir, lorsqu'il sentit la vie lui échapper ; car ce n'était que par la puissance d'une surexcitation fiévreuse qu'il parvenait à retrouver des forces.

« Encore une journée comme celle-là, mon cher Cabrol, disait-il le lendemain à son docteur qui venait s'informer de ses nouvelles, et je n'aurai plus besoin de médecin ; je ne puis pas dire que j'ai dormi, mais je n'ai pas souffert, et j'en ai profité pour écrire à l'Empereur. »

Voulait-il tromper les yeux de son médecin, ou se trompait-il lui-même ?

XXXI. — C'est une triste, mais intéressante et mémorable étude, de suivre jusqu'à la dernière heure, si proche maintenant, cette lutte de la volonté avec la mort, cette force de l'énergie contre l'épuisement. C'est un tableau héroïque et saisissant, inconnu peut-être aux annales de la guerre, qu'un maréchal de France se traînant pas à pas sur un champ de bataille, pour combattre jusqu'à l'heure de son agonie.

Le lendemain, tout avait été préparé pour une messe dans la seconde tente du maréchal ; à neuf heures et demie, elle fut dite par l'abbé Parabère devant son état-major et plusieurs officiers généraux. Chacun des assistants l'entendit avec recueillement, avec piété ; car la pensée de Dieu ne s'éloigne jamais de ceux que la mort peut atteindre à chaque heure ; et tous n'avaient-ils pas des actions de grâces à rendre au ciel ?

Le maréchal resta agenouillé pendant la durée de la messe, la tête appuyée sur ses deux mains jointes. Dieu seul sait les pensées qui s'échappèrent de cette âme si près de remonter au ciel.

XXXII. — Le jour d'une bataille, l'enivrement et la fumée enveloppent tout ; au travers de l'un et de l'autre, on ne voit que la victoire. C'est le lendemain surtout, que l'on en connaît les résultats réels, les pertes comme les avantages. Le lendemain, on apprend tous les noms glorieux qui ne seront plus inscrits que sur une tombe ; et l'on aperçoit silencieuse, jonchée de cadavres et de débris, la plaine si tumultueuse la veille, si vivante, si animée.

« Demain, » écrit le maréchal dans ce journal où il jette à la hâte toutes ses impressions et toutes ses pensées, « demain, revers de médaille : les blessés, les plaies qu'il faut compter !... La victoire devrait rester toujours pure de regrets.... c'est impossible ! » Toute victoire se paye ; par du sang ici, par des larmes là-bas, et elle apporte son bilan.

Ce bilan était glorieux pour nos armes. — 4 ou 5000 mille Russes jonchaient le sol, au milieu des sacs et des fusils laissés sur le champ de bataille ; nos ambulances étaient pleines de leurs blessés, que l'on expédiait successivement sur Constantinople avec les nôtres (1).

La journée du 21 fut entièrement consacrée au renouvellement des munitions, à l'enterrement des morts et à l'évacuation des blessés. Les morts appartenant aux Russes reçurent, on doit le penser, la même sépulture que les nôtres, de même que leurs blessés, mêlés à nos blessés, étaient entourés des mêmes soins, des mêmes adoucissements à leur souffrance. Pour les

---

(1) Les pertes de l'armée française, à la bataille de l'Alma, sont : 6 officiers tués, 59 blessés, 253 sous-officiers et soldats tués, 1033 blessés. — Total, 1351 tués, ou hors de combat.

Dans l'armée anglaise, le nombre des morts s'est élevé, en tout, à 26 officiers, 19 sergents, 2 tambours, 306 soldats et 26 chevaux. Les blessés sont au nombre de 73 officiers, 95 sergents, 17 tambours et 1427 soldats. 2 tambours et 16 soldats n'ont pas été retrouvés. Total, 1983 tués, ou hors de combat.

Du côté de l'armée russe, les pertes sont ainsi appréciées dans le rapport de la bataille, publié par l'Invalide russe :

« Nous avons eu 1762 hommes tués, 2315 blessés et 405 atteints de contusions ; 45 officiers supérieurs et subalternes sont au nombre des morts. Parmi les blessés on compte 5 généraux : le lieutenant général Kvitsinsky, chef de la 16e division ; le général major Stchelkanoff, commandant de brigade de la même division ; le général major Goguinoff, commandant de brigade de la 17e division ; le général major Kourtianoff, commandant du régiment d'infanterie de Moscou, et 96 officiers supérieurs et subalternes. — Total, 4628 tués, ou hors de combat.

morts, un sac ou une veste russe jeté sur un grand nombre de fosses indiquait la différence.

L'intention du maréchal était de se porter, dès le 22 au matin sur la Katcha, dans l'espérance de rencontrer encore l'ennemi, et de le battre une seconde fois au pas de course.

Mais le lendemain nos alliés n'étaient pas prêts et nous forcèrent à séjourner sur le champ de bataille (1). Nous mîmes à leur disposition des mules et des *cacolets* pour le transport de leurs blessés.

Les Anglais, intrépides et infatigables au combat, semblent ne pas comprendre l'importance impérieuse d'une journée ou d'une heure de retard sur une opération de guerre ; ils ne savent pas, ou ne veulent pas se hâter. « J'ai perdu moins de monde qu'eux, écrivait le maréchal, parce que j'ai été plus vite ; mes soldats courent, les leurs marchent. »

(1) *Lettre du maréchal à son frère.* — 22 *septembre.*

« Les Anglais ne sont pas encore prêts, et je suis retenu ici comme à Baltchick, comme à Old-Fort ; il est vrai de dire qu'ils ont plus de blessés que moi, et qu'ils sont plus loin de la mer. »

JOURNAL TENU PAR LE MARÉCHAL

« 22. — Quelle lenteur dans nos mouvements !... On ne peut pas bien faire la guerre ainsi.

« Le temps est admirable, et je n'en profite pas ; j'enrage. J'ai envoyé examiner à la Katcha, si les Russes s'y sont arrêtés. Il paraît que leur armée est si démoralisée, qu'elle est rentrée à Sébastopol. Cela diminue mes regrets. On continue l'évacuation des blessés. Les Russes ont perdu beaucoup d'officiers supérieurs ; les déserteurs arrivent et nous renseignent. Nous avons plus de 1000 prisonniers, un général de division. Canrobert va bien. — Demain départ à sept heures du matin. »

Les troupes étaient impatientes de combattre et de pousser en avant.

XXXIII. — L'expédition impopulaire (pour nous servir de l'expression si souvent répétée) et contre laquelle s'étaient soulevées à Varna tant d'oppositions, ralliait à elle toutes les espérances et presque toutes les convictions. — Le doute avait été terrassé sur le champ de bataille de l'Alma ; et puis, doute ou croyance, il ne pouvait plus y avoir qu'une voix dans l'armée française, en face de l'ennemi. Les Russes abandonnant des positions formidables qu'ils croyaient pouvoir conserver pendant des mois entiers; les débris, les morts, l'odeur de la poudre, le splendide spectacle de toutes ces troupes s'élançant au combat, non comme des hommes, mais comme des lions (ainsi que l'avait dit lord Raglan); l'émulation, l'orgueil national, la gloire du pays attachée aux aigles impériales ; tout cela enivrait les pensées, électrisait les cœurs, depuis les soldats jusqu'aux chefs. L'enthousiasme était universel. — Dès que le général en chef paraissait, de tous côtés, de tous les rangs, de toutes les bouches s'échappaient les mêmes cris : *Vive l'Empereur! vive le maréchal!*

« A présent, écrivait-il, je conduirais l'armée au bout du monde. Elle m'aime et elle a grande confiance en moi (1). Aujourd'hui tout le monde est de mon avis dans

---

(1) Lettre du maréchal à M. Leroy de Saint-Arnaud, conseiller d'État. 22 septembre 1854.

les armées et dans les flottes. Le revirement a été prompt ; il commençait le 14, il a éclaté le 20 avec acclamation, et aujourd'hui je suis un grand homme : voilà le monde ! »

Si, pouvant profiter de la démoralisation que cette victoire subite et inattendue avait jetée parmi les Russes, nous eussions marché sur leurs derrières, sans perdre un jour, sans perdre une heure, peut-être eussions-nous obtenu des résultats plus immédiats ; mais l'état des troupes le permettait-il ? les morts, les blessés, la fatigue d'une longue traversée et d'une journée de bataille après les ravages à peine effacés de l'épidémie, point de cavalerie, deux armées marchant de concert, et devant, par conséquent, régler en commun leurs mouvements : voilà des difficultés réelles, des obstacles matériels, dont il fallait malgré soi tenir compte, et qui existeront toujours, quand des troupes n'obéiront pas à un commandement unique.

Certes, l'armée anglaise avait donné à l'Alma des preuves incontestables de rare bravoure, de solidité inébranlable en face de l'ennemi ; mais elle manquait complétement de mobilité.

Le 22 fut donc encore une journée de perdue.

XXXIV. — Le 23, à sept heures du matin, l'armée se met en marche, les soldats emportant avec eux pour sept jours de vivres.

Diverses reconnaissances poussées jusqu'à la Katcha n'avaient signalé aucune disposition défensive de l'ennemi sur cette rivière.

La 4ᵉ division est en première ligne, à la gauche

de la 3ᵉ, et à la droite de l'armée anglaise; la 1ʳᵉ division forme la réserve et marche sur deux lignes par brigade.

Le pays que l'on parcourt, d'abord montueux, puis légèrement ondulé, descend à pentes douces vers la Katcha; la marche est facile dans de longues plaines unies. La gaieté, l'entrain des soldats se traduisent à chaque instant par des rires, des chants et des propos joyeux. Nul, en voyant cette armée, ne pourrait se douter qu'elle marche sur un pays ennemi, inconnu, où le combat peut tout à coup surgir de terre à chacun de ses pas. Des lièvres surpris dans leur gîte s'enfuient épouvantés à travers nos lignes, et les soldats en prennent un grand nombre.

Une partie des troupes traverse la Katcha à un gué reconnu; l'autre partie, l'artillerie et les ambulances, sur un pont qui se trouve au centre de la position (1).

Le plateau qui se trouve entre cette rivière et le Belbeck est élevé et terminé dans la partie nord par des affaissements de terrain rapides et par des rentrants qui donnent à ce pays un aspect à la fois pittoresque et

---

(1) Le cours de la rivière présente bien le même caractère, le même encaissement qu'à l'Alma; mais ce ne sont point des escarpements abrupts : c'est un enchaînement de coteaux qui forment, au-dessus de la plaine de la rive droite, le relèvement de la gauche. Aussi les Russes n'essayèrent pas de nous arrêter à ce passage, qui s'opéra sans coup férir. Toutefois, les pentes accidentées, couvertes de bois sur la rive gauche, présentèrent d'assez grandes difficultés au passage de l'armée; si l'ennemi les eût défendues, elles n'eussent pas été enlevées par les armées alliées sans des pertes sérieuses.

tourmenté. De tous côtés on aperçoit de nombreux jardins ; les arbres sont chargés de fruits, les plantes étincelantes de fleurs.

On bivouaque sur des hauteurs boisées qui touchent à la mer et ont regard sur la vallée.

Bientôt les feux s'allument ; les tentes-abris se dressent avec rapidité par nos soldats agiles ; le camp est installé.

Les flottes, côtoyant le littoral entre l'Alma et la Katcha, avaient accompagné l'armée et jeté l'ancre le même jour, en vue du point où les troupes s'étaient établies.

XXXV. — La santé du maréchal se soutenait, comme il le disait lui-même, entre les crises et le devoir ; il luttait avec une opiniâtreté infatigable ; et parfois la maladie, semblable à un être vivant, s'éloignait étonnée de tant de courage et de tant de résistance.

A tout instant des déserteurs russes donnaient de nouveaux détails sur l'armée ennemie. « Elle était, disaient-ils, rentrée en désordre dans Sébastopol, ne s'arrêtant ni à la Katcha, dont la défense offrait, comme la rivière de l'Alma, de grands avantages de position, ni au Belbeck, dont ils avaient détruit tous les ponts. (1).

---

(1) *Lettre du maréchal.*
24 septembre.
« Je n'ai trouvé personne sur mon chemin que des morts, des blessés et des débris de leur armée en fuite. »

XXXVI. — Ce fut dans la soirée, que l'amiral Hamelin fit informer le maréchal de la détermination extrême qu'avaient prise les Russes de couler, à l'entrée de leur port de Sébastopol, cinq vaisseaux et deux frégates (1).

(1) Le surlendemain de la bataille de l'Alma, l'amiral Hamelin envoya en reconnaissance *le Roland*, commandé par le capitaine de La Roncière Le Noury. Ce bâtiment poussa une pointe à l'entrée de Sébastopol et constata que sept bâtiments étaient mouillés à l'entrée de la passe du port, entre les batteries Constantin et Alexandre; ces bâtiments étaient enchaînés l'un à l'autre. Grande fut la joie dans toute l'escadre; les Russes acceptaient-ils enfin cette bataille navale tant désirée, tant attendue? La nuit fut pleine d'impatience et de fièvre; mais le lendemain, au lever du jour, au moment où la flotte, débouchant du cap Loukoul, se mettait en route vers Sébastopol, de violentes détonations se firent subitement entendre dans ce port, et en approchant de la Katcha, l'on vit distinctement des bâtiments de l'escadre, les vaisseaux et frégates russes mouillés à l'entrée et en avant de l'estacade, disparaître successivement sous les eaux. Bientôt le haut des mâtures apparut seul au-dessus des vagues qui venaient se briser en grondant contre cette digue inaccoutumée.

Le Roland partit aussitôt en reconnaissance et constata que ces vaisseaux étaient ceux dont il avait relevé la position, la veille. Les Russes avaient coulé bas sept bâtiments dont les carcasses englouties encombraient l'entrée du port, ne laissant passage qu'à un seul, qui encore ne pouvait traverser cette digue qu'en zigzag. A nul n'était venue la pensée, que les Russes pouvaient vouloir obstruer leur port et en barrer l'entrée, en sacrifiant ainsi eux-mêmes une partie de leurs vaisseaux.

En compulsant plusieurs correspondances nous trouvons dans une lettre du colonel de Lagondie, détaché auprès de lord Raglan, ce paragraphe, écrit à la date du 25 juin 1854, à Varna :

« Quelques marins anglais parlent d'appliquer à Sébastopol un projet qui serait encore de plus facile exécution à Cronstadt. Ce serait de couler à l'entrée de la rade, au passage le plus étroit, des carcasses de navires chargés de rochers et de pierres, et d'y enfermer ainsi les flottes russes. »

Trois mois après, c'est ce même projet que l'ennemi accomplissait lui-même pour se défendre contre nous.

« Ils viennent de commettre un acte désespéré, » écrivait le maréchal. — Cette suprême résolution d'anéantir ainsi soi-même une partie de sa flotte, fut-elle dictée par le désespoir, fut-elle inspirée par un éclair de génie (car les résultats obtenus changent beaucoup le point de vue sous lequel on envisage un événement). De quelque côté que vint cette subite détermination, elle a puissamment servi la défense et entravé le plan de nos attaques, en détruisant le concours que nous devions attendre des flottes alliées, et en leur ôtant toute possibilité de forcer l'entrée du port (1).

De plus, on apprenait que l'ennemi avait fait des travaux qui commandaient l'entrée de la rivière et y empêchaient le débarquement des troupes, des provisions et du matériel, et que des ouvrages extérieurs avaient été récemment élevés autour du fort Constantin, pour en rendre les approches difficiles et meurtrières.

Les deux généraux en chef se concertèrent, et décidèrent qu'en face de la nouvelle situation qui se présentait, on devait abandonner le plan d'attaque par le

---

(1) *Rapport du vice-amiral Hamelin.*

Ville-de-Paris, devant la Katcha, le 27 septembre 1854.

« En effet, il avait été en quelque sorte admis, qu'une fois le fort Constantin pris, et les batteries élevées sur la partie nord enlevées, les flottes, donnant alors dans le port en brisant les estacades, non-seulement achèveraient l'œuvre de l'armée en attaquant les batteries du sud, mais offriraient un concours assuré à cette armée, dans le port même de Sébastopol. »

nord, tourner Sébastopol par l'est, s'emparer de Balaclava, par terre, et se jeter dans le sud de la ville, pour l'attaquer de ce côté (1).

XXXVII. — Pour arriver à ce résultat, l'armée devait faire une marche de flanc, mouvement stratégique qui n'était pas sans danger; mais les décisions subites, les résolutions audacieuses étaient l'instinct du maréchal. D'ailleurs la démoralisation de l'armée ennemie, qui semblait s'être évanouie comme un fantôme depuis la bataille de l'Alma, la précipitation de sa retraite sur Sébastopol, l'abandon volontaire des points qu'elle eût pu défendre avec avantage, et dont l'importance n'avait pu leur échapper, la certitude que les Russes, trompés par notre premier projet d'attaque, ne pouvaient nous attendre de ce côté, entraînèrent cette résolution.

Nous avons déduit plus haut les raisons qui rendaient difficile et dangereuse l'attaque par le nord, en face des difficultés nouvellement surgies; vers le sud, on se retranchait solidement dans la presqu'île de Chersonèse, qui est comme le réduit de la Crimée.

(1)   JOURNAL TENU PAR LE MARÉCHAL.

« 23. — Les Russes ont comblé l'entrée de leur port. Cela changera peut-être mon plan d'attaque. J'irai probablement au sud. J'attends l'opinion de lord Raglan et des Anglais pour le mouvement de demain.

« 24. — Temps magnifique. Les Russes ont fait sauter les ponts du Belbeck; c'est leur droit.

« Nous partons à onze heures; nous tournerons les positions et les batteries par la gauche. Il faut profiter de l'état de démoralisation de l'ennemi, et arriver au bivouac, à cinq heures du soir. »

Les flottes, dont l'armée ne pouvait se séparer sans danger, trouvaient un abri contre les tempêtes de la mer Noire, soit à Balaclava, soit dans les baies de Kamiesch, de Kazath et de Streletzka ; on conservait une libre communication avec la mer, et les armées alliées prenaient une position défensive, qui, tout en leur permettant de faire le siége de la ville, les protégeait contre l'armée de secours de l'ennemi. Celui-ci, il est vrai, restait maître de la campagne et de ses communications ; mais la position de l'armée au nord ne les lui eût pas fermées davantage. — Au nord comme au sud, cette condition si essentielle d'un siége ne pouvait être remplie ; et il eût fallu, pour s'y conformer, une armée beaucoup plus considérable que celle dont les alliés disposaient.

Ce plan de porter nos opérations par Balaclava offrait, on le voit, des chances de succès et était compatible avec la position actuelle de l'armée. En effet, il suffisait de deux ou trois jours pour atteindre Balaclava, et les hommes avaient encore avec eux six jours de vivres. C'était un changement de base, audacieux peut-être, mais non téméraire, avec l'élan des troupes, la confiance qu'elles avaient en elles-mêmes, et ce premier succès de l'Alma, qui nous démontrait que les Russes ne pouvaient tenir contre nous, même retranchés derrière des positions formidables.

Tel est le résumé de la conférence de la Katcha. A neuf heures du soir les généraux se séparèrent ; la résolution était prise.

XXXVIII. — L'énergie morale du maréchal augmentait devant les difficultés, il passa une nuit tranquille en apparence, mais agitée par la pensée.

Les troupes commencèrent à s'ébranler à neuf heures du matin. Il s'agissait de traverser la vallée profonde du Belbeck et de gagner les hauteurs au delà de cette rivière.

La 4ᵉ division, sur deux colonnes, se porte en avant, en prenant une direction oblique sur la gauche; elle est le premier échelon de l'armée française, dont les 1ʳᵉ et 3ᵉ divisions marchent successivement dans le même ordre, en tête de la colonne de droite.

La 2ᵉ division et la division turque forment l'arrière-garde.

L'armée anglaise tient la gauche de la 4ᵉ division, et marche en tête de colonne (1).

Le terrain est plat et découvert, la marche facile, sans obstacle; l'ennemi ne paraît sur aucun point. — Dans le milieu de la journée, l'armée fait halte pendant une heure environ; car l'on craint de fatiguer les hommes. Quelques cas de choléra se sont déclarés dans les ambulances, et font re-

---

(1)   JOURNAL TENU PAR LE MARÉCHAL.

« 25 — Les Anglais doivent partir les premiers et ne démarrent qu'à neuf heures.

« Il n'y a qu'une route; je ne partirai qu'à midi et arriverai fort tard sur la Tchernaïa. Les déserteurs disent que le général Gortchakoff veut me barrer le passage; ils sont sortis de Sébastopol par paquets de 10 à 15 000 hommes. Je les battrai. Il n'y a pas de temps à perdre; il faut s'emparer de Balaclava. Je n'ai que pour cinq jours de vivres. »

douter que le terrible fléau n'ait pas encore dit son dernier mot.

A une heure et demie, l'armée reprend sa marche oblique, en échelons, pour atteindre la crête des collines qui bordent la rive droite du Belbeck, dont les pentes sont très-rapides.

Bientôt on arrive dans la vallée du Belbeck. Cette fertile vallée offre un aspect splendide et souriant; ce sont des fleurs jetées, çà et là, par la main de Dieu, des arbres couverts de fruits, dont les branches alourdies s'inclinent presque sur le sol. Chaque soldat porte, au bout de son fusil, quelque larcin fait à ces richesses de la terre (1). Ici, s'élève une superbe villa, déployant avec orgueil son magnifique jardin et son parc aux arbres séculaires; partout, dans cette splendide propriété d'un prince russe, il y a des traces de désordre (2); car l'armée russe de l'Alma a passé par là. Mais au milieu des portes et des fenêtres brisées, parmi les plantes ar-

---

(1) « Il est difficile, écrivait-on de Crimée, de se figurer un plus délicieux vallon, de plus riches plantations, une végétation plus abondante; c'est une suite continue de jardins entrecoupés, de châteaux, de parcs, de charmantes petites villas. Seulement, presque partout règnent déjà le désordre et la dévastation; tous les villages que l'on rencontre ont été incendiés, et dans l'horizon lointain, l'on voit parfois les feux de ces incendies soulever dans l'air d'épais tourbillons de fumée. »

(2) Voici les dernières lignes du *Journal du maréchal*, écrites d'une main tremblante : « 25. — Quelques cas de choléra. — Temps orageux. — Je souffre beaucoup. — La maison du général Bibikoff a été saccagée et brûlée. — Mauvais. »

Ici finit ce journal.

rachées, on retrouve encore tout ce qui atteste la vie prise sur le fait, souvenirs vivants échappés par miracle à une destruction, que nos soldats, hélas, achevèrent.

« Rien n'était plus triste, me racontait un officier, que l'abandon de cette superbe villa et toutes ces belles choses dévastées ; vous jugez si nos soldats firent main basse sur ce qui restait à briser ; nos zouaves surtout se distinguaient par la même ardeur, le même entrain à la destruction, qu'au combat. Je suis entré dans un petit boudoir : on eût dit que les habitants venaient de le quitter quelques minutes auparavant ; des fleurs fraîchement coupées étaient encore dans des vases sur la cheminée ; sur une table ronde, des numéros du journal *l'Illustration*, une écritoire, des plumes, du papier et une lettre inachevée. C'était une lettre de jeune fille : elle écrivait à son fiancé qui combattait à l'Alma ; elle lui parlait de victoire, de succès, avec cette confiance qui était dans tous les cœurs, et qui est surtout dans celui des jeunes filles. La cruelle réalité avait arrêté tout cela : lettres, illusions, espérances.

« J'ai conservé longtemps cette lettre dans mes papiers, me dit celui qui me rapportait ces détails, et puis, je l'ai donnée à un camarade qui revenait en France. »

Le soir les zouaves apportèrent au maréchal, devant sa tente, un petit salon complet, dans lequel il choisit un guéridon qu'il destinait à la maréchale.

« On a envahi la maison du prince Bibikoff, lui écrivait-il ; tu auras un petit guéridon qui appartenait à la princesse, souvenir de la guerre de Crimée. »

XXXIX. — Une partie de l'armée suit le chemin qui conduit à Sébastopol en passant par Inkermann, et franchit le Belbeck sur un pont en pierre ; une autre le traverse également moitié à gué, moitié sur un pont de bois, en appuyant sur la droite, et vient ensuite rejoindre la route, qui tantôt se creuse dans des ravins, tantôt gravit la pente des collines.

Pendant que la 4ᵉ division, qui a dépassé la crête des hauteurs, établit son bivouac au milieu des bois, les autres divisions font leur campement sur les hauteurs mêmes.

L'armée avait tourné toutes les positions de l'ennemi, et était passée, à 6 kilomètres au-dessus des points où les Russes avaient élevé de fortes batteries.

« Nous voyons Sébastopol, écrit le maréchal ; du camp du Belbeck et de la ville, on peut apercevoir les feux de nos bivouacs qui tiennent près de trois lieues. »

C'est à partir de ce bivouac que doit commencer le mouvement tournant des armées alliées.

Les instructions sont de nouveau répétées à tous les corps ; car il faut exécuter cette marche de flanc à travers des bois épais, au milieu desquels il est difficile de conserver une direction exacte.

L'armée anglaise doit tenir l'avant-garde. — L'armée française marchera dans l'ordre suivant : les 3ᵉ, 2ᵉ et 1ʳᵉ divisions à droite de la route, sur deux colonnes, par brigade; la 4ᵉ division à 1 kilomètre plus loin, ayant en arrière d'elle, la division turque. — Le général Canrobert prend le commandement de la colonne de droite; le général Forey celui de la colonne de gauche.

XL. — Le trajet à parcourir était de 18 à 20 kilomètres, dans un terrain perpétuellement boisé, offrant de grandes difficultés — L'ordre du départ avait été fixé à six heures du matin; mais il fallut attendre que les Anglais, emportant avec eux d'immenses bagages et des arabas chargés outre mesure et traînés par des bœufs ou des buffles, eussent cessé de défiler. Aussi notre armée ne put se mettre en mouvement qu'à midi.

Dans la nuit précédente, une nouvelle maladie était venue aggraver l'état de souffrance du maréchal; le docteur Cabrol avait reconnu les premiers symptômes du choléra. Au moment du départ, on fut forcé de le transporter en voiture (1).

---

(1) Pendant la nuit le choléra avait fait de si rapides progrès, que l'on conçut les plus graves inquiétudes sur la vie du maréchal. Cependant, dans la matinée, un mieux se fit sentir, et le maréchal, avec cette énergie qui lui était habituelle, voulait lutter encore; il sentait, que du jour où il courberait la tête devant la maladie, tout était perdu.

A sept heures du matin, le prince Napoléon et lord Raglan, tous deux instruits de l'état du général en chef, vinrent le voir; son cheval était sellé devant sa tente. « Je vais mieux, beaucoup mieux, » dit le maréchal en les apercevant.

Malgré les instances que l'on fit auprès de lui, il voulut monter à cheval. — Triste et cruel tableau que cette lutte extrême. Mais les forces lui manquèrent, il inclina silencieusement la tête et se laissa

« Il n'y avait qu'un chemin dans la direction qu'il nous fallait prendre, écrit lord Raglan dans son rapport ; ce chemin fut destiné à l'artillerie et à la cavalerie ; l'infanterie, dirigée à la boussole, dut elle-même se frayer un chemin. L'artillerie de la division légère a marché tant qu'elle a pu ; mais lorsque le bois est devenu tout à fait impraticable, elle a été obligée de rentrer dans le chemin frayé. »

L'armée française s'engagea à la suite des Anglais dans ce chemin étroit et obscur. Bientôt l'épaisseur du bois devint telle, que les hommes, à travers d'inextricables broussailles, pouvaient à peine s'apercevoir les uns les autres.

— La 1re division anglaise, sans guide, hésite, s'égare, marche au hasard ; par suite de cette hésitation, nos colonnes s'arrêtent, nos voitures s'entassent, l'artillerie se masse dans une clairière, et toute l'armée française fait halte, attendant que l'armée anglaise ait dégagé la voie.

Cette halte dura quatre heures.

Au point où l'on s'est arrêté, la route fait un coude à gauche, pour contourner la baie de Sébastopol. L'ordre alors est donné de faire avancer toute l'armée sur une seule colonne (1).

transporter dans une voiture ; c'était celle du prince Menschikoff qui avait été prise après la bataille de l'Alma.

(1) L'armée prend l'ordre suivant en s'avançant à travers les bois, 3e et 2e division ; artillerie de la réserve ; 1re division, bagages, troupeaux, impedimenta ; 4e division et division turque.

Les batteries d'artillerie de la 4e division marchent entre les deux brigades.

XLI. — Il est près de six heures ; la marche, toujours lente et pénible, est sans cesse entravée par des obstacles ; de plus, la nuit ne tarde pas à arriver dans ces bois épais, où peuvent à peine pénétrer les dernières clartés du jour qui s'éteint. L'obscurité est intense ; car la lune, cette protectrice des nuits, ne projette pas ses rayons à travers les branches enlacées ; un brouillard épais enveloppe le ciel.

Lorsque la tête de colonne anglaise, formée du quartier général de l'armée, eut quitté la forêt, elle se trouva tout à coup à la hauteur de la ferme Makensie, sur le flanc et sur les derrières d'une division russe en marche sur Baktchi-Seraï. Lord Raglan fit aussitôt avancer sa cavalerie et chargea la division russe qui se mit en retraite immédiate, laissant sur le terrain des tués et blessés, vingt-cinq chariots chargés de munitions de guerre, des bagages, et quelques prisonniers, parmi lesquels un capitaine d'artillerie (1).

Après ce petit engagement, la colonne d'avant-garde reprit sa marche, descendant par un défilé roide et tourmenté dans une vaste plaine où coule la Tchernaïa.

XLII. — Les difficultés de la route à parcourir, la lenteur qui avait dû nécessairement en résulter dans

---

(1) Cette division formait l'extrême arrière-garde de l'armée du prince Menschikoff, qui étant revenu en toute hâte à Sébastopol, après la bataille de l'Alma, avait ravitaillé la ville, renforcé la garnison, et se reportait sur Baktchi-Seraï.

nos mouvements, ne nous permettant plus de penser à établir notre bivouac dans la vallée de la Tchernaïa, où nous avait précédés l'avant-garde de l'armée anglaise, on installa le camp près du village de Makensie, sur une étendue de terrain presque entièrement dépourvue de toutes ressources. — A l'exception de deux ou trois puits qui furent bientôt mis à sec, on ne trouva rien ; et la privation d'eau se fit si cruellement sentir, que ce bivouac fut appelé par les soldats *le camp de la soif*, surnom qui lui est resté et par lequel, en parlant de cette journée de marche, chacun le désigne toujours.

Le temps était très-mauvais, et le brouillard s'était changé en une petite pluie fine.

Ce ne fut qu'au milieu de la nuit, vers trois heures du matin, que la division formant l'arrière-garde atteignit le bivouac, ayant eu sa marche souvent obstruée par cette immense série d'arabas, de mulets, de bœufs, de voitures brisées, qui s'entassaient en désordre dans les étroits sentiers et embarrassaient le passage.

XLIII. — Cette longue et pénible journée avait cruellement fatigué le maréchal, chez lequel des atteintes plus visibles et plus violentes encore du choléra s'étaient manifestées. Le docteur Cabrol, dont le dévouement ne lui fit pas faute un seul jour, une seule heure, luttait contre ce mal terrible avec énergie et opiniâtreté.

Le maréchal se faisait violence pour s'informer de l'armée dont il était le chef, s'occuper de son bien-être, donner des ordres, prévenir les éventualités d'une situation périlleuse ; mais le mal domptait l'énergie de sa volonté, et sa pensée s'éteignait dans son cerveau, comme les paroles sur ses lèvres.

Dans la nuit, l'épuisement de ses forces devint tel, que le docteur Cabrol exprima les plus vives inquiétudes, et s'en ouvrit avec douleur au colonel Trochu, le secrétaire intime du maréchal et son premier aide de camp.

XLIV. — Ce fut pour le colonel un triste devoir à remplir, une de ces missions douloureuses et difficiles, pour l'accomplissement desquelles, on ne trouve de forces que dans sa conscience.

Il faisait nuit encore ; le colonel entra dans la tente du maréchal.

A l'affaiblissement avait succédé une sorte de surexcitation nerveuse ; ses paupières alourdies se relevaient parfois, et laissaient voir un regard où ne brillait plus que le feu de la fièvre ; la mort marquait déjà de sa fatale empreinte cet énergique visage, dont la pâleur était effrayante.

« Monsieur le maréchal, dit tout à coup le colonel, en faisant un violent effort sur lui-même, le docteur Cabrol s'est rendu maître de la maladie, et vous triompherez de celle-là comme vous avez triomphé des autres ; mais vous souffrez trop, monsieur le maréchal, pour continuer à vous occuper des nombreux détails de votre commandement ; cette anxiété de tous les instants est cruelle pour vous : et le moment est venu, moment triste mais d'une nécessité impérieuse, où vous devez, pour conserver un repos qui vous est si nécessaire, éloigner de votre pensée toute préoccupation. »

Le maréchal regarda fixement le colonel.

« Oui, dit-il un instant après, je vous comprends ; faites appeler le général Canrobert. »

Il était alors quatre heures du matin.

Le colonel fit aussitôt prévenir le général, qui arriva avant cinq heures devant la tente du commandant en chef.

Il fut aussitôt introduit.

XLV. — Le maréchal était très-épuisé. En entendant quelqu'un entrer dans sa tente, il tourna la tête, et apercevant le général Canrobert, il lui dit d'une voix faible :

« Vous m'avez fait connaître, général, les instructions de Sa Majesté qui vous confient le commandement en chef de l'armée, dans le cas où ma santé me forcerait à l'abandonner. A partir d'aujourd'hui, prenez ce commandement ; en le déposant entre vos mains, général, j'ai moins de regrets de le quitter. »

Le général était très-ému. — Qui ne l'eût pas été devant cet aspect de la mort? qui ne l'eût pas été devant cette douleur muette du soldat, que les forces abandonnaient à l'heure du combat?

Il s'inclina, et exprima en quelques paroles simples, mais noblement senties, ses regrets partagés par tous que l'état de souffrance du maréchal ne lui permît pas de conserver son glorieux commandement.

Le maréchal lui tendit la main et ce fut tout.

XLVI. — Quelques instants après, le colonel Trochu entrait dans la tente; et quand il en sortit, il tenait à la main l'ordre du jour qui annonçait à l'armée que le maréchal de Saint-Arnaud remettait le commandement en chef au général Canrobert.

Cet ordre du jour est la plus belle page, la plus noble pensée qui puisse sortir du cœur humain. Sur les rives de la Tchernaïa et dans toute la France, par toute l'Europe, il a fait tressaillir les cœurs d'une émotion infinie. Chacun a senti, chacun a compris cette immense infortune qui frappait ainsi un maréchal de France au milieu de son armée.

— Adieux simples, regrets nobles et mâles, héroïsme sans forfanterie !

« Votre général en chef, dit-il à ses soldats, vaincu par une cruelle maladie, contre laquelle il a lutté vainement, envisage avec une profonde douleur, mais saura remplir, l'impérieux devoir que les circonstances lui imposent, celui de résigner le commandement, dont une santé à jamais détruite ne lui permet plus de supporter le poids.

« Soldats, vous me plaindrez, car le malheur qui me frappe est immense, irréparable, et peut-être sans exemple. »

Oui, tous le plaignaient, même ses ennemis ; tous

devinaient quel flot d'amertume avait dû envahir ce cœur si près de s'éteindre, cette énergie si avide de combats et de gloire, cette tombe qui s'ouvrait sous l'ombre froide d'une sauvage forêt.

Les officiers de son état-major qui l'entouraient, qui le veillaient, qui l'aimaient, habitués pour ainsi dire à cet état perpétuel de douleurs, à cette agonie, à laquelle succédait, sans transition aucune, une vitalité nouvelle, à ces crises de toutes les heures, tristes compagnes depuis si longtemps de la vie du maréchal, furent atterrés par cette nouvelle, comme par un événement inattendu, et lurent, les larmes dans les yeux, l'ordre du jour que le colonel Trochu leur présenta : puis tous se groupèrent silencieusement autour de la tente. Une escorte de spahis commandée par deux officiers devait, par les ordres du nouveau général en chef, accompagner la voiture du maréchal.

XLVII. — L'armée se mit en mouvement à sept heures du matin, pour se diriger sur la Tchernaïa.

Presque au sortir de la forêt, une pente longue et assez rapide conduit dans la vallée.

Les troupes n'étaient plus enveloppées par les sombres dômes des arbres séculaires, marchant presque au hasard, à travers des fourrés épais, au milieu des difficultés, des embarras, des marches et des contre-marches inutiles, tantôt attendant, tantôt rétrogradant ; elles ont retrouvé le soleil, qui se montre par instants à travers les nuages grisâtres, l'air, l'espace, l'horizon qui s'agrandit et se développe, les longues herbes diaprées que les pieds foulent en passant, et la Tchernaïa qui coule, argentant la plaine dans sa course tourmentée et vagabonde.

En suivant la route qui descend le revers de la rivière, on la trouva jonchée de voitures, de caissons brisés, de projectiles, d'effets d'habillement, débris du convoi surpris la veille par les Anglais.

Les troupes s'arrêtèrent un instant sur la rive droite, afin de reconnaître les gués, et de laisser le temps au génie de construire des ponts pour le passage de l'aqueduc qui conduit les eaux de la Tchernaïa à Sébastopol. Bientôt la rivière est franchie et le camp général s'installe sur la rive gauche, au-dessus de la route de Sébastopol; les divisions s'échelonnant sur les coteaux et dans la plaine (1).

(1) L'amiral Hamelin rend ainsi compte de ce mouvement :

« Ce mouvement stratégique, assez osé pour des troupes complétement dépourvues d'approvisionnements roulants, s'est effectué dans les journées des 24, 25 et 26. Les deux armées, après avoir passé le Belbeck, à quelques milles au-dessus de son embouchure, ont rabattu ensuite sur la vallée d'Inkermann, l'armée française, servant de pivot à l'extrême droite, et par suite observants les plateaux environnants du sud et du sud-est de Sébastopol, à petite distance, dans ce mouvement tournant, pendant que l'armée anglaise à l'extrême gauche venait aboutir aux hauteurs de Balaclava, où elle a paru le 26 au matin; l'armée française l'y a ralliée vingt-quatre heures après, c'est-à-dire ce matin.

« Au moment où nos troupes arrivaient devant ce petit port, autour duquel croisaient trois frégates et corvettes à vapeur françaises, pour veiller à leurs mouvements, les vaisseaux *le Napoléon* et *le Charlemagne*, remorquant cinq bâtiments chargés de vivres, y paraissaient du côté de la mer. »

On entend une faible canonnade du côté de Balaclava. C'est la ville qui essaye une résistance inutile, avant de se rendre aux Anglais, et tire, du haut des ruines d'un ancien fort génois, quelques coups de canon sur les têtes de colonne (1).

XLVIII. — Ce fut au camp de la Tchernaïa que l'ordre du jour du maréchal de Saint-Arnaud et ses adieux à l'armée furent lus aux troupes assemblées (2).

(1) *Rapport de lord Raglan.*

« Balaclava, 28 septembre 1854.

« Lorsque les troupes se sont approchées de cette ville, rien n'indiquait que l'ennemi l'occupât en force ; mais la marche des brigades de tirailleurs a rencontré de la résistance, et des coups de canon ont été tirés sur nous d'un vieux château, lorsque la tête de colonne a paru sur la route qui conduit à la ville.

« J'ai jugé prudent de faire occuper, par la division légère et par une batterie d'artillerie à cheval, les collines à droite et à gauche : alors la place, où l'ennemi n'avait qu'un petit nombre d'hommes, s'est rendue. »

(2) C'est du bivouac de la Tchernaïa que le maréchal écrit au ministre de la guerre pour lui annoncer qu'il renonce au commandement :

« Au quartier général, bivouac sur la Tchernaïa, 26 septembre 1854.

« Monsieur le maréchal,

« Ma santé est déplorable. Une crise cholérique vient de s'ajouter aux maux que je souffre depuis si longtemps, et je suis arrivé à un état de faiblesse tel, que le commandement m'est, je le sens, devenu impossible. Dans cette situation, et quelque douleur que j'en éprouve, je me fais un devoir d'honneur et de conscience de le remettre entre les mains du général Canrobert, que des ordres spéciaux de Sa Majesté désignent pour mon successeur.

« L'ordre du jour ci-joint, vous dira dans quels sentiments je me sépare de mes soldats et renonce à poursuivre la grande entreprise, à la-

Celles-ci un instant abattues par cette sinistre nouvelle, qui les privait d'un chef dans lequel elles avaient foi et confiance, relevèrent bientôt la tête au nom de leur nouveau général, qui, lui aussi, avait donné depuis longtemps, à cette armée qui allait combattre, les preuves de son énergie, de son activité et de son audacieux courage (1).

quelle d'heureux débuts semblaient présager une issue glorieuse pour nos armes.

« Veuillez agréer, monsieur le maréchal, l'expression de mes sentiments très-respectueux. « *Le maréchal commandant en chef,*

« A. DE SAINT-ARNAUD. »

(1) GÉNÉRAL CANROBERT.

Le général Canrobert est un de ces généraux nés sur le sol de l'Afrique. C'est à cette rude école d'épreuves sans cesse renaissantes, de combats successifs, de véritable vie militaire, que le sous-lieutenant acquit tous ses grades, et sentit grandir en lui l'instinct militaire, le noble élan qui seuls font le vrai soldat. Aujourd'hui son nom est populaire, et la noblesse du caractère, le dévouement entier à la chose publique, ont ajouté un éclat de plus aux brillantes qualités de l'officier général.

Nous ne cachons pas notre sympathie profonde et réelle pour lui, c'est un de ces cœurs chauds, une de ces âmes noblement trempées, qui ont à la fois le courage et l'abnégation. Les services qu'il avait rendus à l'armée et à son pays étaient futiles auprès de ceux qu'il allait être appelé à leur rendre.

Il faut le dire, l'armée acclama le choix de l'Empereur. Avant même que l'on sût la volonté du souverain, quand on vit le maréchal Saint-Arnaud, épuisé par la maladie, succomber et s'éteindre, le nom du général Canrobert était dans toutes les bouches. Son brillant courage électrisait les soldats qu'il menait au combat : tous avaient la confiance, et lui avait la foi. — Jetons un coup d'œil rétrospectif sur celui qui prenait en chef le commandement de l'armée d'Orient, et qui devait bientôt avoir plus de cent mille hommes sous ses ordres.

Le général Certain Canrobert est né en 1809. Sorti de l'École de Saint-Cyr dans les premiers rangs, il fut nommé sous-lieutenant en 1828. Lieutenant en 1832, il s'embarque pour l'Afrique en 1835, et

A quatre heures du soir, le général Canrobert fit réunir, en dehors de sa tente, les officiers généraux et chefs de service.

Lorsqu'il les vit tous, rangés en cercle autour de lui, il prit la parole et d'une voix émue, leur dit : que le cruel état de maladie du général en chef, ne lui permettant plus de conserver son commandement, il avait remis

---

prend part à l'expédition de Mascara. Tour à tour, il est dans la province d'Oran, à la prise de Tlemcen, aux combats de Sidi-Yacoub, de la Tafna, de la Sikkak, et est nommé capitaine en 1837.

La même année, il est au siège de Constantine, il fait partie des colonnes d'assaut, et reçoit sa première blessure sur la brèche, à côté du colonel Combes, vieux soldat, qui tombait mortellement frappé.

Avant d'expirer, l'intrépide colonel recommandait au maréchal Vallée le jeune capitaine en disant ces seuls mots : « Monsieur le maréchal, il y a de l'avenir dans cet officier. »

Nommé chevalier de la Légion d'honneur, il rentra en France en 1839, et s'acquitta avec un plein succès de la mission qui lui fut confiée, d'organiser avec les bandes de l'armée carliste refoulées sur le sol français, un bataillon pour la légion étrangère; et les débris de la guerre civile allèrent combattre sous notre drapeau en Algérie.

Mais il fallait le sol brûlant de l'Afrique, la vie des camps, à l'homme qui sentait en lui l'étincelle du soldat, et qui ne voulait pas perdre ses jeunes et belles années dans l'oisiveté de la vie de garnison. Quel plus beau champ pour l'activité guerrière, que celui de ces luttes incessantes qui ne se terminaient sur un point que pour recommencer sur un autre.

En 1841, Canrobert retourna en Afrique; et après les combats des cols de Mouzaïa et du Gontas, il fut élevé au grade de chef de bataillon en 1842. Perpétuellement il tint la campagne, prenant part à toutes les expéditions, courant de combats en combats. Partout où son bataillon de chasseurs se trouvait, son chef se faisait sans cesse remarquer par une heureuse intrépidité; car à la guerre, outre le courage, outre l'habileté, il y a encore le bonheur.

Dans les graves événements, lorsqu'il s'agissait d'opérations difficiles, Napoléon Ier disait souvent : « Donnez-en le commandement à tel général, il est heureux. »

Le bonheur est-il aussi de l'habileté? — C'est un secret que les

au maréchal la lettre, qu'il ne devait produire que dans cette extrême éventualité, et par laquelle le commandement en chef de l'armée lui était donné par l'Empereur.

« Dans les circonstances où nous nous trouvons, ajouta le général Canrobert, en se tournant vers le général Forey, je regrette vivement que la volonté de

---

champs de bataille enferment dans leur sein. Il est impossible de suivre le commandant Canrobert dans ses courses aventureuses. Partout il laissait sur son passage les traces d'une rapide et décisive énergie. Le succès l'accompagnait; car il ne doutait jamais de lui : il refoula de repaires en repaires, de montagnes en montagnes, de ravins en ravins, les bandes de Bou-Maza; c'est là qu'il obtint son grade de lieutenant-colonel (1845). Il combattit vigoureusement les Kabyles qui le tenaient bloqué dans la ville de Fenez. Pendant huit mois de luttes successives opiniâtres et souvent sanglantes, il lutta pied à pied avec ses ennemis, gagnant peu à peu du terrain et étouffant la révolte sous chacun de ses pas. Le grade de colonel lui fut donné en 1847.

Après avoir commandé le 2ᵉ régiment de la légion étrangère, il fut mis à la tête du régiment de zouaves. C'était une gloire et un honneur, que de commander cette troupe d'élite, ces hommes infatigables au combat, ardents aux aventures; il conduisit ses zouaves contre les Kabyles et les tribus du Jurjura, et les zouaves acclamaient leur colonel qui combattait toujours le premier à leur tête. Le dieu des combats veillait sur lui; le feu de l'ennemi semblait respecter l'intrépide soldat.

L'année 1849 fut une belle page pour le colonel Canrobert. Le choléra décimait la garnison d'Aumale. Le siége de la Zaatcha qui se prépare l'appelle au combat; il part avec ses zouaves, que l'épidémie dévorait; et pendant les épreuves d'une longue et pénible marche, il les encourage, il les soutient, il rend aux malades l'énergie qui les abandonne, et communique à tous ce courage si difficile contre un fléau qui frappe et que l'on ne voit pas.

Dans cette marche avec sa petite colonne affaiblie, épuisée, il se trouva tout à coup en face de nombreux assaillants qui lui barraient le passage et enveloppaient la ville de Bou-Sada, dont la garnison était bloquée. Le colonel Canrobert marcha résolûment à eux malgré l'inégalité des forces, et leur cria :

Sa Majesté n'ait pas confié ce commandement à celui d'entre nous auquel il appartenait par droit d'ancienneté, et qui l'eût si dignement rempli ; mais je sais les devoirs qu'impose à votre nouveau chef cette succession du passé, et j'y emploierai tout ce que Dieu m'a donné de forces et de courage, tout ce que j'ai dans le cœur de dévouement à la France et à l'Empereur. »

« Livrez-moi passage, car je porte avec moi un ennemi qui vous exterminera tous, la peste !... »

Les Arabes épouvantés par ces paroles et apercevant, en effet, de tous côtés dans la petite colonne les traces visibles du mal épidémique, s'écartèrent avec effroi, et laissèrent le passage libre. Le colonel en profita pour jeter un renfort dans la ville de Bou-Sada, et arriva enfin à Zaatcha, le 8 novembre.

Aujourd'hui encore le général Canrobert se plaît à raconter cette anecdote de sa vie militaire, et dernièrement en Crimée, sous les murs de Sébastopol, nous l'avons entendue de sa bouche, lorsqu'un jour ayant à sa table un colonel de zouaves, il se rappelait le temps où il avait l'honneur de les commander.

Le 26 novembre, on donna l'assaut à Zaatcha. Le colonel Canrobert commanda une des colonnes d'attaque, et eut le bonheur d'arriver sain et sauf sur la brèche, laissant derrière lui officiers et soldats morts et blessés. Cette action d'éclat lui valut la croix de commandeur de la Légion d'honneur.

Rare et difficile honneur de pouvoir inscrire dans ses états de service, monté deux fois à l'assaut : à Constantine, à Zaatcha. Général de brigade en 1850, il revint en France ; puis général de division en 1853, et aide de camp de l'Empereur, il fut nommé au commandement supérieur du camp d'Elfaut.

Lorsque la France se décida à envoyer une armée en Orient, le général Canrobert fut parmi les premiers généraux qui s'embarquèrent pour Gallipoli. Chargé de l'organisation du camp, il se multiplia, veilla à tout avec cette rude activité qui est dans sa nature, et ceux qui ont lu les pages qui précèdent, savent quelle part active le général a prise à toutes les actions de guerre, comme à toutes les décisions importantes. — Qu'il marche aujourd'hui sur le sol ennemi, justement fier du grand commandement qui lui est confié, il emporte avec lui toutes les sympathies et toutes les espérances.

Ces paroles, dites avec une émotion sentie et la mâle vigueur du soldat, produisirent une grande impression; car le général Canrobert est une de ces natures sympathiques qui ont en elles le feu sacré.

Le général Forey, celui auquel revenait le commandement en chef par droit d'ancienneté, et dont la carrière militaire comptait de brillants services dans l'armée d'Afrique, prit aussitôt la parole et répondit :

« C'est avec une grande confiance, général, que l'armée tout entière accueille son nouveau chef, celui que la volonté de l'Empereur appelle à sa tête; je suis le plus ancien général de division parmi tous ceux qui vous entourent, et c'est à ce titre que je viens vous dire de compter sur mon dévouement de soldat et de vieux camarade; vous n'aurez pas dans toute l'armée de lieutenant plus soumis. »

La voix du général Forey était forte et vigoureusement accentuée. Il semblait qu'il voulût lui donner un écho au loin, pour ajouter à cette scène une solennité de plus, et répéter à chacun les sentiments d'abnégation et de devoir qui l'animaient.

Le général Canrobert lui tendit la main; il fit de même successivement à tous les officiers généraux présents, et se retournant vers les chefs de corps :

« Messieurs, leur dit-il, je ne puis vous tendre la main à tous; mais je le fais du fond du cœur, en serrant celle de vos dignes chefs. »

Dans cette belle vallée de la Tchernaïa, si près de

l'ennemi, sur le sol de la Crimée qui devait être teint d'un sang si généreux cette scène avait un cachet de mâle gravité qui faisait battre tous les cœurs; c'était comme un pacte d'honneur et de courage, un nouveau serment fait à la patrie, au nom de tous, par ces âmes valeureuses auxquelles allaient être réservées tant d'épreuves, tant de rudes privations, tant de souffrances.

XLIX.—Le maréchal de Saint-Arnaud venait d'arriver au camp de la Tchernaïa; sa faiblesse était telle, qu'il ne put descendre de voiture.

Cette voiture fut bientôt entourée de soldats et d'officiers de tous grades qui venaient faire leurs adieux au maréchal. Il y avait des larmes dans tous les yeux; toutes les poitrines étaient gonflées. Il aperçut des zouaves; et faisant signe qu'on les laissât approcher, il leur tendit la main avec un triste sourire. Ces mâles soldats s'inclinèrent en pleurant sur la main du maréchal.

Ceux qui ont assisté à cette scène d'adieux ne l'oublieront jamais.

Le maréchal, ayant appris l'occupation de Balaclava par les Anglais, y avait envoyé le commandant Henry lui préparer un logement; l'impatience du départ le dévorait. — Maintenant qu'il avait brisé le lien suprême du commandement, qu'il avait dit adieu aux soldats, au champ de bataille, il semblait qu'il eût peur que le bruit de quelque combat nouveau ne vînt doubler son amertume et les angoisses de ce grand sacrifice. Peut-être aussi, espérait-il qu'un changement de lieu, d'air, apporterait une amélioration à son état de souffrance.

L. — Quelque hâte que mit le commandant Henry à remplir sa mission, le maréchal ne put être transporté que le lendemain matin à Balaclava, où il arriva vers dix heures environ.

La demeure qui lui était réservée était une petite maisonnette près de la mer, moitié en pierre, moitié en bois, la meilleure et la plus commode que l'on avait pu trouver.

Les atteintes du choléra avaient complétement disparu sous l'efficacité des remèdes, mais laissaient un corps épuisé et sans vitalité aucune. Le docteur Cabrol, qui avait si énergiquement lutté, désespéra du salut de son malade, et pour la première fois, prononça ces terribles mots qui déchirèrent son cœur, en passant par ses lèvres :

« Il est perdu ! »

Le maréchal pourtant, une fois établi dans la petite maison de Balaclava, semblait avoir repris des forces. Il s'enquit si *le Berthollet* était dans le port, demandant à s'embarquer le plus tôt possible ; avec cette instance et cette fixité de pensée qui ne quittent jamais les malades, il renouvelait sa demande presque toutes les heures. Son gendre, le marquis de Puységur, le général Yusuf et son aide de camp, le capitaine Faure, le chef d'escadron Grammont, le commandant Henry, le commandant de Place et le docteur Cabrol, étaient restés auprès du maréchal. Tous le soignaient à tour de rôle, veillant à son chevet, lui prodiguant leurs soins et cherchant à lui donner un espoir qu'eux-mêmes, hélas! n'avaient plus.

Quoique celui-ci ne se dissimulât point la gravité de sa position, il faisait écrire par son gendre cette lettre, que tout le monde a lu dans le recueil de sa correspondance :

« Le mal a été le plus fort; mon pauvre père lutte avec son énergie habituelle.... mais les forces de l'homme ont des bornes. Du reste, il est sauvé.... »

Sur la seconde page on lisait la vérité ; c'est que la maladie marchait chaque jour d'un pas rapide.

CHAPITRE II.

LI. — Avant de retracer le mouvement des armées alliées, dont les camps sont établis dans la vallée de la Tchernaïa, qu'il nous soit permis d'accompagner le maréchal dans les dernières heures de sa vie, de le suivre à Balaclava, sur *le Berthollet*, à Constantinople, où le Sultan devait, du haut de son balcon, saluer les dépouilles mortelles de celui qui lui avait dit avec cette mâle énergie qui était dans sa nature : « La France et l'Angleterre sauveront la Turquie. »

Dieu, impénétrable dans ses décrets suprêmes, ne lui

avait pas accordé la mort du soldat sur un champ de bataille.

C'est un douloureux épisode qui a sa place marquée dans l'expédition de la Crimée.

Ce que nous allons écrire, est le journal de sa mort.

LII. — La nuit qui suivit fut cruelle et douloureuse; les crises devinrent plus fréquentes; comme sur le bâtiment de *la Ville de Paris*, elles arrachaient au mourant des cris de douleur. A ces crises succédaient presque toujours un épuisement plus effrayant encore et une sorte de léthargie qui durait des heures entières.

Cependant, le lendemain, le docteur, qui l'avait vu si souvent près de la mort, eut une lueur d'espérance; la vie est quelquefois si opiniâtrément rivée au corps.

Vers le soir, le maréchal fit appeler le commandant Henry, chargé de sa maison, et lui donna ses dernières instructions d'une voix faible, mais calme; il lui indiqua ceux auxquels il voulait laisser des souvenirs. Il offrit un cheval à cet officier; et lorsque celui-ci, les larmes plein le visage, lui répondit : « Plus tard, monsieur le maréchal,

— Prenez-le maintenant, lui répondit-il, demain je ne pourrais peut-être plus vous le donner. »

Ce furent les seuls mots pouvant indiquer qu'il sentait sa fin approcher (1).

---

(1) Le général Bosquet racontait en Crimée à l'auteur de ce livre que, la veille de la bataille de l'Alma, il eut une conversation avec le

Le soir, le général Canrobert, quittant la Tchernaïa pour avancer sur Sébastopol, vint faire ses adieux au maréchal, qui devait s'embarquer le lendemain sur *le Berthollet*.

La nuit fut horrible. Si quelques paroles échappaient au malade, c'était pour demander avec instances qu'on l'embarquât. Sur les trois ou quatre heures du matin, il fut très-calme ; mais ce calme n'était que

maréchal. Le général n'approuvait pas entièrement le plan du maréchal, qui en fut informé et lui en parla. C'est à la suite de cette conversation qu'il confia au général Bosquet le mouvement tournant de l'aile droite, de la rapidité et de l'énergie duquel dépendait l'issue de toute la journée, en lui annonçant que sa division serait renforcée de la division turque.

— « Laissez-moi franchement écraser par l'armée russe, lui dit alors le général, afin qu'elle prononce son mouvement et dégage le centre ; quelques forces que j'aie devant moi, je vous promets de tenir au moins une heure. »

« Je ne vis plus le maréchal qu'une seule fois, ajouta le général Bosquet, c'était la veille de sa mort. Quoique nous ne fussions pas en très-bonne intelligence, j'allai le trouver, aussitôt que j'appris le danger réel de sa position.

« Le maréchal était très-abattu ; il y avait sur son visage plus que l'accablement de la maladie ; à côté de la résignation, il y avait aussi l'amertume.

— « Ah ! c'est vous, Bosquet, me dit-il, aussitôt qu'il m'aperçut.

— « J'apprends, monsieur le maréchal, votre état de souffrances, et je m'empresse de venir vers vous.

— « Merci, général, reprit-il d'une voix assez faible. Nous avons été souvent en dissidence ; vous ne m'aimez pas beaucoup.... »

« Je l'interrompis.

— « Ne parlons plus du passé, monsieur le maréchal, lui dis-je, et ne voyez en moi que le soldat cruellement attristé des souffrances de son chef. »

« Le maréchal me tendit la main.

« Je le quittai quelques instants après. Le maréchal, sachant que j'étais mal installé, et que je manquais de moyen de transport, me donna une voiture russe attelée de deux chevaux russes. »

l'épuisement des forces; il ouvrait par instants les yeux, puis laissait retomber presque aussitôt ses paupières, comme s'il eût été fatigué de cet effort surhumain. Sa voix était devenue si faible, que l'on avait grand peine à l'entendre.

Et pendant qu'il murmurait par mots entrecoupés : « Je remercie le bon Dieu, je ne me suis jamais trouvé mieux, » le docteur Cabrol disait tout bas à ceux qui l'entouraient : « Tout est fini, il n'y a plus d'espérance. »

LIII. — Vers six heures du matin, lord Raglan, qui avait appris le prochain départ du maréchal, fit demander à le voir.

L'officier qui veillait, promit de faire avertir le général en chef de l'armée anglaise, lorsque l'assoupissement dans lequel était plongé le maréchal aurait cessé; mais deux heures après, lord Raglan n'ayant reçu aucun message, vint une seconde fois avec l'amiral Lyons.

Ils entrèrent doucement dans la chambre. A ces pas inconnus, l'œil du maréchal se rouvrit tout à coup; et ce fut lui qui le premier les salua avec un sourire et, leur tendant la main, les remercia de leur bonne visite.

La force de sa volonté était telle, que, si proche de sa dernière heure, il violentait la mort; et, s'adressant à lord Raglan :

« Je vais mieux, milord, lui dit-il d'une voix encore

accentuée ; l'air de la mer, les soins de ma femme me remettront bientôt, et je vous suivrai toujours par la pensée. »

Le général anglais et l'amiral Lyons se retirèrent, quelques instants après, avec l'officier qui les avait introduits. Lorsque celui-ci allait les quitter pour retourner auprès de son chef, il vit des larmes couler sur les joues de ces deux vieux soldats.

Il restait encore à ceux qui entouraient le maréchal un devoir à remplir ; car, bien souvent il avait répété qu'il ne pardonnerait pas à celui qui, le sachant près de mourir, n'appellerait pas un prêtre.

L'abbé Parabère fut donc appelé.

LIV. — Les matelots du *Berthollet* avaient demandé et obtenu l'honneur de porter le maréchal mourant jusqu'à leur navire ; et le cadre de marine dans lequel il avait été placé sortit de cette maison, escorté par une compagnie de zouaves. — Un pavillon national avait été jeté sur le maréchal pour le garantir des rayons du soleil.

Lorsque ce triste cortége traversa les groupes des soldats anglais qui travaillaient au débarquement de leur matériel de siége, on entendit dans toutes les bouches ces deux mots : « Le maréchal ! » et tous les fronts se découvrirent.

L'abbé Parabère monta dans le canot, à côté du mourant que l'on déposa dans une cabine préparée sur la dunette, et dont l'ameublement se composait d'un lit, d'une table et d'un prie-Dieu.

L'abbé Parabère entra dans cette petite cabine et referma la porte sur lui. Quelques instants après, il en sortit et dit aux officiers qui étaient sur le pont : « Le maréchal est prêt à mourir en chrétien. »

Les officiers qui ne devaient pas l'accompagner en France se retirèrent, et le bâtiment s'éloigna bientôt du port.

Le général Yusuf, MM. de Puységur, de Grammont, le commandant de Place, son aide de camp, le commandant Henry, le docteur Cabrol étaient restés auprès du maréchal.

LV. — La vie était entièrement usée dans ce rude corps qui avait lutté si longtemps (1).

Vers deux heures environ, le docteur Cabrol crut l'heure fatale arrivée. Alors se rangèrent, mornes et silencieux autour du lit de mort, les amis dévoués qui n'avaient pas voulu abandonner le maréchal, auprès d'eux étaient le capitaine et le second du navire.

Le maréchal avait retrouvé ce calme et cette sérénité que Dieu, dans son infinie miséricorde, donne aux mourants : l'expression de souffrance qui jusqu'alors avait contracté ses traits amaigris avait disparu ; il promena un long et tranquille regard sur cette cabine

(1) Tous les détails de cette longue agonie nous ont été racontés par le général Yusuf et le commandant Henry qui n'ont pas un seul instant quitté le maréchal.

que balançait lentement le flot de la mer, remercia par quelques paroles ceux qui l'entouraient et dont les larmes disaient assez la douleur qui était en eux; puis, ayant fini avec la terre, il ne pensa plus qu'au ciel, et ferma les yeux, sans doute pour revoir encore par la pensée les chers absents auxquels son cœur envoyait un dernier adieu; on entendait par instants s'échapper de ses lèvres ces exclamations entrecoupées :

« Oh! l'Empereur! oh! ma pauvre Louise! »

Ce silence au milieu de l'immensité était triste et solennel, tableau suprême de la mort placé par la main de Dieu entre le ciel et la mer! Pas un souffle, si ce n'est celui qui venait d'en haut! pas un mouvement, si ce n'est celui qui venait des flots!

Le maréchal ouvrit une dernière fois les yeux, les referma lentement; sa tête s'inclina; on entendit comme un faible soupir s'exhaler de sa poitrine, et tout fut fini.

C'était le 29 septembre, à quatre heures du soir (1).

Comme l'écrivait le commandant de Place en annonçant cette funeste nouvelle à sa famille :

« M. le maréchal semblait être endormi dans la mort. »

---

(1) L'Empereur, au retour des personnes qui avaient assisté à cette mort si belle et si douloureuse, s'en fit répéter les moindres détails.

« En rapportant ce triste récit à Sa Majesté, me dit le général Yusuf, j'ai vu à plusieurs reprises couler des larmes des yeux de l'Empereur.

« Oh! oui, m'a-t-il dit en m'interrompant, j'ai perdu un ami dévoué. »

N'était-ce pas, en effet, le repos après la souffrance, le calme après les tempêtes de la vie ?

LVI. — *Le Berthollet*, on le sait, était le bâtiment affecté au service personnel du maréchal ; c'était, pour ainsi dire, la maison dans laquelle il avait vécu depuis plusieurs mois.

Aussi, lorsque ces trois mots retentirent sur le bâtiment : « le maréchal est mort, » ce fut une profonde consternation parmi ces rudes marins ; tous voulurent saluer sa dépouille mortelle et passèrent, un à un, devant la cabine dont la porte était ouverte.

Il faisait nuit, nuit sombre.

Quand ils eurent ainsi défilé, les marins s'agenouillèrent devant ce petit coin du bâtiment où était étendu le maréchal mort ; et le plus ancien d'entre eux récita à voix haute des prières, que tous répétaient après lui, à demi-voix.

On arriva le lendemain soir à Constantinople, vers les huit heures.

La marche du bâtiment avait été ralentie pour qu'il n'entrât dans les eaux du Bosphore que la nuit venue. *Le Berthollet* aborda à Thérapia, où le Sultan avait mis un kiosque à la disposition de la maréchale.

Le général Yusuf et le docteur Cabrol descendirent à terre, chargés de la triste mission de porter cette douloureuse nouvelle (1).

Dans la nuit le corps du maréchal, toujours recouvert

(1) La maréchale attendait avec anxiété depuis plusieurs heures

du pavillon national, fut transporté dans le canot major, et déposé par le commandant Henry dans la chapelle de l'ambassade de France.

LVII. — Lorsque la nouvelle de cette mort fut connue à Constantinople, elle répandit par toute la ville un deuil général.

Le Sultan fut douloureusement frappé par ce cruel événement; car le général en chef de l'armée française avait su lui inspirer confiance, et dans des jours de profond découragement avait relevé son courage abattu.

C'était une des grandes qualités du maréchal de transmettre aux autres la conviction et l'énergie qui étaient en lui. Homme d'action avant tout, audacieux, entreprenant, ne doutant jamais de lui, ni de la fortune, il souffrait impatiemment les lenteurs, les atermoiements, les allures tourmentées;

---

l'arrivée du *Berthollet*; elle savait que le maréchal, trop malade pour continuer la campagne, avait remis en d'autres mains le commandement en chef.

Aussitôt qu'elle entendit du bruit, poussée peut-être par le pressentiment d'un grand malheur, elle s'élança au bas des escaliers de son palais, accompagnée de Mme Yusuf. Dès qu'elle aperçut le docteur et le général, et qu'elle vit la consternation peinte sur leurs visages, elle s'écria : « Le maréchal est mort ! »

Ceux auxquels Dieu a enlevé une de leurs plus chères affections comprennent quelle immense désolation frappa subitement ce pauvre cœur. Le lendemain matin, à la pointe du jour, la maréchale vêtue de noir se rendit à la chapelle. Le maréchal était étendu sur son lit, le même sur lequel il avait rendu le dernier soupir; sa pelisse était sur son corps; un mouchoir blanc couvrait sa figure. La maréchale s'agenouilla et pleura longtemps.

une fois une décision prise, il y entrait résolûment sans regarder en arrière.

« La diplomatie marche peu de pair avec la gloire, écrivait-il de Varna; elle s'arrête trop souvent en chemin. »

Le Sultan envoya immédiatement ses ministres exprimer à la maréchale quelle grande part il prenait à sa douleur et à l'immense perte que la France et l'Empereur venaient de faire; il lui fit dire : « que si elle voulait permettre qu'un service solennel fût célébré en l'honneur du maréchal, pas un musulman ne resterait debout à Constantinople pendant la durée de ce service. »

La maréchale s'y refusa.

LVIII. — Le 4 octobre fut le jour fixé pour le départ. La maréchale accompagnait les restes mortels de son époux.

Triste et douloureux voyage!

Le Berthollet rapportait, mort et glacé, celui qu'il emportait quelques mois auparavant plein de vie et d'espérance, avide de gloire et de bataille, saluant sur sa route tous ces lieux, souvenirs antiques d'héroïques combats, de grands et d'illustres désastres. — Maintenant plus de bruit, plus d'animation, plus de fanfares guerrières; ce n'est plus la vie qui passe allant chercher la gloire; c'est la mort allant chercher un tombeau.

Le départ devait avoir lieu à la nuit tombante, mais le Sultan ayant témoigné le désir de voir passer du balcon de son palais, le maréchal vainqueur de l'Alma, le bâtiment partit à cinq heures.

Depuis Thérapia jusqu'à la pointe du sérail, tous les bords du Bosphore étaient remplis d'une foule compacte dans laquelle les musulmans étaient en grand nombre. La Turquie voulait, elle aussi, rendre un dernier et éclatant hommage à ce chef d'une valeureuse armée, venue de si loin pour défendre sa cause, et dont le sang avait déjà coulé sur un grand champ de bataille.

Le Berthollet était mouillé près de Beycos, où le corps du maréchal avait été déposé dans une chapelle ardente.

LIX. — Vers quatre heures, Riza-Pacha, ministre de la guerre, et Halil-Pacha, ministre de la marine, arrivaient à Thérapia sur deux bateaux à vapeur ottomans, portant leur pavillon en berne. Ces deux ministres étaient accompagnés de tous les pachas et officiers supérieurs de leurs départements respectifs; tous portaient un crêpe noir au bras.

Riza-Pacha et Halil-Pacha demandèrent à être introduits auprès de la maréchale, et lui renouvelèrent au nom du Sultan les témoignages de douloureuse sympathie qu'ils lui avaient déjà exprimés. Le ministre de la marine mit à sa disposition sa grande embarcation, dont les vingt rameurs, en signe de deuil, étaient revêtus de chemises noires.

Les deux ministres remontèrent ensuite sur leurs

bateaux et allèrent attendre à Beycos la maréchale, qui arriva une heure après et s'embarqua. *Le Berthollet* alors se mit en marche, ayant à sa droite le bâtiment monté par le ministre de la guerre, et à sa gauche celui monté par le ministre de la marine. La musique de chaque vapeur commença des fanfares funèbres qui continuèrent pendant tout le trajet du Bosphore. En quittant Thérapia, le convoi fut salué par la batterie de Yéni-Keuï dont le pavillon était en berne et qui tira une salve de dix-neuf coups de canon, à deux minutes d'intervalle les uns des autres.

Sur toute la rive les fronts se découvraient, et l'on voyait s'incliner toutes les têtes.

Arrivé devant le palais impérial, *le Berthollet* fut salué de nouveau par la batterie qui s'y trouve, et ayant son pavillon également en berne. Le funèbre convoi s'arrêta; alors les grandes portes du palais s'ouvrirent, et le Sultan parut précédant sa suite de quelques pas. De la main il fit un signe d'adieu; puis le bâtiment se remit en marche au bruit retentissant des canons de tous les forts, qui tirèrent constamment des salves d'artillerie, jusqu'à ce qu'il eût quitté le Bosphore.

Nulle plume, nul pinceau ne pourraient rendre l'impression que produisit sur les assistants cette grande et belle scène. Le soleil à son déclin répandait sur cet immense panorama ses rayons d'un rouge pourpre, et donnait à ce dernier adieu, à ce dernier souvenir, un reflet de mâle et d'admirable poésie.

Lorsque *le Berthollet* fut entré dans la mer de Marmara, la mission des ministres du Sultan était accomplie ; ils saluèrent une dernière fois la maréchale, s'inclinèrent devant le cercueil de celui auquel la France réservait des funérailles publiques, et bientôt le bâtiment disparut dans l'obscurité voguant vers la France.

LX. — *Le Berthollet* aborda le 11 à Marseille. Les mêmes honneurs qui avaient été rendus au maréchal, lorsque, six mois auparavant, il s'embarquait pour Constantinople, furent rendus à son cercueil, et le corps fut transporté processionnellement à la cathédrale.

Le funèbre cortége partit le lendemain.

Ce fut le 16 octobre 1854, à sept heures et demie du matin, que les restes mortels du maréchal arrivèrent à Paris, où ils furent déposés dans une chapelle ardente sous la garde d'une compagnie d'élite. A dix heures le char, traîné par six chevaux, s'achemina au bruit du canon vers l'hôtel des Invalides.

Le funèbre et solennel cortége traversa tout Paris au milieu d'une foule recueillie, et arriva à l'église des Invalides où l'on voyait réunis, entre les écussons aux armes du maréchal, les trois drapeaux de France, d'Angleterre et de Turquie, comme ils l'avaient été sur le champ de bataille autour du maréchal, et comme l'étaient autour de son cercueil les représentants des trois nations.

Tous les drapeaux s'inclinèrent, toutes les troupes présentèrent les armes et les restes mortels du vainqueur de l'Alma furent déposés dans le caveau, pour dormir en paix du sommeil éternel auprès des illustres capitaines dont s'honore la France.

L'Empereur voulut, qu'au milieu du deuil général, la voix du Souverain fût la première qui prononçât le mot de reconnaissance, et la maréchale de Saint-Arnaud reçut cette lettre, qui est à la fois une belle page d'histoire et un noble élan du cœur.

Saint-Cloud, le 16 octobre 1854.

« Madame la maréchale, personne plus que moi ne partage, vous le savez, la douleur qui vous oppresse. Le maréchal s'était associé à ma cause le jour où, quittant l'Afrique pour prendre le portefeuille de la guerre, il concourait à rétablir l'ordre et l'autorité dans ce pays. Il a associé son nom aux gloires militaires de la France le jour où, se décidant à mettre le pied en Crimée malgré de timides avis, il gagnait avec lord Raglan la bataille de l'Alma, et frayait à notre armée le chemin de Sébastopol. J'ai donc perdu en lui un ami dévoué dans les épreuves difficiles, comme la France a perdu en lui un soldat toujours prêt à la servir au moment du danger. Sans doute tant de titres à la reconnaissance publique et à la mienne sont impuissants à adoucir une douleur comme la vôtre, et je me borne à vous assurer que je reporte sur vous et sur la famille du maréchal les sentiments qu'il m'avait inspirés. Recevez-en, madame la maréchale, l'expression sincère (1). NAPOLÉON. »

CHAPITRE III.

LXI. — Après avoir suivi jusqu'à ses derniers moments le général en chef de l'armée d'Orient, et rendu un juste hommage à celui que la mort était venue frapper au milieu de son œuvre guerrière, retournons auprès de la vaillante armée dont le courage, l'abnégation, le dévouement vont inscrire des pages ineffaçables dans notre histoire.

Nous l'avons dit : la douleur qui accueillit la mort du maréchal fut unanime, la confiance qui accueillit le nouveau chef, que la volonté de l'Empereur plaçait à sa tête, fut unanime aussi.

C'est que cette petite armée, si loin de la patrie, noyau précieux de la nation, avait une difficile et grande mission à accomplir. Il lui fallait porter haut et fier le drapeau national à travers tous les écueils, tous les combats, toutes les luttes, et elle emportait avec elle le cœur de la France et celui de l'Empereur. A côté d'elle, est l'Angleterre son alliée ; l'union des deux peuples s'é-

---

(1) Par ordre de l'Empereur, le conseil d'État fut immédiatement saisi d'un projet de loi accordant, à titre de récompense nationale, à Mme la maréchale de Saint-Arnaud, une pension de 20 000 francs.

tait cimentée par ce noble pacte de défense et de protection ; l'union des deux armées s'était cimentée par le sang versé en commun sur un glorieux champ de bataille.

LXII. — Le 26 septembre, l'armée française avait campé dans la vallée de la Tchernaïa.

Le 27, pendant que la 4ᵉ division se rend à Balaclava, où des transports chargés de vivres ont mouillé, deux divisions, accompagnées de deux divisions anglaises poussent une reconnaissance sur le plateau situé à la droite du camp et à l'extrémité duquel, se trouve Sébastopol.

Cette reconnaissance a pour but, en explorant ce plateau que coupent de profonds ravins et que masquent de fréquentes ondulations de terrain, de permettre aux généraux Bizot et Thiry, commandants supérieurs du génie et de l'artillerie, de reconnaître une première fois la place.

Bientôt apparaît Sébastopol (1) avec ses arsenaux, ses

---

(1)   'SÉBASTOPOL.

Nous croyons utile de résumer ici quelques renseignements sur la ville de Sébastopol.

Cette ville, dont les premiers fondements ont été jetés en 1786, a été construite sur l'ancien emplacement d'un village tartare appelé Akhtiar (blanc rocher) ; aussi les Tartares lui ont-ils conservé ce nom, elle est bâtie sur le sommet d'un mamelon situé entre deux baies.

Sébastopol, construit en amphithéâtre sur des roches blanches brûlées par le soleil, est d'un aspect triste et étrange à la fois ; une seule rue s'étend parallèlement au grand port Karabelnaïa (baie des vaisseaux). Des deux côtés s'élèvent les édifices les plus remarquables de la ville : la cathédrale d'une architecture élégante ; plus loin la tour de l'Amirauté avec ses lourdes colonnes ; çà et là quelques maisons d'assez belle apparence et des jardins entretenus avec grand soin, mais dont les plantes malingres et souffreteuses sont grillées par les vents,

casernes, ses grands bâtiments, ses toits verts qui reluisent comme des émeraudes aux rayons du soleil ; on aperçoit les mâtures des navires, la passe de bateaux qui sert de communication entre les deux parties de la ville, l'entrée du port où gisent les navires coulés ; et les cœurs des chefs et des soldats battent d'orgueil, d'impatience et de joie.

Les troupes, échelonnées, marchant avec ordre, ne sont pas un seul instant inquiétées par le canon des batteries de la place.

Les jours suivants, elles quittent successivement leur

---

et couvertes d'une poussière qui parfois tourbillonne à travers les rues en nuages épais. Du sommet des falaises crayeuses taillées à pic qui dominent la rade, se développe un immense panorama : la mer qui s'étend jusqu'à l'horizon, et, au-dessous de soi, à ses pieds, le port, les vaisseaux et tous les édifices de la ville, arsenaux, magasins de munitions, chantiers et ateliers de construction. Les collines qui en défendent l'entrée présentent, aussi loin que la vue peut s'étendre, un aspect de rude et glaciale aridité.

Mais c'est comme établissement de marine militaire que la situation de Sébastopol est surtout admirable.

Un bras de mer d'une largeur imposante s'est creusé un lit profond sur la côte occidentale de la Tauride et pénètre dans l'intérieur des terres, à une distance de deux lieues environ. Les deux pointes avancées forment ainsi un bassin magnifique, sans écueils, sans rochers, à l'abri des vents et des tempêtes, d'un abord facile et protégé de chaque côté par de redoutables fortifications. Au fond de la baie, quatre anses spacieuses se dessinent. Au delà de l'anse de la Quarantaine s'élève Sébastopol, sur le penchant d'une colline, entre la baie de l'Artillerie, qui longe la ville à l'ouest et la baie du Carénage, la plus orientale.

En 1831, au moment où la révolution de juillet menaçait de changer la carte de l'Europe, l'empereur Nicolas ordonna l'exécution d'immenses travaux à l'entrée du port, et l'on vit alors s'élever successivement quatre nouveaux forts. Le *fort Constantin* et le *fort Alexandre* placés, l'un sur la côte septentrionale, l'autre sur la partie ouest de la

bivouac et viennent camper sur le plateau de la presqu'île de Chersonèse (1).

Les explorations et les reconnaissances du génie continuent ; chaque jour est une étude ; chaque étude, un progrès. La terre comme la mer a des profondeurs qu'il faut sonder.

LXIII. — La 3ᵉ et la 4ᵉ division partent, le 29, pour le cap Chersonèse ; le général en chef marche avec cette colonne.

Après une reconnaissance du général d'Aurelle, qui s'avance jusqu'à la mer, ces divisions établissent le len-

---

baie de l'Artillerie, furent chargés de la défense du grand port, et les batteries de *Paul* et de *l'Amirauté* furent destinées à foudroyer les vaisseaux qui tenteraient de pénétrer dans la baie du Sud, ou dans celle de Karabelnaïa. Chacun de ces forts se compose de trois étages de batteries.

Au milieu de tant d'avantages sous le rapport de la configuration et de la sécurité, il faut signaler dans ce port un grave inconvénient dont les résultats sont désastreux : c'est une immense quantité de vers de mer, appelés *tarets*, qui y fourmillent ; ils se logent dans les bois immergés dans la mer et les rongent rapidement. Moins de deux ans suffisent quelquefois pour détruire le bordage d'un vaisseau.

(1) Le général Canrobert écrit au ministre de la guerre, en date du 28 *sept.*, *Balaclava* :

« Le maréchal de Saint-Arnaud, gravement malade, m'a remis le commandement de l'armée, conformément aux ordres de l'Empereur. Aujourd'hui je fais des vivres à Balaclava et je commencerai, dans l'après-midi, mon mouvement vers Sébastopol. L'ennemi n'ayant pas reparu depuis la victoire de l'Alma, notre marche tournant vers le sud de Sébastopol s'est opérée sans aucune difficulté.

« Établi sur les plateaux qui précèdent la place, je recevrai, par les baies du cap de Chersonèse, mes vivres et mon matériel de siége.

« *Le commandant en chef de l'armée d'Orient*,
« Général Canrobert. »

demain leur bivouac définitif entre la baie de Streletzka et celle de Kamiesch faisant face à Sébastopol.

Pendant ce temps, les deux premières divisions, sous les ordres du général Bosquet, qui réunit également sous son commandement la division turque, prend son campement au nord-ouest de la presqu'île, faisant face à la baie de Sébastopol, de manière à se couvrir des attaques qui arriveraient par la vallée de la Tchernaïa et par celle de Balaclava. Dans cette position, le corps d'observation domine ces deux vallées, et appuie sa gauche, près d'Inkermann, aux Anglais.

Le débarquement du matériel de siége et des approvisionnements de l'armée se continue avec activité. Le lieutenant-colonel Raoult, de l'état-major de la 2ᵉ division, reçoit le commandement supérieur des bataillons envoyés pour protéger les travaux et en presser l'exécution. Car l'ennemi surpris par notre marche de flanc, et voyant apparaître les armées alliées sur un point d'attaque où il ne les attendait pas, se fortifie en toute hâte et construit des ouvrages avancés, dont quelques-uns se relient aux fortifications permanentes. Des milliers de bras, sous la protection de l'artillerie de la place, bouleversent les terres et élèvent de formidables épaulements; les Russes comprennent leur faiblesse de ce côté et se hâtent d'y porter remède par des travaux qu'ils poursuivent jour et nuit. Sébastopol est l'arsenal le plus formidablement approvisionné de la Russie; matériel et munitions de guerre ne manqueront donc pas aux assiégés.

LXIV. — Par ordre du général en chef, en date du 20 octobre, le général Forey est nommé commandant du corps de siége sous Sébastopol (1); le

---

(1)   LE GÉNÉRAL FOREY.

Né à Paris en 1804, il fut reçu à l'École de Saint-Cyr en 1822, avec le numéro 16 du concours, et entra comme sous-lieutenant au 2° léger, le 1er octobre 1824.

Le sous-lieutenant Forey ne tarda pas à se faire remarquer dans son régiment comme un excellent instructeur, dont il exerça les pénibles fonctions pendant cinq années.

Compris, en 1830, dans le bataillon de guerre, que le 2° léger fut appelé à former pour l'expédition d'Alger, il fut promu après cette campagne au grade de lieutenant.

La guerre civile, qui ravageait l'Espagne, avait amené la formation d'une division active, sous les ordres du général Castellane. Le lieutenant Forey tint garnison dans les Pyrénées jusqu'en 1835; son activité, son instruction, sa régularité dans le service, appelèrent sur lui l'attention de ses chefs, et il fut nommé, dans cette dernière année, capitaine au choix. Toujours dans le 2° léger, il s'embarqua pour Oran au mois de décembre. Appelé à commander la compagnie des carabiniers, il se fit remarquer à l'expédition de Médéah, et surtout dans les opérations de retraite, après le premier siége de Constantine : cité à l'ordre du jour de l'armée, il fut décoré de la Légion d'honneur. Plus tard il fit partie de l'expédition des Portes-de-Fer, et cité de nouveau dans le rapport officiel, comme s'étant brillamment distingué; il reçut, en récompense, le grade de chef de bataillon.

Malheureusement, cette nomination l'éloignait de l'Algérie, et il dut aller rejoindre le 59°, qui tenait garnison en France.

En 1840, le duc d'Orléans fut chargé de la création de dix bataillons de chasseurs à pied; le 6° bataillon fut donné au commandant Forey, qui, en 1841, s'embarqua de nouveau pour l'Algérie. La note que le prince royal adressait sur cet officier, en 1841, au général d'Hautpoul, est trop honorable pour ne pas être citée.

« Je regarde le chef de bataillon Forey, du 6° bataillon, comme un officier distingué, capable de parvenir aux grades les plus élevés de la hiérarchie militaire. »

En 1841, il est mis à l'ordre du jour. — Dans la campagne de 1842, il est blessé et est cité de nouveau pour s'être brillamment conduit dans plusieurs combats d'arrière-garde.

Nommé lieutenant-colonel, il se distingua sous les ordres du gé-

général Bosquet prend le commandement du corps d'observation destiné à soutenir l'armée de siége sur son flanc droit, et à protéger ses opérations contre les en-

néral Chargarnier, et donna des preuves de coup d'œil militaire et de grande énergie.

Chaque fois que nous voulons suivre la carrière des généraux appelés à des commandements importants dans l'armée d'Orient, il nous faut parcourir les montagnes d'Algérie, rechercher les routes que nous avons déjà suivies, et retracer les mêmes combats, les mêmes épreuves, les mêmes audacieuses entreprises.

Forey fut nommé colonel, le 4 novembre 1844, dans le 26° de ligne, qui rentrait en France. A côté des nobles élans de la guerre, dont l'Afrique révélait les glorieux secrets, si les régiments dans cette vie de combats incessants, de luttes perpétuelles, gagnaient des auréoles de gloire, ils perdaient souvent cette discipline sévère et irréprochable, si essentielle dans l'armée. Le colonel Forey était l'homme du devoir. Si quelquefois on lui reprocha une trop grande sévérité, tous ont rendu hommage à sa justice ; et bientôt son nouveau régiment se fit remarquer par sa belle tenue, par l'ensemble et la régularité qui régnaient dans toutes les parties du service.

En 1848, la révolution qui renversa le trône de juillet était accomplie. Le 26° fut envoyé au camp que l'on organisa à Saint-Maur. L'ordre paraissait rétabli dans l'intérieur de Paris, mais les passions, que surexcitent à un si haut degré les mouvements populaires, grondaient sourdement. Le gouvernement résolut d'avoir des troupes à la proximité de l'Assemblée nationale.

Une brigade fut établie sur l'esplanade des Invalides, et le 26° fut appelé à en faire partie. Le lendemain, le colonel Forey, nommé général, fut investi du commandement de cette brigade. Le général auquel une action d'éclat et une septième citation à l'ordre du jour en Afrique avaient valu la croix d'officier de la Légion d'honneur, fut élevé au grade de commandeur, au mois de décembre 1851, — Le 22 décembre de l'année suivante, il était nommé général de division. Membre du comité de l'infanterie, il prit une part active aux travaux importants et aux graves questions qui furent soumises à ce comité. Il y acquit de l'influence, et rendit de sérieux services dans les inspections générales, jusqu'au moment où la confiance du gouvernement l'appela à commander la division de réserve de l'armée d'Orient. Telle est la vie militaire du général Forey, qui venait d'être investi de l'important commandement du corps de siége devant Sébastopol.

treprises d'une armée de secours, venant de l'intérieur de la Crimée.

Le corps de siége du général Forey comprend les 3ᵉ et 4ᵉ division (1); le corps d'observation, les 1ʳᵉ et 2ᵉ, ainsi que la division turque.

Pendant ce mouvement de notre armée sur la gauche, l'armée anglaise opère également sa concentration vers la droite, pour prendre ses positions définitives. Sa gauche s'appuie au grand ravin de Sébastopol qui sépare les deux attaques française et anglaise, et sa droite aux escarpements d'Inkermann.

LXV. — Avant d'entrer dans le détail des opérations qui doivent amener l'ouverture des tranchées, le 9 octobre et celle du feu, le 17 du même mois, il est important, pour rendre ces détails plus lucides, d'examiner la position stratégique des armées alliées et la configuration topographique du plateau de la Chersonèse sur lequel doivent se passer de si importants événements de guerre.

Après la bataille de l'Alma, deux projets se présen-

---

(1) *Journal du siége* (corps de siége).

2 *octobre*. — La 4ᵉ division établit son camp le même jour à 3200 mètres environ de la place, son front de bandière, en arrière de la ligne de faîte des hauteurs dont la direction va du nord au nord-ouest; la gauche du camp est à 600 mètres environ de la mer.

3 *octobre*. — La 3ᵉ division arrive et prend position, la gauche à 500 mètres environ de la droite de la 4ᵉ division, le front de bandière coupant le grand ravin qui se trouve entre le corps de siége et Sébastopol, et dont la direction, parallèle au front de bandière de la 4ᵉ division, se relie par la droite à une division de l'armée anglaise.

taient, ressortant de la conformation du terrain lui-même et de la position des deux armées :

1° Attaquer Sébastopol par le nord en faisant le siége de la citadelle;

2° Profiter du désordre et de la confusion dans lesquels se trouvait l'armée russe après la bataille, pour venir s'établir dans le réduit même de la Crimée, entre Sébastopol et Balaclava.

Nous avons dit plus haut les raisons qui firent adopter ce dernier parti, et la décision définitive arrêtée entre les généraux en chef au camp de la Katcha.

Examinons maintenant les avantages de cette position sous le rapport de l'attaque et sous celui de la défense personnelle.

LXVI. — Les Russes ne prévoyant pas une action sérieuse par terre, et croyant n'avoir réellement affaire qu'à des flottes, avaient porté nécessairement toute leur attention sur les fortifications du port.

En faisant le siége par le sud et le sud-est de la ville, on avait devant soi des ouvrages, alors imparfaits, qui consistaient sur la partie occidentale de la ville, en une tour maximilienne terminant la muraille de la place, et, en avant, un bastion en terre (bastion du Mât).

Dans la partie orientale, on trouvait la tour Malakoff, tour également maximilienne, placée au sommet d'un mamelon et entourée d'un ouvrage en terre ferme, et de quelques retranchements non encore reliés les uns aux autres. Telle était, du moins extérieurement, l'appréciation que l'on devait faire des différents points principaux de défense de Sébastopol, du côté menacé par les armées alliées. Mais ce que l'on ignorait, c'était la puissance de l'artillerie que l'on avait à combattre et la multiplicité des ouvrages, soit nouveaux, soit consolidés, que l'activité infatigable des Russes allait, sous une intelligente direction, faire surgir du sol, comme par enchantement (1).

LXVII. — Sous le point de vue de la défense, l'armée se trouvait couverte vers l'est, et en quelque sorte séparée de la partie du pays qu'occupaient les Russes, par la

(1) Nous avons fait cette étude, dont nous donnons ici un résumé succinct, sur le sol même de la Crimée, et en compagnie d'officiers distingués attachés aux travaux topographiques. Leur savante appréciation a dirigé la nôtre.

Nous joignons ici quelques détails plus précis, écrits sur les lieux mêmes, et que nous devons à l'obligeance du commandant Lefebvre. Cet officier de grand mérite, qui s'était très-sérieusement occupé d'études topographiques, et qui avait été attaché à la section historique du ministère de la guerre, a trouvé une mort glorieuse, le 8 septembre 1855, à l'assaut de Malakoff.

La position ennemie se trouve divisée en deux parties, ou en deux plateaux, communiquant l'un avec Balaclava, l'autre avec Kamiesch.

A l'ouest, parallèlement au ravin des Anglais, se trouve un ravin dont l'embouchure est la baie de la Quarantaine.

Le plateau compris entre ces deux ravins se bifurque près de la ville, et donne naissance à deux contre-forts. Sur celui de l'est, est bâtie la ville; sur celui de l'ouest, la muraille de Sébastopol, terminée par une tour maximilienne; c'est-à-dire par une tour à plusieurs étages casematés, contenant une artillerie considérable qui bat tous les points de la campagne.

De la muraille à la baie de la Quarantaine, le terrain est en pente

vallée marécageuse de la Tchernaïa, dont les pentes sont roides, escarpées, couvertes de broussailles et impraticables à la cavalerie, aussi bien qu'à l'artillerie. La droite de l'armée était appuyée à des montagnes d'un accès très-difficile, dernier anneau de la grande chaîne taurique qui borde le sud de la Crimée. — Restait un troisième point très-important à considérer; c'est le rapport des communications sûres et faciles qu'offraient le port de Balaclava, la baie de Kamiesch et celle de Katazch pouvant à la fois abriter les vaisseaux contre les vents, et permettre le ravitaillement perpétuel, nécessaire à la subsistance des troupes, ainsi que l'établissement de tous les magasins impérieusement utiles.

douce, ondulée; il est battu par les feux croisés de l'enceinte et du fort de la Quarantaine. Le bastion de la tour est en terre.

Au sud, à égale distance de la tour et de l'extrémité du port, est le bastion du Mât; ces deux ouvrages sont reliés par un retranchement en terre, prolongé vers le port jusqu'à un mur crénelé.

Parallèlement à cette courtine, se trouve une ligne mamelonnée, de peu de hauteur, sur laquelle on a établi les travaux d'attaque.

Vers le sud-est, le plateau compris entre la rade et le ravin des Anglais est divisé en trois contre-forts principaux, séparés :

1° Par le ravin du Carénage, qui se jette dans la baie du même nom ;

2° Par le ravin de Karabelnaïa, qui a pour embouchure le bassin des docks, entre les magasins de la marine et l'amirauté ;

3° Par un ravin qui prend son origine près de la maison de poste et descend dans le ravin dit *des Anglais*, à peu de distance du port militaire. La tour Malakoff est sur le contre-fort du milieu, au sommet d'un mamelon, entourée d'un ouvrage en terre, et armé de pièces de gros calibre.

Deux retranchements ferment le contre-fort en descendant de la redoute vers les ravins.

Sur le contre-fort placé au sud-ouest du précédent, est une simple ligne de retranchements, en terre, à crémaillère, qu'on nomme Redan.

Un coup d'œil rapide sur l'aspect topographique du plateau de Chersonèse permettra de se rendre un compte exact de son ensemble.

LXVIII. — Ce plateau est sillonné de ravins profonds et escarpés; les contre-forts dessinés par ces ravins dominent de tout côté la ville, placée elle-même dans une sorte d'entonnoir.

Les différents plateaux que l'on rencontre sont étendus et se prêtent favorablement aux communications. En supposant que l'armée russe pût pénétrer par un point quelconque, les mamelons et les ravins offraient d'eux-mêmes un grand nombre de positions successives très-favorables, soit pour se défendre, soit pour livrer bataille à des forces considérables et supérieures.

Le point le plus vulnérable dans cette immense étendue qui s'offre aux regards chargés d'en explorer les dangers, est sans nul doute le col de Balaclava; mais le désavantage pour l'assaillant serait de pénétrer dans un rentrant, de manière à se trouver, sur un point donné, battu par l'artillerie sur les deux flancs. Tel est à peu près, sous les rapports les plus essentiels et le plus logiquement appréciables, l'aperçu rapide du plateau occupé par les armées alliées.

Les Anglais nous ayant devancés sur Balaclava, l'attaque de l'est qui se trouvait la plus rapprochée de la position qu'ils occupaient, leur a été naturellement attribuée. La position de l'armée française trouvait sa compensation, d'une part dans la facilité de ses communications avec Kamiesch, de l'autre dans les difficultés sérieuses que présentait le côté de la ville sur lequel elle commençait ses travaux d'attaque.

LXIX. — Sébastopol est séparé en deux par le port militaire ; les communications ne peuvent donc se faire que par des bâtiments ou une passerelle : ce qui divise la défense en deux parties distinctes.

Au sud des deux mamelons où se trouvent le bastion Central et le bastion du Mât, s'étend un contre-fort bordé à droite par le ravin, dit des Anglais (vers l'est) et à l'ouest par le grand ravin qui se jette dans la baie de la Quarantaine.

Ce plateau présente à peu de distance de la place, c'est-à-dire à 1000 ou 1500 mètres environ, des ondulations variées, dont le niveau est peu supérieur aux ouvrages russes.

C'est ce plateau qui devait contenir nos attaques, par suite de la répartition faite pour les travaux du siége, entre nos alliés et nous.

CHAPITRE IV.

LXX. — On le voit, la place quoique imparfaitement fortifiée du côté sud présentait cependant des points de défense redoutables et révélait des obstacles que des accidents de terrain inconnus pouvaient multiplier. De plus, le tir des batteries ennemies ne tarda pas à démontrer que la ville possédait un armement considérable composé de pièces de très-gros calibre et de grande portée. Des hommes furent atteints à de grandes distances, quelques-uns blessés dans le camp même par des éclats d'obus.

Les généraux en chef abandonnèrent la pensée première de brusquer l'attaque et résolurent d'agir avec prudence, tout en déployant sans relâche énergie, audace et activité (1). En outre, il fut décidé que la marine débarquerait un matériel de pièces, pour prendre part

(1) Un des généraux de division, qui a exercé un important commandement en Crimée, a écrit une relation des opérations de guerre auxquelles il a pris part. Dans ces notes autographes, fort intéressantes, nous extrayons ce passage, relatif à la décision d'un siége régulier.

« Les bâtiments qui portaient le matériel de siége arrivaient en même temps à Balaclava; mais on était si loin de s'attendre aux difficultés que l'on allait rencontrer, qu'il fut question de ne pas débarquer ce matériel, et qu'on parut disposé à tenter une attaque de vive force contre Sébastopol. C'est injustement, selon nous, que l'on a conclu du parti pris par les généraux alliés, qu'ils avaient manqué de résolution en cette circonstance. Si les Russes, réfugiés après la bataille de l'Alma sur les hauteurs d'Inkermann, y eussent attendu nos armées, un combat heureux eût peut-être ouvert les portes de Sébastopol aux alliés. Mais l'armée ennemie, ayant par une marche semblable à celle que venait de faire l'armée anglo-française, conservé ses communications avec l'intérieur, et s'étant établie sur le flanc et les derrières des alliés, une attaque de vive force contre Sébastopol, dans ces conditions, devenait une opération des plus hasardeuses, qui n'entrait pas dans le caractère méthodique et peu entreprenant du général anglais, et que ne pouvait guère risquer le nouveau général, qui, investi depuis quelques jours seulement du commandement, voyait peser sur lui une immense responsabilité. Malakoff (car c'eût été alors, comme toujours, le point d'attaque) n'était pas fortifié comme il l'a été depuis; mais la position en elle-même, déjà très-forte, pouvait, en vingt-quatre heures, et avec l'habileté des Russes à remuer

aux opérations et emploierait ses marins aux batteries qui lui seraient confiées (1).

On transporte à bras les gabions ; on creuse les lignes de circonvallation ; tout se prépare pour une attaque vigoureuse, pendant que les reconnaissances du génie et de l'artillerie continuent à fouiller le terrain et à explorer les détails de la place, afin de déterminer le point d'attaque. Le général Bizot est chargé d'en dresser le plan. Chaque jour, chaque nuit, il dirige lui-même les explorations.

Déjà le canon a grondé ; déjà nous avons engagé avec l'ennemi des feux de mousqueterie.

LXXI. — Le 2, c'est le corps d'observation qui signale une colonne russe de 5 à 6000 hommes escortant un convoi ; un détachement de zouaves et de chasseurs à pied, sous les ordres du commandant Dubos,

---

la terre, se couvrir d'ouvrages de campagne, armés d'une puissante artillerie.

« L'armée alliée, menacée sur ses derrières par l'armée de secours, ayant à combattre une garnison de 25 à 30000 hommes, sous le feu de la flotte et des forts du nord, qui ont pris, ainsi qu'on l'a vu depuis, une si grande part à la défense de cette position, courait le danger, en cas d'insuccès, d'être jetée à la mer.

« Le siége régulier fut donc résolu. »

(1) *Journal général du siége.*

L'escadre devait débarquer trente bouches à feu, dont vingt canons de 30 et dix obusiers de 22, ainsi que trente fusées d'artillerie de marine ; 1000 marins seront mis à terre avec ces pièces, 500 pour les servir, et 500 pour les soutenir. — Le capitaine de vaisseau Rigaud de Genouilly, de *la Ville de Paris*, en prend le commandement.

se place sur la crête qui domine le pont d'Inkermann et observe les mouvements de l'ennemi. Celui-ci s'apprêtant à descendre vers le fort, le commandant Dubos maintient à distance, avec ses tirailleurs, la tête de la colonne russe, pendant qu'un bataillon de zouaves, un bataillon de chasseurs à pied et une batterie d'artillerie gardent les positions de la rive gauche de la Tchernaïa. L'ennemi, qui n'avait d'autre but que de faire entrer des troupes et un convoi dans Sébastopol, se retire hors de portée et attend la nuit ; une batterie et une chaloupe canonnière placées à l'extrémité de la rade, lancent sur nous quelques coups d'obus sans résultat sérieux (1).

La troisième division, sous les ordres du prince Napoléon, s'est rapprochée de la place, faisant face au nord et à la ville et relie ainsi nos attaques à la gauche des attaques anglaises.

LXXII. — Le 5, le général Bizot, pour asseoir définitivement son point d'attaque, a résolu de s'avancer le plus près qu'il lui sera possible des travaux de la place.

---

(1) Ce même jour le capitaine Dampierre, officier d'ordonnance du général Bosquet, en revenant le soir du point de débarquement, s'égare et se jette près de la place ; surpris par un poste de Cosaques, il veut brusquement changer de direction et lance, ainsi que les personnes qui l'accompagnent, son cheval au galop : mais son cheval, atteint d'un coup de feu, est tué, et le capitaine Dampierre tombe au pouvoir de l'ennemi.

Conduit devant un officier général russe, il le prie de vouloir bien faire savoir aux avant-postes français qu'il est prisonnier, mais sans blessure, afin de rassurer sa famille et ses amis.

Le général russe, avec une courtoisie que nous aimons à proclamer, répondit à M. de Dampierre qu'il avait pleine et entière confiance dans la loyauté d'un officier français, et qu'il était libre d'aller donner

Le général commandant le corps de siége met trois bataillons sous les ordres du général d'Aurelle, pour appuyer cette aventureuse excursion, qui part à huit heures du matin (1).

Les terrains qui environnent la ville se composent de mamelons ravinés couverts de maigres herbages. Çà et là, on rencontre quelques maisons de campagne entourées de plantations de vigne, au milieu desquelles s'élèvent des amandiers. Les jardins sont cultivés avec soin; bien des fleurs bordent les allées qui sont larges et tracées.

De tous côtés, à travers les dégâts de ces maisons inhabitées, dont tous les meubles ont été enlevés à la hâte, on trouve les traces visibles d'une fuite précipitée, des livres, des papiers, des gravures attachées aux murs, quelques portraits de famille, des peintures religieuses.

La vie passée de ces lieux, aujourd'hui déserts, se révèle à chaque instant aux regards et sous les pieds. De petits murs en pierres sèches, à hauteur de poi-

---

lui-même de ses nouvelles au camp français, pourvu qu'il s'engageât sur l'honneur à revenir immédiatement.

M. de Dampierre partit; et quelques heures s'étaient à peine écoulées, qu'il revenait dans les lignes des avant-postes russes, dégager sa parole et reprendre sa captivité.

(1) En arrière du centre de cette division, dont la gauche s'appuie à la droite de la 4ᵉ, et la droite au grand ravin de Sébastopol, est placé le grand parc du génie; derrière la droite est le grand parc de l'artillerie. Le grand quartier général est porté derrière ces deux grands parcs, dans une situation intermédiaire entre le corps de siége et le corps d'observation.

trine, servent seuls de clôture et limitent les différentes propriétés.

La reconnaissance s'avance avec précaution après avoir feint un mouvement sur sa gauche, pour tromper la surveillance active de l'artillerie de la place.

Elle arrive sans être aperçue jusqu'à une petite maison, dite *Maison du Clocheton;* les bataillons se répandent dans le jardin de cette habitation, et prennent position abrités derrière les murs d'enceinte.

Le général Bizot, dont l'audacieuse et calme énergie bravait tous les dangers et tous les obstacles, se porte en avant avec son état-major.

Une compagnie du 9ᵉ chasseurs à pied est désignée pour accompagner le général ; elle marche le long des murs, se glisse dans les plis de terrain pour protéger, sans être vue, les officiers qui la précèdent ; mais des cavaliers russes qui occupent les hauteurs les plus voisines de la place signalent le point où se trouve ce détachement et la marche du petit groupe d'officiers qui pousse toujours en avant ; la place répond aussitôt à cet avertissement par un feu très-vif. Le tir, quoique dirigé par appréciation, est juste et régulier ; les boulets et les bombes labourent le sol ; quelques-uns arrivent dans les positions qu'occupent, en avant de la maison du Clocheton, les bataillons de soutien.

Le général Bizot détermine les distances, note la configuration du sol, et, sous le feu incessant des batteries ennemies, continue son travail d'exploration, allant d'un point à un autre, tantôt abrité, tantôt entièrement en vue.

A midi, les troupes rentrent au camp ; personne n'a été atteint (1).

LXXIII. — Dans la journée, les Russes sortent de la place, et s'avancent à la distance de 1 kilomètre environ, vers la gauche de la 4ᵉ division qui est appuyée à la mer; le but est de mettre le feu à une maison, située sur la ligne du faîte des hauteurs, qui sépare la ville du camp français.

Cette maison, désignée depuis dans tous les rapports, sous le nom de *la Maison brûlée*, pouvait en effet servir d'abri à nos postes avancés et les couvrir des feux de la place.

Les lignes d'investissement et de circonvallation se continuent sans relâche ; des milliers de travailleurs y sont employés, soit au corps de siége, soit au corps d'observation, pendant que les parcs de l'artillerie et du génie se constituent avec tout leur matériel, que les projectiles s'entassent, que les gabions, les fascines, les sacs à terre sont transportés de la plage par des corvées.

L'état sanitaire de l'armée française est bon, le choléra

---

(1) Dans une nouvelle reconnaissance faite par des officiers du génie au même point (maison du Clocheton), le capitaine du génie Schmitz a la cuisse emportée par un boulet et meurt le même jour; c'est le premier officier que le feu de la place atteint, depuis l'arrivée des troupes, sous Sébastopol.

La mort du capitaine Schmitz est une perte sensible pour le corps du génie, qui recevra dans ce siége tant de douloureuses et mortelles blessures. Cet officier avait un brillant avenir : énergique, actif, intelligent, il était justement apprécié de ses chefs, qui ont voulu l'accompagner à sa dernière demeure.

a disparu ; il reste seulement quelques fièvres qui vont en s'amoindrissant. Il n'en est pas de même de l'armée anglaise, qui compte plus de 4000 malades. A Varna, elle n'avait pas payé au fléau un aussi large tribut que le nôtre, et il semblait que l'épidémie avide, inexorable, l'eût suivie à la trace, pour exiger d'elle la même part.

Les renforts laissés à Varna commencent à arriver.

Dans les camps règne une infatigable activité. On se garde du côté de la mer ; on se garde du côté de la Tchernaïa.

Pendant que vers ce point, une colonne russe avec cavalerie et artillerie est refoulée sur la rivière par le feu de l'artillerie anglaise, on resserre la ligne d'investissement sur l'extrême gauche de notre attaque.

LXXIV. — Neuf bataillons, sous le commandement du général de Lourmel, quittent le camp, le 7 à six heures du soir, pour se porter en avant, avec une section d'artillerie dans la direction de la *Maison brûlée*. Les tirailleurs postés en avant se creusent des trous, ou se glissent en rampant dans des plis de terrain, pour tout observer, sans se découvrir (1).

(1) *Journal du corps de siége.*

Les neuf bataillons sont placés en arrière de la crête des hauteurs, à gauche de la ligne vers la maison brûlée par les Russes dans la journée du 5 de ce mois, la droite en s'éloignant de Sébastopol, vers le ravin qui tombe dans la partie sud du port, près de baraques ruinées. Cette ligne passe près d'une maison dite *des Carrières*, à la gauche de la route de Sébastopol, puis contre la maison, dite *du Cloché*

A onze heures et demie du soir, en effet, une colonne forte de deux bataillons, de deux pièces d'artillerie et d'un peloton de cavalerie sort de la place et se porte vers le point de la *Maison brûlée;* mais, malgré l'obscurité de la nuit, cette colonne est signalée par les avant-postes, et trouve devant elle un bataillon du 39ᵉ de ligne et deux compagnies du 19ᵉ bataillon de chasseurs à pied. Vigoureusement reçue par un feu nourri et bien dirigé, elle se retire avec précipitation, après avoir répondu, par une décharge, qui blesse seulement deux hommes du 39ᵉ.

LXXV. — Nous sommes au 9 octobre. Le plan d'attaque est définitivement arrêté en conseil. Nos travaux formeront, à 800 mètres de la place, une sorte de front bastionné sur lequel doivent être établies, pour tirer simultanément, cinq batteries dont l'emplacement est déterminé. — Les batteries 1 et 2 seront fournies et servies par la marine.

Les premiers travaux de tranchée doivent commencer dans la nuit. Toutes les dispositions sont prises, les dépôts de tranchée établis, l'ambulance installée dans une maison dite *des Carrières*. — Le lieutenant-colonel

---

ton, à 400 mètres environ à droite de la route; enfin en arrière d'un mamelon, dont elle suit le contour en terrain horizontal.

La ligne d'investissement s'étend donc de gauche à droite, depuis la Maison brûlée jusqu'au grand ravin sur la droite, en décrivant une courbe qui suit les sinuosités du terrain.

La division turque, forte de huit bataillons, vient camper en arrière de la gauche de la 3ᵉ division et fait partie du corps de siége, qui se trouve donc avoir vingt-six bataillons d'infanterie, présentant une force de 14 000 combattants.

d'état-major Raoult est nommé major de tranchée ; les colonels Lebœuf, de l'artillerie, et Tripier, du génie, sont chargés, sous les ordres des généraux Thiry et Bizot, de la direction de leur arme.

LXXVI. — Le 7, les Russes étaient venus reconnaître notre position et s'assurer si nous avions commencé des travaux d'attaque.

Ils renouvelèrent leurs tentatives le 9.

Il était trois heures et demie du soir, lorsque nos avant-postes signalèrent leur approche.

Quatre bataillons, ayant avec eux une batterie de campagne, s'avançaient en bon ordre, en colonne par division, et en se couvrant de tirailleurs. Ils se dirigèrent sur la gauche de la ligne, vers la *Maison brûlée*. L'artillerie, placée sur ses flancs, ouvre aussitôt son feu, auquel trois bataillons (5e chasseurs ; 2e du 36e ; 2e du 22e léger) répondent immédiatement par une vive fusillade.

Le général en chef faisait une visite des avant-postes ; prévenu du mouvement offensif des Russes, il se porte, en toute hâte, vers le point attaqué et arrive sur l'emplacement même du combat. De part et d'autre les feux sont nourris, sans que les Russes cherchent à gagner du terrain. Impatienté de cette fusillade qui dure déjà, depuis près d'une heure, le général Canrobert donne ordre de lancer en avant deux bataillons, qui aussitôt se précipitent au pas de course sur l'ennemi, la baïonnette en avant ; les Russes, sans attendre un engagement corps à corps, se mettent immédiatement en retraite.

Là, se borna ce petit combat.

LXXVII. — Lorsque la nuit fut venue, on plaça les travailleurs qui devaient ouvrir la tranchée; leur nombre avait été fixé à 1600. 800 devaient travailler pendant trois heures, puis, être remplacés par les 800 autres (1).

---

(1) ORDRE *du 9 octobre* 1854, *pour l'ouverture de la tranchée devant Sébastopol.*

« État-major général du commandant en chef.

« Ce soir, les 1600 travailleurs commandés pour les travaux à exécuter cette nuit, sur le mamelon de la Maison brûlée, devront être rendus avec tous les officiers des compagnies, savoir :

800 à cinq heures, au dépôt de tranchée situé près de la maison, dite des Carrières, où ils recevront chacun une pelle et une pioche.

Ces 800 travailleurs, portant les outils sur l'épaule et le fusil en bandoulière, seront divisés en deux colonnes de 400 chacune, qui se mettront en marche sous la direction d'un officier du génie.

Arrivés au dépôt de gabions, qui sera formé derrière le mur intérieur de l'enclos de la Maison brûlée, ils chargeront, au commandement de l'officier du génie, un gabion chacun, et seront conduits et répartis par lui sur l'emplacement, où ils auront à ouvrir la tranchée.

Après avoir déposé doucement à terre le gabion qui sera placé par un sous-officier du génie, ils placeront leurs outils et leurs armes à trois pas environ en arrière; puis se coucheront à l'abri du gabion, jusqu'au commandement de : *haut les bras*, qui sera donné par l'officier du génie.

Les 800 autres travailleurs devront être rendus au même dépôt de tranchée, à huit heures du soir. Le travail sera partagé en reprises de trois heures chacune, de telle sorte que les hommes qui auront été mis à l'œuvre à six heures, seront relevés à neuf, se reposeront jusqu'à minuit, et reprendront alors leur travail jusqu'à trois heures; après quoi ils seront ramenés au camp.

Le travail devait durer toute la nuit.

L'ouverture des tranchées est, dans un siége, une opération grave, difficile et importante. L'assiégeant est à découvert, sous le feu de batteries ennemies; des sorties bien dirigées peuvent jeter le trouble et la confusion parmi les travailleurs, qui ne reprennent ensuite que difficilement l'œuvre interrompue; car les opérations journalières, les gardes de tranchée, les nuits passées derrière les épaulements, n'ont pas aguerri, fortifié le cœur du soldat encore inhabitué à ces luttes nocturnes, à cette guerre sombre, ténébreuse, de surprise et d'embuscades, à ce courage passif qui fait braver la mort à toute heure, sans combattre.

C'est un moment solennel, que ce premier moment, où l'on creuse le sol qui doit vous servir de défense et d'abri, et dont on voit, à tout instant, les faibles remparts s'écrouler sous les projectiles ennemis.

L'on devait s'attendre à ce que ce premier travail, dont la préparation n'avait pu être entièrement dérobée à l'ennemi, serait vivement disputé, que la place dirigerait sur ce point le tir de nombreuses batteries et nous inquiéterait par des sorties fréquentes.

Aussi, toutes les précautions avaient été prises, autant dans la prévision d'une attaque, que les Russes eussent certainement tentée, s'ils s'étaient aperçus de nos travaux, que pour donner confiance aux soldats employés à cette œuvre difficile et périlleuse.

LXXVIII. — Six compagnies s'avancent en rampant

sur le sol, profitant des inégalités du terrain, pour dérober leurs mouvements aux sentinelles qui, sans nul doute, veillent sur les hauteurs.

Le ciel est sans nuage, et la lune répand au loin sa pâle clarté, arrachant à la nuit son obscurité protectrice.

Quand ces compagnies sont arrivées à vingt pas de distance de la ligne marquée par le génie, elles se couchent à terre; de leur sein se détachent silencieusement les groupes des petits postes, destinés à fournir les sentinelles avancées, qui doivent éclairer les approches (1).

Chaque homme cherche à amonceler devant soi quelques pierres; et, tenant dans ses mains son arme prête à faire feu, promène son regard scrutateur sur l'horizon qui s'étend au loin en lignes sombres.

On ne peut comprendre combien, pour des oreilles ainsi attentives à tout, la nuit porte en elle de bruits étranges, indicibles, de lueurs soudaines qui tout à coup s'effacent, se confondent, s'évanouissent dans les ténèbres.

LXXIX. — Les travailleurs ont apporté chacun leur gabion, qui est placé par un sous-officier du génie.

---

(1) ORDRE DU GÉNÉRAL EN CHEF. — 9 *octobre*.

« Ces sentinelles au besoin seront pourvues d'une pelle et d'une pioche, pour se faire un abri en creusant un trou dans le sol.

« Il sera recommandé à toutes les troupes, et particulièrement aux gardes avancées, d'observer le plus grand silence et de s'abstenir de tirer, pour éviter d'appeler le feu des batteries de l'ennemi sur les travailleurs. »

Accroupis à terre, ayant auprès d'eux leurs outils et leurs armes, ils attendent. Le signal est donné. — Huit cents pioches frappent, à la fois, un sol rocailleux et rebelle, rejetant les terres sur les gabions. Heureusement protégé par un violent vent du nord-est, le travail se continue sur toute la ligne, sans être inquiété. On exécute des gabionnades destinées à couvrir la construction des batteries 1 et 2; puis on les relie par une portion de parallèle, que l'on prolonge au delà des batteries, jusqu'au mur d'enclos de la *Maison brûlée*.

Pas un coup de canon n'avait été tiré.

Ce silence de la place était étrange, et faisait craindre à tout instant quelque surprise sérieuse de la part d'un ennemi dont l'approche pouvait être dérobée à la vigilance des sentinelles et des petits postes par de nombreux accidents de terrain.

Comment les Russes laissaient-ils ce travail s'achever ainsi sans y mettre obstacle? — Était-il possible que le bruit des pioches, frappant parfois sur des terres rocheuses n'arrivât pas jusqu'à eux?

Cette énigme avait quelque chose de si mystérieux, que plusieurs officiers allèrent à 200 mètres environ en avant des travailleurs, et, collant leur oreille à terre, acquirent la certitude que le bruit, déjà très-faible là où ils étaient, ne devait pas, protégé par la violence du vent, être entendu de la place.

Cette certitude augmenta la confiance. A six heures du matin, le développement de la tranchée avait acquis 1000 mètres environ, à une profondeur suffisante, pour couvrir les hommes contre le feu de la place (1).

Toutefois, au point du jour, les travailleurs furent retirés, dans la crainte que les parapets n'eussent pas encore assez d'épaisseur.

LXXX. — Les Russes en effet devinant, au bouleversement des terres, les travaux de la nuit, dirigèrent immédiatement sur eux un feu des plus violents, et les dégradèrent sur plusieurs points; mais le travail pouvant néanmoins, dans la plus grande étendue, se continuer à couvert, et nos boyaux de communication se dérobant aux vues directes de la place, les travailleurs furent envoyés, dans la journée du 10, pour élargir et approfondir la tranchée, qui formait l'amorce du fossé des deux batteries. — Sur plusieurs points de la parallèle, on organise des gradins de fusillade.

Vers le commencement de la nuit, cinq bataillons russes sortent de la place et semblent vouloir tenter une attaque sur notre gauche; une autre colonne ennemie se dirige sur notre droite. « On entend, dit le journal du

---

(1) « L'ouverture de la tranchée, écrit le général en chef au ministre de la guerre, s'est faite dans la première nuit sur un développement d'environ 1000 mètres, sans que nos travailleurs fussent inquiétés. Nous nous sommes d'ailleurs contentés de relier par une amorce, à ce premier travail, la parallèle très-étendue vers notre droite, qui doit plus tard nous rattacher aux travaux de l'armée anglaise.

« Nous concentrons tous nos efforts sur la construction d'une sorte de grand front bastionné qui doit servir d'appui à notre gauche, et où, pour profiter des avantages marqués de la position, nous accumulons cinquante-six pièces réparties en cinq batteries. »

corps de siége, des cris tumultueux, une musique bruyante et des chants : toutefois les Russes rentrent dans la ville, sans nous avoir attaqués. »

Le lendemain, une reconnaissance de même nature menace les lignes anglaises, en avant du port militaire; elle se borne à une fusillade très-nourrie, qui ne cause pas grand dommage.

LXXXI. — La voilà commencée cette œuvre gigantesque de cheminements qui doit se continuer pendant onze mois consécutifs, marchant à pas lents à travers les épreuves, les souffrances, les espérances et les déceptions, sans qu'un seul jour le courage abandonne les travailleurs infatigables, ou faille dans le cœur des combattants.

Quel drame peut se comparer à ce grand drame vivant qui va se dérouler aux yeux de l'Europe attentive!

Quelle belle histoire de guerre, palpitante d'intérêt et de péripéties soudaines, œuvre laborieuse, terrible, qui se grave dans le sol avec du sang !

N'est-il pas curieux de suivre ce siége jour par jour, de le voir naître, grandir, se développer au bruit retentissant du canon et de la fusillade, jusqu'au jour où nos aigles triomphantes se sont abattues sur Sébastopol, et ont planté sur les débris de la ville conquise le drapeau de la France.

Non! ce n'est pas une histoire que nous écrivons, c'est la chronique exacte, palpitante de tous ces combats successifs, de toutes ces belles et cruelles journées.

Les événements vivants se racontent, mais ne se jugent pas ; leur grande voix domine toutes les personnalités et s'élève plus haut que la pensée humaine.

LXXXII. — Chaque nuit, chaque jour, le travail continue ; les petits postes, entremêlés d'hommes munis d'armes de précision, sont disposés sur les points les plus favorables. Toutes les dispositions qu'exigent la prudence et l'énergie sont prises : surveillance constante, active, hardie.

« Il faut, dit dans un ordre le général commandant le corps de siège, que chacun par son zèle, par son mépris du danger, vise à atteindre le plus promptement possible le but glorieux que nous nous proposons. »

On répare les dégradations causées par le feu de l'ennemi ; on rectifie les portions de tranchée prises d'enfilade par le canon de la place. Le jour on élargit, on approfondit les fossés commencés pendant la nuit, et on entreprend les tranchées intermédiaires, destinées à abriter les travailleurs, pendant les heures de repos ; les officiers piquettent les directrices et assurent la direction des crêtes. — La construction des batteries est commencée sur le tracé du génie.

Chaque nuit, 3000 soldats concourent à l'œuvre commune. Les chefs les encouragent, et debout, impassibles, ils surveillent les ouvrages, se plaçant eux-mêmes dans les endroits les plus périlleux et protégeant de leurs poitrines les bras des travailleurs. L'artillerie et le génie rivalisent de zèle et d'abnégation. — Pendant ce temps, les gardes de tranchée veillent attentives sur les banquettes, et la place envoie par salves réitérées les feux de son artillerie. Les boulets sifflent dans l'air, ou bondissent en ricochant, les bombes traversent le ciel de leurs sillons enflammés; semblables à des feux aériens qui éclairent tout à coup l'obscurité de la nuit, elles s'enfoncent en frémissant dans le sol qu'elles déchirent, et éclatent avec un bruit terrible, renversant inanimé le soldat qui veille ou celui qui travaille; mais rien n'arrête, rien n'ébranle ces mâles courages, déjà aguerris à ces dangers nouveaux et inconnus.

Le feu de la place ne discontinue ni jour ni nuit; d'abord mal dirigé, il devient plus précis. C'est sur l'emplacement présumable des batteries que s'acharnent sans relâche les efforts des assiégés; ils ne tentent pas de sorties, car la lune, qui resplendit au ciel, servirait mal leurs projets.

Le bastion Central et le bastion du Mât se font surtout remarquer par la puissance et la vivacité de leur feu; on compte jusqu'à cinquante coups par heure. L'entrain, l'enthousiasme, la confiance sont dans tous les cœurs, et chacun attend comme un jour de fête le signal de l'attaque générale : l'esprit guerrier de la France se réveille et tressaille dans toutes les poitrines.

LXXXIII. — Aux cinq batteries, dont l'emplacement a été désigné, dont la construction s'achève et dont l'armement s'apprête, une autre, dite *du Fort génois*, doit être ajoutée dans le but de contre-battre avec avantage celles de la Quarantaine, et d'appuyer l'extrême gauche de nos attaques. — La marine doit la construire, l'armer, la servir.

C'est sur la demande des amiraux Hamelin et Bruat, à la suite d'une reconnaissance des batteries de mer de Sébastopol opérée le 5, que la construction de cette nouvelle batterie a été décidée par le général en chef.

Le lendemain, l'amiral Bruat revenait avec le colonel Desaint de l'état-major et une nombreuse escorte pour étudier plus sûrement le terrain, entre la baie de la Quarantaine et la baie de Streleztka. — Dix à douze grandes embarcations précédaient *le Roland*.

C'est dans la baie de Streletzka qu'eut lieu le débarquement.

Les embarcations passèrent inaperçues; mais *le Roland* fut assailli par le feu des forts. Les boulets et les obus le poursuivirent jusque dans l'intérieur de la baie, sans toutefois arrêter sa marche, ou lui causer aucun dommage.

Les tirailleurs se déployèrent en avant et sur la droite, pendant que la reconnaissance étudiait le terrain, et que tout autour d'elle, les projectiles ennemis déchiraient le sol; puis *le Roland* et les embarcations défilèrent bravement sous le feu de la place, sous une grêle de bombes et de boulets qui semblaient respecter le bâtiment sur lequel flottait notre pavillon national.

LXXXIV. — Le 12 octobre, les cinq premières batteries complétaient leur construction et travaillaient à leur armement, lorsque le capitaine d'artillerie Magalon, commença la sixième sur l'ancien emplacement d'un fort génois.

Cette batterie a joué un rôle, sinon important, du moins remarquable d'intrépidité et d'héroïque persévérance. Les avis étaient partagés sur son opportunité; car selon quelques-uns, elle contribuait à jeter les attaques à gauche et était exposée à un grand nombre de feux, sur lesquels aucune de nos pièces n'avait de vue.

Il était surtout important d'en dérober entièrement la connaissance à l'ennemi; aussi les plus grandes précautions furent prises pour garantir et masquer le travail.

A la tombée de la nuit, un bataillon du 39ᵉ alla occuper et garder la position du Fort génois; une ligne de tirailleurs, placés en avant, en défendait les approches.

Le travail commence, on apporte les sacs à terre, les bois de blindage, on creuse le sol, on prépare les plates-formes; et quand le jour approche on couvre d'herbes amoncelées les sacs à terre et les premiers travaux, dont l'ennemi ne paraît pas s'apercevoir.

Chaque nuit l'œuvre continue; les épaulements se fortifient. L'armement doit se composer de six obusiers de 80 et de quatre canons de 50. Mais le terrain offre de grandes difficultés. Les pièces sont montées sur des chariots porte-corps de l'artillerie de terre; c'est à grand'peine qu'on parvient à les hisser au haut du mamelon; les chevaux souvent s'abattent et refusent de marcher.

Une fois apportées, elles sont cachées dans les ruines

du vieux fort. On se hâte, car les autres batteries sont bientôt armées, et le général en chef attend avec la fièvre de l'impatience que le génie et l'artillerie lui disent: « Nous sommes prêts. »

Jour par jour, nuit par nuit, les bras infatigables de nos soldats agrandissent, consolident les tranchées; ils épaississent les épaulements, seuls remparts des combattants contre le feu si violent de la place. Ici les projectiles s'entassent; plus loin, l'on établit des créneaux pour la fusillade, on fouille ce terrain rebelle, on pétarde les parties rocheuses, on forme des abris, on ouvre de nouveaux boyaux qui vont se mêler et se confondre avec la grande artère de nos attaques, on creuse de petites tranchées, pour servir de postes de jour à des tirailleurs d'élite, qui protégent nos lignes et surveillent les mouvements de l'ennemi.

LXXXV. — Le 14, vers une heure de la journée environ, le feu de la place prend tout à coup des proportions colossales; sans doute les Russes veulent, par cette explosion inattendue de toute leur artillerie, détruire nos batteries en construction.

C'est un mugissement de feu qui traverse l'espace. Une masse de projectiles de toute nature couvre, pour ainsi dire, en un instant le sol, comme font ces ouragans de grêles que lance subitement le ciel. Dans la première heure, on marque jusqu'à huit cent quarante-cinq coups de canon, obusier et mortier.

Mais ce feu si violent, qui interrompit subitement les

travaux, se ralentit bientôt. — Parmi toutes nos batteries, la batterie 5, seule, souffrit visiblement; quelques heures suffirent pour réparer les dégradations et établir de nouvelles traverses.

LXXXVI. — Nous approchons de la première phase de ce siége mémorable, c'est-à-dire du 17 octobre, où le feu de nos batteries s'est ouvert contre la place.

Le corps de siége, par l'arrivée successive de nouvelles troupes, se trouve porté à 23 000 hommes.

Le génie trace la continuation de la première parallèle, vers la capitale du bastion du Mât; l'artillerie s'occupe de l'établissement de deux nouvelles batteries, 7 et 8.

Le général Forey organise une compagnie de francs-tireurs. Placés en avant de la nouvelle tranchée, ces hardis tirailleurs se placent par groupes de quatre ou cinq dans des abris creusés à l'avance; sans cesse à l'affût, guettant l'ennemi par d'étroites percées, ils entretiennent des feux de précision, dirigés contre les embrasures du bastion du Mât (1). Leur tir n'est point livré au hasard; chaque coup est sérieusement ajusté.

(1) *Journal du corps de siége.* — *Du 15 au 16 octobre.*

« Une compagnie de francs-tireurs, organisée dans la journée du 15 par le général commandant le corps de siége et composée d'un capitaine, d'un lieutenant, de 2 sous-lieutenants, de 4 sous-officiers, de 8 caporaux et 150 hommes pris parmi les meilleurs tireurs des bataillons de chasseurs et des régiments de zouaves, doit fournir 75 tirailleurs par jour, de quatre heures du matin à six heures du soir. Elle commence son service le 16. Ces tirailleurs sont placés en avant de la nouvelle tranchée qui se trouve à droite de la batterie n° 5 et à 50 mè-

Sans nul doute, les balles de ces habiles tireurs ont porté la mort derrière les bastions ennemis, et tourmentent rudement les assiégés ; car, vers le point du jour, une reconnaissance sort du bastion du Mât et se dirige sur les petits postes des francs-tireurs, qui les déciment par un feu nourri et bien dirigé. Ils sont encore à 300 mètres que leurs rangs s'éclaircissent déjà ; ils engagent néanmoins une fusillade inégale, et sont bientôt forcés de rétrograder.

LXXXVII. — Toutes les batteries sont en état ; les attaques anglaises sont également prêtes.

Dès le 14, le vice-amiral Hamelin, ainsi qu'il le dit lui-même dans son rapport, proposait au général Canrobert de combiner une attaque générale des forces de terre et de mer contre Sébastopol. Le 15, les amiraux des escadres alliées arrêtaient, d'un commun accord, les dispositions à prendre ; et le 16, dans un conseil auquel assistaient les deux généraux en chef de l'armée de terre, ainsi que les amiraux des deux flottes, il fut décidé que le tir de toutes les batteries des deux attaques commencerait au même moment. — Le 17, à six heures et demie du matin, trois bombes, tirées coup sur coup par la batterie française n° 3, devaient être le signal de l'ouverture du feu.

tres de cet ouvrage. Ils se trouvent à 650 mètres de la tour, dite *du Mât.* »

Le surlendemain, par les ordres du général en chef, une seconde compagnie de francs-tireurs fut adjointe à la première.

« Les amiraux ayant prêté leur concours actif, » dit le journal du siége, » il est entendu que les vaisseaux des deux flottes viendront s'embosser au même moment, et ouvriront leur feu contre la Quarantaine et la partie sud de la ville et du port (1). »

Cette coopération des flottes, cette réunion de toutes les forces vives, pour frapper un grand coup, démontraient, que le temps qui s'était écoulé depuis l'arrivée des armées alliées devant Sébastopol, avait permis d'apprécier la valeur réelle des défenses qu'offrait la place, défenses sérieuses que chaque jour et chaque nuit augmentaient et fortifiaient davantage. — Bien qu'élevés à la hâte, pour la plupart, ces travaux n'en étaient pas moins redoutables, se prêtant tous un mutuel et énergique appui. La lutte sera acharnée, opiniâtre ; mais l'artillerie et le génie ne doutent pas du succès, surtout si les vaisseaux réunis viennent appuyer leurs feux.

La victoire de l'Alma, les positions formidables des Russes si vite enlevées, avaient jeté dans tous les esprits et dans tous les cœurs une confiance sans bornes.

LXXXVIII.—Quoique l'ordre d'attaque n'ait point paru,

---

(1) Il avait été convenu que l'attaque se ferait par quatorze vaisseaux français combattant sur deux lignes endentées, sur une étendue de huit encâblures dans le nord; faisant suite à cette ligne devaient venir deux vaisseaux ottomans, au nord-est desquels s'étendait la ligne anglaise.

Comme il était impossible d'approcher des forts du nord sans avoir beaucoup à souffrir de ceux du sud, il fut arrêté que les vaisseaux français et turcs qui se trouvaient les premiers attaqueraient les forts du sud, et les Anglais ceux du nord.

et que la décision des généraux ait été tenue secrète; toutefois, dans la journée du 16, il règne un mouvement, une agitation, pronostic évident, impossible à cacher, d'événements importants. Les officiers d'état-major parcourent le camp et sillonnent la plaine, portant des ordres du grand quartier général au corps de siége.

Mais c'est surtout au dépôt de tranchée, à l'heure où se distribuent les travailleurs de la nuit, qu'il règne une agitation inaccoutumée. Ceux-ci portent des gabions; ceux-là des pioches, des pelles, des fascines; d'autres, les outils propres à dégorger les embrasures. Chacun comprend que le grand jour est venu; les marins passent en chantant, leurs outils sur l'épaule, et tendent la main à leurs frères d'armes de terre; les visages rayonnent, les phrases entrecoupées courent de rang en rang, et la nuit descend bien lentement du ciel, au gré des cœurs que l'impatience dévore.

Tout s'apprête. L'obscurité protége les travailleurs, les canons sont démasqués, et dressent leurs gueules de bronze devant la ville assiégée.

Le général Thiry, le colonel Lebœuf, inspectent les batteries une à une; le général Bizot et le colonel Tripier parcourent les tranchées, examinent l'épaisseur des épaulements et rectifient les traverses, pendant que l'on répare à la hâte les dégâts que cause un feu très-vif de l'ennemi. La Maison brûlée, pouvant servir de point de mire aux batteries de la place, est rasée par des sapeurs du génie; aucune sortie ne vient inquiéter le travail, qui s'achève entièrement avant les premières clartés du jour, sauf celui de la batterie 6 (Fort génois), auquel sont employés 500 travailleurs. Quatre pièces seules pourront tirer.

LXXXIX. — A six heures du matin, le colonel Trochu, premier aide de camp du général en chef, arrive dans les tranchées et porte au général Thiry l'ordre de commencer le feu.

Cet ordre est aussitôt transmis à toutes les batteries; les canonniers sont à leur place, et à six heures et demie les trois bombes de signal s'élèvent successivement de la batterie 3 (1).

Une effroyable détonation les suit aussitôt; les cent vingt-six pièces des armées alliées ouvrent à la fois le feu (2).

Moment grave et solennel, qui fit battre les cœurs dans toutes les poitrines.

---

(1) *Journal du siége.* — *17 octobre, 8ᵉ journée.*

« A six heures et demie du matin, au signal convenu, le feu est ouvert simultanément par toutes les batteries françaises et les batteries anglaises : 53 pièces du côté des Français, en y comprenant les 4 pouvant tirer du Fort génois, et 73 du côté des Anglais; total, 126 pièces. »

(2) *Composition des batteries françaises.*

N° 1. — (Marine.) 7 canons de 30; 2 obusiers de 22.
N° 2. — (Marine.) 8 canons de 30; 4 obusiers de 22.
N° 3. — 6 mortiers de 27; 2 mortiers de 22.
N° 4. — 6 canons de 24; 2 mortiers de 22.
N° 5. — (Batterie à 3 faces.) 1ʳᵉ face, 4 obusiers de 22; 2ᵉ face, 4 canons de 24; 3ᵉ face, 2 canons de 24 et 2 canons de 16.
Batterie du Fort génois. — 4 obusiers de 22 sont seuls en état de faire feu

La place ne tarde pas à répondre avec une énergique vigueur. Les bombes, les obus éclatent, lançant au loin dans l'espace leurs éclats meurtriers ; les boulets ricochent contre les épaulements ; on les voit bondir dans la plaine comme de noirs bataillons.

Dans nos batteries le sang coule, et les pièces éguculées refusent leur service, tandis que d'autres s'inclinent déjà sur leurs affûts brisés. La batterie 5, surtout, prise par les feux ennemis, souffre horriblement ; le sang inonde la terre, mais les morts sont remplacés par des vivants, les détonations se succèdent sans relâche ; une fumée épaisse couvre l'horizon et enveloppe les combattants. On ne peut rien voir, rien juger, rien préciser ; ce n'est plus la nuit du ciel, c'est la nuit du combat, nuit compacte, que sillonnent à l'infini des rais de feu.

Il est neuf heures ; l'attaque et la défense font furie.

XC. — L'armée entière, debout, en armes, prête à tout événement, assiste sur les hauteurs à ce splendide spectacle, ou plutôt, écoute cet effroyable combat d'artillerie qu'elle ne peut plus voir, mais dont elle entend les sombres mugissements.

Le feu de la défense semble tout à coup se ralentir ; ses coups inégaux indiquent, que, sur plusieurs points, son feu est momentanément éteint. — Une grande caserne située en arrière du bastion Central ne présentait plus qu'un amas de ruines ; le bastion du Mât avait beaucoup souffert.

Un instant on dut croire que la supériorité de nos

batteries sur celles de la ville ne tarderait pas à nous permettre de tenter l'assaut, pour l'éventualité duquel tout avait été préparé et des colonnes désignées à l'avance (1).

Mais bientôt le feu de la place reprend une nouvelle intensité, les pièces hors de service ont été promptement changées; la lutte, on le devine, va recommencer acharnée, terrible.

Par malheur, une bombe éclate sur le magasin à poudre de notre batterie n° 4 ; ce magasin fait explosion. C'est un spectacle affreux.

Trente ou quarante cadavres, les uns broyés, ceux-ci étouffés ou brûlés, ceux-là lancés dans l'espace, viennent joncher le sol au milieu des débris de la batterie réduite au silence par suite de ce subit événement. Les vivants et les morts se confondent dans cette mêlée de feu ; tous les visages sont noirs et à demi brû-

---

(1) Dans la journée du 16, les officiers généraux commandant les corps d'armée, les chefs du génie et de l'artillerie furent réunis au grand quartier général.

Le général Canrobert exposa la situation ; des déserteurs avaient rapporté qu'une grande terreur régnait à Sébastopol, qu'une notable partie des habitants avait quitté la ville et que les archives et objets précieux appartenant au gouvernement avaient été transportés dans la partie nord de la place.

Des colonnes d'assaut, formées de troupes d'élite et soutenues par tout le corps de siége, devaient se tenir prêtes à tout événement, pendant que le corps d'observation resterait sous les armes.

Le général en chef exprima l'espérance que le double feu de terre et de mer écraserait les défenses de la ville, et que les colonnes d'assaut, munies d'échelles et de tous les engins propres à faciliter leur marche, se précipiteraient sur les remparts. Tels étaient les projets.

lés; le capitaine Petit-Pied, qui commandait la batterie, est horriblement mutilé.

Le tir continue avec vivacité dans les autres; la batterie 5, prise de revers et d'enfilade, accablée par une grêle de projectiles, est contrainte également à cesser son feu, pour ne point exposer à une mort certaine les braves canonniers qui se disputent l'honneur de servir les pièces ensanglantées.

Les batteries de la marine sont toutes superbes d'énergie et d'élan; mais celle n° 1 est aussi subitement désorganisée par suite de l'explosion d'une caisse à gargousses.

XCI. — A dix heures et demie, le général commandant l'artillerie, que le général en chef a laissé juge de l'opportunité de continuer ou d'arrêter le feu, donne l'ordre de le cesser entièrement; nos batteries, réduites à trois, ne pouvant répondre sans désavantage aux canons de la place (1).

Le tir des Anglais continue sans que leurs ouvrages éprouvent de dommage sensible; leurs canons de gros calibre font grand mal à l'ennemi.

1. Le général Canrobert, commandant en chef l'armée d'Orient, rend ainsi compte au ministre de la guerre de la journée du 17 :

« Hier, écrit-il, au lever du soleil, nous avons ouvert le feu de concert avec l'armée anglaise. Les choses étaient en bonne voie, lorsque l'explosion d'un magasin à poudre de batterie, qui malheureusement était considérable, a jeté quelque trouble dans notre attaque. Cette explosion a eu d'autant plus d'effet, que nos batteries étaient plus accumulées autour du point où elle s'est produite. L'ennemi en a profité pour multiplier ses feux, et, d'accord avec le général commandant l'artillerie, j'ai jugé que nous étions dans la nécessité de suspendre le

« Les pièces placées sur la tour Malakoff ont été démontées, dit le rapport de l'aide de camp général prince Menschikoff; les murs de cette tour sont entamés par de larges brèches. »

XCII. — Les flottes alliées, contrariées par le calme plat de la mer, n'avaient pu, dès le matin, prendre part à la lutte et combiner leur attaque avec celle des batteries de terre, en ouvrant simultanément leur feu contre la Quarantaine, et la partie sud de la ville et du port. Ce ne fut que vers dix heures et demie seulement, que les vaisseaux français, mouillés à la Katcha et contrariés par le calme plat qui régnait sur la mer, se rallièrent à ceux mouillés dans la baie de Kamiesch (1); alors on signala à toute l'armée de mer de répéter les signaux de l'amiral.

nôtre pour faire nos réparations et compléter vers notre droite, par de nouvelles batteries qui se rapprocheront de celles de l'armée anglaise, le système de notre attaque. . . . .

« La place a mieux soutenu le feu qu'on ne le croyait : l'enceinte, dans son énorme développement en ligne droite, portant tout ce qu'elle peut recevoir en gros calibre de marine, lui permet de prolonger la lutte. Le 17, nos troupes ont pris possession du plateau qui se trouve devant le point d'attaque, appelé le bastion du Mât, et l'occupent....

« Les batteries anglaises sont dans le meilleur état possible; elles ont reçu neuf nouveaux mortiers qui doivent produire un grand effet. Déjà hier, il y a eu, dans la batterie qui entoure la tour située à la gauche de la place, une explosion immense qui a dû faire beaucoup de mal à l'ennemi....

« L'état sanitaire est très-satisfaisant, le moral excellent, et nous sommes tous pleins de confiance. »

(1) « Les flottes n'ont pu encore appareiller, » relate le journal du siége sans entrer dans aucun détail sur ce retard.

Le rapport de l'amiral Hamelin dit : « Le feu des batteries de siége

Il était près de midi, lorsque apparurent les vaisseaux turcs et l'amiral anglais, appareillant de la Katcha (1).

a commencé le 17 au matin; mais le temps était calme; il a fallu accoupler les vaisseaux aux frégates à vapeur, avant de venir développer, devant Sébastopol, la ligne des vingt-six vaisseaux des escadres alliées. Toutefois, malgré cette difficulté et le fractionnement qui existait entre les vaisseaux de l'escadre française, vers midi et demi les vaisseaux de notre première ligne s'avancèrent sous le feu de Sébastopol. »

Depuis dix heures et demie, le feu de nos batteries de siége avait cessé.

(1) *Rapport du vice-amiral Hamelin à S. Exc. le ministre de la marine.*

« *Ville de Paris*, 18 octobre.

« A S. Exc. le ministre de la marine.

« En ce qui concerne l'attaque des escadres, elle devait s'effectuer comme il suit :

« L'escadre française se chargeait de venir sur les brisants du sud s'établir à sept encâblures environ contre les trois cent cinquante bouches à feu de la batterie de la Quarantaine, des deux batteries du fort Alexandre et la batterie de l'Artillerie.

« L'escadre anglaise avait à combattre sur la lisière des brisants du nord, à peu près à même distance, les cent trente canons de la batterie Constantin, de la batterie du Télégraphe, et de la tour maximilienne du Nord.

« Si donc Votre Excellence suppose une ligne tracée le long de l'entrée de Sébastopol, de l'est à l'ouest, cette ligne sépare en deux parties l'emplacement de l'attaque dévolue à chaque escadre.

« L'amiral turc avec deux vaisseaux, les seuls qui lui restassent dans le moment, devait jeter l'ancre au nord des deux lignes françaises, c'est-à-dire, dans une position intermédiaire entre les vaisseaux anglais et les vaisseaux français. »

Le rapport du vice-amiral Dundas n'entre dans aucun détail.

« Par suite de la demande très-pressante de lord Raglan et du général Canrobert, dit-il seulement, il a été décidé par les amiraux des flottes alliées que tous les navires seconderaient l'attaque de terre, en attaquant eux-mêmes les batteries de mer au nord et au sud du port, sur une ligne croisant le port.

« L'action a duré de une heure et demie à six heures et demie; l'obscurité étant alors complète, les vaisseaux ont été retirés. »

Aussitôt on signale : *le branle-bas de combat.*

Chacun court à son poste. L'heure tant désirée est enfin venue ; et du vaisseau-amiral s'élève majestueusement dans les airs le signal qui fait battre tous les nobles cœurs : *la France vous regarde.* Toute distance s'efface ; ce ne sont plus des enfants jetés sur une côte étrangère, loin de la mère patrie ; l'horizon s'agrandit ; la France est là, qui étend ses bras protecteurs, la France est là qui regarde.

Un cri unanime, enthousiaste, répond à cet imposant signal : *Vive la France ! vive l'Empereur !* Chacun est ardent à combattre ; la pensée de la mort n'est plus que la pensée de la gloire et du patriotisme.

Les vaisseaux n'attendent que le dernier signal : *Mouiller suivant le plan donné.*

Il est midi cinquante minutes.

Aussitôt *le Charlemagne*, qui doit occuper l'extrémité de la ligne, se dirige rapidement vers son poste, précédé du *Pluton* ; *le Montébello* le suit de près ; les batteries de la Quarantaine, et immédiatement après, les autres batteries ennemies concentrent leurs efforts contre ces navires.

Ce fut un superbe spectacle de voir s'avancer simultanément ces deux lignes noires qui tout à l'heure, comme des cratères enflammés, vomiront le feu de leurs entrailles. Les vaisseaux à voiles sont accouplés, par le côté opposé à l'ennemi, aux remorqueurs de l'escadre et conduits ainsi à leur poste de combat.

Déjà les vaisseaux de la première ligne se rangent

tous de front, et, s'avançant sous le feu de l'ennemi, viennent jeter leurs ancres au poste assigné à chacun d'eux. Pendant ce temps, les vaisseaux de la deuxième ligne jettent aussi l'ancre, et s'embossent dans les créneaux de la première.

Les boulets ennemis sifflent dans les cordages ; les bombes éclatent dans l'air, ou s'enfoncent dans les flots ; mais de notre côté le feu n'est pas encore commencé. — Nos manœuvres s'exécutent avec ensemble, calme et régularité sans que nous répondions au canon des forts.

Tout à coup une immense acclamation, sortie de toutes les poitrines impatientes, domine la voix terrible de l'artillerie ennemie ; c'est le signal d'ouvrir le feu qui vient enfin d'être donné.

Il est une heure.

XCIII. — A cette acclamation répondit une effroyable mugissement. — Tous les vaisseaux venaient de lancer à la fois leurs bordées.

Pendant cinq heures consécutives, le bombardement continue sur les lignes françaises et anglaises.

Les forts, les vaisseaux, le ciel, la mer sont enveloppés d'une fumée épaisse qui empêche de rien voir, de rien distinguer. Parfois l'on doit cesser le feu pour attendre une éclaircie qui permette de régler sur les batteries ennemies le tir devenu incertain.

L'attaque était commencée depuis une demi-heure à peine, que déjà la dunette du vaisseau-amiral, sur laquelle se tenait l'amiral avec tout son état-major, est bouleversée, broyée par les éclats d'une bombe tombée dans la chambre du capitaine de frégate (1). Les morts, les blessés, les vivants étaient renversés, pêle-mêle, au milieu des débris de cette portion du navire ; mais *la Ville de Paris* n'en continuait pas moins son feu avec un redoublement d'énergie ; et l'amiral Hamelin, qui, par miracle, n'avait pas été atteint, était debout à son poste de commandement.

Les Anglais n'avaient pas tardé à atteindre leur destination, et faisaient un feu très-vif contre les forts du nord. A peine la canonnade engagée, on avait vu le magnifique vapeur *l'Agamemnon*, puis *le Queen* et *le Rodney* s'avancer audacieusement, en avant de la distance marquée, afin de bombarder de plus près les forts, qu'ils accablaient d'un feu terrible.

« Vers deux heures et demie, dit le rapport du vice-amiral Hamelin, le feu des batteries russes se ralentit ; il était éteint à la batterie de la Quarantaine. »

Si les Russes, après la bataille de l'Alma, n'avaient pas eu cette suprême inspiration de sacrifier une partie

---

(1) *Relation du contre-amiral Bouet-Willaumez.*

« La dunette du vaisseau *la Ville de Paris* avait été ravagée par les boulets pleins et creux, dont l'un, d'un énorme calibre, avait fait explosion sous le pont de cette dunette même. Un lieutenant de vaisseau et un aspirant y avaient été tués ; sept autres officiers ou aspirants appartenant tous à l'état-major général de l'amiral Hamelin y avaient été blessés plus ou moins grièvement ; cet amiral et le contre-amiral Bouet-Willaumez, son chef d'état-major avaient seuls échappé à ce désastre de la dunette, où se tiennent, comme on sait, pendant le combat le chef d'une flotte et tout son entourage. »

de leurs vaisseaux pour fermer l'entrée de Sébastopol, sans doute, après le premier feu essuyé, l'escadre eût pu donner dans les passes avec succès, et forcer l'entrée du port.

A six heures, les vaisseaux se retiraient vers leur mouillage. La nuit était venue et ses ombres remplaçaient l'épais voile de fumée qui montait lentement vers le ciel et se perdait dans les nuages.

Parmi tous les bâtiments, le vaisseau *la Ville de Paris* avait été le plus maltraité (1), et le général en chef Canrobert écrivait au vice-amiral Hamelin : « J'ai appris, qu'entre tous les vaisseaux qui ont fait des pertes, *la Ville de Paris* est celui qui a le plus souffert ; c'est un honneur qui appartenait au vaisseau-amiral (2). »

(1) *Journal tenu sur la dunette de* la Ville de Paris.

« *La Ville de Paris* a cinquante boulets dans la muraille, trois au-dessous de la flottaison, trois boulets rouges qui ont mis le feu, que l'on a immédiatement éteint, ses mâts très-endommagés et plusieurs obus dans la dunette, qui est presque entièrement détruite. »

(2) « Devant Sébastopol, 18 octobre 1854.

« Mon cher amiral, en rentrant à mon bivouac, je m'empresse de vous adresser les remercîments de l'armée et le mien tout particulièrement, pour le vigoureux concours que vos vaisseaux lui ont prêté hier. Il ajoute à la dette que nous avons, d'ancienne date, contractée envers la flotte, et soyez sûr que, le cas échéant, tous s'empresseraient de l'acquitter.

« J'ai appris avec de vifs regrets que vous aviez perdu deux officiers de votre état-major, et qu'entre tous les vaisseaux qui ont fait des pertes, *la Ville de Paris* est celui qui a le plus souffert. C'est un honneur qui appartenait au vaisseau-amiral, et je ne crains pas d'en féliciter vos officiers et votre équipage.

« Je ne terminerai pas cette lettre, sans vous dire combien je suis satisfait de l'énergique conduite de vos marins à terre et de l'excellent esprit qui les anime. *Le général commandant en chef,*

« CANROBERT. »

XCIV. — La journée du 17, par suite d'événements imprévus, n'avait pas répondu aux espérances fondées sur elle. On s'était lancé sur l'inconnu. On s'était hâté pour empêcher le développement progressif de la défense.

Le peu d'espace que comprenait le front de nos attaques, dont nous n'avions pu opérer le tracé sur un grand développement, en était le côté vulnérable, et permettait à l'artillerie russe, loin de la contraindre à diverger ses feux, de les concentrer sur nos batteries, de les prendre d'écharpe, par ceux de la Quarantaine, et de front, par ceux du bastion Central, et de la courtine qui le relie au bastion du Mât.

Quoique l'ennemi eût beaucoup souffert, ce qu'indiquaient les embrasures rasées des bastions, les incendies dans la ville, les explosions sur plusieurs points et les rapports du prince Menschikoff lui-même, qui accusait 500 hommes hors de combat dans la seule journée du 17, plus la mort très-regrettable du général Korniloff, cette journée cependant détruisait bien des illusions. Pourtant, elle n'était pas stérile ; elle portait en elle d'utiles enseignements et des avantages appréciables ; elle éclairait la question. — Si d'un côté, elle nous disait clairement que nous avions devant nous une artillerie redoutable en portée, en calibre et en nombre, et qui ne serait pas facilement réduite au silence; de l'autre, elle nous démontrait, ce que les reconnaissances de l'artillerie et du génie, quelque intelligentes, quelque audacieuses qu'elles eussent été, n'avaient pu découvrir : c'étaient les défenses cachées, inconnues, que les terres amoncelées ou la configuration du terrain lui-même avaient su dérober à nos regards, le côté fort, comme le côté vulnérable de la place, et le secret de cet arsenal immense, de cet approvisionnement inépuisable de munitions, qui permettait à l'ennemi de remplacer successivement les pièces hors de service; elle démontrait enfin l'activité de la ville assiégée qui, sous une énergique et habile direction, avait su en si peu de jours agrandir, multiplier, compléter ses points défensifs, et accumuler batteries sur batteries.

Cette journée du 17 montrait que nous avions affaire à un ennemi résolu, intelligent, et que ce ne serait pas, sans une lutte sérieuse, meurtrière, digne enfin de nos armes, que la France et l'Angleterre arboreraient leurs drapeaux unis sur les murs de Sébastopol.

XCV. — Les événements que nous venons de retracer, depuis le commencement de ce récit, forment ce que l'on peut appeler la première période de l'expédition de Crimée; elle comprend de beaux faits, elle offre à l'Europe, au monde, à tous ceux qui aiment les grandes choses, le plus magnifique spectacle qui se puisse imaginer.

Les troupes alliées sont solidement, définitivement, audacieusement établies sur le sol de la Crimée, défiant l'armée ennemie et menaçant ses remparts. De nombreux, de gigantesques, d'infatigables travaux vont s'exécuter sur ce sol rebelle, où le roc presque partout affleure à la surface ; une nouvelle phase de luttes héroïques avec les hommes et avec les éléments va s'ouvrir : nous en suivrons pas à pas les combats, les entreprises, les veilles incessantes.

Que de noms glorieux vont surgir, inscrits sur le front des vivants et sur la tombe des morts, noms ineffaçables dans l'histoire comme dans le cœur du pays !

FIN DE LA PREMIÈRE PARTIE.

PIÈCES JUSTIFICATIVES

I

Composition de l'armée d'Orient.

Commandant en chef.. Maréchal de Saint-Arnaud.

Aides de camp et officiers d'ordonnance du commandant en chef............
- Colonel Trochu, aide de camp.
- Lieutenant-colonel de Waubert de Genlis, aide de camp.
- Commandant de Place, ibid.
- Capitaine Boyer, aide de camp.
- Commandant Reille, officier d'ordonnance.
- Commandant Henry, officier d'ordonnance.
- Commandant Gramont, duc de Lesparre, officier d'ordonnance.
- Commandant de Villers, officier d'ordonnance.
- Commandant Appert, officier d'ordonnance.
- Capitaine de Cugnac, officier d'ordonnance.
- Capitaine de Puységur, officier d'ordonnance.

État-major général.

Chef d'état-major général............ De Martimprey, général de brigade.
Sous-chef de l'état-major général........ Jarras, lieutenant-colonel.
Commandant de l'artillerie............ Lebœuf, colonel.
Commandant du génie. Tripier, colonel.
Intendant militaire... Blanchot, intendant militaire.
Grand prévôt........ Guisse, chef d'escadron de gendarmerie.
Aumônier supérieur.. L'abbé Parabère.

Officiers d'état-major attachés à l'état-major général........	Renson, chef d'escadron. Osmont, chef d'escadron. D'Orléans, capitaine. De La Hitte, capitaine. De Rambaud, capitaine.
Officiers d'artillerie attachés à l'état-major général...........	Malherbe, chef d'escadron chef d'état-major. Moulin, capitaine en premier adjoint au commandant. De Vassart, capitaine en second adjoint au commandant. Lafon, capitaine en second adjoint au chef d'état-major.
Officiers du génie attachés à l'état-major général...........	De Chappedelaine, lieutenant-colonel, adjoint au commandant. Dubois-Fresnay, chef de bataillon chef d'état-major. Sarlat, capitaine adjoint au chef d'état-major. Schmitz, capitaine adjoint au commandant. Préserville, capitaine adjoint au commandant.
Fonctionnaires de l'intendance attachés à l'état-major général.	Blanc de Moline, sous-intendant de 1re classe. Viguier, sous-intendant de 2e classe. Lucas de Missy, sous-intendant de 2e classe. Le Creurer, sous-intendant de 2e classe. De Séganville, sous-intendant de 2e classe. Gayard, adjudant de 1re classe. Leblanc adjudant de 2e classe.
Service politique et topographique........	Desaint, lieutenant-colonel, chef du service. Davout, chef d'escadron. Davenet, capitaine. Perrotin, capitaine.
Trésorerie et postes......	....
Détachement de gendarmerie..........	....

PIÈCES JUSTIFICATIVES.

1re DIVISION.

Commandant............	Canrobert, général de division.
Aides de camp du général commandant..	Cornely, chef d'escadron. De Bar, capitaine.
Officier d'ordonnance du général commandant............	Brady, capitaine d'artillerie.
Chef d'état-major.....	Denis de Senneville, lieutenant-colonel.
Commandant de l'artillerie...............	Huguenet, chef d'escadron.
Commandant du génie.	Sabatier, chef de bataillon.
Intendance..........	Bouché, sous-intendant militaire de 2e classe. Sanson, adjudant de 2e classe.
Prévôt..............	Mansuy, capitaine de gendarmerie.
Officiers d'état-major..	Delabarre, chef d'escadron. Mancel, capitaine. Clavel, capitaine.
Officier d'artillerie....	Fabre, capitaine.
Médecin d'artillerie... Vétérinaire d'artillerie.	Désignés par le gouverneur général de l'Algérie.

1re brigade.

Commandant.........	Espinasse, général de brigade.
Aide de camp du général commandant..	..., capitaine.
1er bataillon de chasseurs à pied.......	Tristan Legros, chef de bataillon.
1er régiment de zouaves.	Bourbaki, colonel.
7e de ligne............	De Pecqueult de Lavarande, colonel.

2e brigade.

Commandant.........	Vinoy, général de brigade.
Aide de camp du général commandant....	..., capitaine.
9e bataillon de chasseurs à pied.......	Nicolas, chef de bataillon.
20e de ligne............	De Failly, colonel.

27ᵉ de ligne .... Vergé, colonel.
2 batteries montées.
1 compagnie de sapeurs du génie.
1 détachement de gendarmerie.

2ᵉ DIVISION.

Commandant......... Bosquet, général de division.
Aide de camp du général commandant.... } Lallemand, chef d'escadron.
Chef d'état-major..... De Cissey, colonel.
Commandant de l'artillerie............. } Lefrançois, chef d'escadron.
Commandant du génie. Dumas, chef de bataillon.
Intendance.......... { De Las-Cases, sous-intendant militaire de 2ᵉ classe.
Levy, adjoint de 1ʳᵉ classe.
Prévôt............. Peletingeas, capitaine de gendarmerie.
Officiers d'état-major.. { Raoult, chef d'escadron.
Hartung, capitaine.
Leroy, capitaine.
Officier d'artillerie.... Jeuffrain, capitaine.

1ʳᵉ brigade.

Commandant......... D'Autemarre, général de brigade.
Aide de camp du général commandant.... } Loverdo, capitaine.
Tirailleurs indigènes.. Wimpffen, colonel.
3ᵉ régiment de zouaves. Tarbouriech, colonel.
50ᵉ de ligne.......... Trauërs, colonel.

2ᵉ brigade.

Commandant......... Bouat, général de brigade.
Aide de camp du général commandant.... } Clémeur, capitaine.
3ᵉ bataillon de chasseurs à pied....... } Duplessis, chef de bataillon.
7ᵉ léger............. Jannin, colonel.
6ᵉ de ligne.......... De Garderens de Boisse, colonel.
2 batteries montées.
1 compagnie de sapeurs du génie.
1 détachement de gendarmerie.

Brigade de cavalerie.

Commandant........	D'Allonville, général de brigade.
Aide de camp du général commandant....	De Sérionne, capitaine.
Intendance..........	Bagès, sous-intendant militaire de 2ᵉ classe.
1ᵉʳ régiment de chasseurs d'Afrique....	De Ferrabouc, colonel.
4ᵉ régiment de chasseurs d'Afrique.....	Coste de Champeron, colonel.

1 détachement de spahis.
1 batterie d'artillerie à cheval.

Corps de réserve.

Commandant........	Le prince Napoléon, général de division.
Faisant fonctions de chef d'état-major...	Desmarets, colonel, premier aide de camp du prince.
Aides de camp de Son Altesse Impériale...	Ferri Pisani. Roux. David.
Officier d'ordonnance..	Vergne, sous-lieutenant au 1ᵉʳ régiment de spahis.
Officiers d'état-major..	De Bonillé, capitaine. Courrier, capitaine.
Intendance..........	Dubut, sous-intendant militaire de 2ᵉ classe. Lebœuf, adjudant de 2ᵉ classe.
2ᵉ régiment de zouaves.	Cler, colonel.
22ᵉ léger...........	Sol, colonel.
Régiment d'infanterie de marine.........	..., colonel.

Réserves et parc de l'artillerie.

Commandant........	Roujoux, lieutenant-colonel.
Adjoint au commandant............	Soleille, capitaine de 1ʳᵉ classe.
Directeur du parc....	Dusaert, capitaine de 1ʳᵉ classe.
Adjoint au directeur du parc.............	Voilliard, capitaine de 2ᵉ classe.

Employés............ { Duringer, garde de 2ᵉ classe.
Désignés par le gouverneur général de l'Algérie..... } Garde. Chef artificier.

Médecin et vétérinaire désignés par le maréchal de France commandant à Lyon.

2 batteries à pied.
2 batteries de parc.
1 batterie à cheval.
1 batterie de montagne.
1 section de fuséens.
1/2 batterie de parc.
1/2 compagnie d'ouvriers.

Réserve et parc du génie.

Commandant......... Guérin, chef de bataillon.
Adjoint............. Martin, capitaine.
Deux gardes à la désignation du gouverneur général de l'Algérie.

2 compagnies de sapeurs.
1 détachement de sapeurs conducteurs.
1 détachement d'ouvriers.

SERVICES ADMINISTRATIFS.

SERVICE DE SANTÉ.

Quartier général et réserve.

Scrive............. { Médecin principal de 2ᵉ classe, chef du service médical.
Jeannel............ { Pharmacien principal de 2ᵉ classe, chef du service de la pharmacie.
Cabrol............. Médecin-major de 1ʳᵉ classe.
Colmant............ Médecin-major de 2ᵉ classe.
Petitbon...........
Cocud.............. } Médecins aides-majors de 2ᵉ classe.
Lambert............

1ʳᵉ division.

Cazalas............ Médecin-major de 1ʳᵉ classe.
Quesnoy............ Médecin aide-major de 1ʳᵉ classe.

Raoult-Deslongchamps
Perrin.................. } Médecins aides-majors de 2ᵉ classe.
Bailly..................
Cassaigne.............. Pharmacien aide-major de 1ʳᵉ classe.

2ᵉ division.

Barby.................. Médecin major de 1ʳᵉ classe.
Beaucamp (C. A. G.).. Médecin aide-major de 1ʳᵉ classe.
Roustans...............
Gillin.................. } Médecins aides-majors de 2ᵉ classe.
Lapeyre................
Rateau................. Pharmacien aide-major de 1ʳᵉ classe.

Brigade de cavalerie.

Ladureau.............. Médecin aide-major de 1ʳᵉ classe.
Rollet.................. } Médecins aides-majors de 2ᵉ classe.
Nuzillat................

Corps de réserve.

Tellier................. Médecin major de 2ᵉ classe.
Fournier............... Médecin aide-major de 1ʳᵉ classe.
Perréon................ } Médecins aides-majors de 2ᵉ classe.
Herbecq...............
Lantenois.............. Pharmacien aide-major de 1ʳᵉ classe.

Personnel de santé de deux hôpitaux à la suite de l'armée.

1ᵉʳ HÔPITAL.

Valette................ Médecin-major de 1ʳᵉ classe.
Guéret................. Médecin-major de 1ʳᵉ classe.
Cuvillon............... Médecin-major de 2ᵉ classe.
Burlureaux............
Aron................... } Médecins aides-majors de 1ʳᵉ classe.
Blanvillain............
Miche..................
Gleizes................
Marlier................ } Médecins aides-majors de 2ᵉ classe.
Duauthier.............
Milliot.................
Ohier..................

Musard................. Pharmacien aide-major de 1re classe.
Claquart. .... Pharmacien aide-major de 2e classe.

2e HÔPITAL.

Siesz...............
Bonnet-Masimbert.... } Médecins-majors de 1re classe.

Fratini..............
Carion.............. } Médecins aides-majors de 1re classe.
Brumens............

Desjardins...........
Seigle..............
Rueff...............
Bessières............ } Médecins aides-majors de 2e classe.
Baraban.............
Ponton.............

Cooche............. Pharmacien-major de 2e classe.
Gontier............ Pharmacien-aide-major de 1re classe.

Bureaux de l'Intendance.

A répartir par l'inten-
dant entre les quar-
tiers généraux, di-
visions, brigades et
réserves. ....
{ Izard, officier d'administr. de 2e classe.
  Gassiot, adjudant en premier.
  Latouche, adjudant en second.
  Levy, adjudant en second.
  Loustauneau, adjudant en premier.
  Pierron, adjudant en second.
  George, adjudant en second.
  Fristot, adjudant en second.
  Barre, adjudant en second.

Service des hôpitaux (administration).

Quartier général..... { Petit, officier d'administr. de 1re classe.
  Joussain, officier d'administration de 1re classe.
  Bataille, officier d'administration de 2e classe.
  Poncelet, adjudant d'administration en premier.
  Quenout, adjudant d'administration en second.
  Guillot, adjudant d'administration en second.

Réserve.............. {
Gmestet, officier d'administration de 1re classe.
Albertini, officier d'administration de 2e classe.
Sauvage, adjudant en premier.
Fissiace, adjudant en premier.
Rousselot, adjudant en second.
Weisz, adjudant en second.
Denis, adjudant en second.
Vanier, adjudant en second.
Doucet, adjudant en second.
Baptiste, adjudant en second.
Chevalier, adjudant en second.
Sampolo, J. M., adjudant en second.
}

1re division d'infantrie. {
Durfort de La Broye, adjudant en premier.
Gesta, adjudant en second.
}

2e division d'infantrie. {
Delcambre, officier d'administration de 2e classe.
Gasse, adjudant d'administration en second.
}

Brigade de cavalerie et corps de réserve.... {
Moriceau, adjudant d'administration en premier.
Pierron, adjudant d'administration en second.
}

Service des subsistances.

Quartier général et réserve............. {
Bourgeois, officier d'administration principal.
Arnaud, officier d'administration de 1re classe.
Morel, adjudant en premier.
Savy, adjudant en premier.
Mian, adjudant en second.
Dumain, adjudant en second.
Valabrègue, adjudant en second.
Hazard, adjudant en second.
}

1re division d'infantrie. {
Behue, officier d'administration de 2e classe.
Michon, adjudant en premier.
Godard, adjudant en second.
Devèze, adjudant en second.
}

2ᵉ division d'infantᵉʳⁱᵉ.
- Foucher, officier d'administration de 1ʳᵉ classe.
- Babot, adjudant en premier.
- Jolais, adjudant en second.
- Gourdoux, adjudant en second.

Brigade de cavalerie et corps de réserve...
- D'Ailhaud de Brisis, officier d'administration de 1ʳᵉ classe.
- Benard, adjudant en premier.
- Daumas, adjudant en second.
- Ribeaucourt, adjudant en second.

Service de l'habillement et du campement.

Arrigas, officier d'administration de 1ʳᵉ classe.
Pinel, adjudant en premier.
Daran, adjudant en premier.
Lalance, adjudant en second.
Rose, adjudant en second.

Troupes.

Commandant......... Huguenéy, chef d'escadron.
2 compagnies légères du train des équipages militaires.
1 compagnie montée du train des équipages militaires.
1 détachement d'ouvriers.
3 détachements d'infirmiers.

Division de réserve.

Commandant......... Forey, général de division.
Aides de camp du général commandant....
- Dauvergne, chef d'escadron.
- Schmitz, capitaine.

Chef d'état-major..... De Loverdo, colonel.
Officiers d'état-major attachés à l'état-major..........
- Delaville, chef d'escadron.
- Colson, capitaine.
- Piquemale, capitaine.

1ʳᵉ Brigade d'infanterie.

Commandant......... De Lourmel, général de brigade.

PIÈCES JUSTIFICATIVES.

Aide de camp du général commandant..	Villette, capitaine.
5ᵉ bat. de chass. à pied.	Landry de St-Aubin, chef de bataillon.
19ᵉ de ligne........	Desmaret, colonel.
26ᵉ de ligne........	Niol, colonel.

2ᵉ brigade d'infanterie.

Commandant........	D'Aurelle, général de brigade.
Aide de camp du général commandant..	
39ᵉ rég. d'inf. de ligne.	Beuret, colonel.
74ᵉ rég. d'inf. de ligne.	Breton, colonel.

Brigade de cavalerie.

Commandant........	Cassaignolles, général de brigade.
Aide de camp du général commandant..	
6ᵉ régim. de dragons..	De Plas, colonel.
6ᵉ rég. de cuirassiers.	Salle, colonel.

Force publique.

Prévôt.............	Potié, capitaine de gendarmerie.
	Détachement de gendarmerie.

Artillerie.

Commandant........	De Tryon, chef d'escadron.
Adjoint............	Bergère, capitaine.
Médecin aide-major...	Désignés par le général commandant la 12ᵉ division.
Vétérinaire.........	
	2 batteries montées.
	1 batterie à cheval.

Génie.

Commandant........	De Saint-Laurent, chef de bataillon.
Adjoint............	De Foucauld, capitaine.
	1 compagnie du génie.

SERVICES ADMINISTRATIFS.

Intendance militaire.

QUARTIER GÉNÉRAL.

Bligny-Bondurand....	Sous-intendant militaire de 1re classe.
Schmitz	Adjoint de 1re classe.

1re *Brigade d'infanterie.*

Du Cor de Duprat....	Sous-intendant militaire de 2e classe.

2e *Brigade d'infanterie.*

Conseillant..........	Sous-intendant militaire de 2e classe.

1re *Brigade de cavalerie.*

Carjol	Adjoint de 1re classe.

BUREAUX DE L'INTENDANCE.

Fardet..............	Adjudant d'administration en premier.
Scheube	Adjudant d'administration en second.
Breitel	Adjudant d'administration en second.
Ricour..............	Adjudant d'administration en second.
Heyl	Adjudant d'administration en second.

Service de santé.

Heysch	Médecin-major de 2e classe.
Fernet..............	Médecin aide-major de 1re classe.
Courbet.............	
Tassard	Médecins aides-majors de 2e classe.
Rondet	
Ditte	Pharmacien aide-major de 1re classe.

Service des hôpitaux.

QUARTIER GÉNÉRAL.

Arron...............	Officier d'administration comptable de 2e classe.
Marchand...........	Adjudant en premier.
Buffeteau	Adjudant en second.

1re Brigade d'infanterie.

Vigne .... Officier d'administration de 2e classe.
Guibout............. Adjudant en second.

2e Brigade d'infanterie.

Hubert .... Adjudant en premier.
Maget .... Adjudant en second.

Brigade de cavalerie.

Poinsignon.......... Adjudant en premier.
Buffet .... Adjudant en second.

Service des subsistances.

QUARTIER GÉNÉRAL.

De Lamogère........ Officier d'administration de 1re classe.
Meifredy............ Adjudant en premier.
Landré.............. Adjudant en second.

1re Brigade d'infanterie.

Labarre .... Officier d'administration de 2e classe.
Romani.............. Adjudant en second.

2e Brigade d'infanterie.

Feray .... Adjudant d'administration en premier.
Vitaux .... Adjudant en second.

Brigade de cavalerie.

Marty .... Adjudant en premier.
Gourdé.............. Adjudant en second.

Service de l'habillement.

Bettinger .... Adjudant en premier.
Molard .... Adjudant en second.

1 Compagnie montée du train des équipages militaires.
1/2   —   légère.
1 Détachement d'ouvriers d'administration.
1   —   d'infirmiers.

II

Ordre de débarquement de l'amiral Hamelin.

La flotte française navigue dans le sud de la flotte anglaise ; les vice-amiraux chefs de la flotte en tête de leurs escadres et par le travers l'un de l'autre, à petite distance. L'escadre turque derrière la flotte française. Avant l'appareillage, et lorsque le signal en sera fait, les vaisseaux, frégates ou corvettes à voiles derrière lesquels devront s'atteler les bâtiments de commerce du convoi enverront leurs embarcations lever les ancres de ces bâtiments et les conduire dans leur voisinage pour y recevoir les remorques (art. 1133 de la tactique).

Voici le tableau indicateur de remorquage et de l'ordre de marche sur deux colonnes que les groupes de bâtiments remorqués devront observer une fois en mer.

(Suit ce tableau.)

Cet ordre de navigation à la remorque, indiqué par le signal n° 1134, exige naturellement un temps très-maniable ; il pourra arriver que le vent de nord-est, si fréquent en cette saison, s'élève et souffle avec assez de force pour neutraliser l'effet des remorques, et, en ce cas, l'amiral fera peut-être le signal aux navires de guerre à voiles de sortir des groupes en larguant ces remorques (n° 1134, tactique) et sans dételer les groupes autant que possible.

Il pourra arriver enfin que le vent contraire souffle avec tellement de violence que le signal soit fait de larguer toutes les remorques (art. 171, signaux supplémentaires de tactique) et de naviguer tous à la voile. Dans ce cas, les quinze vaisseaux se rangent sur deux colonnes : les vaisseaux de la seconde escadre dans le sud de la première, au nord de laquelle continue toujours à se tenir l'escadre anglaise. Quant aux bâtiments de transport du convoi, soit de guerre, soit de commerce, ils devront se rallier tous autour de leur commandant en chef dont le guidon flotte à bord de *la Pandore*.

Si le signal en est fait, les bâtiments à vapeur, que désigne ce signal, quittent leurs postes en dehors de deux escadres et vont se placer autour de ce convoi pour le faire rallier (art. 632, tactique).

Mouillage.

Si l'amiral signale de mouiller où l'on se trouve (art. 693 de la tactique), les bâtiments devront, autant que possible, jeter l'ancre dans l'ordre où ils naviguent, afin de pouvoir au besoin reprendre facilement et promptement leurs remorques. S'il signale l'ordre de mouillage *suivant le plan donné* (art. 692), on exécutera cette manœuvre soit à la vapeur, soit à la voile, suivant le tableau indicateur que voici ; il est probable que les premiers de ces mouillages seront momentanés et que les seconds s'effectueront devant le territoire ennemi, alors qu'il y aura lieu d'y opérer le débarquement des troupes ; dans ce dernier cas, quelques instants avant d'arriver au lieu du mouillage, les remorques des bâtiments de commerce seront larguées successivement au signal qu'en fera l'amiral (art. 1192 et 1193, tactique), et ces derniers, laissant ainsi prendre les devants aux bâtiments de guerre, iront, si le vent les favorise, jeter l'ancre au large des vaisseaux et frégates françaises, conformément au tableau ci-dessous. Ils devront, autant que possible, se grouper partiellement à ce mouillage, suivant l'espèce de leur chargement ; ce qui sera d'autant plus facile qu'ils auront dû, une fois les remorques larguées, hisser les pavillons indicateurs de ces chargements.

Nota. Les vaisseaux de combat sont mouillés par sept brasses, embrassant une étendue de un mille.

La 2ᵉ ligne est mouillée à une encâblure derrière la 1ʳᵉ.

La 3ᵉ ligne est mouillée à une encâblure derrière la 2ᵉ.

La 4ᵉ, composée de frégates, est mouillée à une encâblure derrière la 3ᵉ.

Les bâtiments du convoi à trois quarts ou demi-encâblure les uns des autres.

Les vaisseaux turcs, au large du convoi.

(Suit le plan de l'ordre de mouillage.)

Débarquement.

La 1re division de l'armée étant embarquée sur les vaisseaux de combat ou de la 1re ligne, la 2e sur les vaisseaux-transports de la 2e ligne ; la 3e sur les vaisseaux-transports de la 3e ligne, et la 4e sur des frégates et corvettes non pourvues du matériel d'artillerie; c'est déjà un élément d'ordre avantageux pour le débarquement des troupes. En outre un pavillon carré rouge est affecté à la 1re division ; un pavillon blanc à la 2e ; un pavillon bleu à la 3e. Les canots chefs de groupe des embarcations et chalands devront donc planter sur leur étrave le pavillon de l'une de ces couleurs, suivant la division qu'ils conduiront à terre. Sur la plage elle-même, trois pavillons semblables seront plantés aux points désignés par les généraux de division pour servir de point de ralliement aux canots et chalands porteurs des troupes de leur division : la 1re brigade sera débarquée dans le sud de ce pavillon; la 2e dans le nord. Chaque bâtiment devra donc faire confectionner un ou deux jeux de ces trois sortes de pavillons pour servir à ses embarcations. Comme il y a un certain nombre de bouches à feu à mettre à terre en même temps que ces troupes, et aussi des chevaux appartenant aux officiers généraux et supérieurs débarqués, on a dû remarquer que les frégates et corvettes à vapeur, chargées de cette artillerie ou de ces chevaux, ont été mouillées dans le voisinage des vaisseaux, tant pour recevoir d'eux le chaland où ils devront embarquer le matériel d'artillerie, que pour leur envoyer leurs canots-tambours remorqués par leurs propres embarcations et dans lesquels on devra embarquer autant de troupes que possible.

Cela posé, les chalands et les canots de la flotte une fois mis à la mer, voici comment s'opérera le débarquement auquel devront coopérer toutes les embarcations, sauf les chaloupes des quatre vaisseaux à trois ponts de l'escadre française ; ces dernières, armées en guerre, et pourvues de fusées à la Congrève, avec affûts de bord comme de terre, auront mission de coopérer à la protection du débarquement : elles seront remplacées dans le remorquage des chalands par une autre embarcation des vaisseaux à trois ponts ; afin que ces dernières restent au nombre de six embarcations, l'on fera deux parts : trois d'entre elles prendront à la remorque le premier chaland qui en sera débarqué et sans y rembarquer un seul soldat, le conduiront à la frégate à vapeur la plus voisine mouillée dans le sud du vaisseau pour qu'on y embarque immédiatement le personnel, matériel et tous les chevaux d'artillerie qu'il est susceptible de contenir. Ces embarcations reviendront ensuite à bord de leur vaisseau pour s'y charger de troupes, après quoi elles retourneront à ladite frégate à vapeur afin d'y prendre à la remorque et de conduire à terre leur chaland qu'on aura dû charger d'artillerie autant que possible. C'est ainsi qu'on opérera pour les vaisseaux-transports ; quant aux vaisseaux de combat, ils seront tous chargés de troupes de leur vaisseau au premier voyage.

Tous les chalands d'artillerie seront dirigés vers le milieu de la plage de débarquement.

Les vaisseaux-transports, qui, dans les chalands, recevront aussi au premier voyage, l'un des troupes, l'autre de l'artillerie, seront : *l'Iéna*, *le Marengo*, *le Bayard* et *le Jupiter* (ce dernier débarquera d'abord ses troupes de la 1re division). Deux autres vaisseaux-transports, *le Valmy* et *le Friedland*, débarqueront des troupes dans un chaland et les trente chevaux du général de la division dont ils sont porteurs dans l'autre ; il leur sera indiqué où se trouvent ces chevaux. Les deux chalands des vaisseaux-transports, *la Ville de Marseille* et *l'Alger*, embarqueront exclusivement de l'artillerie, toujours remorqués par leurs canots chargés de troupes. Quant au neuvième vaisseau-transport, *le Suffren*, un de ses chalands débarquera les chevaux du général de la 1re division, lesquels leur seront indiqués, et l'autre chaland, de l'artillerie.

Les chalands chargés de troupes seront conduits directement à la plage par les trois canots restants, formant la deuxième part, lesquels seront chargés eux-mêmes de troupes ; le canot, chef de ces groupes, portera le pavillon de la division à laquelle ces groupes appartiennent et qui sera celui planté à terre, vers lequel il se dirigera.

Le premier voyage amènera donc ainsi à la plage :

Vaisseaux de combat.

Un trois-ponts envoie à terre
- 6 canots qui portent 175 [h]
- 2 chalands......... 270 à 135 l'un,
- 2 canots tambours et leurs remorqueurs 220

Total....... 665

Deux trois-ponts............................. 1330 [h].

Un deux-ponts envoie à terre
- 6 canots qui portent 240 [h]
- 2 chalands......... 270 à 135 l'un,
- 2 canots tambours et leurs remorqueurs 220

Total....... 730

Quatre deux-ponts............................. 2920 [h].

Total général des troupes débarquées par les six vaisseaux de combat............................. 4250 [h].

Vaisseaux-transports.

Un trois-ponts envoie à terre
- 6 canots qui portent 175 [h].
- 1 chaland......... 135
- 2 canots tambours et leurs remorqueurs 220

Total....... 530

Deux trois-ponts............................. 1060 [h].

Un deux-ponts envoie à terre
- 6 canots qui portent 240 [h]
- 1 chaland......... 135
- 2 canots tambours et leurs remorqueurs 220

Total....... 595

A reporter...... 1060 [h].

Report......	1060 h.
Quatre deux-ponts..................................	2380 h.
Trois deux-ponts n'ayant pas de chalands chargés de troupes au 1ᵉʳ voyage............................	1380 h.
Total général des troupes débarquées des neuf vaisseaux de transport...............................	4820 h.
Ajoutant le nombre 4250 débarqué par les vaisseaux de combat, on arrive au chiffre de 9070 hommes débarqués dans le 1ᵉʳ voyage, plus 9 bouches à feu et les chevaux des généraux des trois premières divisions.	4250 h.
	9070

En outre, les embarcations de *la Pomoné*, *la Tisyphone*, *l'Euménide*, *la Mégère*, *le Dauphin* et *la Mouette*, bâtiments chargés de troupes de la 1ʳᵉ division, se réuniront toutes pour débarquer d'abord les 500 hommes de *la Pomone* et successivement les troupes des autres corvettes ou avisos dans l'ordre ci-dessous :

L'effectif total des troupes débarquées dans le premier voyage sera donc de 9570 hommes, soit toute la 1ʳᵉ division à quelques hommes près, et une partie de la 2ᵉ et de la 3ᵉ. Tous les chalands et canots porteurs de ces troupes, après s'être formés en ligne en avant des vaisseaux de combat, nageront vers la plage, une fois le pavillon damier (pavillon de repos et de rendez-vous) hissé en tête du grand mât du vaisseau-amiral, signal qui sera répété par toute l'escadre.

Ce premier voyage effectué, tous les moyens de transport de la 1ʳᵉ ligne devront se diriger vers la 2ᵉ pour activer le débarquement de la 2ᵉ division, sauf un chaland par vaisseau de cette 1ʳᵉ ligne, lequel sera employé au débarquement de l'artillerie le long d'une des frégates portant le trapèze 2. (Voir le paragraphe des pavillons indicateurs.)

Pendant ce temps, si les vaisseaux turcs ont débarqué leurs canots et chalands, ils auront dû les conduire aux vaisseaux de la 3ᵉ division pour en accélérer également la mise à terre. A ce deuxième voyage, la moitié des chalands des vaisseaux des 2ᵉ et 3ᵉ lignes, devront, comme la moitié de ceux de la 1ʳᵉ, être employés au débarquement de l'artillerie ; c'est donc 15 autres bouches à feu qui seront ainsi débarquées et conduites à la plage.

Quant au nombre des hommes mis de nouveau à terre, il sera encore de 9000 hommes environ et supérieur même à ce chiffre, si les embarcations turques opèrent activement.

Au troisième voyage, les embarcations et chalands devront continuer à opérer de la même manière pour achever, en se guidant d'après les positions des trapèzes, le débarquement du restant des troupes des trois premières divisions et commencer celui de la 4ᵉ. L'artillerie continuera toujours à être mise à terre par la moitié des chalands des vaisseaux, lesquels chalands seront conduits par des embarcations toujours remplies de troupes. Le vaisseau *le Bayard* aura alors mission de faire débarquer du *Caffarelli*, dans un de ses chalands, les 30 chevaux du général de la 4ᵉ division, laquelle sera débarquée à son tour, dès que les trois premières seront mises à terre. C'est peut-être aussi le moment où les chevaux du maréchal (*Berthollet*) devront être mis à terre par les deux chalands de *la Ville de Paris* : s'ils doivent l'être plus tôt, on le fera savoir aux officiers conduisant ces chalands à la remorque. Ceux de l'état-major général (*Roland*) seront débarqués par les soins du *Napoléon*.

Il est probable qu'il sera signalé aux avisos à vapeur d'activer les voyages des chaloupes du bord à terre, en les conduisant à la remorque aussi près de la plage que le leur permettra leur tirant d'eau (art. 1124 de la tactique).

Si toutes les mesures prescrites s'exécutent avec ordre et intelligence, une trentaine de mille hommes pourront, par un beau temps, être mis à terre ainsi qu'une quarantaine de bouches à feu, depuis le lever jusqu'au coucher du soleil.

Quant au déchargement des bâtiments de transport ou du convoi, il s'effectuera d'après les ordres donnés soit verbalement, soit par écrit à l'escadre ; mais dès le début, le commandant de ce convoi devra employer toutes les embarcations de navires qui le composent à débarquer d'abord les cacolets d'ambulance, puis du matériel du génie et de l'administration des vivres, et si l'on veut éviter la confusion, les troupes des vaisseaux turcs ne pourront guère être mises à terre que le lendemain.

Le commandement de la plage appartiendra au capitaine de vaisseau chef du convoi, qui sera secondé dans ce service par les lieutenants de vaisseau et le détachement d'artillerie placés sous ses ordres.

Les officiers chefs de groupes des remorques devront s'assurer que toutes leurs embarcations sont bien munies d'amarres, sabayes, grappins et planches, et que le chaland de leur vaisseau, conduit par quatre hommes d'élite, est également muni de ses grappins et avirons de gouverne. Si la mer est houleuse, il ne devra échouer chalands et canots qu'après avoir d'abord mouillé ses grappins pour les maintenir debout à la plage.

Pavillons indicateurs et surveillance du débarquement.

On a vu que le pavillon rouge indiquait la présence de la 1re division, soit dans les canots, soit à terre ; le pavillon blanc, celle de la 2e ; le pavillon bleu, celle de la 3e.

Le trapèze 1 sera hissé en tête du mât de misaine sur les bâtiments de guerre à voiles ou à vapeur, chargés de troupes.

Le trapèze 2 sur ceux chargés d'artillerie.

A hauteur du mât, ces trapèzes indiqueront que les débarquements ou déchargements ne sont point encore commencés : à la hauteur des barres de perroquet, qu'il est au tiers entamé, à la hauteur des hunes, qu'il l'est aux deux tiers ; amené tout à fait, qu'il est terminé.

Les bâtiments de transport de l'État porteront le pavillon jaune en tête du mât de misaine, pour indiquer également que leur déchargement n'est pas commencé ; l'amèneront à la hauteur des barres de perroquet pour indiquer qu'il est au tiers, et l'amèneront tout à fait s'il est terminé.

Quant aux bâtiments de commerce, ils arboreront leur pavillon national en tête du mât pour indiquer qu'ils ont encore tout à bord : à mi-mât, pour indiquer que leur déchargement est commencé; à la corne, pour indiquer qu'il est fini.

Ceux de ces bâtiments chargés de fourrages et de chevaux porteront leur pavillon national au grand mât : ceux chargés de vivres, approvisionnements et matériel d'ambulance, au mât de misaine.

Si les vaisseaux de combat sont engagés avec l'ennemi, ils devront rapidement se débarrasser de leurs chalands et les opérations de débarquement et déchargement seront alors spécialement dirigées par M. le contre-amiral de l'escadre des vaisseaux-transports. Dans le cas contraire, tous les officiers généraux et leurs états-majors veilleront à l'exécution du présent ordre.

Par ordre :

Le chef d'état-major de l'escadre de la mer Noire,

Signé : Comte BOUET-WILLAUMEZ.

Baltchik, le 28 août 1854.

III

Rapport du maréchal de Saint-Arnaud à l'Empereur, sur la bataille de l'Alma.

Au quartier général, à Alma, Champ de bataille d'Alma, le 21 septembre 1854.

Sire,

Le canon de Votre Majesté a parlé. Nous avons remporté une victoire complète. C'est une belle journée, Sire, à ajouter aux fastes militaires de la France, et Votre Majesté aura un nom de plus à joindre aux victoires qui ornent les drapeaux de l'armée française.

Les Russes avaient réuni hier toutes leurs forces, tous leurs moyens, pour s'opposer au passage de l'Alma. Le prince Menschikoff les commandait en personne. Toutes les hauteurs étaient garnies de redoutes et de batteries formidables.

L'armée russe comptait quarante mille baïonnettes venues de tous les points de la Crimée ; le matin, il en arrivait encore de Théodosie : six mille chevaux, cent quatre-vingts pièces de campagne ou de position.

Des hauteurs qu'ils occupaient, les Russes pouvaient nous compter homme par homme, depuis le 19, au moment où nous sommes arrivés sur le Bulganach.

Le 20, dès six heures du matin, j'ai fait opérer par la division Bosquet, renforcée de huit bataillons turcs, un mouvement tournant qui enveloppait la gauche des Russes et tournait quelques-unes de leurs batteries.

Le général Bosquet a manœuvré avec autant d'intelligence que de bravoure. Ce mouvement a décidé du succès de la journée.

J'avais engagé les Anglais à se prolonger sur leur gauche pour menacer en même temps la droite des Russes pendant que je les occuperais au centre ; mais leurs troupes ne sont arrivées en ligne qu'à dix heures et demie. Elles ont bravement réparé ce retard. A midi et demi, la ligne de l'armée alliée occupait une étendue de plus d'une grande lieue, arrivait sur l'Alma, et elle était reçue par un feu terrible de tirailleurs.

Dans ce moment, la tête de la colonne du général Bosquet paraissait sur les hauteurs. Je donnai le signal de l'attaque générale.

L'Alma fut traversée au pas de charge. Le prince Napoléon, à la tête de sa division, s'emparait du gros village d'Alma, sous le feu des batteries russes. Le prince s'est montré digne en tout du beau nom qu'il porte. On arrivait en bas des hauteurs sous le feu des batteries ennemies.

Là, Sire, a commencé une vraie bataille sur toute la ligne, bataille avec ses épisodes de brillants hauts faits et de valeur. Votre Majesté peut être fière de ses soldats; ils n'ont pas dégénéré : ce sont des soldats d'Austerlitz et d'Iéna.

A quatre heures et demie, l'armée française était victorieuse partout.

Toutes les positions avaient été enlevées à la baïonnette au cri de : *Vive l'Empereur!* qui a retenti toute la journée; jamais je n'ai vu d'enthousiasme semblable; les blessés se soulevaient de terre pour crier. A notre gauche, les Anglais rencontraient de grosses masses et éprouvaient de grandes difficultés; mais tout a été surmonté.

Les Anglais ont abordé les positions russes dans un ordre admirable sous le canon, les ont enlevées et ont chassé les Russes.

Lord Raglan est d'une bravoure antique. Au milieu des boulets et des balles, c'est le même calme qui ne l'abandonne jamais.

Les lignes françaises se formaient sur les hauteurs en débordant la gauche russe, l'artillerie ouvrait son feu. Alors ce ne fut plus une retraite, mais une déroute; les Russes jetaient leurs fusils et leurs sacs pour mieux courir.

Si j'avais eu de la cavalerie, Sire, j'obtenais des résultats immenses, et Menschikoff n'aurait plus d'armée; mais il était tard, nos troupes étaient harassées, les munitions d'artillerie s'épuisaient; nous avons campé à six heures du soir sur le bivouac même des Russes.

Ma tente est sur l'emplacement même de celle qu'occupait le matin le prince Menschikoff, qui se croyait si sûr de nous arrêter et de nous battre, qu'il avait laissé sa voiture. Je l'ai prise avec son portefeuille et sa correspondance : je profiterai des renseignements précieux que j'y trouve.

L'armée russe aura pu probablement se rallier à deux lieues d'ici, et je la trouverai demain sur la Katcha, mais battue et démoralisée, tandis que l'armée alliée est pleine d'ardeur et d'élan. Il m'a fallu rester ici aujourd'hui pour évacuer nos blessés et les blessés russes sur Constantinople, et reprendre à bord de la flotte des munitions et des vivres.

Les Anglais ont eu 1500 hommes hors de combat. Le duc de Cambridge se porte bien; sa division et celle de sir Georges Brown ont été superbes. Moi, j'ai à regretter environ 1200 hors de combat, 3 officiers tués, 54 blessés, 253 sous-officiers et soldats tués, 1033 blessés.

Le général Canrobert, auquel revient en partie l'honneur de la journée, a été blessé légèrement par un éclat d'obus qui l'a atteint à la poitrine et à la main : il va très-bien. Le général Thomas, de la division du prince, a reçu une balle dans le bas-ventre, blessure grave. Les Russes ont perdu environ 5000 hommes. Le champ de bataille est jonché de leurs morts, nos ambulances sont pleines de leurs blessés. Nous avons compté une proportion de sept cadavres russes pour un cadavre français.

L'artillerie russe nous a fait du mal, mais la nôtre lui est bien supérieure. Je regretterai toute ma vie de ne pas avoir eu seulement mes deux régiments de chasseurs d'Afrique. Les zouaves se sont fait admirer des deux armées; ce sont les premiers soldats du monde.

Veuillez agréer, Sire, l'hommage de mon profond respect et de mon entier dévouement.

Maréchal A. DE SAINT-ARNAUD.

IV

Rapports du maréchal de Saint-Arnaud au ministre de la guerre sur la bataille de l'Alma.

Au quartier général, au bivouac sur l'Alma,
le 21 septembre 1854.

Monsieur le maréchal,

Ma dépêche télégraphique, en date d'hier, vous a fait connaître sommairement les résultats de la bataille d'Alma.

Le croquis ci-joint, fait à la hâte, vous en donnera une idée plus complète : vous jugerez par lui des difficultés que nous avons eu à vaincre pour enlever ces positions formidables.

La rivière Alma offre un cours sinueux, très-encaissé; les gués sont très-difficiles et rares. Les Russes avaient posté dans le fond de la vallée couverte d'arbres, de jardins et de maisons, et dans le village de Bourliouck une masse de tirailleurs bien couverts, armés de carabines de précision, et qui ont reçu nos têtes de colonnes par un feu très-vif et très-incommode. Le mouvement tournant du général Bosquet, commandant la 2ᵉ division, que cet officier général a exécuté sur la droite avec beaucoup d'intelligence et de vigueur, avait heureusement préparé la marche en avant directe des deux autres divisions et de l'armée anglaise. Néanmoins, la position de cet officier général, qui s'est longtemps trouvé sur la hauteur avec une seule brigade, pouvait être compromise dans son isolement, et le général Canrobert, pour l'appuyer, dut faire une pointe vigoureuse dans le sens qu'indique une des lignes directrices du croquis. — Je le fis soutenir par une brigade de la 4ᵉ division qui était en réserve, pendant que l'autre brigade de cette même division, suivant le général Bosquet, allait se mettre à son appui.

La 3ᵉ division marchait droit au centre des positions, ayant à sa gauche l'armée anglaise. Il avait été entendu avec lord Raglan, que ses troupes opéreraient à leur gauche un mouvement tournant analogue à celui que le général Bosquet effectuait sur la droite. Mais incessamment menacée par la cavalerie et débordée par des troupes ennemies postées sur les hauteurs, la gauche de l'armée anglaise dut renoncer à réaliser cette partie du programme.

Le mouvement général se prononça au moment où le général Bosquet, protégé par la flotte, apparut sur les hauteurs. — Les jardins, d'où s'échappait un feu très-vif des tirailleurs russes, ne tardèrent pas à être occupés par la ligne des nôtres. — Notre artillerie s'approcha à son tour des jardins, et commença à canonner vivement les bataillons russes qui s'échelonnaient sur les pentes pour appuyer leurs tirailleurs en retraite. Les nôtres, les pressant avec une audace incroyable, les suivaient sur les pentes, et je ne tardai pas à lancer ma première ligne à travers les jardins. Chacun passa où il put, et nos colonnes gravirent les hauteurs sous un feu de mousqueterie et de canons qui ne put ralentir leur marche. — Les crêtes furent couronnées, et je lançai ma deuxième ligne à l'appui de la première, qui se jetait en avant au cri de *Vive l'Empereur !*

L'artillerie de réserve s'était, à son tour, portée en avant avec une rapidité que les obstacles de la rivière et la roideur des pentes rendaient difficile à comprendre. Les bataillons ennemis refoulés sur le plateau ne tardèrent pas à échanger avec nos lignes une canonnade et une fusillade qui se terminèrent par leur retraite définitive en très-mauvais ordre, que la présence de quelques milliers de chevaux m'auraient facilement permis de convertir en déroute. La nuit arrivait, et je dus songer à m'établir pour le bivouac à portée de l'eau.

Je campai sur le champ de bataille même, pendant que l'ennemi disparaissait à l'horizon, laissant le terrain jonché de ses morts et de ses blessés, dont il avait cependant emmené un grand nombre.

Pendant que ces événements se passaient sur la droite et au centre, les lignes de l'armée anglaise franchissaient la rivière en avant du village de Bourliouck et se portaient sur les positions que les Russes avaient fortifiées et où ils avaient concentré des masses considérables, car ils n'avaient pas jugé que les pentes rapides comprises entre ce point et la mer et couvertes par un fossé naturel pussent être occupées de vive force par nos troupes. L'armée anglaise rencontra donc une résistance très-solidement organisée. Le combat qu'elle a livré a été des plus vifs et fait le plus grand honneur à nos alliés.

En résumé, monsieur le maréchal, la bataille d'Alma,

dans laquelle plus de 120 000 hommes, avec 180 pièces de canon, ont été engagés, est une brillante victoire, et l'armée russe ne s'en serait pas relevée si, comme je l'ai dit plus haut, j'avais eu de la cavalerie pour enlever les masses d'infanterie démoralisées et tout à fait décousues qui se retiraient devant nous.

Cette bataille consacre d'une manière éclatante la supériorité de nos armes au début de cette guerre. Elle a au plus haut point déconcerté la confiance que l'armée russe avait en elle-même, et surtout dans les positions préparées de longue main, où elle nous attendait. Cette armée se composait des 16e et 17e divisions d'infanterie russe, d'une brigade de la 13e, d'une brigade de la 14e division de réserve, des chasseurs à pied du 6e corps, armés de fusils à tige tirant des balles oblongues, de quatre brigades d'artillerie dont deux à cheval, et d'une batterie tirée du parc de réserve de siége, comprenant 12 pièces de gros calibre. La cavalerie était forte d'environ 5000 chevaux, et l'ensemble peut être évalué à 50 000 hommes environ, que commandait le prince Menschikoff en personne.

Il nous est difficile d'évaluer les pertes de l'armée russe, mais elles doivent être considérables, si on en juge par les morts et les blessés qu'elle n'a pu emporter et qui sont restés entre nos mains. Dans les ravins de l'Alma, sur les plateaux en avant, sur le terrain formant la position enlevée par l'armée anglaise, le sol est couvert de plus de dix mille fusils, havre-sacs et objets divers d'équipement. — Nous avons consacré la journée d'aujourd'hui à enterrer leurs morts partout où ils ont été rencontrés, et à donner des soins à leurs blessés, que je fais transporter avec les nôtres sur les bâtiments de la flotte pour être conduits à Constantinople. Tous les officiers russes, généraux compris, sont vêtus de la capote grossière des soldats, et il est conséquemment difficile d'en faire la distinction au milieu des morts ou du petit nombre de prisonniers que nous avons pu faire. Cependant il reste acquis que parmi ceux qu'a l'armée anglaise figurent deux officiers généraux.

La bataille d'Alma, où les armées alliées se sont réciproquement donné des gages qu'elles ne sauraient oublier, rendra plus étroits encore et plus solides les liens qui les unissaient. La division ottomane qui marchait à l'appui de la division Bosquet dans son mouvement tournant a fait des merveilles de rapidité pour arriver en ligne en suivant le chemin du bord de la mer que je lui avais tracé. Elle n'a pu prendre une part active au combat qui se livrait en avant d'elle; mais ces troupes montraient une ardeur au moins égale à la nôtre, et je suis heureux d'avoir à vous dire tout ce que je fonde sur le concours de ces excellents auxiliaires.

Tout le monde a fait brillamment son devoir, et il me sera difficile de faire un choix entre les corps de troupes, les officiers et soldats qui ont montré le plus de vigueur dans l'action et qui doivent être l'objet d'une mention particulière. J'ai déjà fait connaître dans ce rapport l'importance du rôle qu'a joué la division Bosquet dans son mouvement tournant, pendant lequel sa 1re brigade, établie seule sur les hauteurs, est restée longtemps exposée au feu de cinq batteries d'artillerie. — La 1re division a gravi les hauteurs par ses pentes les plus roides avec une ardeur dont son chef, le général Canrobert, lui donnait l'exemple. Cet honorable officier général a été frappé à la poitrine d'un éclat d'obus; mais il a pu rester à cheval jusqu'à la fin de l'action, et sa blessure n'aura aucune suite fâcheuse. — La 3e division, conduite avec la plus grande vigueur par S. A. I. le prince Napoléon, a pris au combat qui s'est livré sur les plateaux la part la plus brillante, et j'ai été heureux d'adresser au prince mes félicitations en présence de ses troupes.

Le général Thomas, commandant la 2e brigade de cette division, a été grièvement blessé d'un coup de feu en conduisant énergiquement ses troupes à l'attaque du plateau. La 2e brigade de la division Forey, marchant à l'appui de la 1re division, sous les ordres du général d'Aurelle, a dignement figuré dans le combat. Le lieutenant Poitevin, du 39ᵉ de ligne, a tenu sur le bâtiment du télégraphe, qui formait le point central de la défense de l'ennemi, le drapeau de son régiment : il y est mort glorieusement, emporté par un boulet.

Pendant toute la durée de la bataille, l'artillerie a joué un rôle principal, et je ne puis ici trop rendre hommage à l'entrain et à l'intelligence avec lesquels ce corps d'élite a combattu.

Dans un rapport ultérieur, dont je recueille en ce moment les éléments, je vous ferai connaître les noms des officiers, sous-officiers et soldats qui ont mérité d'être mis à l'ordre du jour ; j'y joindrai un travail de demande de récompenses que vous trouverez certainement méritées.

Veuillez agréer, monsieur le maréchal, l'expression de mes sentiments très-respectueux.

Le maréchal commandant en chef,
A. DE SAINT-ARNAUD.

Au quartier général, à Alma, Champ de bataille d'Alma,
le 22 septembre 1854.

Monsieur le ministre,

Mon rapport officiel rend compte à Votre Excellence des détails de la belle journée du 20, mais je ne puis laisser partir le courrier sans vous dire quelques mots de nos braves soldats.

Les soldats de Friedland et d'Austerlitz sont toujours sous nos drapeaux, monsieur le maréchal ; la bataille d'Alma l'a prouvé. C'est le même élan, la même bravoure brillante. On peut tout faire avec de pareils hommes, quand on a su leur inspirer de la confiance.

Les armées alliées ont enlevé des positions vraiment formidables. En les parcourant hier, j'ai reconnu tout ce qu'elles offraient de favorable à la résistance, et en vérité, si les Français et les Anglais les avaient occupées, jamais les Russes ne s'en seraient emparés.

La perte des Russes est considérable. Les déserteurs accusent plus de 6000 hommes. Leur armée est démoralisée. Dans la soirée du 20, elle s'était partagée en deux. Le prince Menschikoff, avec l'aile gauche, marchait sur Baktchi-Séraï ; l'aile droite se dirigeait sur Belbeck. Mais ils étaient sans vivres, leurs blessés les encombraient, la route en est jonchée. Beau succès, monsieur le ministre, qui fait honneur à nos armes, ajoute une belle page à notre histoire militaire et donne à l'armée un moral qui vaut 20 000 hommes de plus. Les Russes ont laissé sur le champ de bataille près de 10 000 sacs et plus de 5000 fusils. C'était une véritable déroute. Le prince Menschikoff et ses généraux étaient bien fanfarons dans leur camp, que j'occupe, le matin du 20. Je crois qu'ils ont un peu l'oreille basse. Le général russe avait demandé à Alma des vivres pour trois semaines; j'ai dans l'idée qu'il aura arrêté le convoi en route.

Votre Excellence pourra juger qu'il y a beaucoup de mirage dans toutes les affaires russes. Dans trois jours je serai sous Sébastopol, et je saurai dire à Votre Excellence tout ce que cela vaut au juste.

Le moral et l'esprit de l'armée sont admirables.

Les bâtiments qui doivent aller chercher à Varna des renforts de troupes de toutes armes sont partis depuis le 18. Ils m'arriveront à Belbeck avant la fin du mois.

Ma santé est toujours la même : elle se soutient entre les souffrances, les crises et le devoir. Tout cela ne m'empêche pas de rester douze heures à cheval les jours de bataille.... mais les forces ne me trahiront-elles pas ?

Adieu, monsieur le maréchal, j'écrirai à Votre Excellence quand je serai sous Sébastopol.

Recevez, etc..

Le maréchal de France, commandant en chef l'armée d'Orient.

A. DE SAINT-ARNAUD.

V

Rapport de l'amiral Hamelin, sur la bataille de l'Alma.

Ville de Paris, 23 septembre 1854,
au mouillage de l'Alma.

Monsieur le ministre,

Par ma lettre en date du 21 septembre je me suis empressé d'envoyer à Votre Excellence une dépêche télégraphique lui résumant brièvement la brillante victoire que nos troupes venaient de remporter sur les Russes, en forçant les passages de la rivière Alma. Je puis aujourd'hui ajouter quelques détails à cette dépêche télégraphique, et, pour mieux les faire saisir, je joins à la présente lettre deux croquis, dont l'un (pièce n° 1) expose le projet conçu par les armées combinées le 19 au soir pour livrer bataille le lendemain, et l'autre (pièce n° 2) est une vue des positions de l'Alma, notamment de celles où nos troupes ont attaqué la gauche et le centre de l'armée russe, sous les yeux de la flotte, dont les vapeurs appuyaient ce mouvement de leurs obus.

Il vous suffira, monsieur le ministre, de jeter les yeux sur le premier de ces croquis pour apprécier l'excellente conception militaire qu'il révèle. D'après le plan arrêté, en effet, la 2ᵉ division devait longer le bord de la mer, franchir l'Alma au gué, que nos canots avaient sondé le matin, et enlever les hauteurs de l'extrême gauche de l'ennemi, sous la protection des huit bâtiments à vapeur que j'avais fait embosser contre cette extrême gauche. Pendant ce temps, la 1ʳᵉ et la 3ᵉ division, sous les ordres du maréchal, attaquaient de front la position du centre de l'ennemi, et toute l'armée anglaise s'ébranlait, de son côté, pour tourner son extrême droite.

Ce plan s'est à peu près exécuté comme il avait été conçu, malgré que nos troupes eussent à gravir, une fois l'Alma franchie, des falaises taillées à pic et où nos soldats d'Afrique ont résolu des problèmes d'agilité et d'audace vraiment extraordinaires. Grâce à ces prodiges d'intrépidité et de vitesse, grâce aussi, il faut le dire, à la terreur que les obus de nos bâtiments à vapeur inspiraient à la cavalerie ennemie sur son extrême gauche, la division du général Bosquet est parvenue à effectuer son mouvement avec le plus brillant succès, et elle se rabattait déjà sur le centre, une heure après le commencement de l'action. De leur côté, les deux divisions du maréchal, après avoir soutenu une vive fusillade de tirailleurs sur les bords mêmes des rives où s'encaisse l'Alma, gravissaient avec non moins d'audace et de bonheur les murailles naturelles où le centre de l'ennemi se croyait, certes, bien inattaquable de vive force.

Pendant ce temps l'armée anglaise avait renoncé à tourner l'extrême droite de l'ennemi et venait attaquer vigoureusement les fortes positions retranchées de sa droite. Là les Russes avaient disposé, non-seulement des pièces de campagne en batterie, comme sur tout le reste de ses lignes, mais une batterie de douze bouches à feu du calibre de 32, que nos braves alliés ont fini par enlever, mais avec des pertes cruelles.

Bref, l'attaque des positions était commencée à midi et demi, et à trois heures et demie elles étaient emportées sur toute la ligne ; l'armée russe était en pleine retraite, et plusieurs des corps qui la composaient ne présentaient plus qu'une masse confuse de soldats pêle-mêle, jonchant de leurs cadavres une partie des positions que nos troupes leur avaient enlevées. Si nous avions eu de la cavalerie, sans nul doute nous lui eussions fait plusieurs milliers de prisonniers et pris un assez grand nombre de bouches à feu.

Quant aux pertes essuyées par les armées alliées, elles sont sensibles en raison des difficultés de positions qu'il a fallu enlever ; nous comptons environ 1500 tués et blessés ; les Anglais en comptent de 1500 à 2000.

Quant à l'ennemi, il a semé de ses cadavres la route comprise entre la Katcha et l'Alma, et a laissé sur le champ de bataille plusieurs milliers des siens.

Trois de nos frégates à vapeur sont parties pour porter les blessés de notre armée à Constantinople. Nous y avons joint une partie des soldats russes, qui reçoivent les mêmes traitements que nos propres soldats.

Aujourd'hui nous accompagnons l'armée devant la Katcha.

Je suis avec un profond respect,

Monsieur le ministre,

De Votre Excellence,

Le très-obéissant serviteur,

Le vice-amiral commandant en chef l'escadre de la Méditerranée,

HAMELIN.

TABLE DES MATIÈRES

DU PREMIER VOLUME.

Avant-Propos.   Page   1

CAUSES DE LA GUERRE D'ORIENT.

Première période de la question. — La question des lieux saints. — Possession et privilége des sanctuaires de la Palestine, disputés par les catholiques romains et les Grecs. — Traité de 1740, en faveur des Latins, entre la France et la Porte. — Empiétement des Grecs sur les droits des Latins. — Les Latins adressent des réclamations à la France, en vertu du traité qui garantissait les droits de l'Église latine. — La France essaye de terminer ce différend. — Le général *Aupick* adresse sa réclamation à la Porte (23 mai 1850). — Réponse évasive du sultan. — Le marquis de *Lavalette* succède au général *Aupick* (1851). — Une commission mixte de Français et de Grecs est chargée d'examiner la question. — Dissolution de cette commission à la suite d'une lettre autographe de l'empereur *Nicolas* au sultan. — Elle est remplacée par une autre commission composée seulement de musulmans. — La Porte accorde aux Grecs un firman qui invalide, en fait, les droits des capitulations de 1740. — L'ambassadeur de France, par conciliation, consent à fermer les yeux s'il n'est pas donné lecture solennelle de ce firman devant les communautés réunies. — Le chargé d'affaires de Russie en exige la lecture publique. — La question reste pendante jusqu'au jour où *Fuad-Effendi* reconnaît le droit des Latins. — Position de la Turquie dans le débat. — Tentatives conciliatrices de l'Angleterre sans résultat. — Le gouvernement anglais suggère au cabinet français l'idée de traiter directement la question avec la Russie. — La France accepte et donne ordre à son ministre à Saint-Pétersbourg d'entrer en communication avec le comte de Nesselrode. — La Russie concentre un corps d'armée dans les provinces danubiennes. — Dépêche du comte de *Nesselrode* au baron *Brunow*. — La question des lieux saints est résolue en faveur des Latins. — La Russie persévère dans ses exigences et demande un acte de réparation. — La mission du prince *Menschikoff*, officiellement annoncée à Constantinople (4 février 1853). — Arrivée du prince *Menschikoff* à Constantinople. — Son attitude menaçante. — Les Russes entrent en Bessarabie. — Affront fait par le prince *Menschikoff* à *Fuad-Effendi*. — *Fuad-Effendi* donne sa démission. — Le grand vizir fait appel aux chargés d'affaires de France et d'Angleterre. — L'Angleterre se refuse à croire aux appréhensions de la Turquie. — La France prend la résolution de ne pas rester inactive. — Le prince *Menschikoff* propose un traité secret entre la Turquie et la Russie contre les puissances occidentales. — Arrivée de lord *Stratford de Redcliffe*. — L'ambassadeur anglais juge clairement la question. — Arrivée de M. de Lacour à Constantinople. — Lord *Stratford*, le prince *Menschikoff* et M. de Lacour en présence. — Les contestations réglées à la satisfaction de la Russie. — Nouvelles exigences de la Russie. — Le prince *Menschikoff* adresse sa note du 5 mai au divan. — La Prusse veut une convention dans l'intérêt des Grecs. — La Porte s'y refuse. — Le prince *Menschikoff* quitte Constantinople

TABLE DES MATIÈRES

(21 mai). — Lettre du comte de *Nesselrode* à *Reschid-Pacha* (9 juin). — Menaces d'invasion de la Russie. — Lord *Clarendon* se plaint à sir *Hamilton Seymour*, ambassadeur d'Angleterre à Saint-Pétersbourg. — Dépêche de ce dernier. — La Russie accuse l'ambassadeur d'Angleterre. — Paroles du comte de *Nesselrode*. — L'Autriche, l'Angleterre, la France et la Prusse cherchent à empêcher une guerre imminente. — La France et l'Angleterre envoient leurs escadres à portée de secourir le sultan. — Invasion des principautés danubiennes par la Russie. — Une note rédigée dans la conférence de Vienne, le 24 juillet, et acceptée par la Russie, est portée à Constantinople. — Le divan se prononce pour le rejet. — La note est toutefois adoptée, sauf une modification. — Les puissances insistent pour décider la Porte à accepter la note sans modification. — Dépêche de M. de *Nesselrode* en date du 7 septembre, commentant la note de Vienne. — Conférence d'Ollmütz. — Accord d'opinions entre la France et l'Angleterre. — Désastre de Sinope.   Page 1

LIVRE PREMIER.

Départ des troupes françaises et anglaises pour l'Orient. — Convention d'alliance entre la France et l'Angleterre (10 avril 1854). — Les flottes françaises et anglaises dans la Baltique et dans la mer Noire. — Bombardement d'Odessa (22 avril). — Correspondance entre le vice-amiral *Hamelin* et l'aide de camp général baron d'*Osten-Sacken*. — Rapport du capitaine *William Loring*. — Le général *Canrobert* arrive à Constantinople. — Situation du gouvernement turc. — Les Russes franchissent le Danube. — Le maréchal de *Saint-Arnaud* arrive à Marseille. — Son premier ordre du jour aux troupes (24 avril). — Embarquement de la division du général *Forey*. — Le maréchal de *Saint-Arnaud* s'embarque sur *le Berthollet* (29 avril). — Biographie du maréchal de *Saint-Arnaud*. — Lettre du prince *Napoléon* à l'Empereur. — Le prince part pour Constantinople (10 avril). — Le maréchal de *Saint-Arnaud* s'arrête à Malte et à Gallipoli (2 et 7 mai). — Il arrive à Constantinople (8 mai). — Physionomie de cette capitale. — Entrevue projetée à Varna. — Le commandant *Henry* et le colonel *Dieu* à Schumla auprès d'*Omer-Pacha*. — Lettre du commandant *Henry* (18 mai). — Renseignements sur *Omer-Pacha*. — Lettre du maréchal au ministre de la guerre (17 mai) résumant la situation. — Le maréchal de *Saint-Arnaud*, lord *Raglan*, le séraskier et *Rizza-Pacha* s'embarquent pour Varna (18 mai). — L'armée française à Gallipoli. — Expédition du général *Forey* en Grèce. — Lettre du maréchal au ministre (15 mai) sur les affaires de Grèce. — Arrivée du maréchal à Varna (19 mai). — Les Russes investissent Silistrie (11 mai). — Première conférence des trois généraux en chef. — Biographie d'*Omer-Pacha*. — Son opinion sur les projets de campagne des Russes. — Résultats militaires de la conférence de Varna. — Les généraux en chef partent pour Schumla. — Situation de la Bulgarie. — Camp et armée d'*Omer-Pacha*. — Nouvelles inquiétantes de Silistrie (20 mai). — Retour du maréchal à Varna (22 mai). — Entrevue avec l'amiral *Hamelin* après sa croisière sur les côtes de Crimée et devant Sébastopol. — Le maréchal de *Saint-Arnaud* à Constantinople. — Conseil présidé par le sultan. — Échecs des Russes devant Silistrie. — Lettres du maréchal (25 mai) au ministre de la guerre et à son frère. — Arrivée du maréchal à Gallipoli. — Premières difficultés de la campagne. — Lettre du maréchal au ministre de la guerre (26 mai). — Revue des troupes au bivouac de Gallipoli (27 mai). — Ordre du jour aux troupes (28 mai). — Situation de l'armée à Gallipoli. — Départ de la première division anglaise pour Varna. — La première brigade du général *Canrobert* s'embarque pour la même destination (1ᵉʳ juin). — Lettre du maréchal au ministre de la guerre (30 mai). — Dépêche du ministre de la guerre au maréchal, approuvant sa conduite (9 juin). — Le maréchal retourne à Yéni-Keuï, pour s'entendre définitivement avec lord *Raglan* (3 juin). — Organisation générale de l'armée. — Les troupes se dirigent séparément sur Varna. — La division du prince *Napoléon* arrive à Constantinople. — Les Russes lèvent le siège de Silistrie. — Le camp de Varna. — Proclamation de l'Empereur au corps expéditionnaire de la Baltique. — Biographie de lord *Raglan*. — Biographies du duc de *Cambridge*, de sir de *Lacy-Evans*, de sir *Georges-Brown* et de lord *Lucan*. — Description de Varna. — Arrivée d'*Omer-Pacha* au camp français. — Revue de l'armée française (5 juillet). — Organisation de la cavalerie irrégulière turque par le général *Yusuf*. — Biographie du général *Yusuf*. — Documents sur les bachi-bouzouks. — L'armée russe à Katarach. — Un envoyé autrichien à Varna. — Premiers symptômes du choléra. — Combat de Giurgewo entre les *Turcs* et les *Russes*. — Rapports du maréchal et de lord *Raglan* avec leurs gouvernements respectifs. — Le choléra au Pirée et à Gallipoli. — Mort du duc d'*Elchingen* (14 juillet). — Sa biographie. — Mort du général *Carbuccia* (17 juillet). — Sa biographie. — Le choléra se déclare à Varna (9 juillet). — Le gouvernement anglais envoie à lord *Raglan* une dépêche que celui-ci considère comme emportant l'ordre d'attaquer Sébastopol. — Grand conseil tenu par les généraux et les amiraux (18 juillet). — L'expédition de Crimée est résolue. — L'attitude de l'Autriche embarrasse le maréchal. — Description de la Crimée. — Une commission est chargée d'éclaircir quelques points sur la topographie des lieux et la possibilité d'un débarquement. — Réflexions du maréchal sur l'expédition de Crimée. — Députation des chefs circassiens à Varna (25 juillet). — Retour de la commission (28 juillet). — Nouveau conseil sous la présidence du maréchal. — La Katcha est choisie comme point de débarquement. — Le général *Canrobert* part pour rejoindre sa division dans la Dobrutscha et diriger l'expédition (29 juillet). — Expédition de la Dobrutscha. — Le général *Yusuf* part avec 3000 chevaux pour Kustendjé (22 juillet). — La première division, sous le commandement du général *Espinasse*, part pour Mangalia et Kustendjé (22 juillet). — Le même jour, le général *Bosquet* se met également en marche avec sa 2ᵉ division. — Il est suivi par la 3ᵉ division commandée par le prince *Napoléon* (23 juillet). — Lettres du maréchal aux généraux *Espinasse* et *Yusuf*. — Étapes de l'armée française. — Marche de la première division. — Aspect de la Dobrutscha. — Arrivée à Mangalia (25 juillet). — Entrevue des généraux *Yusuf* et *Espinasse*. — Arrivée à Kustendjé (27 juillet). — Premier engagement entre les bachi-bouzoucks et la cavalerie russe. — Le général *Espinasse* se porte en avant. — Combat entre les bachi-bouzoucks et les Cosaques à Karanaseni. — Le corps expéditionnaire est décimé par le choléra. — Retour sur Kustendjé. — Arrivée du général *Canrobert* (31 juillet). — Le choléra redouble. — La division quitte le camp. — Arrivée de la division à Mangalia. — Ordre du jour du général *Canrobert*. — Le général *Espinasse*, atteint du fléau est transporté à Varna sur le *Vauban*. — Les 2ᵉ et 3ᵉ divisions retournent à Varna sans de grandes pertes. — Ravages du choléra à Varna. — Incendie de Varna (10 août). — Licenciement des bachi-bouzoucks. — Lettre du général *Yusuf* au maréchal (13 août). — Redoublement du choléra dans la flotte. — Conférence entre les généraux et les amiraux sur l'expédition de Crimée à Baldjik (19 août). — Nouveau conseil de guerre. — L'expédition de Crimée est votée à l'unanimité. — Le maréchal communique cette décision aux généraux. — Dépêches du maréchal au ministre au sujet de l'expédition. — Le maréchal annonce à l'armée par son ordre du jour l'expédition de Crimée. — Biographie du vice-amiral *Hamelin*. — Proclamation de l'Empereur à l'armée d'Orient. — Embarquement de l'armée française (1ᵉʳ septembre). — Journal sur l'expédition de Crimée tenu par le maréchal. — L'amiral *Hamelin* est rallié par l'escadre anglaise (8 septembre). — Conférence à bord de *la Ville de Paris*. — Une commission explore le cap Chersonèse jusqu'à Eupatoria. — L'état de santé du maréchal devient très-inquiétant. — Retour de la commission (11 septembre). — Le débarquement à Old-Fort est décidé. — Rapport du vice-amiral *Hamelin*. — Lettre du maréchal au ministre de la guerre, demandant que l'Empereur lui désigne un successeur (12 septembre). — Le général *Canrobert* remet au maréchal la lettre confidentielle du ministre de la guerre, en date du 12 mars, qui lui confère le commandement de l'armée, en cas d'événement de guerre ou de maladie du général en chef. — Description topographique de la Crimée. — La flotte mouille devant Eupatoria. — Les colonels *Trochu* et *Steel* somment cette ville de se rendre. — Reddition volontaire d'Eupatoria. — Grands détails sur le débarquement. — Arrivée des flottes alliées devant la plage d'Old-Fort. — Le général *Canrobert* s'élance sur la rive et plante le drapeau français sur la terre de Crimée. — Débarquement des troupes françaises. — Débarquement des troupes anglaises. — Enthousiasme des troupes. — *Ordre général du maréchal* (14 septembre). — Diversion opérée par la 4ᵉ division. — Simulacre de débarquement. — La 4e division se dirige vers la Katcha. — Elle rallie la flotte à la nuit close. — Débarquement difficile de la 4e division (15 septembre). — Bivouac général des armées alliées.   Page   3

LIVRE II.

Les armées alliées se mettent en marche (19 septembre).—Passage de la Boulganak. — L'armée arrive à l'Alma. — Le prince *Menschikoff* fait faire une reconnaissance. — Biographie du prince *Menschikoff*. — Préparatifs de combat. — Le colonel *Trochu* au camp anglais. — Effectif de l'armée russe, sa position sur les hauteurs de l'Alma (20 septembre). — Le général *Yusuf* prend le commandement de la division turque sous les ordres du général *Bosquet*. — La division *Bosquet* s'avance vers les hauteurs de l'Alma. — Immobilité de l'armée anglaise. — Le général *Canrobert* et le prince *Napoléon* auprès de sir de *Lacy-Evans*. — Le général *Bosquet* reçoit l'ordre de suspendre sa marche. — Le colonel *Trochu* auprès de lord *Raglan*. — Le général *Bosquet* se remet en mouvement et reconnaît lui-même le terrain. — Mouvement tournant du général *Bosquet*. — Le général *Bosquet* à la tête de la brigade d'*Autemarre* se porte sur le second passage qui s'élève sur les hauteurs, à travers un ravin. — Le général *Bouat*, accompagné de sa brigade et de la division turque, suit le premier chemin qui longe la mer. — Il traverse l'Alma et se dirige vers le plateau à travers d'innombrables difficultés. — De son côté le général *Bosquet* arrive sur les hauteurs. — Le commandant *Barral* dirige lui-même l'ascension des premières batteries (capitaine *Fiévet*) qui est couronnée de succès. — L'artillerie française ouvre le feu.—Le 3e zouaves commandé par le colonel *Tarbouriech* et le commandant *Dubos* s'établit en avant de l'artillerie. — La brigade d'*Autemarre* se masse en arrière. — La 2e batterie commandée par le capitaine *Marcy* se place auprès de la 1re et ouvre le feu. — Le prince *Menschikoff* donne ordre à l'artillerie russe d'ouvrir le feu. — La bataille est engagée. — L'artillerie française (douze pièces contre quarante) soutient pendant près d'une heure le feu terrible de l'armée russe. — Deux régiments de cavalerie russe, appuyés d'une batterie à cheval, menacent de tourner la droite de l'artillerie française. — Position critique des batteries. — Le commandant *Barral* envoie quelques obus sur la tête de colonne de cavalerie qui y sèment le désordre. — Les Russes se retirent à l'arrivée de la brigade *Bouat*. — Bataille de l'Alma. — Le général *Canrobert* passe l'Alma. — Admirable élan des troupes. — Les 1er et 9e chasseurs, le 7e de ligne, le 1er de zouaves gravissent les contre-forts. — Le prince *Napoléon* s'avance en même temps à la tête de la 3e division. — Les Russes incendient le village de Bourliouk. — Le général *Monet* traverse la rivière avec la 1re brigade; le colonel *Cler* en tête des zouaves et le colonel *Duchâteau*, suivi de l'infanterie de marine. — Ils gravissent les hauteurs, soutenus par la seconde ligne, sous les ordres du général *Thomas*. — Le général *Canrobert*, obligé de faire faire un détour à son artillerie, arrive sans elle sur les premières crêtes de droite.—Assaut du télégraphe. — L'infanterie russe s'avance contre lui ; décision du général *Canrobert*.—Position critique de ce dernier. — Il envoie le capitaine de *Bur* demander une batterie au général *Bosquet*. — Le commandant *Barral* arrive avec la batterie *Fiévet* et sème la mort dans les rangs ennemis. — Intrépidité des Russes. — La 3e division arrive sur les hauteurs. — Les Russes cherchent à la repousser, mais ils sont bientôt obligés de se replier. — Le maréchal donne ordre au général *Forey* de soutenir le général *Canrobert*. — Le général *Forey*, avec la brigade de *Lourmel*, franchit la rivière. — Le général d'*Aurelle* se porte en avant vers le centre. — Sa brigade a bientôt traversé l'Alma et se dirige au pas redoublé vers le bâtiment du télégraphe. — Nos troupes couronnent le plateau, mais les batteries russes placées derrière le télégraphe les déciment. — Les deux batteries de la réserve, commandées par le commandant *La Boussignière*, arrivent aussitôt sur le terrain et répondent à l'artillerie ennemie. — Le capitaine *Toussaint* vient placer sa batterie en face même du télégraphe et fait beaucoup de mal aux Russes. — Le colonel *Cler* se précipite à la tête des zouaves sur la tour du télégraphe. — Le général d'*Aurelle*, les colonels *Bourbaki* et *Beuret* les suivent avec un élan irrésistible. — Les Russes battent en retraite. — Le colonel *Cler* arbore son drapeau sur la tour. — Le lieutenant *Poitevin*, porte-drapeau du 39e, vient aussi planter son drapeau sur la tour du télégraphe et est frappé d'un boulet de canon. — Le général *Canrobert* accourt pour appuyer ce hardi mouvement. — Un éclat d'obus le renverse.—Il se relève bientôt et reparaît à la tête des troupes qui le saluent avec enthousiasme. — Mouvement de retraite des Russes. — Les Anglais sont arrêtés dans leur marche par des forces supérieures. — Le prince *Napoléon* et les généraux *Canrobert* et *Bosquet* vont appuyer leur mouvement. — Prodiges de valeur de la division *Brown*. — Belle attaque du duc de *Cambridge* et de sir de *Lacy-Evans*. — Nouveau choc des Russes. — Arrivée de la batterie *Toussaint* dirigée par le commandant *La Boussinière*. — Les Anglais redoublent d'efforts et apparaissent sur les hauteurs, menaçant d'envelopper l'ennemi. — La bataille est gagnée. — Le prince *Menschihoff* est chassé de toutes ses positions. — Prise de la voiture du prince *Menschikoff* par le commandant *La Boussinière*. — Bivouac sur le champ de bataille. — Lettres du maréchal à l'Empereur. — Pertes de l'armée française et anglaise et de l'armée russe. — Le maréchal veut se diriger le 22 sur la Katcha, mais les Anglais ne sont pas prêts. — Sa lettre à son frère (22 septembre). — Revirement de l'opinion sur l'expédition de Crimée. — L'armée se remet en marche (23 septembre). — Les troupes traversent la Katcha sans opposition de la part des Russes. — Les flottes côtoient le littoral et restent en vue de l'armée. — Les Russes coulent, à l'entrée du port de Sébastopol, cinq vaisseaux et deux frégates. — Lettre du colonel de *Lagondie* en date du 25 juin. — Lettre du maréchal. — Travaux de l'ennemi pour commander l'entrée de la rivière et empêcher le débarquement des troupes.—Rapport de l'amiral *Hamelin*.—Changement du plan d'attaque.— Extrait du journal tenu par le maréchal. — Plan adopté dans la conférence de la Katcha. — L'armée arrive dans la vallée du Belbeck. — Les zouaves envahissent la maison du prince *Bibikoff*. — Les troupes se dirigent sur Sébastopol en passant par Inkermann. — Les positions de l'ennemi sont tournées. — Le maréchal est atteint du choléra. — Engagement entre la tête de colonne anglaise et l'arrière-garde russe. — Le camp français près du village de Makensie. — Le *Camp de la soif*. — L'état du maréchal devient alarmant. — Entrevue du colonel *Trochu* avec le maréchal. — Le maréchal remet le commandement en chef au général Canrobert. — Ordre du jour du maréchal; ses adieux à l'armée. — Marche vers la Tchernaïa. — Camp de la Tchernaïa. — Rapport de l'amiral Hamelin. — Les Anglais s'emparent de Balaclava. — Rapport de lord Raglan. — L'ordre du jour du maréchal est lu aux troupes assemblées. — Lettre du maréchal au ministre de la guerre (26 septembre). — Le général *Canrobert* est acclamé par l'armée. — Sa biographie. — Le maréchal est transporté à Balaclava. — Le général *Canrobert* vient lui faire ses adieux — Départ pour Constantinople. — Agonie du maréchal. — Sa mort (29 septembre. — *Le Bertholet* aborde à Thérapia. — Douleur de la maréchale. — Le corps du maréchal est transporté dans la chapelle de l'ambassade française —Deuil général à Constantinople. — La maréchale accompagne les restes mortels de son époux. — Marche funèbre à travers le Bosphore. — Arrivée du *Bertholet* à Marseille (11 octobre). — Funérailles publiques à Paris (16 octobre).— Lettre de l'Empereur à la maréchale de *Saint-Arnaud* (16 octobre).— L'armée française au camp de la Tchernaïa. — Sébastopol. — Reconnaissance du général d'*Aurelle*. — Bivouac définitif de Kamiesch. — Le général *Bosquet* à la tête du corps d'observation. — Débarquement du matériel de siège. — Le général *Forey* commandant du corps de siège. — Sa biographie. — Position stratégique des armées alliées sur le plateau de la Chersonèse. — Fortifications de Sébastopol. — Plateau de la Chersonèse. — Description de Sébastopol. — Le siège régulier commence. — Mille marins sont débarqués sous le commandement du capitaine de vaisseau *Rigaud de Genouilly*, pour prendre part aux opérations du siège. — Le capitaine *Dampierre* tombe entre les mains des Russes.—Audacieuse reconnaissance des généraux *Bizot* et d'*Aurelle* (5 octobre). — Des milliers de travailleurs sont occupés à l'investissement. —État sanitaire de l'armée française satisfaisant. — L'armée anglaise souffre du choléra. — Les renforts commencent à arriver de Varna. — Engagement du général de *Lourmel* avec une colonne russe (7 octobre). — La ligne d'investissement s'agrandit. — Huit bataillons turcs viennent prendre part au siége. — Le plan d'attaque est définitivement arrêté en conseil (9 octobre). — Le lieutenant-colonel *Raoult* est nommé major de tranchée. — Les colonels *Lebœuf*, de l'artillerie, et *Tripier*, du génie, sont chargés, sous les ordres des généraux *Thiry* et *Bizot*, de la direction de leur arme. — Les Russes viennent reconnaître les positions (7 octobre). — Nouvelle tentative des Russes (9 octobre). — Ouverture de la tranchée (9 octobre). — Tentatives d'attaques par deux colonnes ennemies. — Reconnaissance des Russes sur les lignes anglaises (10 octobre). — Feu continuel de la place. — Construction des batteries. — Sur la demande des amiraux *Hamelin* et *Bruat*, le général *Canrobert* ordonne la construction de la batterie du Fort génois (5 octobre). — Reconnaissance de l'amiral *Bruat* avec le colonel *Desaint*. — Le capitaine *Magallon* commence la construction de la batterie du Fort génois. — Le corps de siége est porté à 23 000 hommes. — Continuation de la première parallèle. — Établissement de deux nouvelles batteries. — Compagnie de francs-tireurs organisée par le général *Forey*. — L'amiral *Hamelin* propose au général *Canrobert* de combiner une attaque par terre et par mer contre Sébastopol (14 octobre). — L'attaque est résolue. — Les amiraux arrêtent les dispositions (15 octobre). — Grand conseil où l'ouverture du feu est décidée pour le lendemain (16 octobre). — A six heures et demie, 126 pièces d'artillerie ouvrent le feu à la fois. — La place répond avec vigueur. — L'armée assiste sur les hauteurs à ce spectacle. — Le feu de la place se ralentit. — L'éventualité d'un assaut se présente avec des chances favorables. — Le feu de la place reprend une nouvelle intensité. — La lutte recommence plus terrible. — Explosion du magasin à poudre de la batterie n° 4. — La batterie 5 est contrainte de cesser son feu. — Énergie et élan des batteries de la marine. — Les batteries, réduites à trois, ne peuvent plus répondre avec avantage aux canons de la place. — Ordre de cesser le feu. — Le tir des Anglais continue. — Leurs canons de gros calibre font grand mal à l'ennemi. — Action des flottes alliées pendant l'attaque. — Rapport de l'amiral *Hamelin*. — Un calme plat entrave les mouvements des vaisseaux. — Les vaisseaux turcs et l'amiral anglais appareillent de la Katcha. — Rapports des amiraux *Hamelin* et *Dundas*. — *Le Charlemagne* suivi par *le Pluton* et par *le Montébello* s'avance sous le feu des batteries de la Quarantaine. — Le signal est donné. — Effroyable détonation. — Le bombardement se continue pendant cinq heures sur les lignes françaises et anglaises. — Une bombe tombe sur le vaisseau amiral. — L'amiral *Hamelin* échappe par miracle. — Les Anglais engagent le feu contre les forts du Nord. — Le feu de la batterie de la Quarantaine est éteint. — Les vaisseaux russes coulés à l'entrée du port en empêchent l'entrée. — A six heures le feu cesse. — Lettre de remercîments du général *Canrobert* à l'amiral Hamelin (18 octobre). — La première période de l'expédition est terminée. Page 193

Pièces justificatives. Page 336

FIN DE LA TABLE DU PREMIER VOLUME.

Ch. Lahure, imprimeur du Sénat et de la Cour de Cassation,
rue de Vaugirard, 9, près de l'Odéon.

www.ingramcontent.com/pod-product-compliance
Lightning Source LLC
Chambersburg PA
CBHW050556230426
43670CB00009B/1147